第三届中国（北京）国际服务贸易交易会重要观点报告

REPORT ON MAJOR VIEWS AT THE 3Rd CHINA BEIJING INTERNATIONAL FAIR FOR TRADE IN SERVICES

中华人民共和国商务部服务贸易和商贸服务业司
中国社会科学院财经战略研究院
中国社会科学院对外经贸国际金融研究中心
2014

Department of Trade in Services and Commercial Services
Ministry of Commerce of the People's Republic of China
National Academy of Economic Strategy
Chinese Academy of Social Sciences
International Economic, Trade and Finance Research Center
Chinese Academy of Social Sciences

2014

经济管理出版社
ECONOMY & MANAGEMENT PUBLISHING HOUSE

图书在版编目（CIP）数据

第三届中国（北京）国际服务贸易交易会重要观点报告/中华人民共和国商务部服务贸易和商贸服务业司等. —北京：经济管理出版社，2016.4

ISBN 978-7-5096-4361-7

Ⅰ.①第… Ⅱ.①中… Ⅲ.①国际贸易—服务贸易—研究报告 Ⅳ.①F746.18

中国版本图书馆 CIP 数据核字（2016）第 094537 号

组稿编辑：申桂萍

责任编辑：高 娅

责任印制：司东翔

责任校对：超 凡

出版发行：经济管理出版社

（北京市海淀区北蜂窝 8 号中雅大厦 A 座 11 层 100038）

网　　　址：www. E-mp. com. cn

电　　话：(010) 51915602

印　　刷：北京九州迅驰传媒文化有限公司

经　　销：新华书店

开　　本：787mm×1092mm/16

印　　张：21

字　　数：447 千字

版　　次：2016 年 5 月第 1 版 2016 年 5 月第 1 次印刷

书　　号：ISBN 978-7-5096-4361-7

总 定 价：198.00 元（全书 2 册）

CONTENTS

目　录

第一部分　高峰会议及高峰会分论坛讲话汇编

中国国务院副总理汪洋在高峰会议上的讲话（商务部国际贸易谈判代表
　钟山代读）……………………………………………………………………… 3

全国人大常委会副委员长张宝文在高峰会议上的讲话 …………………………… 5

北京市副市长程红在高峰会议上的讲话 …………………………………………… 7

联合国贸发会议秘书长穆希萨·基图伊在高峰会议上的讲话 …………………… 8

经合组织副秘书长威廉姆·丹弗斯在高峰会议上的讲话 ………………………… 10

世界贸易组织副总干事易小准在高峰会议上的讲话 ……………………………… 12

英国商业创新和技能大臣文思·坎布尔在高峰会议上的讲话 …………………… 14

拉脱维亚议长索尔薇塔·阿博尔京娜在高峰会议上的讲话 ……………………… 16

德意志银行首席执行官于尔根·费琛在高峰会议上的讲话 ……………………… 17

世界贸易组织服务贸易司司长哈米德·马姆杜在高峰会分论坛上的讲话 ……… 18

中国信息技术服务与外包产业联盟理事长曲玲年在高峰会分论坛上的讲话 …… 19

经济合作与发展组织经济司中国业务主管玛吉特·莫纳在高峰会分论坛上的
　讲话 ………………………………………………………………………………… 20

中国社会科学院对外经贸国际金融研究中心主任、中国服务贸易协会专家委员会
　副秘书长于立新在高峰会分论坛上的讲话 …………………………………… 21

商务部研究院国际服务贸易研究所所长李钢在高峰会分论坛上的讲话 ………… 23

第二部分　签约仪式讲话汇编

商务部副部长房爱卿在第三届中国（北京）国际服务贸易交易会签约仪式上的
　讲话 ………………………………………………………………………………… 27

北京市副市长程红在第三届中国（北京）国际服务贸易交易会签约仪式上的
　讲话 ………………………………………………………………………………… 32

第三部分　高峰高层论坛讲话汇编

商务部服务贸易和商贸服务业司司长周柳军在京交会·第八届国际服务贸易论坛上的
讲话 ……………………………………………………………………………………… 37

商务部研究院国际服务贸易研究所所长李钢在京交会·第八届国际服务贸易论坛上的
讲话 ……………………………………………………………………………………… 47

商务部服务贸易和商贸服务业司副司长万连坡在京交会·第八届国际服务贸易论坛上的
讲话 ……………………………………………………………………………………… 52

加拿大温莎大学商学院院长阿兰·康维在京交会·第八届国际服务贸易论坛上的
讲话 ……………………………………………………………………………………… 56

商务部副部长房爱卿在中国（国际）会展业发展大会上的主题发言 ……………… 60

国务院发展研究中心市场经济研究所所长任兴洲在中国（国际）会展业发展大会上的
发言 ……………………………………………………………………………………… 63

国际展览业协会执行副主席陈先进在中国（国际）会展业发展大会上的发言 …… 68

中国轻工业联合会会长步正发在全球设计趋势发布会暨 2014 年中国国际设计产业联盟
大会上的讲话 …………………………………………………………………………… 75

中国产业发展促进会副会长张龙之在全球设计趋势发布会暨 2014 年中国国际设计产业
联盟大会上的讲话 ……………………………………………………………………… 77

财政部部长助理胡静林在专业服务业发展与专业人才成长会议上的讲话 ………… 78

商务部服务贸易和商贸服务业司副巡视员李元在专业服务业发展与专业人才成长会议
上的讲话 ………………………………………………………………………………… 80

中国行政管理学会执行副会长高小平在专业服务业发展与专业人才成长会议上的
讲话 ……………………………………………………………………………………… 81

商务部服务贸易司副司长吕继坚在中国科技服务国际合作会议上的讲话 ………… 85

微软公司全球副总裁贺乐赋在中国科技服务国际合作会议上的讲话 ……………… 86

商务部电子商务和信息化司司长李晋奇在 2014 年中国（北京）电子商务大会上的
讲话 ……………………………………………………………………………………… 88

商务部电子商务和信息化司副司长蔡裕东在 2014 年中国（北京）电子商务大会上的
讲话 ……………………………………………………………………………………… 91

北京市商务委副主任孙尧在 2014 年中国（北京）电子商务大会上的讲话 ………… 93

商务部服贸司副司长吕继坚在语言服务与全球化论坛上的讲话 …………………… 95

国务院发展研究中心党组成员兼办公厅主任、著名经济学家隆国强在语言服务与全球
化论坛上的讲话 ………………………………………………………………………… 96

中国译协第一常务副会长郭晓勇在语言服务与全球化论坛上的讲话 ……………… 101

目录

工信部信息化推进司副司长董宝清在 2014 年互联网金融风险控制与监管趋势会议上的
讲话 …………………………………………………………………………… 103

北京市金融工作局副局长栗志纲在 2014 年互联网金融风险控制与监管趋势会议上的
讲话 …………………………………………………………………………… 105

国务院发展研究中心金融所所长张承惠在 2014 年互联网金融风险控制与监管趋势会议
上的讲话 ……………………………………………………………………… 107

中国服务贸易协会常务副秘书长顾文忠在服务贸易与现代服务业投融资论坛上的
讲话 …………………………………………………………………………… 110

商务部原部长助理、商务部内贸专家委员会主任黄海在服务贸易与现代服务业投融资
论坛上的讲话 ………………………………………………………………… 111

全国人大常委会委员、全国人大财经委副主任委员、民建中央副主席辜胜阻在服务贸
易与现代服务业投融资论坛上的讲话 ……………………………………… 113

中国供应链金融服务联盟理事长姜超峰在供应链金融的发展与创新研讨会上的
讲话 …………………………………………………………………………… 116

商务部服务贸易和商贸服务业司副司长万连坡在中医药主题日启动仪式暨中医药服务
贸易投融资大会上的讲话 …………………………………………………… 121

中国医师协会副会长袁亚明在首届国际养老服务产业交易会上的讲话 ……… 123

全国老龄委办公室副主任朱勇在首届国际养老服务产业交易会上的讲话 …… 124

中国房地产业协会名誉副会长兼老年主区委员会执行主任朱中一在首届国际养老服务
产业交易会上的讲话 ………………………………………………………… 127

中央纪委驻国家旅游局原纪检组组长、中国旅游协会名誉副会长、国际休闲产业协会
主席王军在中国古城镇旅游产业发展研讨会上的讲话 …………………… 129

亚太旅游联合会会长何光晔在中国古城镇旅游产业发展研讨会上的讲话 …… 130

商务部副部长房爱卿在中国文化贸易发展国际大会上的讲话 ………………… 131

“中国创意产业之父”、十一届全国政协副主席厉无畏在中国文化贸易发展国际大会
上的讲话 ……………………………………………………………………… 134

国家邮政局副局长刘君在 2014 年中国快递行业（国际）发展大会上的讲话 … 139

中国快递协会常务副会长秘书长李惠德在 2014 年中国快递行业（国际）发展大会上的
讲话 …………………………………………………………………………… 141

国家邮政局市场监管司司长王丰在 2014 年中国快递行业（国际）发展大会上的
讲话 …………………………………………………………………………… 143

商务部西亚非洲司副司长曹甲昌在 2014 年中国快递行业（国际）发展大会上的
讲话 …………………………………………………………………………… 146

中国邮政速递物流股份有限公司副总经理方志鹏在 2014 年中国快递行业（国际）发展
大会上的讲话 ………………………………………………………………… 148

顺丰速递集团副总裁李东起在 2014 年中国快递行业（国际）发展大会上的

讲话 ·· 150

UPS 亚太区信息技术副总裁柯蒂斯·卢梭在 2014 年中国快递行业（国际）发展大会上
的讲话 ··· 153

商务部电子商务司司长李晋奇在知名企业家北京对话会上的讲话 ············ 155

北京市政府副秘书长张志宽在知名企业家北京对话会上的讲话 ·············· 157

亚马逊全球副总裁保罗·麦森纳在知名企业家北京对话会上的讲话 ·········· 158

商务部部长助理童道驰在 WTO 与中国——北京国际论坛上的讲话 ········· 160

世界贸易组织副总干事易小准在 WTO 与中国——北京国际论坛上的讲话 ·· 163

北京市商务委副主任宋建明在 WTO 与中国——北京国际论坛上的讲话 ····· 167

商务部服务贸易和商贸服务业司司长周柳军在 WTO 与中国
——北京国际论坛上的讲话 ··· 168

全国政协委员、国务院发展研究中心原副主任卢中原在 WTO 与中国
——北京国际论坛上的讲话 ··· 172

商务部世界贸易组织司副司长洪晓东在 WTO 与中国
——北京国际论坛上的讲话 ··· 174

世界贸易组织服务贸易司司长阿卜杜勒·哈米德·马姆杜在 WTO 与中国
——北京国际论坛上的讲话 ··· 178

中国服务外包研究中心主任骞芳莉在中国服务外包人才培养国际大会上的
讲话 ··· 181

商务部研究院党委书记兼副院长任鸿斌在中国服务外包人才培养国际大会上的
讲话 ··· 184

第四部分　主题日及专场活动讲话汇编

商务部副部长房爱卿在北京主题日上的讲话 ·································· 191

北京市副市长程红在北京主题日上的讲话 ···································· 193

北京市商务委主任卢彦在北京主题日上的讲话 ································ 195

商务部服务贸易和商贸服务业司副司长吕继坚在浙江主题日上的发言 ······· 197

商务部外贸发展局局长孙成海在香港主题日开幕式暨主题论坛上的讲话 ····· 198

北京市人民政府副秘书长马林在香港主题日开幕式暨主题论坛上的讲话 ····· 199

商务部台港澳司副司长孙彤在香港主题日分论坛上的讲话 ··············· 200

国家知识产权局国际合作司司长、港澳台办公室主任吴凯在香港主题日论坛上的
讲话 ··· 201

新加坡总理公署部长、环境及水资源部兼外交部第二部长傅海燕在携手狮城，放眼国际
——新加坡专业服务推介会上的讲话 ······················· 203

商务部副部长房爱卿在携手狮城，放眼国际——新加坡专业服务推介会上的

目
录

讲话 ……………………………………………………………………… 205

中国国际贸易促进委员会副会长张伟在携手狮城，放眼国际

    ——新加坡专业服务推介会上的讲话 ……………………………… 207

新加坡代表团团长傅春安在携手狮城，放眼国际

    ——新加坡专业服务推介会上的讲话 ……………………………… 208

英中贸易协会中国区总裁刘慧明在英国创意创新论坛上的讲话 ……… 210

印度商业和工业部司长潘迪在"印度—中国：服务贸易行业的新机遇"研讨会上的

    讲话 ……………………………………………………………………… 211

印度驻华大使康特在"印度—中国：服务贸易行业的新机遇"研讨会上的

    讲话 ……………………………………………………………………… 213

中国服务贸易协会副会长赵中屹在"印度—中国：服务贸易行业的新机遇"研讨会上

    的讲话 ……………………………………………………………………… 216

巴西发展工业及外贸部贸易服务司秘书长温贝托在中国和巴西经贸合作与发展远景论

    坛上的讲话 ………………………………………………………… 218

巴西服务业联合工会主席陆易吉在中国和巴西经贸合作与发展远景论坛上的

    讲话 ……………………………………………………………………… 220

第五部分　中国服务贸易热点问题研究

中国服务贸易竞争力分析 ………………………………………………… 225

中国服务贸易融入国际市场路径与战略研究 ………………………… 236

中国物流服务贸易参与国际竞争战略研究 …………………………… 257

中国计算机与信息服务贸易国际竞争战略研究 ……………………… 276

中国分销服务贸易融入国际市场的路径和战略研究 ………………… 297

中国海运服务贸易出口战略研究 ……………………………………… 313

第一部分

高峰会议及高峰会分论坛
讲话汇编

中国国务院副总理汪洋在高峰会议上的讲话
(商务部国际贸易谈判代表钟山代读)

现在我宣读中华人民共和国国务院副总理汪洋致第三届京交会高峰会上的书面致辞。

各位嘉宾，女士们、先生们：

值此第三届京交会高峰会召开之际，我谨代表中国政府表示祝贺，对各位嘉宾的到来表示欢迎。本届高峰会以"服务贸易在全球价值链中的作用"为主题，深入探讨服务业对世界经济发展转型的影响，服务贸易国际合作的政策选择等问题，具有重要意义。

当今时代是服务经济时代，随着经济全球化深入发展和信息技术广泛应用，服务业国际分工日益深化，服务和科技的程度逐步提高，服务贸易规模快速发展，结构不断优化，投资合作持续升温，成为推动世界经济复苏和转型发展的重要引擎。加快发展服务业是中国稳增长、调结构、扩就业、惠民生的必然选择。近年来，我们出台了促进服务业和服务贸易发展的一系列政策措施，服务业和服务贸易发展已经驶入快车道。在北京服务业增加值占 GDP 的比重已经达到 77%，服务出口与货物出口旗鼓相当，中国服务业快速发展不仅为经济增长和结构调整注入了动力，而且成为经济增速和就业不降反升的重要支撑。

我们也清醒地看到，服务业仍然是中国经济社会发展的一块短板，占国民经济的比重偏低，发展方式比较粗放，结构不合理，技术含量和附加值不高，企业国际竞争力不强，摆在我们面前的任务是发挥市场规模大、人力资源丰富等优势，以市场化、产业化、社会化、国际化为方向，全力推动服务业发展提速、比重提高、水平提升。

以开放促改革、促发展，是中国发展服务业的重要思路。加入世界贸易组织（WTO）以来，我们在 100 个服务部门兑现开放承诺，完善了服务业管理的法律法规。服务业占中国利用外资的比重已经升至 52.3%。当前，国际社会对中国服务业开放有很多期待，我愿向大家传递几点清晰的信息。

第一，中国服务业开放是坚定不移的。中共十八届三中全会明确指出，放宽投资准入，推进金融、教育、文化、医疗等服务有序开放，放开健康养老、建筑设计、会计审计、商贸物流、电子商务等服务领域的外资准入限制。中国服务业对外开放的方向已经明确，正在积极稳妥地向前推进。

第二，中国服务业开放是循序渐进的。我们将根据自身发展的需要，把握好服务业开放的时机、步骤、节奏和方式，把服务业发展的速度、开放力度和参与可承受的程度结合起来。2013 年我们在上海自由贸易示范区中放宽了六大服务领域的市场准入，2014 年要在更多的领域扩大开放，我们还将适时总结试验区的经验，在全国范围内逐步复制和推广。

第三，中国服务业开放是有制度保障的。我们不仅强调放宽市场准入，更注重管理制度创新，我们借鉴国际经验，在上海自由贸易试验区实行了准入前国民待遇加负面清单的外资管理模式，打造内外资企业一视同仁、公平竞争的营商环境，改变重审批、轻监管的问题。我们正在研究修订外资三法，在法律制度中确立最终管理模式。

第四，中国服务业开放是双向互惠的。中国愿意积极参与服务贸易协定的谈判，共同推动全球服务贸易自由化、便利化，我们也愿意按照对等互惠的原则，与有关国家和地区积极商签高水平的服务贸易安排，我们呼吁国际社会更多关注发展中国家的诉求，帮助欠发达国家提高服务水平的能力，促进全球服务贸易均衡发展。

京交会是我国服务业对外开放的重要窗口，也是中国深化服务贸易国际合作的重要舞台，中国政府支持北京以京交会为龙头，带动服务业的发展转型，也欢迎各国企业通过京交会凝聚共识，挖掘商机，共同谱写服务贸易繁荣发展的新篇章。

宣读完毕，谢谢大家！

全国人大常委会副委员长张宝文在高峰会议上的讲话

尊敬的阿博尔京娜女士，尊敬的各位嘉宾，女士们、先生们：

今天我们欢聚一堂，共同参加第三届中国（北京）国际服务贸易交易会高峰会，首先我谨代表中国政府对各位嘉宾的到来表示诚挚的欢迎，对第三届京交会暨高峰会的举办表示热烈的祝贺！京交会是世界上第一个专门为服务贸易搭建的综合性国际展会，是中外企业开展国际交流与合作的新平台。举办京交会也是中国扩大对外开放的战略举措，承载着促进服务业和服务贸易发展的历史使命。

第三届京交会高峰会主题是"服务贸易在全球价值链的作用"，分论坛将在"服务贸易在全球价值链中扮演的角色及其重要性"、"信息和通信技术作为服务本身和服务贸易的发展渠道"、"发展中国家面临的机遇与挑战"等热点领域进行讨论，契合了经济全球化和全球经济服务化发展的基本趋势，反映了各国政府和国际组织关注服务贸易，重构全球价值链，实现共同发展的愿望。第三届京交会高峰会将有助于全球服务贸易乃至全球经济的均衡发展。

第一，全球价值链在世界经济中的主导地位日益突出，服务贸易成为重要的一环。在全球经济化大背景下，国际资本等生产要素通过跨境投资、离岸贸易和外包业务进行重新配置形成了全球价值链。全球价值链作为一种组织和治理的力量，将同一产品不同环节跨国分散，经济全球化也不断朝着功能一体化和国际性分散活动协作深化。

随着越来越多国际贸易的发生和组织，通过全球价值链实现国际贸易的形式、结构、增速等方面都发生了重大的变化。随着服务经济时代的到来，服务贸易在全球范围内蓬勃兴起，成为全球价值链中重要的一环。根据经合组织提供的数据，全球货物贸易的66%以上是中间品贸易，而在服务贸易中，该数字高达70%，据此可以说明国际贸易已经进入了全球价值链时代。

第二，中国国际贸易发展较快，成为全球价值链中不可忽视的重要组成部分。中国改革开放的历程同时也是主动适应经济全球化趋势，不断融入全球价值链的过程。近年来在世界经济增速减缓、全球贸易投资下滑、各种风险凸显的情况下，中国始终奉行互利共赢的对外开放战略，不断拓展参与全球价值链的广度和深度，推动开放型经济，实现了新的发展。

2013年，中国成为世界第一货物贸易大国，进出口总额达4.16万亿美元，占世界货物贸易比重的12%。服务贸易进出口总额为5396.4亿美元，预计仍居世界第三位，成为全球价值链不可忽视的重要组成部分。

当前中国正在积极地发展服务业，加快生产性服务业重点和薄弱环节的发展，进一步优化产业结构，促进"中国制造"向"中国创造"转型升级。随着服务业开放进程的不断深入，越来越多的中国企业参与到全球价值链中，将在促进世界经济发展中发挥更大的作用。

第三，未来中国将大力发展服务贸易，积极主动参与全球价值链的优化与升级。中国将坚持实施积极主动的开放战略，不断提升参与全球价值链的能力和水平，中国将服务业作为新一轮开放的战略重点，扩大服务业的市场准入，进一步加快实现服务业生产要素的自由流动，大力发展服务双向外包，更大程度嵌入以服务为主导的全球价值链，为中国服务业和整体产业升级提供国际化支撑。

中国将进一步加快外贸转型步伐，大力发展服务贸易，将积极推进中医药、文化艺术、动漫游戏、广播影视、新闻出版、教育、体育等有中国特色的服务出口，重点培育通信、金融、会计、资产评估、计算机与信息服务、传媒、咨询、会展等现代服务贸易，完善服务贸易法律法规、标准体系和统计体系，推进服务贸易便利化。稳步扩大服务进口，发挥进口在促进中国服务贸易发展中的积极作用。

当今世界是开放的世界，世界各国只有在相互开放中才能寻找到更多更好的合作机会。希望各国政府和国际组织加强合作，促进全球价值链在服务领域的延伸，共同促进贸易自由化，为全球价值链的发展营造良好环境，完善全球价值链，建设全球一体化的大市场。

女士们、先生们，朋友们，希望大家利用第三届京交会高峰会展开对话与沟通，共同推动全球服务贸易的发展，促进全球经济可持续发展。最后，预祝第三届京交会圆满成功！

北京市副市长程红在高峰会议上的讲话

尊敬的张宝文副委员长阁下，尊敬的阿博尔京娜议长阁下，尊敬的各位国际贵宾，尊敬的各位来宾，女士们、先生们：

在第三届中国（北京）国际服务贸易交易会隆重召开之际，我谨代表组委会和北京市人民政府，向来自117个国家和地区的各代表团、各企业和全体嘉宾表示热烈的欢迎！向给予本届京交会大力支持的有关国家和地区、国际组织、国际商协会、国家有关部委以及各兄弟省区市表示衷心的感谢！向为筹办工作付出辛劳和智慧的朋友们表示崇高的敬意！

随着经济全球化的深入，服务贸易不仅是促进全球经济转型、推动世界经济新一轮增长的新动力，同时也是国际合作的新热点。京交会应运而生，承载着促进服务业和服务贸易发展的历史使命，自己也迎来了发展的重要机遇。在相关各方的共同努力和积极参与下，京交会已经成功举办了两届，展示出蓬勃的活力和强大的生命力，成为传播理念、衔接供需、共享商机、共促发展的有效平台。

各位来宾，北京依托首都的综合优势，已经发展成为中国内地服务业和服务贸易最为发达的城市之一，在全国率先形成了服务经济主导的产业结构。2013年，北京市服务业增加值达到1.5亿元人民币，占地区生产总值的比重达到了77%，其中，生产性服务业占GDP的比重达到了50%以上。服务贸易额超过了1100亿美元，在本地对外贸易中的比重超过了20%，在中国对外服务贸易中的比重也超过了20%，占全球服务贸易额的比重达到了1.2%。

北京服务业具有知识密集、产业聚集、创新活力强、国际化程度日益提高等特点，对首都经济结构的优化和可持续发展发挥着越来越重要的支撑作用。未来我们将充分发挥首都的资源优势和服务业发展的比较优势，全面深化相关领域的改革，扩大服务业对外开放，强化创新驱动，着力打造北京服务的整体平台，以此推动首都经济持续健康发展，并为促进区域经济发展，促进我国乃至世界服务业和服务贸易发展做出不懈的努力。

各位来宾、朋友们，本届京交会的各项活动即将展开，作为举办城市，我们将以更加饱满的热情，更加务实的作风，切实做好各项服务保障工作，希望海内外嘉宾和参会的客商充分利用京交会这个平台，加强沟通、交流、合作，在互利共赢中共同促进服务业和服务贸易的繁荣发展。最后衷心祝愿各位在第三届京交会收获商机、合作与发展，衷心预祝第三届京交会和高峰会取得圆满成功。

联合国贸发会议秘书长穆希萨·基图伊在 高峰会议上的讲话

尊敬的张宝文副委员长，尊敬的程红副市长，各位部长，代表团的团长，女士们、先生们：

我非常高兴能够代表联合国贸发会议参加第三届京交会，联合国贸发会议非常自豪参与中国政府和北京市政府相关的会议，迅速就服务贸易开展了讨论，参加这次服务贸易及服务行业的高峰会，我们非常感谢中国政府的邀请。

这次京交会使我们有了一个平台进行互动，把服务业作为一个部门，作为一个行业进行研讨，同时帮助其他国家，尤其是发展中国家提高服务贸易方面的能力。在过去几十年里，服务业日益成为高投资回报率的行业，也是发展非常迅速的行业，有两件事情可能从未被提及，但十分重要：

第一是全球范围内除了北非之外，服务贸易的发展都非常迅速。有三个现象：一是服务业在创造就业方面的潜力是最大的；二是同农业和制造业相比，服务业的回报率是最高的；三是服务业有独特的可持续性，它和工业、农业是不一样的，因为它能更好地帮助妇女就业，它是一个绿色的产业。

第二是关于服务业发展方面所遇到的挑战，就全球范围内来讲，服务业推动 GDP 的增长贡献率很高，在发展中国家，它占 GDP 的 37%，但是发展中国家在服务贸易方面还是存在着一些瓶颈的，尽管它对于 GDP 的贡献率非常高，但是对于就业贡献率却比较低。发展中经济体的服务业最高的回报率主要是来自对就业的创造，尤其是价值链比较低端的就业，这就是一个政策挑战，我们如何能够帮助实现最可贸易的服务业的发展，到底是推动高端还是低端的服务业的发展，这是一个挑战。

我们同中国政府和相关的部门一道讨论如何解决这个问题，方式就是如何使得将相关的服务业和服务贸易融入全球的价值链当中。世界贸易 80% 是中间产品、中间服务的贸易，在过去十年里，我们看到，服务贸易变成了任务贸易，这为我们提供了很多的机会，也为服务业的发展回报提供了很多的机会。就全球来讲，服务贸易占全球贸易的 20%，其中服务业出口附加值达到了 50%，这就涉及对于服务和发展方面之间的关系，包括像中国这样的新兴国家，对于价值链大部分的努力主要是集中于工业、制造业以及外包等行业。但是最先进的经济体，在价值链当中主导上游和下游，比如说从设计、物流、金融、分销、售后服务、法律咨询等，而这方面价值比中间品的服务贸易创造价值要多得多。在过去几十年，中国政府采取了一些措施加强对研发的投入，进一步将服务业拓展到上游和下游，并且将业务逐渐扩展到其他的新兴经济体当中。同时也可以观察到这些政策改革在实现服务业的开放方面所做出的贡献，放松管制的相关政策对推进相关领域发展的作用是显著的。

服务业对于全球贸易和各国经济发展具有重要意义，我们需要更加注重多边贸易谈判，发展中国家需要通过协调加强合作，实现投资扩大的同时，通过相关的贸易工具将发展中国家带入主流经济体贸易当中。

最后，感谢商务部以及北京市政府共同主办这次活动，我期待接下来非常有意义的讨论。

经合组织副秘书长威廉姆·丹弗斯
在高峰会议上的讲话

第一部分　高峰会议及高峰会分论坛讲话汇编

大家早上好！非常高兴今天能够参加 2014 年中国（北京）国际服务贸易交易会，我要感谢中国商务部以及北京市政府主办 2014 年的交易会，并且连续三届都邀请经合组织担任会议的赞助商和支持者。

服务贸易是非常重要的议题，它可以帮助我们共同探讨如何通过贸易推动经济的增长。在过去 20 年里，全球贸易链已经成为世界贸易当中非常重要的要素，而且服务业也在世界各国发展当中发挥越来越重要的作用。我们和世界贸易组织共同在增值贸易以及全球贸易链方面开展了很多的工作，这些工作也进一步说明服务业对全球贸易链的重要性。经合组织国家中有 50% 的出口增值都是由服务业带来的，中国现在的比例只有 30%。我们需要进一步加强货物和服务在价值链无缝的流动，而且我们需要有一流的研发、设计和市场营销相关的产业，这对于高端制造业发展具有重要的意义。如今服务业创造了 80% 的就业、75% 的 GDP，当然这是发达国家的数字，中国服务产业占 GDP 的比重是 45%。在第十二个五年计划当中中国特别提出进一步提高服务产业的比例，通过进一步提高服务产业的比例，也使得中国能够进一步在全球价值链中提高自己的地位。

两周之前，经合组织刚刚发布了一项新的有关服务贸易政策分析的工具，也就是服务贸易限制指数以及数据库。我们的数据库当中包括了中国在内的 40 个国家的数据，而且也涵盖了 18 个服务部门。通过这一工具的使用，我们可以将各国的政策进行对比，帮助政策制定者更好地评估和分析在国内进行服务领域、服务产业改革时可以采取哪些措施，并且对它们可能带来的影响进行预先评估，这是一个非常有用的工具，它在贸易的谈判当中可以发挥非常重要的作用，而且也可以帮助企业更好地了解在进入国外市场之时，如何遵守当地的规定。

我们看到在数据库当中，所有的 40 个国家没有一个国家是在所有 18 个产业部门当中都处于前三位或者后三位的位置，这也说明每个国家在不同的服务部门当中，都有自己的优势，也都有自己的一些缺陷，为各国之间进行交流和借鉴提供了非常良好的机遇。

根据不同部门的情况，大家可以采取一些改革的措施，即使只是采取一些基本的改革措施，也可以使得整个服务业的出口提高 3%~7%，这也充分说明了服务产业开放可以产生积极的影响，而且对于本国和本地区的服务产业和提供商的竞争力也能够产生积极的影响。当前全球经济联系日益紧密，服务贸易的限制事实上对于下游的一些产业和企业来说也会带来负面的影响，不仅仅是电器产品、纺织业和汽车这样的制造产业，对于其他很多的产业来说，服务业的限制取消也会产生积极的影响。

在未来的三天里，我们也会借助京交会这一平台进行有益的讨论，我相信这些讨论对于中国经济和世界经济的发展都会产生非常重要的影响。OECD 所推出的这些新的工具，包括全球价值链、贸易的附加值以及服务贸易限制指数都可以使所有的国家找到进一步扩大贸易的方式，而且我相信这对于我们未来经济的发展也是有益的。

最后我要再次感谢中国的主办方邀请经合组织参加此次京交会，非常高兴能够参加这次会议，祝大家在京交会中能够有所收获，谢谢！

世界贸易组织副总干事易小准在高峰会议上的讲话

女士们、先生们，早上好！

非常高兴和荣幸今天能够参加中国（北京）国际服务贸易交易会的开幕式！

世贸组织总干事阿泽维多先生要我向各位表达他的衷心祝贺和对这一重要活动举行的良好祝愿！他自己希望能够来参会，但是很遗憾未能成行。阿泽维多先生以个人的名义向京交会组委会发来贺信，他委派我以及我的同事和 WTO 服务贸易司司长哈米德·马姆杜代表世贸组织参加这一高水平的活动。

我仍记得 2012 年第一次京交会举办时的盛况，以及大会是如何有效传达中国政府的政策。同年颁布实施中国"十二五"发展规划，也将服务行业发展作为规划的核心内容，如今中国经济的发展方向已经越来越明确，那就是中国迫切需要大力发展服务业，把它作为经济发展的主要支柱。实际上 2014 年中国的服务业增加值占 GDP 的比重首次超过了制造业，这是一件值得庆祝的事情。目前的政策蓝图将强化中国服务行业的发展，作为推动制造业向价值链中更高级别转型的必要的推动力，同时也确保中国经济可持续性发展。

全球经济转型速度令人羡慕，但也面临前所未有的复杂性。在转型中最重要的部分就是复杂而高效的服务业的迅速发展。这种快速发展是依托科技、全球金融和创新商业模式的推动，如果没有可靠、高效性价比的服务，比如说物流运输、金融服务、通信、IT 以及其他商务服务，全球生产网络和供应链就没有办法发挥它在全球经济中的作用。中国在融入全球价值链和生产链以及外贸出口上很大程度依托于我们的服务行业和服务贸易，当然，当中国已经成为全球最大的货物贸易出口国时，却没有太多人关注或者了解它的服务贸易。中国的商业服务贸易从 2002 年到 2013 年以年均 11% 的增速持续发展，当中国 2001 年加入世贸组织时，我们的商业服务贸易出口排在世界第 12 位。12 年后，也就是 2013 年这个排名上升到世界第 5 位。中国服务业的快速增长很大程度上要归结于加入 WTO 后坚定履行承诺，并且推进政策的改革和协调工作。

当中国 2001 年加入 WTO 时，在服务业开放方面做出广泛和重大的承诺，水平超出了大部分发展中成员，我们意识到在服务业开放方面的承诺和改革，在中国经济的快速增长中发挥了重要的作用。虽然巩固本国的改革成果十分关键，但是对中国来讲有一件事情同样重要，那就是要同其他的世贸组织成员国协商更为广泛的贸易自由以及有预见性的贸易多边原则，从而使中国服务贸易出口额在稳定和可预见的环境中继续增长。我们需要注意的是，2012 年中国对外直接投资额达到 880 亿美元，近 80% 对外资投资来自于服务行业，比如交通、物流、分销、金融、建筑和商业服务。几个月前，世贸组织成员国在印度尼西亚达成《巴黎一揽子协定》，从这一成果中可以看出，我们正在致力于建设一个综合的工作规划，从而帮助我们能够完成多哈回合的谈判，服务贸易将在实现这个目标方面发挥重要的作用。

多边的贸易谈判是离不开中国积极参与和大力支持的，我们很高兴看到在十八届三中全会上，中国做出了进一步放宽重要服务行业的决定，比如说养老、物流、会计、审计服务等。在此期间，中国政府已经在上海开设自由贸易服务区，这将引入更多的改革举措，尤其是在服务业方面。世贸组织成员国面对这些大胆的举措深受鼓舞，并且视此为中国对世界贸易自由化所做出的贡献，我们希望在上海自贸区所获得的成功经验，能够推广到中国其他地区。再次预祝第三届中国（北京）国际服务贸易交易会取得圆满成功！谢谢各位！

英国商业创新和技能大臣文思·坎布尔在高峰会议上的讲话

尊敬的副委员长阁下、副市长阁下，女士们、先生们，各位尊敬的来宾：

我非常荣幸能够在这次重要的活动上发表讲话，特别高兴再次回到中国。我第一次来中国是 20 多年前了，这 20 多年里，中国在经济和社会发展方面取得了巨大的成就，我想简单地就经济开放和服务业开放谈几点我的看法，从中英两国不同的视角，谈一下这个主题。

中国和英国当然有很大的不同，但是我们都处在非常重要或者非常相似的转型阶段。英国是七国集团当中重要的成员，但是七国集团国家最近也刚刚经历非常痛苦的金融和经济危机，我们在很多方面面临着一系列结构性的挑战，特别是在货物出口方面，而中国也处于重要的转型阶段，习近平主席还曾提到，中国目前正处在重要的战略机遇时期，也就是从经济快速增长时期转向可持续发展的均衡时期，这样的一个战略机遇时期是非常重要的。

我们可以看到，1979 年邓小平先生开启中国改革开放进程之后，中国就不断地融入了国际的社会，中国通过设立经济特区以及其他的措施向世界开放。这样一个开放的主题，也一直延续到了今天。在 2013 年十八届三中全会上也公布了改革措施，例如，让国有企业有更多注入市场的活力，鼓励跨境资本的流动等，而且还有一些监管的改革和更好利用国际上的管理经验等这方面的内容，这都充分体现了中国开放的态度和决心，而服务业和服务贸易在这个过程当中可以发挥非常重要的作用。

对于英国来说，我们也处在重要的转型阶段，英国经济和中国经济之间具有很强的互补性。我们不仅仅是制造业的中心，出口很多的制成品，同时我们也有享誉全球一流的服务行业，比如说金融服务，伦敦现在就是全球最重要的金融中心之一，而且人民币交易目前在伦敦也发展得非常迅速，金融业当然也包括银行业、保险业、会计、审计和其他的法律服务等。英国还拥有世界一流的大学，教育产品也是服务出口的重要组成部分，目前英国有 13 万多名全日制的中国留学生，在英国留学生当中占很大的比例。我们还有非常重要的创意产业，比如说英剧，《神探夏洛克》和《唐顿庄园》等，在中国都是非常受欢迎的。英国也欢迎来自世界各国的海外投资，包括来自中国的直接投资，英国接受海外投资规模是整个欧盟成员国当中最大的，而且英国所吸收的中资占比不断攀升。我们也欢迎中国参与英国的民用核能、机场、水利、基础设施建设等方面的投资。我们在汽车产业也有中国的投资，比如说上海汽车集团。我认为，要实现资本的自由流动，就需要有效的国际规则，需要政府共同参与制定国际规则，世界贸易组织 20 国集团和联合国等相关的机构发挥着最重要的作用，我们特别高兴看到中国也表达了参与服务贸易协定多边谈判体系的意愿，京交会此类活动可以帮助中国和其他各国进行更好的交流，扩大相互之间的共识。

我很高兴再次回到中国，我在这里见到每个人都对改革开放拥有坚定的信心，这让我感到非常的欣慰，谢谢！

拉脱维亚议长索尔薇塔·阿博尔京娜在
高峰会议上的讲话

尊敬的张宝文副委员长，尊敬的程红副市长，各位尊敬的来宾，女士们、先生们：

我很荣幸参加第三届中国（北京）国际服务贸易交易会的开幕式！

服务产业是所有国家经济当中重要的组成部分，而且在全球经济发展当中也发挥着重要的作用，拉脱维亚也同样如此。服务业对于拉脱维亚的经济发展至关重要，我很高兴看到，拉脱维亚已经彻底地走出了 2008 年、2009 年的这场金融危机，现在我们是欧洲经济增长率最快的国家之一，我也很高兴同大家分享我们在发展方面的一些经验。

IMF 总裁拉加德女士曾经这样说过，拉脱维亚发展道路是正确的，拉脱维亚实现了社会的稳定，而且全体人民都有着共同的意愿推动拉脱维亚走向更加繁荣富强的道路。2014 年年初，一系列的经济数据再次证明我们已经走出了这场危机，而且也保持良好的发展势头。昨天我和李克强总理、张德江委员长进行会谈和会见，我们都认为中国和拉脱维亚之间合作有着巨大的潜力，特别是在交通运输领域。

拉脱维亚具有非常良好的地理区位优势，而且也有很好的基础设施条件，这使得拉脱维亚成为了中国进入欧洲很好的门户，在未来的几天里，我们还会进行中欧之间交通方面的会议，相信通过讨论将进一步推动两国交通的联系。

女士们、先生们，拉脱维亚欢迎来自中国的投资，特别是相对于中国而言，拉脱维亚已经具备先进经验与技术的领域。我们在拉脱维亚各个城市已经建立了 15 个产业园，且具备企业孵化器，金融服务和基础设施的条件都是非常不错的，相信能够满足中国投资者的需求。2015 年拉脱维亚将担任欧盟的主席国，我们致力于进一步加强欧中之间的联系。再次感谢大家！

德意志银行首席执行官于尔根·费琛在高峰会议上的讲话

尊敬的张宝文副委员长，程红副市长，各位尊敬的来宾，女士们、先生们：

我很荣幸今天早上能够参加第三届中国（北京）国际服务贸易交易会的开幕式，并且发表讲话。这次会议的主题是服务业，前几次会议讨论的主题是如何打造智能城市以及如何应对经济的挑战，在此过程中有一点给我留下了很深刻的印象，北京服务业占 GDP 的比重已经占到 75%，已经达到发达国家的水平，我要特别祝贺北京取得这一成绩。

北京在经济发展方面取得了很大的成功，今天我主要谈一谈一些世界经济发展的趋势。中国像很多发展中国家一样，都在经历着转型，而且也面临着人口的调整和变化，随着人口的不断增加，人口老龄化的到来，会需要越来越多的医疗保健和社会福利的服务，转型过程中也面临更多的挑战。我们需要提供更多的公共服务、社会服务，供水、垃圾处理、交通等基础设施建设，这些领域都需要更多的服务业的投入，这就蕴含着服务业发展的巨大潜力。城市化的趋势会为服务业的发展带来巨大的潜力，它是实现规模经济发展的基础，也能够在经济的发展过程中进一步降低发展的成本，让更多人受益。

作为德国最大的银行——德意志银行的 CEO，必须要承认，银行业面对新技术的兴起和发展，也就是所谓的大数据、云计算等这些新技术的发展，确实存在许多不确定因素，但同时也带来更多的机遇。要更好地应对挑战，就需要对银行业运营的方式重新进行评估与思考，思考如何更好地满足客户的服务需求。在建立新经济模式的过程中，起步阶段的资金投入是至关重要的，银行业就会在这个阶段发挥重要作用，如果没有资金的支持，企业得不到资金的支持，特别是新兴企业和创新企业，经济就不可能持续发展。我相信在未来的几天里，京交会会为资金融合服务提供良好的服务平台。

我想特别指出的是，每次来到中国都可以得到很多的启发，而且许多过去的思路和想法已在中国和世界实现。我相信如果能进一步落实这些想法，也能够更好地改善中国和世界各国人们的福祉，通过服务，将世界联系在一起，改善人们的生活，带来无限的潜力和机会。再次感谢大家！

世界贸易组织服务贸易司司长哈米德·马姆杜 在高峰会分论坛上的讲话

非常高兴在这里跟大家分享我的观点，感谢主办方给了我这样一个机会在这里发言。大家非常熟悉，WTO一直在进行服务贸易方面的谈判，这也是2014年的一个主要议题。在巴黎非常成功的谈判之后，我们要做的是希望这一轮谈判尽快结束，但在这一背景下，我们发现一个非常奇特的现象，首先我们没有非常严肃地就服务进行谈判，比如就服务市场的开放性进行谈判。世贸组织希望能够确立一个法规性的框架，市场准入方面的谈判会在5年之后开始，同时在农业方面的谈判也有所进展，我们也希望确立一个系统或者是法规框架，也会在5年之后开始。

在过去的20年中，自从WTO建立以来，没有进行任何非常严肃的讨论，但同时又有很多新的现象发生，比如说很多的服务贸易正在发生，主要是服务贸易自由化的推进，这其中大部分都是多边的。服务贸易的作用非常大，不仅可以提高公司的竞争力，还可以提高一个国家在全球价值链中的地位。服务贸易的作用日益重要，尤其是在社会问题中它大大提高了社会福利。看一下我们今天的生活，你会发现我们今天享受了很多的福利服务，比如医疗保险和儿童教育等。

全球价值链是一个非常有意思的现象。之前我们说到了全球供应链，生产一个产品或者是跨境生产一个产品，供应链意味着商品和服务的流通有一个供应网络，它不仅仅是为单一的产品准备的，更重要的是它不仅在服务供应链过程中起到非常重要的作用，在商业模式中也起到非常重要的作用。全球供应链在促进全球贸易的增长和发展方面做出了很大的贡献，但是依然存在以下几个方面的问题。

第一，与企业相关。我们不用推动企业发展，企业就在那里，业务就在那里，我们主要的工作是推动创新，比如技术、金融以及企业的创新特性，大家不需要促进这些事项，只需为它提供合适的条件。

第二，我们需要去了解并且处理正在发生的事情。国家层面是非常重要的，国家层面的许多政策在每一个供应链和每一个操作中发挥作用，我们意识到要有更高水平的合作，但很多国家的管理和政策制定都是单独进行的。总的来说，政策制定并不能够满足我们在全球供应链中对于不同国家和地区之间协同合作的需求。

第三，是国际统一实践。比如在法律执行方面，法律法规需要有执行力，企业发展也需要如此。我们会看到很多实践要求在国家层面进行合作，只有通过国家层面的合作，才能为我们提供更多我们想要的结果。

中国信息技术服务与外包产业联盟理事长曲玲年在高峰会分论坛上的讲话

　　我在 IT 行业工作了 33 年，我总的感觉是 IT 的重心一直在移动，33 年前我们的重心是在硬件上，20 年之前我们的重心由硬件向软件移动，10 年之前我们的重心是由软件向服务移动。今天 IT 当中很大的一部分是在做着服务的工作。在服务贸易 12 个大项目中有很多项目是与我们密不可分的，比如通信服务和保险金融，实际上全球的金融服务取决于全球互联网的支撑，这样金融才能做成跨国服务，当然计算机和信息服务就不用说了，其他的包括专利使用和特许转让、咨询服务等很多方面都是基于 IT 服务的支撑。

　　随着重心向服务业移动，IT 也起到一个非常关键的作用，IT 帮助整个服务业做到了跨国交付，让服务贸易有一个非常大的发展空间。我们最近也特别研究中国贸易的进程，中国是全球最大的货物贸易大国，但是服务贸易还是中国的弱项。2013 年中国的货物贸易是顺差的，但中国服务贸易是逆差，2013 年逆差是 1184 亿美元。而尽管美国在货物贸易上对中国是一个逆差，但是美国的全球服务贸易具有超过 1000 亿美元的顺差，刚好美中形成了服务贸易 1000 亿美元的顺差和逆差，中国服务贸易的逆差可能就是到了美国人手里。中国产业的成长是从制造业开始的，我们花了 30 年的时间把中国制造做到了全球最大的规模，在货物贸易上中国刚刚排名全球第一。制造业在推动服务业的发展，中国在服务贸易上也开始走自己应该走的道路。

　　之前我们也在跟商务部的领导沟通，中国制造业 30 年积累了大量的经验、法律规定、流程，都是为制造业或者是货物贸易设计的。今天全球服务贸易已经发展到了这么大的规模，但是从 WTO 的角度来讲，对服务贸易的支撑体系显然没有对货物贸易支撑的体系那么成熟，有许多工作需要继续。

　　对中国来讲也存在很多问题，比如如何支持服务贸易的发展，支持整个国家的转型。因为我们看到只有服务业的高度发展才能体现一个国家能力的强弱，面临着服务业支撑能力的打造。中国通过人才教育，制定法律法规政策，也已经开始努力提升自己的能力。

　　作为 IT 界资深的一员，我也特别希望随着中国服务贸易的延伸，我们 IT 服务业能够对整个中国高端的服务贸易产业起到非常好的支撑作用，也特别希望中国政府能够尽快帮助服务业和服务贸易产业形成非常好的制度、法规和政策的体系。

　　谢谢大家！

经济合作与发展组织经济司中国业务主管
玛吉特·莫纳在高峰会分论坛上的讲话

由于我是负责中国经济这一部分的，因此我会从中国经济的角度谈论一下服务贸易、服务贸易在全球经济当中的比重，以及服务贸易整体的生产力。什么是推动中国经济发展的主要因素？中国过去这些年服务业的占比已经发生显著的变化。

比较中国服务贸易时，把中国增值服务的比重与经合组织的国家对比，发现中国服务贸易的比重不仅仅低于经合组织国家的水平，还低于俄罗斯和巴西，只有印度尼西亚服务贸易的比重是低于中国的。以购买力平价进行测算时，当人均购买力达到3万美元，服务业在经济中的比重一般会增加到70%，达到这种程度的会保持一个整体稳定的情况。因此，中国服务业的比重还有非常大的空间取得持续的增长。

看一下服务业生产力的快速发展，服务业的生产效率也是增长非常快的。中国的劳动生产率增长很快，但与其他国家相比还有待提高，我们是处在中间的水平，仍然有发展的空间。中国在每个员工创造的附加值方面，其水平在所有的金砖国家当中是最高的。在制造业方面中国的发展是比较显著的，尤其是在2000~2008年。中国的全要素生产率相比劳动生产率要远远高过其他的国家，中国在这方面的追赶速度是非常快且显著的，不仅在服务业如此，在制造业也是如此。

商业服务在整体的产业投入中的比重是非常小的，产业发展缓慢是有原因的。制造业的投入是非常低的，这可能是造成制造业增长缓慢的原因。由于本次会议是关于中国服务贸易比重，我们知道中国服务贸易所占的比重是非常小的，接下来我们要采取什么样的措施提高服务贸易的比重，使服务贸易驱动经济的增长，最重要的一个措施是增强服务贸易的竞争力，这也就意味着我们需要在过多的调控和过少的调控之间取得平衡。但是现在可以看到在很多产业当中，我们的调控监管是非常多的，在另外的一些领域，我们的监管又是相对少的，这样就导致在其他领域的竞争会变得更为激烈。因此我们需要更好的监控，更好的消费者保护，来打造更加良好的服务产业基础。谢谢大家！

中国社会科学院对外经贸国际金融研究中心主任、中国服务贸易协会专家委员会副秘书长于立新在高峰会分论坛上的讲话

大家下午好！今天出席会议的主题非常鲜明，主要谈服务贸易在全球价值链中的角色。中国改革开放 35 年，今天到了一个十字路口，我们面对的是中国下一步如何进行转型升级，其中服务贸易应该是一个很重要的领域，我向大家报告两个方面的问题。首先看中国经济的短板，生产性服务部门。其次看一看我们国家生产性服务贸易在未来提升中国在全球价值链当中地位究竟能发挥什么样的作用。

2013 年中国对外贸易总额超过美国，居世界第一，但是不可否认的是我们面对的是三次产业结构，特别是第三产业，即服务业发展滞后的问题，由此导致服务贸易和货物贸易也是滞后的。这给我们国家带来的问题是制造业转型升级所需要的服务在国内供不应求，只能通过进口满足，所以说目前我们国家的服务贸易在整个"十二五"期间继续保持巨大的逆差，原因是国内的需求只能靠进口。

大家也知道生产性服务业，特别是生产性服务贸易，从全球价值链来看它是跨越国界的，它是为满足全球价值链中的中间需求以及社会物质生产过程当中提供各种形态的服务型的活动，从这个角度看，中国应该强调服务贸易发展，特别是强调生产性服务贸易发展。

按照目前中国的统计体系，主要是根据中国的《国际收支平衡表》，生产性服务贸易包括通信服务、金融服务、计算机与信息服务、专利权使用费，还有其他商业服务，目前我国生产性服务占整个服务贸易金额的 25%。生产性服务贸易的规模偏小，而且我们国家的服务贸易与货物贸易的匹配度不高。2013 年中国的货物贸易进出口额和服务贸易进出口额之比是 7.7 : 1，世界平均水平是 4.2 : 1，美国是 3.5 : 1，英国是 2.6 : 1。由此看出中国目前的服务贸易，特别是生产性服务贸易发展相对滞后。

传统服务项目，特别是旅游服务，在中国服务贸易中占有较大比重，而真正的生产性服务贸易则仅占 25%。服务贸易不平衡直接制约了中国的制造业向高附加值的生产性服务产品出口跨越。我们在资本密集型、知识密集型的生产服务方面更为薄弱，竞争力处于劣势。在未来一段时间中国的服务贸易逆差能不能减少，关键看我们的改革能不能满足需求，如果国内的服务供给满足不了需求只能继续保持逆差。

我们应大力发展生产性服务贸易，提升中国在全球价值链中的地位。我们国家生产性服务贸易水平还处于全球价值链的低端，长期依靠劳动力以及低成本扩张模式，中国处在转型升级的关键期，已经到了必须向高附加值生产环节倾斜，以提升中国在

价值链中的地位的时期。

中国社科院财经战略研究院服务贸易研究团队经过两年的时间，对东部沿海地区、长江三角洲、珠江三角洲、环渤海地区做了为期两年的调研，《中国服务贸易研究报告No.2》是我们根据中国东部地区的调研写出的报告。谈到目前中国在发展生产性服务业以及整个服务贸易方面面临的种种困境，其中主要是体制机制的困境。

第一，下一步要想提升中国在全球价值链当中的地位，我们要紧扣生产性服务业，提升全球价值链增值空间。为什么把生产性服务业作为主要的着力点？中国目前所处的发展阶段，虽然已经是世界制造业大国，但是在商品附加值方面还远远没有达到发达国家的水平。在这个过程当中，生产性服务业环节目前还混于制造业，还没有充分实现社会分工。在生产性服务业方面我们的基础还不牢靠，不扎实。

在生产性服务业当中我们更应该强调核心要素研发能力，培育研发能力是中国推进生产性服务业发展的核心问题。中国进一步加大对技术研发的重视，营造研发的良好环境，是我们下一步必须要着重抓的一个重要环节。

第二，新兴生产性服务业。从国家利益出发，我国应成立各行业互联网信用协会，为未来参与高标准的国际竞争，主要关注的是目前我们国家在大数据时代产生的很多新兴的生产性服务业，这些领域包括跨境电子商务、互联网金融、国际快递、分销物流等，这些新兴服务领域都是未来我们国家抢占价值链高端的制高点。我们在这个领域看到的是在大数据时代、云计算时代，依靠信息技术的革命催生了这种新兴的服务业态，不仅为消费者和客户提供了更为便捷的服务，同时更明显的是在价值链的终端上彻底打破了传统的服务提供模式，缩短了价值链的构成，提升了价值链当中各个环节的附加值。

这是新的发展趋势，中国目前正处在这个十字路口。在全球竞争当中，中国第一次站到可以制定国际贸易规则话语权的门槛上。我们关注跨境电子商务、互联网金融等新兴服务业态的发展，关键是中国有大市场，中国的大市场人口众多，完全可以在国内市场中制定标准、制定规则，这是时代给予中国的历史使命，应该在这个市场上创造规则，创造话语权。

未来新兴的服务业领域，不仅有助于提升我们国家服务贸易在全球地位的战略目标，而且有利于扭转目前的服务贸易逆差。同时在促进全球贸易的稳定发展方面，特别是国际规则制定方面，中国第一次面临着新的机遇。所以中国社科院积极参与到互联网金融诚信建设工作中，旨在打造新的运行规则，包括监管与行业的标准。怎么完成这个目标？我们的建议是中国体制改革必须从中央政府层面建立健全务实型的服务贸易宏观管理体制，以及综合性的部际协调运行机制，没有这个改革，中国的服务贸易发展将严重受阻。谢谢！

商务部研究院国际服务贸易研究所所长李钢
在高峰会分论坛上的讲话

我的发言题目是《审视并逐步减少服务贸易中的政策壁垒》。在 IT 和互联网技术已经渗透到全球各个产业，包括服务产业领域各个方面的背景下，通过对于服务贸易本身的发展以及各国政策的制定，以及监管等其他方面的考量，讨论服务贸易政策所面临的新挑战。

如何看待服务贸易政策壁垒。从正面的角度来看，一个国家服务贸易的政策可以从三个方面介入。服务业、服务贸易各个领域是否开放，领域开放意味着外国的企业或者公司能否进入。在市场准入方面要有一些更细化的要求，比如说能否独资、合资的比例，以及在专业服务上资质的要求和具体的条件。还有国内规章制度，涉及行业、部门管理以及具体的制度和标准。

从反面看以上就是政策壁垒。从全球来看，我个人认为无论是发达国家还是发展中国家，还是一些新兴经济体，事实上都存在着不同程度的贸易政策的壁垒，即使是发达国家也在不同程度上存在贸易壁垒。

中国服务贸易政策壁垒。我们对 WTO 的承诺中，12 个领域我们承诺了 9 个领域的开放和 100 个分部门的开放。在当时承诺的条件下，也是基于我国发展的水平以及产业结构所能够支撑的开放的程度。从今天来看我们当然有更多的领域来承受外来的冲击，因而我们也可以提高开放水平。

在部分的领域是存在着一些限制的，有一些准入的限制是必要的，当然有一些还是需要改进的。股比的限制和专业服务当中的资质要求，恐怕在国际上都是需要认真审视和考虑的，对政府部门来讲是无法回避的。

中国在实际开放方面确实存在着一些问题，比如"大门"开了，"中门"和"小门"没有开，也存在着"玻璃门"、"弹簧门"的现象，当然也存在体制机制市场化程度的问题。因而对于体制本身的要求也提出了一个新的挑战。

一个国家的服务贸易政策确实实离不开各国的经济发展水平，讨论服务贸易政策之所以重要，因为它也是一个国家整体贸易政策非常重要的组成部分。一个国家的贸易政策又是它宏观经济政策当中的组成部分，因而中国目前已经进入一个由工业经济到服务经济转型的阶段，应该给予更高的关注和重视。一个国家对于贸易政策制定确实是在自由贸易和保护贸易方面要做出一个平衡性的选择，也就是权利和义务的平衡性，特别是在履行 WTO 协议的时候，确实是需要认真考虑的。同时对于已经开放的一些部门，实行自由的贸易，是不是就没有限度了或者说没有任何的限制和监管了。

我也同意 OECD 各位专家所谈到的，必要的适当的监管仍然是需要认真考虑的，当然也需要考虑在 IT 互联网时代，全球价值链、供应链、产业链大整合的过程当中，对于政府部门所提出来的挑战。因而我们的结论是服务贸易的政策不能一概而论，都称为贸易的壁垒，这里面合理的部分应该给予充分的肯定。对于事实的存在，对于一些外国厂商的进入，实施的一些不合理的政策，作为贸易政策壁垒我们是应该逐渐削减的。

中国在消除及减少服务贸易政策壁垒方面需要做很多的工作。中国政府已经表态，要进一步扩大服务业的开放，在金融、文化、教育、医疗等行业，在原有 WTO 分部门的承诺当中，我们率先进行了自主的开放，并没有要求贸易合作在这方面做出相应的承诺。

在进一步放宽准入和资质方面，在风险可控的前提下，有节奏有步骤地实行措施。在深化改革方面要大幅度减少和简化行政审批，在这个领域改革的任务仍然是非常重要的，特别是在中共十八届三中全会确定的市场在配置资源方面的决定性作用，和政府如何在有形之手方面做出明确的界定，这方面要有更多的表现。在外资领域当中我们也在探讨准入权的国民待遇等新型管理模式。对于国内部门和行业制定的不符合规范规则的方面需要在制度上进行检讨。

在一些涉及国家安全、国家利益的核心领域，我们对于它的进一步开放的问题还要持审慎的态度，在风险可控的前提下来推进相关领域的开放。当然还有国际领域的协调和管理的问题，中国已经表态要积极参与 WTO 谈判。中国这样的表态展示了在服务业和服务贸易领域开放的雄心和信心，我们也期待中国可以进行实质性参与，而不是从形式上排除在 WTO 所展开的周边谈判之外，同时我们也关注到近期从 ITA 到 GPA 这样一些周边的领域，中国政府也是进行积极的表态，我们也希望推进这些领域的谈判，这些领域的谈判跟服务贸易进一步的推进也是有很大关联的，在这方面我们也是有所期待的。与此同时，大家也知道，中国也在积极推进 FTA 战略，面向全球高水平的 FTA 网络。在 FTA 和 RTA 的谈判当中，我们也期待能够把服务贸易的更多内容加入进来，特别是一些新的规则，能不能在未来的 FTA 和 RTA 当中有更深入或更具体的体现。

大家也知道，中美和中欧都在进行新的 BIT 谈判，也必然涉及服务业开放的新问题。最后是中国在自主开放方面，相信未来中国自主开放会迈出更大的步伐，服务贸易领域政策的监管和自由化之间会在一个新的水平上实现平衡。谢谢！

第二部分

签约仪式讲话汇编

商务部副部长房爱卿在第三届中国（北京）国际服务贸易交易会签约仪式上的讲话

尊敬的各位来宾，女士们、先生们，朋友们：

下午好！为期 5 天的第三届中国（北京）国际服务贸易交易会今天即将落下帷幕。本届京交会展览展示精彩纷呈，论坛会议主题突出，交易洽谈务实高效，充分发挥了中国对外开放窗口和深化服务贸易国际合作的舞台的重要作用。在此，我代表京交会组委会，向一直以来关心和支持京交会发展的各级领导、海内外嘉宾和媒体朋友们，表示衷心的感谢！

第三届京交会秉承"务实、合作、诚信、俭朴"的办会理念，统筹展览展示、论坛活动、洽谈交易，先后举行了 133 场活动，吸引了来自全球 117 个国家和地区的 15.3 万人次代表和客商参展参会，国际化、专业化、市场化水平进一步提升，国际影响力进一步扩大。京交会的成功，既是中国服务贸易发展成就的集中展示，又是服务贸易成为国际合作新热点的有力体现。下面向大家报告三个方面的情况：一是京交会的背景，二是京交会的特点，三是京交会取得的成效。

一、京交会的背景

今年的京交会和以前有所不同。当前，世界经济缓慢复苏，服务和服务贸易成为引领世界经济复苏的新引擎和新动力。随着经济全球化的深入发展，世界各国经济日益融合，国际分工协作从传统的制造环节向生产性服务业等高端环节延伸，引发了全球新一轮经济结构调整与升级，带动了服务贸易快速发展。2013 年，在货物贸易总额下滑的背景下，全球服务贸易增长 6.1%，成为世界贸易新的重要增长点。服务贸易和服务投资成为国际经贸合作新热点，跨国公司加快将研发、咨询、信息等生产性服务业向发展中国家转移，与此同时由传统服务贸易向技术现代服务贸易转变，全球跨国投资存量中 60% 以上是服务业投资。服务业跨国投资的加速，为服务贸易发展提供了难得的机遇。

当前，是中国大力发展服务业和服务贸易的重要战略机遇期。中国服务业吸引外资自 2011 年以来已经连续三年超过制造业，2013 年占比达到 52.3%；2012 年，服务业首次超过农业成为吸纳就业的第一大产业；2013 年，中国服务业增加值占国内生产总值的 46.1%，首次超过工业，成为国民经济的主导产业。服务业的持续健康发展，为服务贸易发展奠定了基础。近十年，中国服务贸易年均增长 18%，"十二五"的前三年，服务贸易在中国对外贸易的比重持续攀升，分别为 10.3%、10.8%、11.5%，2014 年第一季度攀升到 12.8%。2013 年，中国服务贸易总额达到 5396 亿美元，居全球第三位。中国政府已经明确提出，确立服务贸易的战略地位，并以此作为经济发展的战略重点。通过大力发展服务贸易，加快转变经济发展方式，提升产业链国际竞争力，积极参与全球价值链的合作。

作为全球唯一的综合性服务贸易展会，京交会承载着促进中国服务业和服务贸易发展的历史使命，创办京交会是中国推动服务业和服务贸易快速发展的重要举措。在当前国际国内经济发展大背景下，第三届京交会紧扣服务贸易发展趋势和热点，以扩大服务业开放为主题，突出强调服务贸易在全球价值链中的作用。着眼于各行业的跨界融合，经过三年的培育，京交会已经成为中国与世界各国在服务贸易领域凝聚共识、畅谈合作的重要平台，为推动世界服务贸易发展做出了贡献。

二、京交会的特点

本届京交会的举办继续得到了党和国家领导人的亲切关怀和热情鼓励。中共中央政治局委员、国务院副总理汪洋亲临京交会巡视展馆，并为高峰会发来书面致辞。全国人大常委会副委员长张宝文出席高峰会并讲话。本届京交会紧紧围绕扩大服务业开放这一主线，主题鲜明，特色突出，有四个特点：

（一）突出扩大服务业开放的办会主题

京交会组委会始终把贯彻落实中共十八届三中全会和 2014 年政府工作报告重要精神贯穿筹备、办会全过程，紧紧围绕服务业扩大开放这一主题开展筹备工作。与经合组织共同举办"服务贸易在全球价值链中的作用"高峰会；继续与世界贸易组织、联合国贸发会议合作，在促进全球服务贸易共同发展方面发出中国声音。9 场专业大会紧扣扩大服务业开放主线，分别就会展业、快递业、电子商务、文化贸易、国际经济合作等领域进行研讨交流，向世界展示中国服务业各个领域扩大开放的信心和决心。中国商务部在同多国签署的服务贸易合作备忘录中，都提出将京交会作为服务贸易交流合作的重要平台。北京市把京交会作为扩大服务业开放的重要载体进行积极培育。

（二）突出提升服务品质的办会理念

京交会组委会围绕满足参展商和采购商的需求，积极探索服务贸易办展规律，根据各行业不同特点，统筹展览展示、论坛活动和洽谈交易，促进企业成交、提升服务水平。在参展咨询方面，设立呼叫中心，"24 小时全天候双语"应答海内外咨询；在报馆服务方面，首次试运行在线报馆系统，推行搭建商报馆的网络化和自动化；在展场环境布置方面，践行节俭办会理念，利用可装卸的模块组装方式搭建展位，路旗、引导标识等可重复使用的物品延续使用；在现场服务方面，通过网站、宣传册、现场触摸屏、会场环境布置导视系统等载体，将各类专业服务和公众服务直观、明晰地呈现给参展参会客商；在规范洽谈交易方面，统筹安排各类洽谈活动，按照不同形式进行分类归集，并对洽谈交易的组织方式、流程安排等进行规范。

（三）突出建立合作机制的办会方法

在总结前两届京交会举办经验的基础上，把好的工作方法固化下来，形成长效机制。加强与三大国际组织合作，初步形成了轮流合办高峰会的合作机制。加强与中央部委合作，外交部、教育部、工业和信息化部、财政部、交通运输部、文化部等17个国家部委和中央单位继续作为第三届京交会支持单位。加强与省区市合作，31个省区市、新疆生产建设兵团、5个计划单列市均组团参加京交会，北京、上海、湖北等9个省市举办了主题日活动。加强部市会商机制，继续强化重大事项部市共同协商、执行机构合作分工等工作机制作用，发挥部市优势，为展客商提供一流的参会体验。

（四）突出运用信息技术的办会手段

大力运用信息技术手段，进一步提升京交会的信息化水平和服务品质，提高客商满意度。本届京交会充分利用展场现有的自动化控制系统，在展场管理、电力监控、安防和消防等方面突出智能化管理。借鉴线上线下的电子商务模式，建设京交会贸易匹配信息化平台，在会场设置3500平方米贸易匹配大厅，按照"客商注册、申请匹配、匹配确认、线下洽谈"的流程，"线上查找洽谈对象、线下一对一对接"，加强供求双方的交易撮合工作。

三、京交会取得的成效

（一）传递中国坚定不移扩大服务业开放的决心

国务院副总理汪洋在给京交会高峰会发来的书面致辞中向国际社会清晰传递了中国政府坚定不移地扩大服务业开放的信心和决心。全国人大常委会副委员长张宝文强调，中国将通过服务业开放更大程度嵌入以服务为主导的全球价值链。联合国贸发会议秘书长穆希萨·基图伊表示，汪洋副总理的致辞使他明显感觉到"中国政府已经对进一步开放服务业市场显示了决心，并做出了承诺，这表明中国政府把握住了未来经济发展关键点"。经合组织副秘书长威廉姆·丹弗斯表示，"汪洋副总理的致辞让我充分感受到中国政府改革服务业并谋求在这一领域全球领导力的决心"，"中国政府已将服务业放在整体改革中的最关键位置"。高峰会及系列专业大会传递了中国坚定不移扩大服务业开放的态度，增强了外界对中国扩大服务业开放、推动经济可持续发展的信心。

（二）拓展了服务贸易国际合作的空间和领域

本届京交会进一步深化了世界各国、国际组织、行业商协会之间的交流与合作，91 位国内外政要、政府部长、驻华大使、国际组织和行业协会负责人及跨国公司全球负责人出席了第三届京交会。除与经合组织共同主办高峰会外，还与联合国贸发会议共同举办了"小型部长会议"，继续举办"WTO 与中国：北京国际论坛"和联合国服务采购说明会。世界贸易网点联盟、国际贸易中心、日内瓦国际贸易与可持续发展中心有关负责人出席京交会活动。国际设计联合会、国际展览业协会、欧盟电子商务协会、巴西服务业联合会等 21 个国际行业协会和外国商协会组团参展参会。英国、德国、新加坡、韩国、印度等 17 个境外国家和地区组团参展，全球服务贸易十强中有 6 个组团参展；12 个境外国家和地区举办了国别主题日及专场活动，在文化创意、信息技术、旅游服务等领域开展交流合作。

（三）推动各行业跨界融合和服务业转型发展

本届京交会重点展示了服务贸易领域的创新成果。探讨了国际服务业的发展趋势，不仅为不同服务行业间融合发展提供了机会，也为服务业与其他行业的跨界融合搭建了桥梁。2014 年 5 月 30 日举行的"电商创新发展"论坛上，不同电子商务企业、行业组织负责人围绕电商平台、线上线下电子商务模式、移动电商等新趋势，电子发票、跨境电商等新突破社会化营销模式，社区农产品电子商务等新领域以及大数据，互联网金融时代的电商机遇与挑战等进行了探讨，促进关联领域的交流与合作。国际体育服务贸易发展大会国际研讨会主打跨界融合，邀请相关行业国内外专家、学者、企业负责人出席，共同探讨如何打破行业隔阂，实现产业间的有效对接和深度融合等热点话题。故事驱动大会不仅为展客商和专业买家提供宝贵的交易资讯，还引导读书出版成功跨界，实现故事内容 360 度的转换，把故事这一核心内容通过图书、影视、游戏、电子出版等多种形式展现出来，实现故事内容在不同传媒形式中立体化的呈现。

（四）促进行业企业的交易对接

京交会贸易匹配系统中，共有 1042 家企业申请贸易匹配服务，其中有国际贸易意愿的企业 531 家，累积形成 2011 条贸易匹配确认记录，现场进行了 1596 人次面对面沟通洽谈，数字内容商会、商务大会仅 2014 年 5 月 29 日一天就接待两千多人次专业观众，开展一对一洽谈 350 轮次，达成合作意向金额 20.6 亿元，快递服务板块有近400 家企业参加线上线下电子商务模式洽谈会，实现意向签约 500 亿元。国际体育服务贸易发展大会促成包括 2014 年法国超级杯，2014 年红牛飞行世锦赛、乐视购买 NBA 转播权等体育服务领域签约项目 33 项。

各位来宾、各位朋友，第三届京交会即将圆满结束，第四届京交会的筹备工作即将启动，我们将围绕专业化、国际化、市场化的办会方向，向社会各界呈现更为精彩

第二部分　签约仪式讲话汇编

的京交会。我们将继续巩固展览展示、论坛会议、洽谈交易的基本框架，探索与服务贸易特点相适应的展览展示方式，打造京交会的品牌论坛，提高洽谈交易的时效性。我们将深入拓展国际合作空间和方式，固化与三大永久支持单位共同举办高层论坛的长效机制，争取更多国际组织成为京交会的国际合作机构，深化与境外政府商协会及跨国公司的合作，进一步提升京交会的国际化水平。我们还将探索适合京交会的市场化的运作模式，促进京交会的可持续发展。

第三届京交会的成功，凸显了中国服务贸易发展的巨大成就，展现全球服务贸易内涵的无限商机，京交会的成功离不开各界朋友的关心和支持，我们将继续与各界朋友团结协作，以京交会为龙头，带动服务业转型升级，推动服务贸易快速发展，为打造中国经济升级版做出更大的贡献，共同推动全球服务业和服务贸易健康快速发展！

谢谢大家！

北京市副市长程红在第三届中国（北京）国际服务贸易交易会签约仪式上的讲话

　　刚才房爱卿副部长对第三届京交会整个情况进行了全面的总结，并且对今后打算也给大家做了介绍。

　　面对京交会今天的盛况，我们作为组织者也感到非常高兴，非常欣慰。回顾三年以来，经过精心的培育，京交会从无到有，从小到大。大家知道今天是"六一"，这是一个特殊的日子，是一个孕育着成长，孕育着生机，也孕育着希望的特殊的日子。所以，回顾京交会这三年来的历程，我们可以说京交会只是一个三岁的新生的品牌，但是在大家的精心呵护之下，她正在茁壮地成长。所以我们非常高兴，今天借这个机会，跟大家分享一下三年以来共同走过的这段历程，因为是大家共同的关心，使得她有了今天的成绩。我再补充一下，京交会三年以来呈现出四个方面的特点：

　　一是成长性日益体现。参会的客商一年比一年多，2014 年一共有 117 个国家和地区 15.3 万人次参加整个京交会的各项活动。其中专业客商 14.5 万人次，比上一届增长了 20.8%。开放日我们还接待了 7200 多人次的社会观众，参展的企业也在明显地增多。2014 年参加京交会展览的企业数达到了 2524 家，比上一届增长了 33%，比第一届也增长了 800 多家，参展参会境外专业买家 2014 年超过了 210 家，比上一届增加了 17 家，在本届京交会上，首次实现全球服务贸易 20 强国家和地区均有客商参会。特别高兴地告诉大家，本届京交会签约项目国际性和全国性有了大幅度的提升，本届京交会达成了签约项目 236 个，意向签约额达到 818.3 亿美元，这其中国际项目意向签约额达到 355 亿美元，是上一届的 3.3 倍，占到了总签约额的 43%，比第二届有了近 30 个百分点的提升。这可以说明，京交会在促进全球服务贸易企业加强合作方面的功能在进一步增强。与此同时在本届京交会上，北京之外的其他兄弟省区市的项目签约额高达 343.6 亿美元，是上一届的 2.1 倍，占总签约额的 42%，比上一届有 21 个百分点的提升。这说明京交会在服务和带动全国的服务贸易方面作用也在日益增强。

　　所以，大家在本届京交会上看到，既有我们的老朋友，又有老朋友给我们带来的新的成员；既有很多老的合作项目，又实现了新的升级。比如说，京交会上，我们引进的两大国际知名的展会，也都在京交会活动之中实现了升级。2014 年，"故事驱动中国"就升级为"故事驱动亚洲"，法兰克福书展的主席岳根·博思说，"希望在北京打造一个泛亚洲的大平台，让亚洲区域的出版商不用去德国法兰克福也能实现彼此的交流和交易"。"智能城市中国"升级为"智能城市亚洲"，国际参展率达到 72%，同比提高了 8 个百分点，德国展团还组织了北威州 30 多家企业参展，这其中绝大多数首次来到中国，在京交会上大家看到很多新面孔和新朋友。

二是京交会的吸引力在逐步递增。这点可以从国际组织、国家和地区以及企业参与的积极性日渐提高之中看到。首先，我们在国际贸易之中，起决定性作用的三大组织——联合国贸发组织、OECD、经合组织还有世界贸易组织 WTO 都是京交会的永久支持单位，而且做了很多务实的工作。

2014 年国际贸易中心也与京交会表达了密切合作的强烈意愿，世界贸易网点联盟布鲁诺主席已经连续三届参加了京交会，这次还在北京建立了秘书处。21 家国际行业组织和境外商会参加了这次京交会，房部长刚才也介绍了。这个数字是比上一届有将近一倍的增长。还有更多的服务贸易强国和地区参与京交会各项活动，55 个国家和地区已经连续 3 年都有客商参加京交会。其中全球服务贸易 20 强国家和地区有 18 个是连续 3 年参加京交会的各项活动。英国、新加坡、日本、韩国等 8 个国家和地区是连续 3 年都来参加京交会的展览。印度是我们的邻居，首届京交会只有企业参加，第二届是行业协会组团参加专场活动，第三届是同时参展、组团并且举办了主题日的活动。许多国内外知名企业跟京交会有着密切的合作，像西门子、家乐福、中国邮政、京东、同仁堂等国内外知名的企业都是连续 3 年参加京交会，而且每年在京交会上都有丰硕的成果。

三是时效性不断提升。刚才房部长介绍了，本届京交会的特点就是在以往的基础上，加强了线上和线下的互动，进行了现场集中洽谈。许多板块的收效是十分喜人的，交易洽谈非常活跃，成交额屡创新高。比如说在快递板块，首届快递服务签约额是 50 亿元人民币，第二届达到 200 亿元人民币，本届成交额达到了 500 亿元，可以说比首届已经有了十倍的增长。

四是关注度在持续提高，媒体、网络以及业界人士的关注在逐年提升。截止到 2014 年 6 月 1 日上午，一共有 262 家媒体的 1437 名记者参与到京交会的新闻报道之中，累积发表原创新闻报道 908 篇，转载 4131 篇，微博话题 15 万条，网上搜索到京交会的信息超过 75 万条。在网站关注度方面，京交会官方网站总的访问量超过了 281.5 万次，其中外文网站的访问量是 132.4 万次，占到了访问量的 47%。其中西班牙语、俄语、法语、阿拉伯语、韩语、日语等网站的访问量均超过 14 万次。在业界关注度方面，有好几个板块形势非常喜人，包括大家都比较熟知的，像电子商务专业大会，年年爆棚，2014 年我们准备了 1000 人的会场，实际上参会多达 1500 人。在快递行业国际发展大会上，安排了 800 人的座位，实际参会人员是 900 人。中国国际会展业发展大会报名参会是 400 人，但是实际参会超过了 500 人。其中我们有一个会展业市场化的互联网思维研讨会，门票价格不菲，一千元一张的门票，仍然大受欢迎，原定是 100 人左右的规模，但是实际上到了 200 人。京交会一届比一届办得好，缘于我们大家共同的参与、共同的关心和支持，使得京交会能够茁壮成长，取得丰硕的成果。

各位来宾、朋友们，在全体工作人员和志愿者的通力合作、紧密配合下，第三届京交会在会展服务、嘉宾接待、安全保卫、服务保障等方面都提供了一流的服务，再一次实现了安全零事故、服务接待零差错、知识产权零投诉，得到了海内外嘉宾的一致好评。

巴西服务贸易联合会、国际市场专员达西奥也说到，京交会越来越大，参展商越来越多，机会也变得越来越多，他表示对 2014 年的京交会最直接最明显的感受是专业买家越来越多，欧洲、亚洲、北美的专业买家都带着不菲的服务贸易订单来到了京交会。

香港律师协会的会长林新强先生在接受《大公报》采访时也表示，京交会的规模在不断地扩大，体现国家和中央对服务贸易的重视，也反映京交会影响力在与日俱增。

各位来宾、各位朋友，第三届京交会即将圆满落下帷幕，本届京交会得到了海内外热烈的反响，成效也是非常的显著，京交会的成功得益于全球服务贸易加快发展的客观背景，得益于中国大力发展服务业的政策导向，京交会取得今天的成功离不开国际组织与境内外商协会的大力支持，离不开国家部委和中央单位的鼎力支持和协助，离不开境内外机构的精心承办，离不开国内 31 个省区市、新疆生产建设兵团和五个计划单列市以及港澳台的积极参与，更离不开在座的各位媒体人士的专业策划和辛勤采编。新闻界的朋友在京交会上以独特的视角挖掘出了本届京交会的亮点，捕捉了京交会一个个精彩难忘的瞬间，在京交会和全球客商之间，在京交会和广大的观众之间架起了一座有效、高效的桥梁。所以，我们在此也对包括媒体界朋友在内的所有关心和支持京交会的各界朋友们表示衷心的感谢！

本届京交会的成功将为我们办好今后的京交会奠定基础，京交会将在商务部的领导下，继续坚持以服务客商为本，以交易洽谈为核心，大力提升国际化程度，强化专业化的办会能力，坚持市场化的发展方向，我们将充分听取各个方面的意见和建议，进一步做好组织工作，优化活动安排，提高办会的水平，使京交会更具吸引力，为中国服务贸易的发展，为外贸结构的升级，为世界服务贸易的发展做出我们新的贡献。

最后我代表组委会诚挚地邀请各位嘉宾和各个参会的企业，2015 年再一次相约京交会，再聚北京城。各位来宾朋友，第四届京交会再见。谢谢！

第二部分　签约仪式讲话汇编

第三部分

高峰高层论坛讲话汇编

商务部服务贸易和商贸服务业司司长周柳军在京交会·第八届国际服务贸易论坛上的讲话

尊敬的刘会长、钱社长，各位专家：

今天非常高兴再一次应邀参加京交会·国际服务贸易论坛。京交会从 2014 年 5 月 28 日上午开幕到今天是第三天，京交会到今年是第三届。从目前的进展来看，本届京交会又有了新的变化、新的提升和许多新的亮点。2014 年 5 月 28 日上午开幕式值得一提的是，我们国家主管商务工作的最高领导汪洋副总理，他原来是答应出席京交会的开幕式并做重要讲话的，后来大家从新闻媒体上看到，中央召开了一个非常重要的会议，他不能出席京交会。尽管他的行程有变化，但还是给大家发来了为京交会专门准备的致辞，后面由我们国际贸易谈判代表在大会上宣读了。这个致辞非常精彩，特别是里面专门释放了我们中国政府对发展服务贸易的重要信息，有四个方面：第一个方面就是中国扩大服务业开放是坚定不移的。第二个方面是中国服务业的开放是循序渐进的。致辞当中讲到要把服务业发展的速度、开放的力度和产业可承受的程度结合起来，专门提到了我们在上海自贸区当中放宽了六大服务领域的市场准入。第三个方面是很清晰的信号，在于中国服务业的开放是有制度保障的，这个开放不是说受制于外力，也不是想到哪开到哪，不仅强调市场准入制度开放，更注重制度的设计。第四个方面，汪副总理强调了中国服务业开放是双向互惠的，既欢迎各国服务企业来华投资，也鼓励中国服务企业"走出去"，同时表明中国政府愿意积极参与服务贸易协定的谈判，共同推动全球服务贸易的自由化、便利化。汪副总理的致辞进一步表明了我国坚定不移扩大服务业开放的信心和决心，并为下一步服务业的开放和服务贸易的发展指明了方向，这是一个非常重要的声音。

跟前两届比，第三届京交会在影响力方面又有进一步的扩大和提升。京交会第一天专业观众达到了 36000 人，比第二届增加了 46%，参加京交会的国别、地区达到了 117 个，增加了 20 多个，同时连续三届京交会都参加的老朋友、国别地区达到了 55 个。京交会期间活动很密集，共有各类展览、展示，论坛，洽谈交易三种形式 133 场，包括我们今天这一场重要的活动。服务贸易的交易会是有难度的，京交会是全球第一个综合性的大会，汪副总理昨天来巡馆，我们陪同他在展馆当中看了 50 分钟，他感觉到服务贸易的交易会跟货物贸易完全不同，我们向他介绍服务贸易的交易会里有展、论、洽，三者要协调互动。展览、展示可以说是表示服务贸易领域发展的百花园；论坛是判断、研究服务贸易发展趋势的风向标，包括我们今天的论坛也一样；洽谈是为我们企业搭建合作共赢的平台，是服务贸易的聚宝盆。所以在这个高峰会的论坛上，世界三大国际组织的负责人在上面发表演讲，跨国公司的企业高管也在上面发表演讲，大家都对 2014 年京交会确立的服务贸易在全球价值链中的作用谈了自己的看法，发表了非常精辟的见解，同时也对全球服务贸易下一步发展做了很好的前瞻。

刚才钱社长和刘会长都表扬了我，说我到了司里工作以后每届京交会都来参加，我觉得服务贸易论坛举办到现在，走过的路不寻常，它里面凝结着智慧，也凝聚着大家的关注，体现了大家的一种坚持，表达了大家的一种期待和祝愿。这个坚持、关注、期待、祝愿归结为一句话就是中国的服务贸易必将迎来稳步快速健康发展的春天。中国的服务贸易必将为全球价值链的提升做出更大的贡献，中国的服务贸易的发展也一定会为我们国家经济的转型升级、为中国广大人民更好地实现中国梦、增进福祉发挥更加显著的作用，这是我们的期待。因此我也看了一下手册，从第一届到现在都紧扣时代，紧扣服务贸易发展的背景、脉搏，站在一个全球化的视野和高度来分析、建言献策。我非常高兴刚才领略了我们学会所举办的论文比赛的成果，也祝贺大家能有这样的成果。同时我也看到这些题目、成果具有非常强的针对性和很高的理论价值和实践意义。我希望学会今后进一步像以往一样做好这些成果的转化，我也会让司里的同志把每一篇这样的成果都拿到司里作为我们干部研读的内容，同时我相信这些内容里真知灼见的建议会转化为下一步的政策。成果的转化以往做得很好，我相信今后会做得更好。有些论文的作者也和在座的专家一样，我们下一步会请你们作为司里座谈会的贵宾，大家来做一些交流。另外，我建议在今后的论坛上选择一到两位获奖论文的作者，像我这样能够在交流环节给大家做一个演讲。参加这个论坛的既有我们资深的权威专家，也有一些崭露头角的新秀，跟着服务业在成长，我相信中国的服务贸易、服务业不仅会造就很多产业、行业，如现在的服务外包、文化贸易，也一定会造就一批国内，乃至在国际上研究服务业服务贸易的专家学业，这个是相辅相成的。

跟前几届我跟大家报告的情况不一样，这一届主办方跟我说，希望能够对大家的关注点做一些回应。刚才特别谈到我国服务贸易发展快的同时，现在也要高度关注逆差逐年扩大的事实。因为研究报告表明按照现在的发展速度，逆差扩大到 2017 年我们服务贸易的逆差额会超过货物贸易的顺差额，李钢所长研究的报告上报了国务院，国务院出台了政策，这非常好，这就是官场、学研的互动，会推动工作往前进。要面对这个问题、解决这个问题，一是怎么看，二是怎么办。我今天着重谈一谈怎么增强我们国家服务出口的能力，加快形成外贸竞争的新优势。对逐年扩大的逆差我们怎么办，我们做什么，想跟大家做一个交流。

大家知道改革开放的前 30 年我们的中国制造蜚声海外，中国成为世界工厂。2013 年中国货物进出口总额 4.23 万亿美元，成为世界第一。伴随着中国制造的崛起，中国服务开始走向世界，服务贸易进入了快速发展期，尤其是我们加入 WTO 以来，服务业的开放日益深化，服务贸易的规模持续扩大，贸易的结构不断优化。2013 年我国服务进出口总额达到了 5396 亿美元，同比增长 14.7%，占对外贸易总额的 11.5%，占世界服务贸易进出口总额达到了 6%。这 5396 亿美元总额位于美国、德国之后，居世界第三位。在 2014 年第一季度货物进出口同比下降 1% 的情况下，服务贸易逆势增长，第一季度服务进出口总额为 1388 亿美元，同比增长了 15.6%。服务贸易已经成为中国对外贸易的新亮点和重要的增长点。

同时我们应该看到，之所以说我国是全球货物贸易大国，但还不是贸易强国，主要是因为我国的外贸附加值总体偏低，这跟服务贸易的发展相对滞后、服务贸易在对外贸易当中的占比不高是有关系的。所以从中国制造到中国服务，从贸易大国到贸易强国，这是中国外贸转型升级的必由之路。无论是国家领导人还是我们的学界，大家都觉得在从贸易大国向贸易强国迈进的过程当中，服务贸易将会发挥着越来越重要的支撑作用。只有补上了服务贸易的短板，通过生产性服务业和服务贸易的发展来提高货物贸易的附加值，提升服务出口能力，我们才会在向全球贸易强国迈进的过程当中走得更加稳健。因此我们必须把握当前全球产业结构调整和服务业加速转移的机遇，在大力发展服务贸易的总体框架当中，大力增强服务出口能力，加快形成外贸竞争的新优势。

下面我围绕怎么增强服务出口能力谈一些想法。第一个方面，我们认为增强服务出口能力是加快培育国际经济合作竞争新优势的重要着力点。十八届三中全会决定要加快参与国际竞争新优势，以开放促改革，并且明确提出要推进金融、教育、文化、医疗等服务业领域的有序开放，放开建筑设计、会计审计、商贸物流、电子商务等服务业领域的外资准入限制。2013 年 12 月召开的中央经济工作会议也提出要保持传统的优势，要创造新的比较优势和竞争优势。随着我国人才素质的提高和比较优势的动态调整，服务出口有望成为新的竞争优势，服务贸易将在培育外贸新优势当中发挥引领作用。刚才我们的活动内容很丰富，其中有为人才培训、服务外包等重要领域人才培养建立基地、建立协同创新的载体。我觉得我们学会了一件有深远意义的事，也希望我们今天被命名授牌的基地、载体能够务实运作，不断地创新理念和方法。因为服务业和服务贸易最重要的资源、最重要的内生动力是人才的素质，所以我们下一步要进一步扩大服务业的开放，要探索对外商投资实行准入前国民待遇加负面清单的管理模式，要抓住服务业服务贸易发展的新趋势，就要以人才为核心，加大国际交流与合作，通过引入先进服务业的营运模式和管理方式参与竞争，培育国内产业的竞争力，提升服务的出口能力。其中，增强服务出口能力是推动外贸结构升级，打造经济升级版的必然要求。近年来，受资源红利和人口红利衰竭、运营成本和工资成本上涨等因素的影响，我国以低成本取胜的劳动密集型产业国际竞争力受到比较大的冲击。当前，制造业服务化已经是一个全球经济发展当中的新方向和亮点。我国需求结构持续升级，高等教育群体的逐年扩大，产业配套能力日益完备，为扩大服务出口奠定了基础，增强服务出口的能力，积极扩大服务出口，能够进一步有效地破解资源环境的约束，优化外贸结构，带动服务业跨越式发展，提升经济增长的质量效益，提高国民经济整体的运营效率，推动打造中国经济升级版。

刚才忘了表扬我们资深的专家，我们在座的很多同志生活在北京，北京为什么会花这么大力气办京交会，用郭书记的话说，北京要把发展服务业和服务贸易作为自己的不仅重要而且是唯一的选择。北京的服务业 2013 年已经占 GDP 的 77%，北京把京交会和中关村创新中心作为两大战略平台在推进。举一个简单的例子，现在我们国家的钢铁和水泥产能严重过剩，它是受需求的刚性约束。我们正在研究的文化贸易恰恰没有这样的"天花板"，经济发展好的时候，需要文化，需要听歌剧，需要看嘉年华；经济发展差的时候，大家心情郁闷的时候，更要用文化去安慰、抚慰。所以我们到商店里买食品，一个星期能吃多少是有限定的，但是如果今天去看了话剧，明天又有一场新的话剧，你说我昨天看了，今天再看营养过剩，没有这个问题。所以在服务业方面既有需求的约束，同时更多的是供给，服务业的供给能够创造需求。旅游业是这样，原来没有开发好，旅客不一定去看长城、十三陵，但大栅栏开发好了以后，"798"艺术区出来以后，我们的旅游文化提升了，旅游产品层次提高了，就能够吸引更多的游客去体验、感悟、触摸中国源远流长、博大精深的文化。这就是服务贸易、文化贸易的魅力，它能创造需求。像淘宝网，一个商店再怎么做促销，不可能有像 2013 年 11 月 11 日光棍节那样井喷式的购物增长，这都是现在新的服务手段、分销的渠道、电子商务支撑带来的服务业的变革。

第二个方面，我们认为增强服务的出口能力是提升产业链整体竞争力，延伸参与国际分工价值链的有力支撑。在经济全球化的背景下，一国产业的国际竞争力是由产业链的整体竞争力决定的，产品的利润空间日益向价值链的两端服务环节转移，像运输、金融、保险等服务出口能力增强，就会为货物贸易提供有力的支撑，来部分弥补人力资源成本上升对制造业国际竞争力的侵蚀，提高我国产业链的整体竞争力。而研发服务等服务能力的增强有利于我国企业向微笑曲线两端延伸，提高在国际产业链中的价值增值能力。联合国贸发会议发布的全球价值链最新的研究报告显示，由于出口产品在生产过程当中大量使用各种服务，服务贸易对外贸增值的贡献显著，服务部门贡献了全球出口增值部分的近一半。这次在京交会高峰会上，贸发会议的总干事又讲了这个观点。前不久我参加中央领导人出席的一个重要会议，领导人讲了非常中肯也非常清醒的一个观点：我们现在生产商品、货物的能力非常巨大，有的已经过剩，我们大量的产品生产出来以后到国外也有一个同台竞争的问题。领导人讲了一句很幽默的话，他说我们很多货物的供销商、出口商在国外叫独在异乡为异客，就怕他乡遇故知，就怕碰到老同行，同样的产品大家就竞相压价，最后大家都没有利润。同样生产杯子，张三也去，李四也去，大家都去卖鞋子、袜子、帽子、杯子，他乡遇故知，有的还是隔壁村的，最后就竞相压价，对整个外贸的环境，对我们中国制造业品牌形成都有影响。因此我们不能陶醉于货物第一大国，应当提升我们产品货物的附加值。同样这个杯子，假如把我们的京剧脸谱画上去，那就是一个文化产品，外国的消费者可能就买回家做工艺品，摆在架子上。同样，假如说一个杯子还不能成为文化产品的话，用一套杯子把我们生旦净末丑的脸谱都放上去，那就变成了收藏品，再加一下，说我这套杯子是在我们景德镇生产的，是限量版的，那就是文化贸易产品当中的珍藏品，那就是设计、研发的力量，因此这个附加值凝结着我们的创意和劳动。

第三个方面，增强服务出口能力是提升文化影响力和国家软实力的重要途径。大家知道当前以经济和商业为依托的西方文化占据的世界舞台，美国电影占据了国际影视行业的最高端。一部《阿凡达》，比我们当年国内影片所有的票房总值还高。麦当劳、肯德基形成了风靡全球的快餐文化，相比之下中国文化的影响力和国家软实力亟待提升，服务贸易中的文化产品和服务的出口是打造文化国际影响力和提升文化软实力的直接途径。服务出口能力的增强不仅能够提升服务业的国际竞争力，培育中国服务品牌，而且能够把中国经济贸易总量的优势和文化历史优势转化为基于商业经济的国际文化影响力和国际规则话语权，向世界传播中国理念，树立积极正面的中国形象。所以说扩大服务出口的意义不是在干巴巴的枯燥数字上，也不是说扩大出口就是为了平衡服务贸易的逆差，它是我们国家战略的体现，是整体外贸竞争新优势的提升、内涵的丰富、外延的拓展。

另外，想和大家共同分析、审视一下我国服务出口面临的现状和困难。第一，近年来我国的服务贸易发展取得了一些成效，刚才报告了我们现在排名世界第三，但出口居世界第五。总体上看，我们服务贸易"两个一半"的现状没有改变，我国服务贸易占全球的比例仅为货物贸易占比的一半左右，货物贸易超过了11%，我们还是6%，服务出口占外贸出口总额的比例也仅为世界平均水平的一半，我们只超过了11%，而世界平均水平超过了20%。表明我国的服务贸易正处于起步阶段，服务出口的国际竞争力不足。具体来说服务出口的速度趋缓，2006~2013年我国服务出口年均增长12.7%，低于进口年均增速5.8个百分点。金融危机之后服务出口受挫明显，2009年同比下降12.2%，在2010年高达32.4%的反弹之后，2011年、2012年又分别下降了7%、4.5%。服务贸易长期处于逆差，逆差规模呈扩大的趋势，2008年逆差额首次超过100亿美元，到了5年之后的2013年，逆差额达到了1185亿美元。

第二，高附加值的服务出口快速增长，但是总体占比不高。近年来，咨询、计算机和信息、金融、保险、专利使用特许费等高附加值的出口是在快速增长。2006~2013年平均年均增速分别是26.5%、26.6%、53.6%、32.8%和23.3%，同期运输出口年均增长仅为15.58%。但高附加值的占比总体偏低。2013年这些行业的服务业总体咨询占比只有11.3%，计算机和服务占比只有7.3%，保险的占比只有1.4%，专有权利使用占比只有1.9%，运输、旅游、建筑三类传统服务出口占比达到了47.5%。这是从结构上看我们出口的推动力还有待于培育。

第三，我国服务出口的总体竞争力不够强。对反映国际贸易比较优势的指数分析可以看出，2006~2012年我国服务出口的比较优势指数都在0.44到0.48之间。大家都知道，低于0.8表明该产业的国际竞争力比较弱。近年来我国的服务出口总体竞争力处于弱势，旅游、运输、保险、专利权的使用和特许费长期处于逆差，仅由服务外包支撑着。特别是作为海运大国，我国在国际海运市场却没有定价权和话语权，还不能实现国货国运，运输还是大的逆差部门，其中还有很多工作要做。

第四，从政策上来看，我们服务出口的政策支持力度比较弱，较服务贸易的强国，我国对服务贸易的促进力度不足，跟欧美国家比，我们的促进力度不足。服务贸易促进水平有待提高，尤其是在载体、手段、政策措施等方面需要进一步加强，国内的产业政策和金融政策还是满足于制造业和货物贸易，还没有建立专门针对服务业和服务贸易发展的政策支持体系，在服务贸易领域缺乏类似货物贸易出口退税这样惠及大多领域的制度性安排。服务的出口还存在不合理、双重征税的现象，目前仅国际运输服务和向境外单位提供的研发服务、设计服务能够享受出口退税，其他营改增的服务出口实行免税，但大多数的服务出口仍然需要缴税。在财政资金支持方面，虽然对服务外包、文化出口和技术出口有一部分财政资金的支持，但是这些行业在服务出口总额当中的占比较小，像服务外包 2013 年总额还不到 6 亿元，只是国家公共财政，不包括地方财政。文化出口从我们商务部口径统计的有 2 亿多元，还是很小；技术贸易 2.7 亿元，也很小。相对于服务贸易涉的十二大领域 160 多个分部门，财政支持资金的覆盖面有限，一些主要服务领域还没有惠及，出口信保和出口信贷对服务出口的力度也远远低于货物出口，监管的创新滞后，人员流动、外汇结算、通关等方面的便利化程度依然不足。我国很多的演出团体反映，因为演出团体经常要进出国门，但是通关、签证非常困难，像提供专业服务的一些高级软件工程师要在国外来回地跑也不方便，这是我们现在的现状和面临的困难。既有产业本身的竞争力的问题、我们支持政策的问题、贸易便利化的问题，也有开放度需要进一步扩大的问题。

分析了这些困难和问题，了解了它的重要性之后，我们有一个基本的判断，认为当前是培育我们国家服务出口能力的重要战略机遇期，这个机遇期稍纵即逝。我们认为"十二五"是我国服务贸易发展的重要战略机遇期，大力发展服务贸易是"十二五"时期和今后一段时期促进对外贸易全面发展的重要内容，也是进一步提升中国对外开放水平、打造经济升级版的新要求，我们必须立足新阶段，把握新机遇，顺应新趋势，培育服务贸易国际竞争力，打造服务出口竞争的新优势。

三个"新"中第一是新阶段。服务业发展正面临着历史性的机遇，即将迎来快速发展的春天。有几个标志：①我国服务业吸收外商直接投资在 2011 年首次超过了制造业，2013 年占比达到了 52.3%，服务业在 GDP 占比 47%。②我国城镇化率于 2011 年首次超过 50%。大家知道城市人口增加 1%，对服务业、消费的带动影响是非常巨大的。不断地提升城市化率对于服务业和服务贸易将会带来非常重要的引领、推动作用。③2012 年服务业首次超过农业，成为吸纳就业的第一大产业。2014 年可能又要到"最难就业季"了，2013 年是最难，2014 年是"更难就业季"，不知道 2015 年是什么。但是中央领导在会上说大家不要对中国的就业太担心，因为我们的服务业发展很快，服务业是吸纳就业最有效的产业。你看现在办一个企业注册资本可以认缴，放开了，所以大学生很愿意办一个文化创意的企业，甚至可以在家里挂牌办企业。我心里想，做了多年服务贸易以后，有感情以后，退休了，在家里就把杯子、脸谱，把我们小时候穿的运动鞋拿出来，用丙烯燃料彩绘，把《来自星星的你》里的图案画上去，那还不猛销。很多文化创意的产业现在都是跨界融合，非常需要高素质的、有创意的青年人建立工作室，建立创业团队，国家都有免税的政策、小额贷款的政策。服务业是服务贸易的产业基础，刚才讲的四个方面的特点都是服务业加快发展的标志，因此产业好了，贸易也就有支撑了，有基础了。

第二是新机遇。我们现在要充分利用世贸组织的规则，来全面支持服务贸易发展，我们跟很多国务院的部门说了，现在多哈回合停滞了，货物贸易的补贴是"逢贴必打"，对产品是要小心的，对服务的补贴现在正好是一个窗口期，还没有形成严格的纪律约束。现在我们又处于弱势，政府又不补贴、不扶持，等到想扶持、想补贴的时候，过了这个村，没有这个店了。可能多哈回合已经形成共识了，到那时候就很难做。所以要抓住这个政策的窗口期，学习国外补贴政策的做法，在金融、运输、旅游、商业、文化娱乐等诸多领域学习国外的做法，推动税收优惠直接补贴、优惠贷款等方式支持这些产业的发展。我们要抢抓这个政策窗口期，在世贸组织的框架下研究创新，集中政策优势，积极培育服务出口能力。我注意到这次的分论坛就有文化贸易的政策解读，我觉得主办方的反应非常敏捷，因为国务院刚好下发了这个文件，在座的对我们国务院政策的出台提供了很多想法，我们和中宣部改革办一起起草，最后国发的文件，来之不易，前后经历了一年时间。2014年第一季度发了2014〔13〕号文件，里面有很多含金量较高的政策点，大家要善于解读、善于运用、积极衔接。接下来我们会逐个推出分政策，最近我们跟财政部门在谈财税的政策，下一步还要出台贸易便利化政策，一步步推出。

第三是新趋势。我们感觉到服务贸易的结构快速地演变，向技术知识密集型发展的趋势更加明显，一方面是制造业的服务化，另一方面是很多新业态在服务业的领域也在跨界融合。现在讲服务外包，有很多新行业推出，并在这次京交会上华丽地亮相，比如原来的翻译，现在不叫翻译了，叫语言服务业。我又注意到一个现象，现在微软机器翻译的平台已经做到实时翻译，我和一个葡萄牙的客人带着微软的设备，两个人可以直接对话，我讲中文，他讲葡语，它可以做到同传的效果。以后我们六七十岁的农村老太太带着设备周游世界都不是梦想。但是我相信再发展机器还是机器，外语人才仍然需要，有很多语境只可意会不可言传。比如我说"你过来"，可以用12种语调，12种表情，都不一样。所以可以看到这个业态在创新时有的是颠覆性的。比如在京交会上大家可以体验一下，原来大家对中医的印象是老中医坐堂，白胡子，望闻问切。现在怎么样呢？大数据，把看病人的舌苔、搭脉用仪器来完成，只要你坐那，十几分钟不到，你的全部脉象都能显示出来，就知道你到底是阴虚还是阳虚，要怎么补，怎么保健。这个数据测准了以后，加上你的心跳、心率、脉搏、血压，就传到数据中心，那里才是顶级的老中医坐诊，依据数据开药方。在跨界融合方面，现在的外包，原来我们讲业务流程、数据、研发，现在叫众包。比如说服贸司关于服务的出口退税请大家支招，我把这个课题在网上发布，可能会有十几家机构、十几家企业、十几家研究所利用众包来"包"我这一个课题，各自发布给我研究的成果和建议，这个过程会非常快。要顺应这个趋势，顺势而为，扩大我们的服务出口，做强我们服务出口的能力。

通过前面的背景分析，讲了困难、现状、重要性、怎么做，接下来报告一下扩大服务出口的总体思路和工作重点。我们说要充分地把握国际国内的战略机遇，制定合适的发展战略，理顺思路，明确重点，大力培育中国服务的国际竞争力，推动服务贸易快速发展，有以下几个方面：

第一，要确立服务贸易的战略地位，要将服务贸易确立为今后一个时期国家经济发展的战略重点之一，发挥服务贸易在对外贸易当中的重要作用，积极扩大服务出口，我们自己提了一个两句话的目标，叫"中国服务，全球共享"，要着力"扩规模、优结构、调平衡、促便利"，要培育中国服务和中国制造双轮驱动的外贸发展的格局，加快提升中国服务的国际竞争力和话语权，推动贸易强国目标加快实现。

第二，扩大服务出口的总体思路。我们用这样几句话来概括：一是扩大服务出口要以扩大开放为动力，不能说想扩大就扩大，毕竟是出口，应该是双向的，所以我们首先要扩大开放，要以加快自由贸易区建设为契机，实行服务业开放和自主开放并举的政策，以开放促改革，以竞争促发展，聚合服务业开放的动力，增强服务业溢出效益，全面提升服务业国际竞争力。我们认为，第一阶段是我们开放以后，服务业的跨国公司进来跟我们合作，由它出口，带动我们国内中下游的服务业跟着发展。我想一下子就超过人家百年老店、五十年的老店、跨国公司是不太可能的，肯定有一个扩大开放、引进学习、合作的过程。二是以宏观规划为引领。我们要加强服务贸易的顶层设计和宏观规划，既要做好服务贸易"十二五"规划评估，又要着手研究服务贸易"十三五"规划，加强对重点服务出口领域的规划引导。我们讲扩大出口，但具体到哪些行业，要去分析，在"十三五"规划当中要进行细致的分析，哪些是第一方阵，哪些是第二方阵，既要分析优势，又要分析不足，更要提出发展的时间表、任务书、责任部门。三是以培育优势为核心，我们就是要巩固传统行业的规模优势，不能扩大服务都是新兴的，传统的也要巩固，提高新兴业态和高附加值服务的出口能力，培育和挖掘特色产业的优势，确定一批重点培育的龙头企业，积极帮助企业开拓国际市场，加快培育一批具有国际竞争力的服务出口的骨干企业。四是以优化政策为突破口，就要把握世贸组织对服务贸易补贴尚无纪律的窗口期，建立和完善服务贸易政策支持体系，从财政、税收、金融、外汇等角度出台促进政策，大力提高服务贸易便利化水平。企业如果都培养好了，想走出去，政策还不宽松，也不便利，企业也走不出去。整体上要跟我们国家对外投资、走出去的战略相匹配、相结合。举一个例子，国外媒体说习总书记是中国核电的推销员，李总理是中国高铁的推销员，核电、高铁除了工程建设以外，大量的就是技术，里面紧跟着还有我们的文化贸易。以后我们高铁的视频节目，播一下中国的文化节目不可以吗？播我们的京剧，播我们的旅游经典介绍，茶杯上面有京剧脸谱的不行吗？给客人穿的拖鞋可不可以绣上我们的图案？都是值得研究的。其实我们中国的老百姓还是非常聪明的，我举个例子，温州有一个品牌叫法派，克林顿总统当年已经不在台上，法派就邀请克林顿总统来做法派的代言人，他肯定答

第三部分 高峰高层论坛讲话汇编

应。他演讲，做代言人没有我们的八项规定，当时是答应的，结果后来这个协议该怎么落实，国内控制比较严。当时国外的媒体都宣传出去了，说克林顿已经同意了，不久要到温州来，还要到企业去参观，这些媒体都在跟进、宣传，国内经过一番讨论，有关部门把关审核，请示后表示下台的前政要不行。第二天各大媒体原来报道过克林顿同意来的又报道克林顿来不了，可能代言不了法派的品牌，然后分析各种原因，里面登了十几种原因的猜测，炒了近一个星期。后来还是通过克林顿的团队写了一个致辞，在品牌发布会上播了一个视频讲话。结果是，法派一分钱没花，克林顿前前后后给它代言了好几回，先是说要来，媒体挖掘是怎么联系上的，后来说又不来了，原因有多种多样。这叫营销、运作，所以我们服务的营销走出去是有学问的，特别是文化贸易、保险、金融等走出去都是要研究国别政策，研究营销的渠道和策略。

第三，讲出口的重点方向。大家肯定很关注下一步的方向在哪。一是巩固传统服务出口行业的规模优势，这个不能荒废。我们要以强大的出口导向型制造业为基础，扩大运输、商务旅游等服务出口，努力实现国货国运，要把握发达经济体再工业化带来的需求信息，大力发展国际工程承包服务，推动建筑服务出口。二是引导支持新兴服务领域出口，要依托中国制造来发展中国服务，扩大保险、通信、研发、设计等服务的出口，抓住中国企业走出去步伐加快带来的机遇，大力发展法律、咨询、会计等走出去的相关服务，把握新一轮国际产业转移的机遇，充分发挥人力资源的优势，积极开拓海外市场，推动以计算机、信息技术为手段的服务出口，扩大服务外包的份额。三是积极扩大特色服务的出口，大力发展中国特色、具备独特优势的服务出口，加强国际合作，开发面向国际市场的文化创新产品，推动文化创意、文化艺术、广播影视、新闻出版、教育、体育、中医药、技术、餐饮和家政等服务的出口。像现在的中餐，我们组织"中餐走进联合国"，联合国秘书长带着高级官员在我们的展台看拉面，看傻了，一团面，怎么会变成比头发还细的龙须面，看我们做点心，国外不知道汤圆怎么包的，我们开玩笑说是注射器给注进去的。我们还开玩笑说披萨就是人家学我们包的饼，包不进去只好搁上面去了。我们还是要有一些文化自信，越是民族的，越是世界的。

第四，加快形成服务出口竞争新优势的具体新举措。一是我们要构建好支持服务出口的促进体系，包括出台文件，建立跨部门的工作机制，协调政策共同推进为企业的服务。二是要进一步完善财政、税收、金融、贸易便利化政策，我们要制定发布重点服务出口领域的指导目录，要对符合鼓励条件的行业的服务出口实行零税率，要创新金融支持政策，针对服务贸易的特点开发、创新的金融产品，要推动中小企业信用担保体系建设，完善出口信保机制，简化理赔手续，加快理赔的速度。要积极促进服务贸易的便利化，比方说为服务贸易企业商务签证、出入境提供便利，要帮助国际企业获得进入国际市场必需的资质，为专业人才和专业服务"走出去"提供便利。三是要加强促进平台和示范载体的建设。包括在现代服务业试点、自贸区的试点，在"一带一路"的合作当中，我们都要推出一批项目，建立一批基地，以项目来引领，以基地来促进，以企业来支撑，扩大服务出口。四是要有序加快服务业的开放。按照十八届三中全会的精神，要努力地破除我国服务业利用外资的"玻璃门"和"弹簧门"。虽然国家的大门开了，但很多领域的小门未开，有"玻璃门"、"弹簧门"的情况，利用服务业"走出去"带动服务出口的重要引擎，鼓励企业在境外设立研发中心、设计中心。五是进一步夯实服务贸易的工作基础，要加快研究制定服务进出口管理条例，逐步完善服务贸易管理和促进的法规体系，进一步健全服务贸易的统计，深化服务贸易理论研究，加强对服务贸易趋势、规则等相关问题的研究力度。这里我们认识到研究机构确实是我们重要的智囊团、人才库，希望大家在理论研究、政策研究、行业发展研究、规划研究等方面多给我们政府部门提供智力支持、建言献策。同时，我也希望我们的学会、研究机构加强国别研究，现在大家一谈国别研究就希望深到行业，160多个分部门，比如中华的中医药怎么"走出去"，深到行业，深到领域，深到国别，然后再深，比如扩大出口怎么扩大，还可以研究一下扩大出口里的某一项，研究扩大出口还可以"反弹琵琶"，通过扩大进口来扩大出口，为什么这么说？我们的一些先进理念、先进模式引进了以后，改造提升我们现在竞争力比较弱的国内的服务业，做大做强以后再出口，再盯住"一带一路"，我们的服务贸易怎么跟进，也都是可以大做文章的。

今天借这个机会感谢刘会长，感谢钱社长给我这样一个平台，使我又一次能够给大家报告我们工作的情况和想法，也能够更加深刻地感受到我们的学界，我们官、产、学、研的互动，我们学界对服务贸易的重视和支持。这份支持也是我们前进的动力，也是扩大服务出口的动力，我们相信中国的服务贸易在国家的转型升级、大政方针的引领下，一定会发展得更稳健，发展得更好，为我们中国梦的实现，为贸易大国的实现做出更多的贡献，讲得不当之处请各位专家、同志批评指正，谢谢！

商务部研究院国际服务贸易研究所所长李钢在京交会·第八届国际服务贸易论坛上的讲话

　　各位代表，大家下午好！非常高兴能够参加我们这一届的贸易论坛，城市经济发展和服务业发展的论坛。我的演讲题目是《扩大服务业开放，促进服务贸易发展》。在服务业领域，服务业本身的开放和服务贸易高度关联，服务贸易的四种交易模式当中，商业存在本身既是利用外资"走出去"的一个基本方式，同时也是作为服务贸易本身的一个重要内容。所以扩大服务业开放和促进服务贸易发展，内在逻辑是一致的，因而这个题目从某种意义上是一个循环论证。

　　第一个问题，服务业开放极大促进了我国服务业和服务贸易的发展。

　　在我们加入 WTO 之后，根据 WTO、GATS 协议的基本要求，根据中国加入 WTO 议定书，在服务业和服务贸易领域的开放，和我们对服务业和服务贸易的发展，我们做了一个基本的回顾。从这样几个方面进行考量。一是关于我国服务业开放的现状，有这样一个判断。通过全面履行加入 WTO 协定书，使我国进入服务业开放新的阶段。虽然中国全面参加了乌拉圭回合谈判，但是在 1995 年世界贸易组织正式生成之时，中国并没有能够作为它的最初创始成员或主要缔约方加入。虽然从那个时候开始我们关注了那个领域的发展，也在我国发展服务业，从十六大之后对于服务业给予更大的关注，但是真正意义上的服务业发展、开放和服务贸易本身的发展，应该是通过加入议定书来履行和实施的。

　　在整个十二大领域当中有九个领域开放，还有一些部门的开放，从我们承诺的角度来说，不仅高于发展中经济体，同时在部分领域也高过部分发达国家在服务领域的承诺。因而，中国服务业的开放，我个人认为，如果从以 2001 年底中国加入 WTO 为基点来看，当时我们的承诺水平比我们实际发展水平超前，对于发达国家给予我们的一些要价，我们在能够提供的条件下，还是做出了承诺。因而，在那一轮通过开放倒逼改革，推动服务业一些领域的开放，除了金融电信领域以外的那些行业的大发展，我认为跟这一点是有很大关联的。

　　二是在加入 WTO 的同时，我们也在积极探索实施自由贸易区的战略，最终这个战略明确下来是在 2007 年。但是事实上，在正式加入 WTO 之前，中国已经探索中国和东盟的自由贸易区这样一个安排和协定。因而之后关于与港澳的 CEPA，和后期与若干国家和国家集团所建立的 RTA，其实都是整个开放战略的一个非常重要的组成部分。

　　在自由贸易区的战略实施过程中，我们陆续地也把服务业的开放，服务领域的投资的一些内容加入到里面，因而对于我国服务业开放发展起到了实质性的推动作用。

此外，在国内的自主开放方面，我们还做出了一些新的选择，近期大家非常熟知的上海自贸区的试点，探索服务业开放的一个新的模式，对于整个国家在新一轮的开放当中做出符合真正意义上的建立社会主义市场经济的一个本真的目标，做出了新的具有制度安排的自主开放试点。

与此同时，在服务业的法律法规方面，在加入 WTO 之初我们也做了很多废改立的法律法规的重建。这个过程中，我个人认为存在很多问题，它不像在农业和制造业领域，我们的一些法律法规的安排上的废改立做得那么彻底。因而在这个时候，我们对于服务业本身的管理，和服务业当中很大的一块，包括流通领域，还有其他的一些行业，由于分散在不同的部门，也有一些在各个部门管理之间存在一些真空，因而在法律法规的废改立方面清理得不是非常彻底，在很多行业领域也没有真正进行，按照市场化的要求进行改革，因而也遗留了很多问题。但是总体来讲，还是通过这样一轮改革，不断推进了国内规制的完善。

前天在挪威 CP 组织的圆桌会议上我也谈到，在服务业贸易开放方面有三个层级，一是市场本身是否开放的问题，二是市场准入，开放的条件下还是要有一些条件的，三是国内规制。这是在三个层级考虑的问题。现在 OECD 发布了服务贸易限制指数，大部分也都是按照这三个层级去推进、考察一个国家开放的实际程度的。因而我们在这个方面所做的工作取得了一定的成绩，但是还远远不够。

服务业的发展取得了巨大的成绩，一个是快速发展，一个是国际服务水平快速提升，还有服务业水平带动服务贸易的发展。

通过 2013 年国家统计局对于服务业的统计方法、统计口径的调整，第一产业和第二产业相关的一些服务从原有的第一产业和第二产业当中剥离出来，放到服务业，再加上其自身增长的一个基本的发展态势，因而导致了我们 2014 年第一季度整个服务业的增长，同时也导致了第一季度服务业在 GDP 的增加值当中的占比已经从 2013 年的46.1%提升到49.1%。我个人认为，照这个态势往下走，如果不出意外，2014 年有可能在 GDP 增加值当中突破 50%这么一个非常关键的临界点。

我自己也认为，其实，上午周司长也提到了，从服务业到服务贸易的基础工作的统计制度、统计本身要做一些彻底的改革才能真正意义上推进服务业的发展，因为大家知道国家财力的投入和 GDP 各个部门的占比与它的重要性及进行公共品的投入有关。事实上，从中央到地方再到行业部门，我们都有相关的一些政策。如果你把这个产业本身低估了，然后把它在国民经济发展中的重要性拉到一个与其自身真实状况不相符的水平上，对于我们自身发展并不是很有利。现在包括国家统计局统计制度的改革和服务业自身的发展，到了这样一个阶段：不需要太长的时间，能够达到超越 50%的增加值的水平。

第二个问题，跟大家分享一下服务业发展当中存在的差距、问题与成因。

关于差距的问题，我个人认为，有两个差距是最大的。一是服务业增加值的比重占 GDP 的比重偏低，二是服务贸易额占 GDP 的比值也是偏低的。其实要从比例上来讲，可以用不同的方式去比，但是真实的问题表现，我们认为跟国家的经济发展水平、结构还有特定发展阶段当中应对的问题是不一样的。因此，我想面对这样一个表象，我们可以用不同的方式去描述。

一是服务业开放当中的问题。总体的开放不足与某些领域过度开放并存。从某种意义上来说，总体的开放不足也有不同的测算方法，包括现在的世界银行和 OECD 对于中国服务业的开放程度多有质疑，并且给我们市场排名都在 80 名以下，或者接近 80 名，在世界银行的一百六七十个统计的经济体当中，我们处在居中偏上一点的位置。除了 OECD 的 30 多个国家之外，也把五个金砖国家和印度尼西亚纳入服务贸易指数体系进行评价，这两天参加京交会 OECD 的负责服务贸易统计和指数构建的专家也与商务部，还有其他部门的专家进行了沟通和交流，尽管这个指数确实也反映出服务业开放本身存在的一些问题，但实际上，由于它的指数编制并没有中国实际的参与，他们所搜集到的一些制度性的法规并不是非常全面的，因而对中国的评价难免有失偏颇，在总体上开放不足和有些行业过度开放的问题上，我们要有比较清醒的认识。因为我们在某些领域的承诺，不仅超越了发达国家，而且在某些方面，像海运领域中的航运这个方面的开放，我们的承诺超过了美国。

二是在名义开放度与实际开放度之间存在一定的差距。我们在 WTO 议定书的承诺和承诺实施之间，由于行业部门的理解以及刚才谈到的法律法规方面的一些调整不到位，因而导致了所谓的"大门开，小门不开"，"玻璃门"、"弹簧门"等问题。同时在开放当中，市场垄断与过度竞争也有并存的一些方面。这个问题就不展开了，因为在金融电信领域，我们没有承诺开放。但是在实际开放过程当中，除了这两个领域之外，还有一些领域表现得比较明显。在一些高度竞争的市场化的服务领域也是事实上存在着过度竞争的方面。

三是制约服务业开放的一些原因，有思想观念、制度壁垒、利益集团的掣肘。我们履行完了 WTO 的基本义务，在加入 WTO 五年之后，我们基本履行了加入议定书所承诺的义务，我们后期的改革，按照 WTO 对中国的贸易审议，以及在第四次审议当中提出的问题。他们也是非常尖锐地指出，在 2007 年之后，中国的改革在某种意义上停滞了。在有些领域的市场开放度没有进一步往前推进，反而有倒退，甚至有些更加封闭的做法，也指出了我们开放当中的一些问题。

第三个问题，跟大家分享的是新形势下对服务业开放若干重大问题的新认识与新判断。服务业有着开放的新形势，从整体来说，后危机时代，以及现在也没有完全"走出去"，虽然整个欧美日的经济体展示出来复苏的积极的一面，但是总体来说，包括发达经济体在内，整个世界经济的发展还是存在很多的障碍。与此同时，后危机时代当中的服务业的全球化，实际上也展示出来一些新的特点。在服务业的全球化中，服务业和服务贸易成为各个国家经济增长新的引擎，或者在发展当中作为一个重要的支柱，它的作用也是越来越大。

包括 WTO 里的一些发达经济体主导，开始进行的以 TISA 为代表的中边协定的谈判，未来 GATS、GATS+，包括一些开放服务贸易规则的制定，对整个全球来讲都是非常重大的事件，对中国未来的服务业，服务贸易的发展也是一个非常严峻的挑战。除此之外，像 TPP、TTIP，在美国两洋战略的实施背景下，服务业这样一些内容的加入，对于他们在区域当中服务业开放的动向，我们必须予以高度关注。

国内的形势，大家是非常了解的，刚才我已经谈到了一些，包括 2013 年我们第三产业的增加值第一次超过了第二产业，就业方面，在第三产业增加的人数，国家统计局 2014 年 1~4 月份的统计数据也表明了这样一个情况。同时，服务业成为我国新一轮改革发展新的突破，同时也是发展的一个新的引擎。我国也积极参与新一轮国际贸易规则的制定进程，我们不希望被排斥在外，因此 2013 年 9 月 30 日正式宣布加入 TISA 谈判。当然美国对我们也有一些疑虑，我们也期望在这方面有一些更大的作为。

新形势下对服务业开放若干重大问题的认识和判断。就我个人的判断，2010 年中国的汽车产业的产销超过 1800 万辆，远远超过美国在它的顶峰时期接近 1700 万辆的产销水平，这标志着中国以汽车产业为代表的制造业已经完成了工业化。因为，我们的制造业能力已经达到了由上万零部件组成的密集的集合体，这在汽车产业上不仅实现了服务贸易的超越，同时在制造业方面，以汽车产业为代表的制造业已超越了美国，居世界第一。同时还有一个另外的指标，在 2010~2011 年，中国的工业生产总值第一次超过美国，那时占 19.1%，美国由前期的接近 20% 降到了 16.9%。我们能够提供这样的数据，说明中国正在由制造业的经济和工业经济向服务经济过渡，同时服务业加速发展的一个阶段。

关于准工业化国家和准市场化国家，我们的地位也应该有一个新的考量。无论在国际交往当中，还是在国际谈判当中，总是说我们是一个发展中的大国，这样不足以让人更加信服。鉴于我们的经济体量，世界银行把我们推到世界第一的位置上，我们对自己还是要有在新形势下的一些判断。因为以前我们总讲：第一，我们处于社会主义初级阶段；第二，初级阶段决定我们是发展中国家；第三，发展中国家决定我们必须走工业化。所以我们自身怎么在新的环境下，在新的发展水平、新的阶段给我们自身一个恰如其分的评价，也需要考量。

最后，我想谈一谈服务业进一步扩大开放的思路。第一，上午周司长已经谈到了，一定要确立服务业和服务贸易在国民经济发展中的战略定位。从高层到学界，现在慢慢形成了这样一个认识，但是实际的操作还存在很多的问题，所以未来，我想我们需要考虑几个方面的结合。但是无论是改革与开放的结合、开放与保护、风险管控、对内对外开放，还有协议开放、自主开放，如何去拓展这样的一个开放，前提应该在更多地向外部市场开放中国市场之前，先向我们国内的企业、民族的企业、本土的企业开放，这是最主要的。

第二，探索服务业开放的新模式。新模式的探索，基本上按照习近平和奥巴马在美国的专会上达成的中美启动 BIT 谈判的一个模式，来进行一个开放的新探索，包括上海自由贸易实验区的实验。但是对于探索这样一个模式，包括我们正在进行的三部关于外资法的修订，其实都会涉及一个新型的利用外资的模式。但是这个模式是不是唯一的模式，我个人觉得可能还需要在未来的实践当中去加以检验。同时，我个人有一个基本判断，最终中国的开放模式，恐怕还是一种混合型的，而不是完全依照美国人提出的这样一种想法往下推进的。

同时，我们也有更多的期待，在未来的一些包括多边、区域、双边的谈判和相关的协议方面，还有在技术创新引领的这样一个时代，我们对于 ITA 协议、GPA 协议，应该持一个更加积极开放的态度，加入一些诸边协议的谈判。同时我们对于实施构造全球更高标准的 FTA 的全球网络，在这个过程中，要把我们自己推进 FTA 的协议更多地注入我们服务业当中去，同时对于我们自主选择的开放，能够按照领导人提出来的，特别是在十八届三中全会里提出来的一些基本性的要求，包括金融、文化、教育、医疗这样的一些领域的逐步开放，还有在其他五个领域的准入放宽限制，我想都会不断往前推进。

这里还有推进区域金融发展的一些问题，这也是需要认真考虑的。因为现在在国内的区域经济的布局也到了一个新的阶段，一些新的概念、新的区划都在做一些重大调整。

第三，促进我国服务业进一步开放的举措。在这个领域，我们现在很少提协同创新。2003 年中国的改革之后，到目前为止仍然存在很多问题。所以在推进服务业开放过程当中，部门行业的制约，以及他们在改革开放之中逐步生成的各个部门都有自己的上位法，在不突破上位法的条件下，大家很难做到协同，即使有些跨部门的协调机制，可能也都不足以解决这样的问题。所以，在创新体制机制下，要用全面深化改革这样一个最大的动力来推动我们服务业的开放，做这样工作的同时，一定要启动新一轮的服务业的法律法规的废改立。如果下面领域的问题不能解决，前面说的市场开放和市场准入做的一些承诺也就不能落到实处。现在讲政府的"有形之手"和市场的"无形之手"，在这个过程中，我们也期待原来的商会和协会的功能和作用，我们希望它们更多地向市场转变，使它们的作用真正发挥出来。

此外，还有在自主开放方面实施区域的差别，应该考虑对传统的思维定式做一些调整，不是所有的服务业的开放都要放在沿海城市，对于中西部在开放方面走在前面进行先行的试点，也未必不是一个选择。加强服务业和服务贸易的基础性工作，我觉得在一个新的时期，还是非常重要的，不只是统计问题。按照市场决定论的这样一个方式，我们市场的"十三五"规划和"十二五"评估，我觉得也应该有这样的想法。

我跟大家分享的就是这么多，也就是我们近期的一些研究成果吧，希望和大家能够共同交流探讨。谢谢！

商务部服务贸易和商贸服务业司副司长万连坡在京交会·第八届国际服务贸易论坛上的讲话

非常高兴能有这个机会跟大家交流，首先我要感谢主办方每年做活动、搞研究，把服务贸易和服务外包作为一个重要内容来进行研究，我觉得这是对我们机关里做好这个业务的重要支撑，非常感谢！今天我也想借这个机会跟大家汇报一下我们国家服务外包产业发展的总体情况和目前遇到的一些主要问题和未来我们如何解决这些问题。

首先我想把服务外包这些年的发展情况给大家做一个简单的介绍。服务外包是我们国家目前服务贸易里的一个重要领域和产业。国务院把服务外包定义为一个产业，由商务部牵头，会同有关部门，包括工信部、发改委等有关部门来制定促进服务外包产业发展的政策，开拓国际市场。在定位方面，我觉得和以往商务部其他的业务定位不一样，其实商务部的职能大家都知道主要是做市场的职能，但是服务外包这项业务国务院除了赋予商务部一个开拓市场的职能以外，还给它附加了一个任务：为了提高我们在国际市场上的市场份额，必须要有一个产业作为支撑，这个产业要具备一定的国际竞争力，才能在国际市场上不断地占领更多的份额。提高产业的国际竞争力这个任务，国务院是交给了商务部来牵头，所以它和其他司的业务不太一样，其他司主要是通过多边、双边的政策、协调，包括鼓励去开拓市场。我们这块业务除了进行多边、双边的工作以外，还着力提高国内产业竞争力。刚才提到信息产业，实际上我们跟它的配合非常密切，我们国家的服务外包产业就是从信息产业起步的，就是为了贯彻国务院的 18 号文件、4 号文件，促进软件业的发展，实际上源头是从这儿来的。这么多年下来，我们认为我们国家自主知识产权软件产品的出口已经做得非常好了，从量上讲，我们的软件和信息服务的规模比我们产品的规模要大，所以商务部向中央建议，我们既要鼓励软件产品服务，也要鼓励软件和信息服务出口，所以软件外包就做起来了，到今天我们国际服务外包产业已经成了一定的规模。

有这么几个数据给大家报告一下，首先是产业的规模和市场的规模得到了不断的开拓。我们鼓励服务外包发展是从 2006 年开始，统计是从 2008 年开始。2008 年我们承接国际市场的份额是多少呢？是不到 50 亿美元，到 2013 年，我们国际市场已经到了 600 多亿美元，2008~2013 年增长速度是非常快的，而且到 2013 年的时候，我们已经成为全球第二大承接国际服务外包的市场国家，第一大国是印度。我们在 2013 年的 600 多亿美元占全球市场份额的 27%，比 2008 年增长了不少，2008 年我们才占 7% 左右，市场规模的增长速度和增长规模发展都非常快。我们市场主要是靠产业支撑，我们的产业到 2013 年，服务外包企业一共是 24800 多家，从业人员达到了 536 万人，在这个当中大学以上学历的有 355.9 万人，占从业人员的 66.4%。这组数据说明我们这些年的政策使我们形成了一个非常有竞争力的服务外包产业，企业的规模、从业人员的规模、整个产业的规模发展速度也很快，可以说年均增长速度在 40%~50%。这个速度在这些年全球经济和国内经济压力都比较大的情况下，是比较突出的，相对于整个国民经济的增长速度，相对于货物贸易的增长速度，相对于服务贸易的增长速度都是比较突出的。服务贸易现在是逆差，而且这个逆差在不断地扩大，但是服务贸易中服务外包产业是正增长，而且是 40%~50% 的增长，非常可喜。

未来市场预期怎么样，根据国际数据公司的预测，2014~2020 年，全球国际服务外包市场的增长仍然保持在 15.8% 的增长速度，接近于 16%。按照 15.8% 的增长速度，到 2020 年全球服务市场的规模将达到 1.8 万亿美元，其中离岸的服务外包市场总额将接近 5000 亿美元，这是国际数据公司的一个预测。根据它的预测，我们如果保持目前的增长速度，到 2020 年，我们的市场份额会有大幅度的提高，这是我们这些年产业发展和开拓市场所取得的成绩，以及对未来的预测。但是因为我们这个产业起步比较晚，尽管增长速度比较快，发展得比较快，但是和印度比起来，我们的差距还是非常大的。主要表现在哪些方面？首先是市场份额，我们到 2013 年占全球市场份额的 27%，印度占了 51%，这个差距不小。其次是产业的差距。我们的 2 万多家企业里面，中小企业占绝大多数，但纯做服务外包的过万人企业不过几家，印度的万人企业、几十万人的企业占的比例比较多，还有二三十万人规模的企业，这个差距比较大。最后是人才的规模和结构上的差距。我们的从业人员是 500 多万人，印度没有这么多人，300 多万人，但是在结构上我们这 500 多万人中绝大部分是基础人才，也就是说大学以上毕业，能够做一般性的服务外包的业务，但是印度的 300 多万中有 1/4 是中高端人才，也就是说这 1/4 是带队伍的，是创新的，是可以拿单子的，是可以提出解决方案的，所以这个结构差距还是很大，这是我们要向印度学习的。这是我们的不足。同时我们也有优势，和印度比国家的产业门类比较齐全，印度的产业比较单一，特别是制造业在印度国内比较薄弱，我国制造业、服务业等比较齐全，同时服务业的门类也很齐全。刚才提到信息业已经推动了其他产业的融合，为什么 IDC 预测我们在 2020 年可能和印度平起平坐，也是基于这个考虑，就是说我们后发的优势是比较强的。

另外，我想跟大家汇报一下我们目前服务外包产业发展面临的困难和问题。这些困难和问题总的来讲是在发展过程当中产生的，从 2006 年开始，中央和地方推动服务外包产业的发展，努力创造符合服务外包产业发展的环境，这些都对服务外包产业发展发挥了重要作用，刚才我举的数字的例子、市场的规模、产业的规模等都是政策引导的结果。产业发展到今天与 2008 年、2006 年的规模相比发生了很大的变化，产业的规模大了、企业的规模大了、市场的规模大了，我们明显地感觉到我们原来的政策与今天的企业有些不适应了，它力不从心了，不给力了。我举一个例子，我大概在 2000 年的时候就接触这些企业，到 2006 年的时候在他们之中过千人的企业都很少，现在我们最大的企业已经达到将近 3 万人。千人的企业和万人的企业，从管理上、从创新能力上、从市场开拓能力上，都不是一个数量级的概念，所以他们对政策的需求也发生了变化。过去不到千人的企业跟我们讲在创新上需要进口一些设备，能不能给他们提供一点便利；他们现在缺人，能不能帮他们协调点人才。现在的企业跟我们谈的是如何提高在国际市场的竞争力，比如说他们要到境外去兼并收购美国的企业，我们能给什么支持，如外汇的支持、融资的支持。现在的企业谈人才的时候，说不是人不够，是人的结构不合适，高端人才少了，我们能不能帮忙想想办法。所以现在我们在研究新一轮政策的时候，要根据企业现在的规模和需求来研究。这里非常明显的一个瓶颈就是人才的问题。我们经过和企业的沟通，发现现在服务外包产业发展的瓶颈之一就是人才。产业的发展，人才是它的第一生产要素，它和制造业不一样，制造业的主要投入是固定资产、厂房、设备和生产资料，人的因素反倒是可以忽略的。服务外包产业 70% 的成本是人的成本，固定资产生产资料占 15%，综合运营成本占 15%，所以它的生产要素的配比和传统的制造业正好是相反的，它现在最大的瓶颈问题就是人的规模和结构的问题。人的规模跟不上，我们的产业规模上不去；人的结构不合理，不适应这个产业，我们的竞争力上不去。所以最近中央领导也在不断地给我们压力，最近李克强总理、张高丽副总理等不断给我们压力，要我们尽快出台意见，如何促进服务外包产业进一步发展，我们在研究的过程中发现和企业以及业界的其他部门达成一个共识，人才的问题是这个产业发展的核心问题，人的规模和结构决定了这个产业发展的规模和质量，我觉得我们主办方研究服务外包产业人才的问题，真是抓到了这个产业的核心和命脉。我们也想在下一轮的政策上，对人才的培养、调整人才的结构和适用人才规模增长方面采取一些措施。

商务部在国务院给的职能和任务当中就关注两个问题：第一个是市场战略，下一步如何尽可能地扩大市场份额；第二个就是做好人才战略，人才战略就是保证我们这个产业能够有一定的国际竞争力的基础。这个产业的国际竞争力主要来自人的竞争力，说具体点就是人的规模，是不是、能不能适应产业规模的发展，人的结构能不能满足产业竞争力需要。前天我们和教育部门领导做汇报，提出这个观点，他们非常赞成，也愿意支持我们在人才的培养、人才的引进方面跟我们合作，找一些更多的合作点，特别是在中高端人才的培养、标准的制定、人才的培养引进等方面加强合作，我想将来我们主办方也会发挥更大的作用。除了和我们商务部合作以外，和教育部、企业、各个园区都可以加强合作。在整个产业发展过程当中，国务院还认定了 21 个示范城市，这 21 个示范城市也是我们工作的着力点，21 个示范城市的国际市场业务占了全国国际市场业务的 97%，做离岸外包服务的企业也主要集中在这 21 个示范城市，21 个示范城市在人才的培养和引进方面，除了贯彻中央的政策以外，它们自己也有一些地方的政策，我们主办方也可以和这些示范城市合作。

服务外包对未来我们全国经济结构的调整，增长方式的转变，特别是对地方的结构调整、增长方式的转变，对整个外贸的结构调整和增长方式转变都会发挥一个非常重要的作用。特别是现在我们的服务外包产业跨界的趋势非常明显，创新的趋势非常明显，如果我们这个产业的发展在跨界融合、创新方面能够有更好的表现，那么我们中国经济在全球的价值链当中的位置就会不断地提高。我们中国经济的价值在全球价值链当中就会得到很好的体现。

我也代表司里感谢主办方和在座的各位对服务外包产业的关心和支持，服务外包产业不光是数据上对我们经济有贡献，从整个跨界融合的方式上，人们的生产、生活方式上，都将会给人们带来巨大的改变。刚才提到的跨界融合里非常具体、有效的方式就是服务外包，如果我们的机构，甚至我们的个人，都习惯了去购买专业服务，那我们整个社会分工，我们的生产方式、生活方式都会发生根本的转变。刚才讲到的移动终端里面有很多服务外包的东西正在改变我们的生活，其实更深层次的改变是改变我们的生活方式。今天我就给大家汇报这么多，谢谢大家！

加拿大温莎大学商学院院长阿兰·康维在京交会·第八届国际服务贸易论坛上的讲话

很高兴能来到这里给大家做一个简单的讲座。多年来，我的工作主要集中在保险业方面，这是非常重要的服务部门。我也和哈佛著名的服务战略家迈克尔·波特合作，研究区域经济和服务业发展。最近他主要的兴趣转向了银行业的发展，我自己的研究主要是地区性经济发展方面，为各种各样的经济发展委员会提供服务。温莎大学商学院设立了企业家创业中心有利于大学和企业家联系起来。

这次演讲的题目相对比较简单，就是《如何能够吸引和促进服务业发展》。下面讲一些相关的基本概念以及加拿大的相关实践和经验。

如何在一个地方创造一个促进服务业发展的环境，关键在于它的竞争力。我们会在当地创立几个大的公司。更重要的一点，经济发展环境要和其他的环境结合在一起形成一个整体，而不是单独独立出来。

对于企业而言，特别是服务型企业而言，要有竞争力，并且具备关键的能力。对于生产性企业而言，它们经常从事和服务业相关事务从而发展核心竞争力。对于服务性企业而言，要想具有竞争力，必须在当地做出关键的选择，选择必须有独特性，能够与众不同，才能保证竞争力持久发展下去。在选择时，要决定生产什么产品，顾客是谁，在什么样的环境和地区发展更有利。这个问题看起来很简单，但是很多公司，仅凭经验没有做出这样有利的选择。

当我们谈及竞争力时，各种界限壁垒不断降低，所以整个世界变得越来越全球化，如市场的全球化、资本的全球化以及知识的全球化。如果我们能够把这些生产性产品运向全球，服务可能更容易在全球流动。在谈到竞争力的同时，即使是生产性企业，它们的一些关键部门也是与服务业相关的。比如加拿大的汽车之都生产重型产品，汽车之都并不代表着所有汽车设计和研发部门都在本地，研发部门可以在企业内部，研发服务也可以从其他企业购买。

成本是一个重要的问题，特别是生产性企业，过去依赖低成本，现在成本越来越高，竞争力逐渐消失。怎么解决这个问题需要进行研究。所有的变化要求企业不断调整才有可能保证竞争力。

进一步阐述关于生产和服务的相关性。我曾经为将近100个大型企业做过相关咨询业务，能够帮它们在汽车行业完成企业之间的竞争分析。即使对汽车这么一个生产性的行业，也单独存在一个服务行业，为汽车里所有的功能提供分析服务。生产性企业很多情况下要和相关的服务联合起来。

1998 年，迈克尔·波特的钻石模型探索了怎样保证整个领域或者整个行业的竞争性。在这个模型当中，最基本的一部分是从企业的角度考虑，收入端的这些特长，包括各种各样的资源——人力资源、资本资源和技术方面的资源，还有基础设施和其他方面的专业化程度等。在服务企业的另一端——需求端，确保有足够复杂或者足够要求的消费群体，使得当地企业能够不断发展。整个模式能够根据企业和消费者特征，产生几个关键性的不同企业。这种不断的压力，能够使得企业不断提高自己，也有些企业就会自然选择，被淘汰掉。

当我们谈了竞争力模型之后，就要考虑在任何区域进行发展时，哪些是关键的因素。虽然绝大部分因素可以在众多环境下都适应，但是更多的情况还是需要具体考虑某一个地区具体的特征来决定怎样发展。某些地区的特长或者优势，可以考虑创新方面的能力，这大概是最关键的一部分。创新的核心能力，不仅仅是对服务企业重要，对过去传统的、古典的生产性企业同样重要。发展有没有相关的资金支持，能不能够借到钱投资，有没有支持性的国家政策。

刚才讲的，我们能不能保证几个关键的竞争性企业存在。同时，要非常关注有些问题可能会阻碍这个服务型企业的发展。所以，在这个可能造成障碍的地方，第一要关注企业管理层的问题，管理层不具有活力，直接影响了企业发展。第二要有足够的人才，服务型人才的发展，不是那么容易能够培养创造出来的。

我们同时发现，没有足够复杂的需求。我们列出了几个关键因素，最重要的是从自己的理念转变上，我们决定某个产品有竞争力的时候，只有真正具有竞争力才能发展。有的领域可能有些优势，但是我们要继续提高和加强这些优势，才有可能继续发展。所以我们的想法就是能够在某一个区域进行发展的时候，在几年之内能够把劣势以长补短，促进服务业的发展。

以加拿大城市的经验来说明不同的地区可以采取不同的政策，可以吸引不同的服务型行业到各个城市来。高附加值的行业可以选择到不同的地区。怎样才能把这些高附加值的行业吸引到特定的地区？如大家都很熟悉的美国硅谷和波士顿 128 公路，波士顿 128 公路是 IT 聚集区。虽然它们有各种各样不同的企业或者不同的特征，共同点是，基本上都拥有最好的大学。在硅谷，斯坦福大学是它的中心。在波士顿 128 公路，中心是麻省理工学院。

以波士顿作为例子，为什么波士顿像一块磁石一样，把好多的高科技、经济、教育吸引到一起，产生高附加值服务业，包括大学、保险、金融、战略、咨询以及波士顿咨询公司，波士顿咨询公司是世界上最有名的咨询公司。部分原因就是波士顿有大量的高校。另外，为什么有这么多大学和企业，部分原因就是哈佛大学和麻省理工学院的存在，毕业生都想待在附近，这样能够和老同学离得比较近，更好地利用当地的资源。在波士顿的金融服务业方面，有个非常重要的咨询行业，它的名字叫 State Street Bank，为所有的企业做大型的信托服务。

回到加拿大安大略省，该省最大的生产性企业是制造业或者是汽车制造业。生产

第三部分 高峰高层论坛讲话汇编

制造业或者汽车制造业最兴盛的时期大概在 2002 年。但在过去 13 年当中走下坡路了。很多的服务性行业开始在多伦多以外发展，但多伦多仍然是金融中心。这种制造业的衰落使得人们开始考虑，从纯粹的制造行为到开始作为服务的一种行为变化。在南安大略省的一些中小城市，过去曾经是汽车制造业的中心，各种各样的组装、零部件加工，但是现在需要转型。我们选择这个城市，也是因为它和加拿大国有银行和国际大型银行服务业相关。我们选择加拿大总部在多伦多的一个大型银行。

首先，多伦多是加拿大最大的城市，虽然不像北京这么大，但是它和北京的交通一样拥挤。它们想把在多伦多很多的金融业务，搬到南安大略省的一个小城市去。这个举措部分可行的原因是一个省的部长，想要把服务业在全省铺开，想把一些大型银行推出多伦多地区。如果我们能够把所有后台的银行业务搬到这个小的城市，就能节省大量成本。银行更关注的是它们是否能够确保有更强的计算机专业人才，保证业务正常运行。它们的想法就是虽然不一定在一个城市，但是确保能够在交通上没有什么太大的问题，需要时能提供及时的服务。

这个小城市离美国非常近，这是一个地理优势。如果他们能够把大型的银行后台业务搬到这个小城市里，就能够很容易进入美国相关的银行业。另外一个举措，这些中小城市的市长决定把美国的超大型银行在加拿大的总部搬到这个城市来，他们没有打算搬到多伦多去，而是搬到这里，原因是什么。结果，有了这么一个超大型银行需求，当地的商学院必须能够为已经工作的银行员工提供培训服务。刚才讲的是安大略省的一个小的城市，下面我们讲一讲加拿大的东部，大西洋边上的一个小城市。

这个城市在五六年前主要是传统行业，要知道在加拿大，煤矿和渔业方面的失业率是非常高的。为了改变这种高失业率的情况，这个城市选择了金融业作为它的突破口。一个跨国公司的全球主任说，我们认为这个哈利法克斯将成为加拿大业务的核心。把这个金融业挪到哈利法克斯，能够节省 15%~56% 的成本。这个城市相当于一个比较偏远的地方。更重要的是，大型的金融业务，能够吸引人才到这个地方。其中的原因之一，哈利法克斯在加拿大有最多的大学，虽然这个城市气候不是最理想，但是能够把人才吸引过去生活，并且愿意留下。在这个地方已经形成一个金融业务群，从而使得那个地方成为加拿大所有保险业最高的集中点，全球最大的保险公司在那里都设立了它们的地区性总部。所以它们一开始的战略就是吸引金融业，然后吸引金融业的总部，进一步发展把非金融业的总部也吸引到哈利法克斯。

这个城市的成功经验说明，我们刚才分析的模型进一步发展有它的可行性。其中几个重要的因素包括，使得哈利法克斯成为具有持续影响力的中心，从现在开始，五六年之后我们能够知道，这个模型到底能不能坚持下去。

在结束之前，我们谈一下为了保证这种发展模型的可持续性，从领导者的角度谈一谈，什么可以保证成功。

第一类是企业家型的领导者，其重要性是能够发现目标，寻找资源，让企业进一步发展。第二类更多像一种行政型的领导者，保证所有的一切能够有序运行，不会出现差错。第三类是个人型的领导，更多的是怎样制定和实施战略，但是更重要的就是，我们怎样确立企业的价值和文化。

企业家型的领导者，他们最关键的一点就是在制定战略时一定不要别人这样做，我也这样做。有太多的企业都是看到别的企业成功了，试图去学习别人。我们应该学习，但是更多的应该是变化，找到自己的特长。行政型的领导者，保证企业平稳运行的关键点就是自上而下和自下而上的两种结合。无论是对一个区域而言，还是对一个企业而言，重要的是充分利用人才进行发展。这是一个关键成功因素，很多企业没有做到自上而下和自下而上的共同变化。个人型的领导，关键点是制定价值和价值观。这个价值，主要是作为一个技术或者作为相关的更高层员工，要明白在企业中，他的价值在什么地方。对于价值观这方面的树立而言，更重要的是考虑他的员工不是为了工作而工作，不是为了钱而工作，他要有更高的人生追求。

在中国、世界各地进行不同的交流和交换过程当中，重要的是，要有各类高等院校的加入，一定要有大学能够提供相应的人才。我们这个商学院的学生们自己创造了第一个技术企业孵化器或者加速器，作为创业的场所。我们的学生也有机会在汽车零部件相关的服务业行业进行实习，学生们非常年轻，但是他们可以教具有 50 年、60 年、70 年甚至 80 年历史的企业如何进行营销，如何推动服务业的发展。

我的想法是，我们要鼓励学生们这样做，鼓励大学这样做，同时我们要要求他们这样做，因为那是最好的办法，能够保证我们有足够的人才，让区域发展走向成功。

谢谢！

商务部副部长房爱卿在中国（国际）
会展业发展大会上的主题发言

各位嘉宾，女士们、先生们：

大家上午好！非常高兴参加中国（国际）会展业发展大会，和各位嘉宾一起探索推动中国会展业市场化发展的新思路。会展业是现代服务业的重要组成部分，也是连接生产与消费的桥梁和纽带，不仅能促进供需对接，拓展流通渠道，而且对区域和行业经济发展有着强大的拉动作用。会展业是经济增长的加速器，据统计，全球会展产业每年直接经济效益超过 3000 亿美元，为世界经济带来的增长总额超过了 3 万亿美元，约占全球 GDP 总和的 4%。

会展业是城市发展的助推器，各类展会汇集人流、物流、资金流、技术流、信息流，有效拉动了餐饮、住宿、交通、零售、旅游等众多服务业的增长。会展业是劳动就业的吸纳体，提供和催生了一大批的就业机会。有分析表明，在大城市每增加 1000 平方米的展览面积，就可以创造近百个就业机会。

随着中国经济的快速发展，中国会展业已经成为推动经济社会发展的新动力，在转变经济发展方式、优化产业结构、打造中国经济升级版方面发挥着积极的作用，并呈现出以下特点：

（1）会展规模持续增长。据初步统计，2013 年全国举办展会超过 7000 个，较 1997 年增长了近 6 倍。截至目前，全国会展场馆总数为 300 多个，可供展览面积 1200 多万平方米。据有关资料显示，中国对外经济技术展会展出净面积和专业展馆、室内展会面积均居世界第二。

（2）地域分布较为集中。我国展馆建设和展会主要集中于经济发达的环渤海、长三角和珠三角地区。据统计，环渤海、长三角和珠三角三个地区的展会数量和展馆可供展出面积分别占全国的 62% 和 59%。

（3）办展主体多元化。政府、行业协会及各种所有制企业在我国展会市场中各显其能，全国 5000 平方米以上的展会中各类企业办展约占 57%，行业协会办展约占 20%，党政机关和人民团体办展约占 23%。

（4）新兴展会快速发展。随着传统展会的迅速发展，交通运输、金融保险、文化旅游等一系列新兴服务贸易展会呈现出快速发展的态势，涌现出了一批产业特点鲜明、行业影响显著的展会。例如，引领服务贸易的中国（北京）国际服务贸易交易会，推动文化交易的中国深圳国际文化产业博览会和促进技术贸易的中国上海国际技术进出口交易会等。

第三部分　高峰高层论坛讲话汇编

今天，我们在这里举行中国（国际）会展业发展大会，主题是中国会展业的市场化道路，对此我谈几点看法。

第一，会展业要又好又快发展，必须走市场化的发展道路。

中国共产党第十八届三中全会提出，让市场在资源配置中起决定性作用。会展业的市场化核心就是按市场规律办事，充分发挥市场在会展行业资源配置中的决定性作用。具体而言，就是展会本身要由市场主体来办，应市场需求来办，按市场规律来办。

近年来，中国会展市场正逐步与国际市场接轨，展会规模迅速扩大，产业链条进一步延伸与发展，已经形成了一个设计领域广、覆盖行业全的展会行业，而中国会展业的健康可持续发展正是得益于走市场化的发展道路。目前，中国会展业与发达国家比，总体上还有一定的差距，仍处于会展大国向会展强国的转型期。只有继续坚持走市场化的发展道路，才能真正实现又好又快的发展。

在新形势下，中国政府部门将加快转变职能，创新管理方式，提供优质的公共服务，引导合理布局和行业自律，加快会展业行业市场化进程，鼓励各个行业走品牌化道路，为会展业发展创造统一、开放、竞争有序的市场环境。

第二，会展行业要明确定位，最大限度满足市场需求。

会展活动是需求导向式的经济行为，其供求关系反映市场的基本规律，因此会展的组织者和提供者一定要充分了解市场需求，掌握会展活动的基本规律，明确自身定位，真正成为参展商和采购商之间的桥梁和纽带，充分实现宣传推介、信息交流、展览展示、交易洽谈、开拓市场等多种功能。

第三，会展企业要创新模式，利用信息技术搞好运营，提供服务。

随着互联网、移动互联网技术以及多媒体视听技术的蓬勃发展，会展活动与网络信息平台正快速实现相互融合、相互促进。展会模式发生了前所未有的变革，传统展会逐步开始运用信息技术提供服务，进行管理，促使传统展会改变固有的模式，打破会展的时空局限，形成了线上线下融合一体化的服务体系，真正实现网络信息平台与传统展示平台的有机融合，展现出更为强大的生命力。

第四，会展市场要规范秩序，加强知识产权保护和信用体系建设。

近年来，在中国会展业迅速发展的同时，低水平的重复办展、无序竞争、恶性欺诈等情况依然存在，扰乱了市场金融秩序，损害了会展业在社会公众中的形象，影响了中国会展业的长远、健康发展。为进一步规范会展业市场，我们将结合行业特点和市场需求，加强会展业知识产权保护，支持和鼓励办展主体通过专利申请、商标注册等手段保护展会的知识产权。加快制定并推广经营服务、节能环保、从业人员资质、岗位规范、信息技术等行业标准。进一步研究建立全行业的诚信体系，探索建立信用档案和违法违规单位信息披露制度。积极推动成立全国性会展业行业协会，切实提高行业自律水平。

第五，会展业要加大改革力度，完善法律法规体系建设。

建立合理、科学、有序、高效的会展业法律法规体系，是保障中国会展业健康发展和走市场化道路的重要前提和关键。为保障行业发展，我们将积极推动构建完善的会展业法律法规体系，加大改革力度，下放审批权限，简化管理程序，创新管理模式，完善市场运行机制，清理妨碍公平竞争的政策规定，破除阻碍会展业健康发展的"玻璃门"和"弹簧门"，倡导有序竞争，推动会展业走上市场化、专业化的发展道路。

女士们、先生们，京交会作为国际级、国际性、综合性服务贸易交易平台，为会展业的交流合作创造了难得的机遇。我衷心希望会展业的同仁能充分利用好这个平台，抓住机遇，深入交流经验，广泛汇集信息，全面开展合作，不虚此行，为推动中国会展业又好又快发展做出新的贡献。

最后，预祝本次会议取得圆满成功，谢谢大家！

国务院发展研究中心市场经济研究所所长任兴洲在中国（国际）会展业发展大会上的发言

各位领导、各位来宾：

大家上午好！非常高兴又一次参加中国（国际）会展业发展大会。今天很多新老朋友济济一堂，大家共同来研讨关于我国会展业市场化发展的问题，我觉得非常重要。那么我在这里也就我国会展业市场化发展的几个关键条件跟大家做一个交流。

我想市场化是一个大的方向，可能有几个关键问题需要解决，其他的问题不大。因为只要有合适的体制和机制，有市场需求，一定会产生市场供给。但是有一些关键问题不解决，这个市场化是没有办法形成的。所以，会展业市场化的几个关键条件和关键问题是什么呢？在这里跟大家做一个交流。

让市场在资源配置中发挥决定性作用是党的十八届三中全会决定里面提到的，从原来的基础性作用转变为决定性作用，两字之差实际上意义重大。它是我们国家社会主义市场经济内涵的质的提升，是最大的亮点和重大理论创新，是思想解放的重大突破。同时这一理论也使改革有了原则和检验的尺度，那么改革是否到位，如何检验？就看市场在这个领域里是不是发挥了配置资源的决定性作用。在这样的理论突破前提下，谈谈我们会展业发展、市场化发展的几个关键性条件：

第一个最为关键的条件就是清晰地界定政府在会展领域的职能和作用。这个问题在其他的国家恐怕不是最大的问题，但就中国而言，这个问题在目前确实是一个核心的和关键的问题，因为我们是从计划经济逐步转轨到市场经济的，原来会展这个领域也很大程度上是政府主导的，甚至很大程度上是政府审批的一个领域。那么政府如何解决好和市场的关系？政府在资源配置中到底发挥什么作用？在我们国家可能是亟待解决的问题。

政府应该是引导资源配置，而不是直接配置资源，在这个问题上政府"这只看得见的手"要不越位，并适时补缺位。我觉得我们国家会展领域的职能转变重点有以下几个方面：第一，总体上放松管制，取消或者下放行政审批，减少审批事项。第二，实行科学的分类管理，不能对所有的会展全部采取一样的管理制度，应该进行科学的分类。对不同类型的会展实行不同的管理方式。有一些特别重要的，国家还是要管理，如一些重大的会议。大家知道亚信会议刚刚在上海举行，像这样非常重要的国际会议一定是需要特殊管理的。但是就一般的市场化的会议，应该有不同的管理方式。第三，明确会展准入机制和主体的资质条件，逐步从审批制向备案制转变。我觉得10多年来我们会展业有了长足的发展，从审批制逐步走向备案制已经具备了条件。

另外，应从以政府为主导办会办展向以市场为主导办会办展转变，大幅减少政府在这方面的资源配置。我们可以理解，就中国而言，在会展业的发展初期，如果没有政府的主导，没有政府的支持，甚至没有政府的搭台，会展业的发展可能会遇到比较多的困难。但是我们这个市场已经发展了10多年，应该说市场化发展的条件已经逐步成熟，在这个过程中政府应该逐步地从前台向后台的服务转变，把整个市场的具体运作交给市场主体。

那么政府做什么呢？政府应该组织制定行业的规划，加强监管，维护市场秩序，反对不正当竞争，加大监管的转型和执法力度，防止市场失灵。就会展业而言，它的市场化也不能解决所有的问题，有一些还是要发挥好政府的作用。政府这只"看得见的手"还是应该发挥它应有的作用，如环境的打造，秩序的维护，公共服务的提供，加强会展环境的营造及基础设施的建设和服务，这些都应该是政府来做的。

同时通过相关的政策加以引导也是需要的，清晰地界定政府和市场的关系在我们国家是非常关键的。没有这个界定，没有政府和市场关系的处理，我们的市场化、会展业的市场化将举步维艰。

第二个大的关键性条件，我认为是着力完善会展领域的市场机制。

我们说市场配置资源，但是我们国家往往只要一放开某个领域就一定会乱。原因是什么呢？市场机制配置资源、发挥决定性作用，必须要有规范的市场机制。所以市场配置资源并不是盲目的，而是要有条件的。这个条件主要是以下几个机制：

一是明确的准入机制，建立公开、透明、开放的市场规则、法律体系，在市场准入中引入负面清单的原则。也就是说，会展里面哪些是需要政府来管理的，哪些是可以由市场配置资源的，这样的规则要清晰，准入规则要明确。

二是完善的市场机制，需要一个统一、开放、竞争、有序的会展市场体系，有完整的上下游和整个生态链组成的有机体系。

三是透明的监管机制，实行有效的市场监管，清除和废除妨碍市场公平竞争的规定和做法，反对地方保护和不正当竞争。在会展领域里，如何打破地域之间、行业之间的壁垒也是必要的。

四是严格的失信惩罚机制，刚才房部长提到建立行业信用体系，实行严格的失信惩罚，让诚信成为诚信者的通行证，让失信成为失信者的墓志铭，在这里失信惩罚机制是非常必要的。

五是市场决定价格的机制，随着会展业市场化逐步成熟，一定是市场决定价格的形成。这些机制如果不断地建立和完善，将形成一个能够承担配置资源能力的市场体系和市场机制。

第三个重要的条件是我们国家要创造各类会展主题平等发展、公平竞争的制度环境。

一是促进各种所有制的专业化、市场化的会展主体共同发展。最早的时候很多都是国有的会展公司、展览公司，这些年来民营的甚至国外的一些公司也进入中国，多种所有制经济共同发展的格局正在形成，未来的会展业市场一定是多元主体竞争的市场。

二是保护产权，在使用生产要素参与市场竞争、法律保护、依法监管等方面，所有的所有制主体应该一律平等，这样才能促使所有的主体公平竞争。无论什么所有制，只要在市场上有竞争能力、符合市场的规则，就能得到平等竞争的机会。

三是促进民营会展企业的发展，这些年来，我国民营经济在会展领域发展势头迅猛，占比越来越高。在展馆的投入方面发挥了民间资本的积极性，这部分市场化程度比较高的政府比较早地放开了这方面的市场。由于放开民营资本进入这个领域，所以出现了很多民营的展馆、民营的展览公司。

当然，也要发挥国有主体在会展业中的作用。国有经济在发展中要防止行政权力渗透到会展企业中，而且有一些会展企业应该逐步与相关的政府机构脱钩，使它成为真正的市场主体，而不是把很多的政府资源、无形资产渗透到这些公司里面，应该让各类主体都在一个公平的平台上竞争。

另外，也要为中小会展企业创造发展环境，很多国家对中小企业给予了支持，我们当然希望我们的会展业做强做大，但是在整个会展业生态链上肯定有大有小，我们要为那些专业性服务的会展企业创造良好的条件。

第四个关键条件是应该加大对会展知识产权的保护力度，鼓励创新。

要鼓励和支持会展企业的创新，特别是鼓励原创，现阶段我们很多会议和展览是拿来的，就是把国外的会展吸引进来，或者是把国内成熟的会展吸引过去。但是我们原创的、创新的力度还不足，那么什么是引进、吸收、消化再创新？我们要有合理的界定。

当然，在这种情况下必须建立会展知识产权的保护机制，严厉打击侵犯知识产权的行为，形成良性的行业规范。现阶段在我国有很多辛辛苦苦创新出来的展会、会议、展览很容易被模仿，良莠不齐，市场秩序非常混乱。那么如果没有知识产权保护谁还愿意创新呢？如果没有创新我们中国的会展业如何向前发展呢？我们符合中国国情的原创性会展怎么发展得起来呢？所以一定要有知识产权的保护。

当然，如何探索会展领域专利和专业服务品牌的相关制度也是非常重要的，什么样的可以申请专利，什么样的是特殊商标品牌，这方面要形成一个体系，在这种情况下要保护那些创新企业有更大的发展空间。

第五个最重要的条件是完善会展领域的税收和金融支持政策。

在科学合理分类的基础上，完善会展领域的税收和金融支持政策。对那些重要领域以及关系国计民生的会展项目，以及环保、绿色会展项目给予一定的政策支持，对品牌会展给予必要的融资支持。例如，如果某个展览做大了，政府不一定给予财政支持，但是可以给予融资方面的支持，鼓励我们品牌的展会、会议做大。但是对那些国家重点引导的展会要给予一定的支持，如税收方面的和其他方面的支持，而且这些税收和金融方面的支持政策要形成一个完善的体系。

第六个关键条件是建立专业性、复合性的会展人才培养体系。

会展要做大，中国要成为会展强国，别的体制机制固然重要，但是拥有这样的人才更重要。刚才在下面我跟成都市的副市长聊天，他讲成都会展业虽然有了长足的发展，但是总体来讲专业人员不足仍然是一个瓶颈。我想连成都都这样，那么我们很多城市都面临这样的问题。我们缺的是会展人才，我们要搞市场化，没有这样的人才是不行的。那怎么样形成这样的人才体系呢？第一是正规的大专院校教育机构的培养，这是非常重要的。第二是专业培训机构的培训，针对性的培训也非常重要。第三是继续教育的培养。总之要形成一个培训整体，才能逐步培养出复合型的专业会展人才。

有了人才，再有我之前提到的很多市场机制，我们会展的市场化才能够向前推进。这所有的方面都是非常关键的，是中国会展业市场化的关键条件。只要有了好的体制和机制，我们的会展业就会产生供给，我相信只要有需求就一定会产生供给。那市场的规则、很多的人就会自己去创造这个市场的需求，不用政府操心，只要这个市场主体是完善的，是公平竞争的。

在这样的背景下，会展业市场化发展对会展行业本身也提出了一些新的要求。

第一，如何研究探索我国会展市场化的规律，市场配置资源要符合规律，我们中国特色的会展业市场化规律是什么呢？与国外有很多相似之处，但是也有不同的地方。那我们的会展规律是什么？需要我们逐步去探索。

第二，会展市场如何进一步细分，如何形成会展业的产业链、服务链、生态链，提升价值。如会展业生态链有办会主体，有地方政府，有会展企业，有展馆、服务主体、营销团队、宣传媒体，构成了整个产业链、服务链和生态链，我们怎么形成这样的链条呢？另外，我们的市场会越做越精，越做越细，市场细分是什么？需要我们实践中探索。

第三，品牌会展的打造和发展，如何彰显品牌价值。

第四，如何将现代信息技术和高科技手段运用于会展业，会展业将是运用前沿技术的领域。

第五，线上与线下会展的结合，如何把互联网发展与会展业融合起来并向前推进已经是非常现实的问题。有人说，从理论上讲，互联网会对所有传统行业形成大的冲击和挑战，使原来的行业有一个大的调整和整合，重新洗牌。那么在互联网和现代信息技术发展的情况下，会形成什么样的新格局呢？需要我们去探索。

第六，会和展，我们总在说会展，但是会和展实际上是各有规律的。那么如何把会和展结合起来协调发展，是市场化需要讨论的。

第七，会展的策划、营销和自身的发展规律。国外有很多好的实践，我国应如何在借鉴的基础上形成中国会展发展的自身规律呢？

第八，必不可少的是会展和城市之间的协调发展，刚才我和成都市副市长讲，会展一定是在一个城市作为载体，作为一个平台，城市和会议之间、品牌城市和品牌会展之间形成有机的结合，将是非常有中国特色的。例如，我们可能一说广交会就会想到广州，一说到很多会展就会想到北京、成都、上海、昆明等地方。

第九，会展业的对外开放，我说关键条件里面实际上还有对外开放，首先是引进来，但更多的是将来要逐步走出去，这也是我们面临的很重要的课题。

第十，发挥我国会展行业协会、商会、研究会的作用和职能。将来在市场化的背景下，政府会逐步弱化直接干预和参与，会展行业一定要有专业的行业管理组织，那就是协会、商会还有研究会。刚才我说的如何寻找规律，如何形成中国特色的会展行业，这些都是需要进行深入研究的。所以这些行业管理组织、研究机构应该在市场化的发展道路上发挥它们应有的作用，同时这也是我们会展生态圈中的重要一环。

以上是我对中国会展市场化发展的几个关键问题以及会展行业需要研究和探讨的问题做的一个发言，不对的地方请批评指正，谢谢大家！

国际展览业协会执行副主席陈先进在中国（国际）会展业发展大会上的发言

各位领导，各位会展界的朋友：

大家上午好！2013 年下半年，商务部根据中办、国办通知的精神，对各党政机关和人民团体举办节庆、论坛、展会活动进行了清理规范工作，目的是解决政府在发展会展业中的定位、作用和职能问题，从而加快我国展览业的市场化步伐。这与十八届三中全会提出，经济体制改革的核心问题是处理好政府与市场的关系，使市场在资源配置中起决定性作用和更好发挥政府作用的要求是完全一致的。

今天我将谈一下各国政府和展览企业在这方面的实践和经验，我的发言分成三个部分：第一部分是从展览场馆的投资与管理、展览项目的组织和运营、政府的定位和作用这三个方面介绍全球展览业的一些基本做法。第二部分是把国际展览业市场化的一些特点和趋势做一个概括和总结。第三部分是提出三点关于加快我国展览业市场化水平的建议。

第一部分，全球展览业市场化的现状。

1. 展馆投资和管理

为了让案例更有代表性，我选择美国作为北美的样本，德国、法国、意大利、西班牙、英国作为欧洲样本，日本、韩国、泰国、新加坡及中国台湾和中国香港地区作为亚洲的样本来进行比较。各国对展览场馆的投资管理都根据本国的实际情况来确定，在美国几乎所有的展览场馆、会议中心都是由政府投资的。这里的政府不是中央政府而是地方政府，在欧洲场馆投资和管理的模式因国家而不同，德国、法国、意大利、西班牙等展览业比较发达的国家，其展馆也是由政府投资，公司化管理。英国的情况则不同，由私人企业进行投资和管理。在亚洲，展馆投资管理的模式更显现出多样化的特点。在日本、韩国、中国香港、中国台湾等国家和地区，政府或者政府的代表，比如半官方的贸易促进机构成为场馆的投资者和管理者。而泰国最大的两个场馆只是由私人企业投资的。新加坡是一个混合型，在新加坡的三大展馆中，有两个是私人投资，一个是政府投资。

2. 展览项目的组织和运营

我们可以就展览项目的组织者和运营者把它们分成三类。第一类是展览场馆，如果这个展览场馆是政府投资的，那么它们也是国有企业；第二类是行业协会；第三类是纯展览的主办企业。这里主要是指私人企业或者是上市公司，在市场经济比较发达的国家是没有纯国有性质的展览主办单位的。美国展览的主办者非常清楚，70%的贸易型展会是由行业协会主办的，30%的展会是由私人企业主办的。美国的场馆经营者不做展览主办者，当然了，我后面还要谈到在这一两年里面情况也发生了一些变化。德国、意大利、法国和西班牙的过半数展会是由展览场馆组织和运营的，所以它们既是房东也是房客，双重角色的作用使场馆方基本控制和主导了这个市场。当然这些展会也得到了行业协会的支持和参与，在这些国家私人展览公司的作用非常有限。英国则不同，主要由私人展览公司为主导，亚洲的模式和亚洲场馆投资的模式一样也呈现出多元化的特点。日本、新加坡以协会和公司为主，韩国、中国台湾和中国香港是以政府或者投资贸易为主导的，私人企业很难有空间。泰国是私人场馆加上政府办展这两个的结合。

3. 政府的定位和作用

这里将政府分成了几层，第一层是中央政府，第二层是地区政府，第三层是城市政府，然后是政府控制的公司，把它们的作用分成投资场馆、组织展览、行业的促进和市场的规范这几个方面。大家可以看到，在投资场馆方面，中央政府是非常罕见的，罕见就是基本上没有，但是地区政府和城市政府是一种常态，它们经常作为场馆的投资者。当然政府控股的公司也能见到，但是比较少。在组织展览方面，中央政府、地方政府和城市政府基本上是不组织的，我指的是经济贸易性的展览会。而政府控股的公司经常作为组织者，中央、地方和城市政府常常负责行业的促进工作。在规范市场方面，中央政府和城市政府做得比较少，企业更是不会产生这样的作用，主要是地方政府的作用比较大。

美国是典型的市场经济的国家，政府除了投资场馆外，从不参与展览会的组织。目前我们能看到的就是美国的地方政府有一个旅馆税，地方政府从地方收税以后，把这个税用于投资场馆的运营和扩大。因此美国的展览公司和美国的一些行业协会，能够间接得到租赁费相应比较低廉的优惠，但是政府自己不做展览。德国、法国、意大利、西班牙等国家的场馆方，我刚才说了既是房东也是房客，而且它们都是由地方政府和地方工商会来进行投资的。但是同时在这些国家也存在着一些私人的展览公司，因此规范市场，确保公平竞争成了政府的一项重要任务，这些政府或者这些政府的代表，比如像展览的一些组织是通过法律，或者通过这些组织制定的一些规章和制度来实现规范市场的目标。

亚洲的展览业发展比较晚，因此政府在市场规范方面还处于起步阶段。韩国曾经通过了一项展览法律，新加坡有一个展览鼓励计划，泰国政府也出台了一个鼓励展会的规定，但是我看这些都是以鼓励更多的展会到这些国家来举办为主要目的，而不是主要起规范市场的作用。所以真正规范市场，保证公平竞争的规定在亚洲地区还并不太多。这就是我讲的第一部分，简单介绍一下国际上的一些情况。

第二部分，国际展览业市场化的特点和趋势。主要是一个模式，两个弱化，三个热点。

一个模式。没有全球展览业市场化的统一模式本身就是一个模式，由于各国的历史背景不同，经济发展阶段不同，市场主体不同，所以展览市场化的体制和机制也不同。各国都是根据本国的特点对展览业的市场化进行设计和实践，因地制宜、因国而异、多元化、多样化成为模式的特点。所以在市场化模式问题上，我们既不要妄自尊大，也不便妄自菲薄。我在和很多同志交流的时候，发现大家都非常羡慕德国模式，认为非常好，为什么？因为现在世界上商展前100强，大概60%的项目都是在德国举办的。但是德国模式的产生有其特殊的原因：一是"二战"以后德国大多数城市都被夷为平地，包括展览场馆和配套设施都成为了一张白纸。二是战后的德国经济急需重建，德国政府需要有一些抓手，而大量的重建工作就必须以政府为主导。三是德国在"二战"以前在办展上就有一些传统。

所以这三个原因就造成了德国展览业变成今天这样的一个模式，而国际展览界都认为这样的模式在今天很难进行复制和模仿，所以这是第一个特点，就是模式的问题。

两个弱化。第一个弱化是弱化政府对本国商业性展会的参与，在市场经济国家政府一般不参与本国经济贸易展会工作。其一，政府不审批这些展会。其二，政府不可能动用行政资源去帮助这些展会招商招展。其三，政府更不可能动用政府的预算资金来支持补贴这些展会。最后即便在冠名的问题上我们似乎都很少看到在国外经济比较发达的市场化国家，贸易性、经济性展会主办单位有某某国家，某某部，某某市政府这种名称，这是第一个弱化。

第二个弱化是弱化政府对展馆的投资和运营管理的财政支持。我前面曾经讲到，美国的绝大多数展馆和会议中心都是由政府投资的，而且各个地方政府都设置了旅馆税支持这些展馆的运营和扩建。但是近两年来美国政府开始逐年减少这部分的资金，使相当数量的展馆不得不想办法进行创收。它们提高场馆的租金，这些场馆也希望介入展会的主办业务，成为展会的主办者，那么这两个弱化中，特别是第二个弱化使得展馆成为展会的主办者以后，就和现成的行业协会和私人展览公司发生了很大的冲突，所以美国的协会现在正在和美国的地方政府进行讨论，是不是对场馆的做法提出一些质疑。这就是两个弱化。

三个热点。展览市场的基本主体和主要利益集团大致为三类，第一类是展览场馆，第二类是展览主办体，第三类是展览供应商。服务主体和投资者又分为政府投资和民间投资，因此各种利益关系和竞争关系都比较复杂，"你中有我，我中有你"的现象经常可见。目前，我们在研究讨论的热点问题有这样三个。

第一个问题，展馆供求关系失衡的问题。当一个城市出现几个展馆，或者场馆的总的供应量大于市场需求的时候，展馆之间或者展馆和主办者之间的竞争就会出现一个白热化。一方面，展会的主办者有了更多的选择，他可以得到更多的优惠；另一方面，整个展览秩序的改变会带来新的挑战。我这里给大家举这么一个例子，香港大家知道，原来只有香港会展中心一个展馆，前两年又成立了一个亚洲展览馆，在机场附近。这样在香港就出现了两大展馆这样一个现象，自从有了亚洲展览馆以后，这两个展馆题目和内容高度相同的同室操戈的现象时有发生。举实例说明，在香港会展中心举办的一个展会，在举办展会的同一天，在亚洲展览馆也举办了一个同样题目的展会，而且在亚洲展览馆举办展会的组织者，派了数十个志愿者分别站在香港会展中心的各个路口，对进入会展中心的专业观众进行个别游说，当场注册，并邀请他们乘免费的班车到亚洲展览馆去参观，从而拉走了不少专业观众。所以在香港会展中心举办展会的主办者非常头疼，他就跟场馆说你们得管，这个是不公平的竞争。场馆说我们很为难，这些人都站在我们场馆的外面，站在马路上，站在公共的地方，我们没有办法去管这些人。香港本来也是一个高度自由竞争的地区，出现了这么一个亚洲展览馆以后，现在也发生了两个题目高度相同的展会在互相竞争的态势，这是第一个热点问题，大家也在讨论这个问题该怎么办。

第二个问题，场馆的经营者同时成为展览的组织者。绝大多数的纯展览公司不希望展览公司经营者成为展览主办者，他们希望房东和房客要各司其职，互不干预。事实上这种观点是不可行的，场馆方也是主办方的情况比比皆是，各个国家都有，不光欧洲是这样，刚才我讲的美国也出现了这个苗头。所以我认为各司其职，井水不犯河水不是一个合理的诉求，但是我们可以讨论一个问题，如果场馆方也成了主办方，那么他们是否应该建立一套公开、公平、透明的租馆政策，对客户的展会和自己的展会一视同仁，让政府能够在这方面有所作为，能够进行一些监管？这是第二个热点问题。

第三个问题，题目保护。有些地方为了保护展会采取了题目保护，就是在质量较好的展会举办一定的时间，比如说一个月，三个月或者更长的时间，不批准第二个同类展会举办。现在的问题是市场经济是鼓励竞争的，只有竞争才能进步，才能使消费者得益。显然已经占有市场的企业是不欢迎这种竞争的，题目保护的措施客观上排斥后期希望参与竞争的企业。我们过去也曾经说过反对重复办展，后来发现这个口号有点问题就改了，改了以后就变成反对低水平的重复办展。所以我们是否应该考虑取消题目保护的措施？只要新的竞争者符合条件，又具有更先进的办展理念和手段，政府就应该欢迎他们进入，通过竞争迫使效率低、效益差的企业退出市场，最终使我们的参展者和我们的观众得到更大的实惠。

第三部分，关于提高我国展览业市场化水平的三点建议。

从上面介绍的一个模式，两个弱化，三大热点的内容中我们可以清晰地看到，要提高展览业的市场化水平，根本的是要处理好有效的市场和有为的政府之间的关系。对会展市场经济我们并不陌生，中国展览业发展30年来，特别是近20多年所发生的一切，是任何计划都计划不出来的。从过去只有国有展览公司的一花独放，到现在所有制的百花盛开，从过去的展览配套几乎空白，到今天展览产业链完整、齐全，这些都是市场经济创造的奇迹。但是我们也应该看到，我国经济体制的改革试点不是自由发达的市场经济，而是政府高度干预的计划经济，现在会展业市场化的重心仍在理清政府边界，解决展览业上出现政府的缺位、越位、不到位的问题。下面我提三个建议：

1. 尊重市场经济的基本规律

政府主导办商业性展会的模式应该尽快结束，我们知道经济性贸易展览会应不应该办、应该谁来办、应该在哪里办、应该怎么办，都应该按照市场的需求，而不是取决于政府部门的主观想法。政府应尽快转变职能，从具体主办项目，具体参与展会的经营中脱离出来，不做运动员。大家可以看到 2014 年 5 月 20 日政治局召开集体学习会的时候，总书记也提出要减少政府对微观经济活动的直接干预，让市场在所有能够发挥作用的领域都充分发挥作用，所以我想第一个建议还是要尊重市场经济的基本规律。

2. 改革审批制

对国际经济技术贸易展览会的举办进行事先审批，是改革开放以来政府主管部门的一项权力事项。从历史的角度看，这项审批制度对促进我国展览业的国际化水平，引进先进技术和设备，加快对外开放等方面发挥了积极的作用。但我们也知道，审批制度的实际效果在当时来说是解决了在当时历史条件下的外汇管制、进口管制，对暂时入境的展品单一所带来的机制体制的瓶颈问题。今天随着我国对外开放 30 年的实践的推进，这些问题已经不复存在，因此我认为目前对国际来华展览要进行事先审批，实际上是政府对市场的不公平。它加强了政府的权力，限制了市场的效率，也容易产生寻租空间。

正如先前介绍的，成熟的市场经济国家是没有审批制度的，我们应该立即对这些审批制度进行改革。作为第一步，可以把审批制度改为核准制，即政府把条件公布出来，在规定的时间里必须答复申请者核准与否，如果不核准应当说明原因。或者进一步改为备案制，把事先审批变成事后监督，申请者报备案后就可以做，而不需要政府同意，出了问题再由政府进行查处。

3. 建立一个公平开放透明的市场规则

处在高速发展中的中国会展业需要政府办什么？是需要政府主导办展吗？当然不是，因为这是政府的越位，需要政府以总量控制、程序合规、结构优化、布局合理、注重时效的思路来管理行业吗？我看也不是，这是某种程度的错位。当前最需要政府做什么？是做政府缺位或者不到位的事，那就是要加强监管，建立一个公开、开放、透明的展览市场规则。其主要内容是各种所有制形成的主体，都享有同等权力，同等地位，遵守相同规则，承担相同责任。

大家都知道，政府是一只有形的手，既然是有形的手，我们就要看得见政府这只手在发挥什么作用，所以这里我想举两个例子给大家做一个了解或者是参考。

第一个例子是法国最大的场馆——Viparis，一开始是由法国政府投资的，2006 年，法国政府就准备把这么大的政府投资的场馆交给一个私人企业、一个法国最大的展览主办者进行管理。当时政府也非常担心把这个场馆交给了私人公司，最大的展览主办者会不会利用这个场馆形成一些不公平竞争的情况，所以为了避免私营公司形成这种情况，在法国财政部的主导下，场馆的投资方，也就是法国政府和巴黎大区的工商会，和这个管理公司签订了一份条款详细的协议。我看了看这个协议，可能对我们会有一些帮助。这个协议里有一些原则，我这里想介绍一个，就是它租馆的原则。

它里面总题目叫非歧视原则，提到了三大原则。第一个原则叫重要展会原则，凡是重要展会到这个场馆来租场地有优先权。那么什么叫重要展会？重要展会的区分标准就是面积，10万平方米以上就叫重要展会。而且它把重要展会的每一个题目都公布出来，每年有10个、15个重要展会。但是要求重要展会的组织者必须在展会举办的前20个月跟它签订合同，如果不签订合同那这个场地的时间就可以放到市场上随意出售，这是第一个原则。实际上我把它叫作"小展让大展"的原则。第二个原则叫作主附条款，如果大家做航空业的会非常清楚什么叫主附条款，就是在这个展馆举办过的展会，比如说2014年里或者过往举办过展会的，租过场地的可以有优先条件，当然时间有10%左右的可变性。称作"新展让老展"原则。第三个原则很有意思，因为现在的场馆管理者也是做自己的展会的，他也会不断做新的展会，这些新的展会如果和市场上已经存在的展会发生冲突的时候，怎么办？这个条款里规定必须要先让给市场上现有的展会，这叫什么？就是"主人展让给客人展"的原则。

法国财政部讲的规则非常详细，全部公之于众，按照这个进行展会计划和安排。所以这个非歧视原则讲得就非常清楚。当然还有个定价机制透明的原则，政府管得很多，不是不管，因为它是法国巴黎最大的展馆，所以费用不能让它随便定的，它有一个建筑行业的规范标准，按照这个标准进行定价。还有个很有意思的原则，就是关于场馆里的配套服务到底谁来做的原则，它分成三个配套服务：强制性、专属性和竞争性的。并分别做了具体规定。

我看了以后很受启发，政府这只"看得见的手"我们明明白白能看得见，而且法国政府指定了一个代表，专门负责调解场馆当中发生的任何矛盾。Viparis的CEO跟我说2007年他们接管之后，现在法国财政部的代表没有接到过一项投诉，他很自豪，认为他在场馆租赁透明度方面做得非常好。

第二个例子是2014年4月初在《华尔街日报》的网站上发表了这么一个消息，CCI Penalizes ITPO WRs6.75，什么意思呢？CCI是印度的竞争委员会，这个例子是什么？是印度的展览协会向这个委员会提供了一个投诉。在德里最大场馆的管理者ITPO，相当于中国的贸促会，实际上就是印度的贸促会。印度的展览协会向印度竞争委员会，或者我们叫反垄断委员会提出这样一个诉讼，认为ITPO在管理场馆过程中运用了不正当的手段。2007年ITPO规定了两个同类型展会的间隔时间的规定，到了2011年又对这个规定做了修改，按照这个规定对外进行场地租赁。印度的展览协会认为这个修改有利于ITPO自己主办展会，而对外面展览主办者的展会到里面进行展览形成不公平竞争，于是他们就上诉到印度的反垄断委员会。反垄断委员会判下来了，判ITPO输了，罚了6750万印度卢比，相当于125万美元。奇怪的是ITPO是政府的机构，相当于我们的贸促会，反垄断委员会认为这样的规定错误运用了ITPO的主导地位，对市场造成了不公平竞争，所以这是第二个例子。

上面两个例子说明了在市场监管和保护市场公平竞争方面政府的管理职能非常重要，也能够有效建立一个公开透明的机制。建立一个公平、宽容，没有歧视、没有障碍的管理体系，和建立一个不存在行业垄断，地区保护的行业机制，是必须做的，也应该做得好的事情。资源配置能起到作用，但不能起决定性作用。要受法律法规的约束，因此政府的作用不是弱化而是要在维护社会公平正义方面发挥更大的作用。

问渠哪得清如许，为有源头活水来。如果我们各级政府一方面能聚精会神把该管的事管好，管到位，另一方面能殚精竭虑地把该放的权放足、放到位，让看不见的手和看得见的手有机统一、相互促进，那么我国展览业的市场化水平一定会迅速提高，展览强国之梦的理想也一定会早日实现，谢谢大家！

中国轻工业联合会会长步正发在全球设计趋势发布会暨 2014 年中国国际设计产业联盟大会上的讲话

尊敬的张会长，各位领导，各位来宾，女士们、先生们：

大家好！今天全球设计趋势发布会暨 2014 年中国国际设计产业联盟大会在北京隆重召开。我代表中国轻工业联合会对大会的召开表示热烈的祝贺，对前来参加此次盛会的各位来宾表示热烈的欢迎和衷心的感谢。

目前我国正处于经济结构调整、产业转型升级的关键期，国家连续多年制定和颁发促进设计产业发展的政策措施，体现了对设计的高度重视。2014 年 1 月 20 日，国务院常务会议部署推进文化创意和设计服务与相关产业融合发展的工作，从营造良好环境、人才建设、市场条件、金融服务等几个方面提出了支持扶持的政策措施，2014 年 5 月 14 日国务院常委会在部署加快生产型工业发展的会议中，特别提到鼓励工业设计公司，发展研发设计市场。国务院提出的重要举措有力地推动了这些产业的发展。

轻工业是与人民生活息息相关的产业。工业设计在轻工业的快速发展中为促进企业自主创新、提升产品的附加值、打造国际化品牌发挥了重要的作用，取得了可喜的业绩。近年来，设计、创新同技术创新相结合，同服务创新和品牌建设相结合，设计产业巨大的价值深刻地影响着轻工业的结构调整和产业转型升级，成为促进结构调整、提升产业竞争力和品牌影响力的有机组成部分。企业是创新实践的主题，构建设计行业的创造体系，是促进设计服务与轻工业融合的重点。企业不断地增强设计创新的驱动力，形成以市场为导向、企业为主体、"产学研用"相结合的工业设计创新体系，加快设计的产业化，加快多种形态的合作，创新服务的模式，推动工业设计的集聚发展，进一步提高内在开放水平。行业组织在推动升级产业同工业产业融合发展中具有不可替代的重要作用。目前中国轻工业联合会正积极构建设计创新的基础评价体系，引导轻工企业的设计创新，促进设计创新能力的提升，培育更多的轻工知名品牌，提供轻工企业发展的质量和效益。

中国国际设计产业联盟自 2012 年成立以来通过举办京交会、全球设计趋势发布会、中国国际设计产业联盟大会、高层论坛等活动积极发挥联盟的各级平台的协作作用，提高了中国设计产业的国际影响力。联盟的秘书处为会员服务，加强会员单位间的沟通交流，促成了国内外设计机构同企业的设计结合，为联盟会员单位搭建了系统创新的平台和机制。

各位代表，与工业转型升级的要求相比，工业设计面临的任务十分艰巨，有大量的工作需要开拓和创新，我们要以此次大会为契机，巩固发展前一段的工作成果，进一步发挥联盟的资源和人才优势，积极探索推进设计服务同工业产业融合的有效的工作方式，增强服务能力和服务效果，为打造轻工业经济升级版做出新的贡献。最后预祝本次大会圆满成功。

谢谢大家！

第三部分　高峰高层论坛讲话汇编

中国产业发展促进会副会长张龙之在全球设计趋势发布会暨 2014 年中国国际设计产业联盟大会上的讲话

尊敬的步正发会长、各位来宾：

大家上午好！我代表中国产业发展促进会对此次大会的召开表示热烈的祝贺。

近年来，设计服务作为新兴产业受到了国家的高度重视和重点扶持。2011 年国家"十二五"规划纲要对促进工业设计发展提出了指导方向，2012 年国务院发布《工业转型升级规划（2011~2015 年)》，就推动工业设计产业发展作出了明确的部署。中央政治局高度重视，从国家层面推动了设计服务业的发展，推动了中国产业结构转型升级，未来中国设计服务业一定会大有作为。目前，我国设计服务业已经取得了长足的发展，服务规模逐步扩大，从业人员数量大幅度提升，据调查全国累计七成高校设置了设计类的专业，设计专业在校大学生已经超过 100 万人，设计机构的设计作品逐年上升，有一定规模的设计公司已经有了 1200 多家。全国有 16 个省市成立了工业促进机构，设计的创新产品日益突出，也进一步促进了设计服务业的蓬勃发展。

中国国际设计产业联盟自成立以来以国际设计资源为平台，以支持中国企业的设计创新为目标，以团结广大设计界同仁振兴设计为己任，发挥了应有的积极作用，得到了有关方面的肯定和好评。中国产业发展促进会作为中国国际设计产业联盟的指导单位之一，将一如既往地大力支持设计产业联盟按照国家有关的产业政策导向或联盟的章程开展工作，希望联盟更多地吸收设计方面的优秀企业家，进一步扩大联盟的覆盖面，进一步增强联盟的影响力，团结引导会员紧密跟踪分析国内外设计产业发展的动态，联合国内外行业机构企业单位努力打造一个创新和谐、充满活力的国际设计资源平台，为资源设计提供高品质的有效服务，努力把联盟建设成为一个有较大影响力、吸引力和凝聚力的产业联盟组织。同时，希望联盟切实加强自身建设，打造出自己的品牌，按照有关规定搞活行业秩序，维护市场秩序，推动成员单位通力合作，形成互助共赢。

最后祝大会圆满成功，谢谢大家！

财政部部长助理胡静林在专业服务业发展与专业人才成长会议上的讲话

尊敬的各位嘉宾、朋友们、同志们：

大家上午好！在第三届京交会举办之际，中国注册会计师协会以"专业服务业发展与专业人才成长"为主题举办论坛和系列活动，我代表财政部向各位出席嘉宾，向给予本次活动大力支持的商务部、北京市政府及相关部门，向长期以来关心支持财政工作和注册会计师行业发展的各界人士，表示衷心的感谢和诚挚的敬意！

当前全球经济格局深度调整，国际竞争日益激烈，新技术革命孕育的产业升级和生产要素转移步伐加快，服务业日益成为促进世界经济复苏和引领经济转型发展的新方向，也成为我国经济发展提升质量与产业优化升级的新动力。党中央、国务院高度重视服务业的发展，中共十八大提出要加快转变经济发展方式，促进经济结构的战略性调整，促进战略性新兴产业的健康发展，推动服务业，特别是现代服务业的发展壮大。十八届三中全会进一步把推进服务业领域的有序开放、放宽投资准入，作为构建开放型经济新体制的重要内容，为大力发展现代服务业提供了有利的战略指引、政策支持和市场环境。财政部认真落实这些指示精神，注重发挥服务业在经济结构转型调整中的作用，出台了一系列的财税政策，积极引导和促进现代服务业的发展。

作为专业服务业的一支重要力量，注册会计师行业历经 30 年的发展，在建设会计质量方面发挥着重要作用，发展成为我国专业服务业中标准化、专业化、国际化程度最高的行业之一。财政部作为注册会计师行业的主管部门，一直高度重视注册会计师行业的发展，全力支持注册会计师协会开展管理和服务工作。近年来，财政部紧紧围绕习近平总书记关于注册会计师要紧紧抓住服务国家建设这个主题和诚信建设这个主线的指示精神，积极实施引导和支持行业发展的五大战略，提升行业水平。截至目前，全国有注册会计师 98207 人，非职业会员 98162 人，从业人员超过 30 万人，会计师事务所 8283 家，证券资格事务所 40 家，H 股资格事务所 11 家，为 2500 余家上市公司提供审计鉴证的专业服务。2013 年，全行业实现业务收入 563 亿元，连续多年保持两位数的快速增长，并远远高于全球同行业的增长速度。

十八届三中全会确立全面深化改革的战略目标，将发展现代服务业战略新兴产业作为经济转型和产业升级的重要抓手，专业服务业迎来鼓舞人心的历史机遇期，借此机会，本人就专业服务业的发展和建设提出以下几点建议：

一是充分发挥专业服务业在全面深化改革中的重要作用。专业服务业在国家建设总布局中有巨大的发展潜力和空间，专业服务业的发展不仅是产业结构调整的内在要

第三部分　高峰高层论坛讲话汇编

求，而且对于其他产业和其他服务业的转型升级提供重要的智力支持和具有促进作用。在社会管理、创新国家自理体系、提高自理能力方面，现代化专业服务业也不可或缺。全面深化改革需要理念创新、制度创新，要充分认识专业服务业的价值和作用，加大对专业服务业的政策研究和扶持力度；要进一步转变政府职能，加大专业服务的政府购买力度；积极依照专业服务业的市场功能和专业作为，支持引导专业服务业拓宽业务领域；要尊重专业服务业的内在规律和价值特征，规范市场秩序和专业服务的招投标，努力营造公平有序的市场环境；进一步加强对专业服务业的经济功能、专业服务和服务价值的宣传力度，深化各部门和全社会对专业服务价值的认识，不断激发和释放市场对专业服务的内在需求。

二是大力加强专业服务业人才队伍建设。专业服务业的发展归根结底是人才的发展，人才是专业服务业的核心，专业人才的职业道德和专业技能水平决定了专业服务业的广度和深度。围绕国家经济建设的新形势和新要求，把专业人才作为重要门类予以培养和发展，着力打造一批满足市场专业服务发展要求、可以服务国际国内两个市场的人才；建立规范的行业准入评价机制，加强行业人才继续教育，尤其是针对国家建设的新领域、新要求，持续保持和提升专业渗入能力，扩大专业服务的市场供给；加强职业道德的约束和社会公众的监督，建立完善的专业服务业职业道德体系。以职业自律塑造人，以职业自律培养人，以职业自律约束人，提升专业品质和诚信道德，以人才为基石，打造专业服务业百年老店。

三是广泛开展专业服务业的国际合作。国际专业服务业积累了丰厚的经验，要培养专业人才，制定专业标准，发展专业开发的国际合作；增强专业服务业制度创新能力，加快国际化发展的步伐，在机构的国际网络建设和国家项目开发上取得突破和进展，提升我国专业服务业在国际市场的品牌声誉和影响力；要加强国际、国内两个市场的对接，加强专业服务机构和市场需求主体的衔接，不断扩大专业服务贸易；要积极参与专业服务领域的国际治理，促进专业服务业在全球的发展。

四是着力发展专业服务业行业组织建设。国际经验和我国的实践都表明，一个强大的行业离不开强有力的行业组织，行业组织在行业发展规律认知、专业市场开发创新和行业监督管理等方面具有独特的优势，是引领和推动专业服务业发展的重要力量。要处理好政府和市场的关系，将行业的主要职责交给社会组织办理，实现政府监督与行业组织管理相得益彰、相互促进的良性机制；加强行业组织的自律体系和自律能力建设，坚持行业管理与管理服务相统一，坚持服务会员与服务社会相统一；完善民主决策和管理机制，拓展管理服务领域，提升管理服务功能，确实承担社会治理机制创新的行业责任。

朋友们、同志们，经济社会的发展为专业服务业带来了难得的发展契机，全面深化改革对专业服务业的服务内涵、服务能力和服务质量提出了更高的要求，这既是机遇也是挑战，让我们进一步深化认识，更新观念，以对国家、社会、公众高度负责的使命感，全力提升专业服务业的发展水平，推动专业服务业再上新台阶，为我国经济转型升级和对外经济交流与合作做出更大贡献，谢谢大家！

商务部服务贸易和商贸服务业司副巡视员李元在专业服务业发展与专业人才成长会议上的讲话

尊敬的胡静林部长助理，尊敬的各位来宾，女士们、先生们、朋友们：

大家上午好！非常高兴受邀参加第三届京交会会计服务贸易板块专业服务业发展与专业人才成长会议，我代表商务部服务贸易司对本次活动的举办表示热烈的祝贺，对财政部和注册会计师协会给予京交会的大力支持表示衷心的感谢，对各位来宾表示热烈的欢迎！

进入21世纪以来，全球服务业和服务贸易发展势头强劲，已经成为推动产业转型的重要举措，推动新一轮经济增长的动力，成为各国关注的焦点和竞争的热点。中国政府高度重视发展服务贸易，积极推动外贸发展方式的转变，中共十八大报告明确提出发展服务贸易，推动贸易的平衡发展。2013年我国服务贸易达5356亿元，同比增长14.7%，名列世界进出口的第三位，其中，服务出口位列世界第五，服务进口位列第二。

大力发展专业服务业对调整我国经济结构，促进转型具有重要的作用，特别是在经济全球化的背景下，商品、资本跨国界活动依赖专业服务水平的提升。在中国企业"走出去"的过程中，注册会计师为企业积极提供战略规划、兼并重组、会计核算、风险控制等服务，有力支持了企业在金融管理上与国际接轨，在更高领域参与国际创新。

加速发展专业服务业，是扩大服务贸易的基础。一直以来，商务部都非常重视包括注册会计师在内的专业服务业的发展，深入推动专业服务贸易发展的各项支持政策，积极搭建和利用好包括京交会在内的国际平台和贸易交流渠道，支持专业服务业水平的提升，有效扩大专业服务的出口规模。特别是落实九部委联合印发的《关于支持会计师事务所扩大服务出口的若干意见》，把注册会计师专业服务作为长期重点培育的服务贸易领域，纳入服务贸易的范畴，推动注册会计师行业的国际化发展，为中国服务贸易的结构化升级贡献力量。

最后，预祝本次活动取得圆满成功，也祝愿注册会计师和会计服务贸易取得更大发展，谢谢大家！

中国行政管理学会执行副会长高小平在专业服务业发展与专业人才成长会议上的讲话

各位领导、各位朋友：

大家上午好！首先感谢注册会计师协会给我这样一个机会发言，我将围绕三个问题做一个简短的发言，即专业服务业领域在国民经济中的地位与作用，影响专业服务业发展的瓶颈，通过人才队伍建设促进专业服务业的发展。

第一个问题是专业服务业领域在国民经济中的地位与作用。

目前，专业服务业还没有十分完整的概念，社会公众的认知也不是非常的清晰，专业的定位也不是很确切。20世纪60年代以来，世界主要发达国家的产业结构开始由工业型经济转向服务型经济，服务业在社会发展中的作用日益彰显，同时，社会分工日趋细化，服务业的发展让服务业逐步呈现细分现象，专业服务业是从传统服务业中分离出来的，是以高知识密集、高资本密集、专业化为特征的专业服务业。

世界贸易组织将专业服务业归属于职业服务的范畴，包括许多门类，如会计、审计、法律、税收、建筑、工程、城市规划、医疗服务、助产士、护士、理疗、护理员提供的服务等。随着国民经济的发展和社会治理结构的改进，专业服务业在整个国民经济中和社会发展中的作用越来越大。

首先，专业服务业成为衡量社会经济发达程度的标志。服务业占GDP的比重是判断一个国家经济发达程度的重要指标。作为专业知识的提供者和传播者，现代专业服务业在管理、法律、审计、设计、咨询等各方面，为其他行业的发展贡献了知识和智慧，扮演着思想库和顾问的角色，通过生产和传播知识，推动知识经济的快速发展。因此，专业服务业的发展水平直接决定了服务业的整体发展水平，要做大服务业，首先必须做大做强专业服务业。

其次，现代专业服务业是吸纳社会就业的重要渠道。服务业是吸纳就业的天然渠道，与其他产业部门相比，专业服务业有着较低的就业弹性，劳动密集、就业密集和知识密集等特点并存，在吸纳劳动力就业方面具有独特的优势，不仅吸纳不同的劳动者就业，并且以高知识就业者带动其他就业者。现代专业服务业的就业，受经济波动的影响最小，与工农业的就业弹性相比，服务业就业弹性属于较低水平，专业服务业具有最低的就业弹性水平，因此专业服务业就业领域的空间十分广阔。按照经济演进的一般规律，人均GDP超过5000美元后，就业结构进入了重要的交叉点，农业就业比重降低，工业就业比重达到峰值后逐步下降，服务业就业比重大幅度提高。目前，我国进入现代服务业专业化发展的时期，这将为就业提供广阔的空间。

第三部分　高峰高层论坛讲话汇编

最后，现代专业服务业是产业结构优化升级的重要推动力。国际经验表明，当经济发展到一定程度后，第二产业的进一步发展需要有效的服务业支持。如果服务业保持滞后的情况，势必阻碍经济的发展。加快服务业的发展，首先必须加快高端服务业的发展，因为专业服务业在整个服务业中起到引领作用，它将成为转变经济发展方式重要的推动力。转变经济发展方式，要求把经济发展建立在优化结构、提高效益、降低消耗、保护环境的基础上，作为高知识、高创新的无烟产业，现代专业服务业的就业与有形资产无关，具有将现有知识转化为能力的优势，不仅可以有效减少资源消耗，减少污染排放，而且通过发展专业化的服务业，还可以提高其他产业节能环保的效率。

第二个问题是影响和制约现代专业服务业发展的瓶颈，主要是人才问题。

中国专业服务业起步较晚、起点较低，发展速度不是很快，要大力发展，首先遇到的问题是人才缺乏。现代服务业是典型的，甚至是特殊知识人才密集产业，法律、财会、咨询、知识产权、公共关系、产权交易等专业服务业的发展，必须有赖于高端服务人才作基本的支撑，可以说有了人才就有了一切。因此，能否培育适应国际市场竞争需要的高水平人才，成为专业服务业能不能快速健康发展的关键所在。为专业服务业内部的产业结构升级提供充足的人才，成为专业服务业发展的路径。

目前我国现代专业服务业人才资源存在供给不足、市场缺口较大的问题，现有的积累总量明显偏少，尤其在高技术人才、核心人才和国际化的人才方面存在更为严重的缺口，难以满足现代服务业发展所产生的旺盛需求。在工程、金融、会计、医生、生命科学等领域，中国的求职者合格率低于10%。北京市技能性人才显得十分的匮乏，"十二五"期间，北京技能人才存在60万人的缺口，高技能人才存在13万人的缺口。中关村15000家高新企业，IT企业占多半，软件从业人员占1/3，尽管如此，中关村每年的人才缺口有6万~7万人。

人才队伍的层次偏低也是重要问题。经过多年发展，我国在现代服务业领域集聚了一批优秀人才，具有一定的能力，但是专业业务仍缺乏高素质人才，特别是在本行业有重要影响的领军人才稀少。加快专业服务业的发展，必须有一批懂专业、懂外语、懂策划、懂营销、擅管理的人才，这批人才不仅缺口大，而且层次不够。现代高级物流管理人才、金融咨询师、投资咨询人、中介服务人才、数字通信工程师、涉外法律人才等，是现代服务业发展最重要的软要素，现在呈现出极度缺乏的状态，随着经济特别是服务经济高端化、国际化发展，服务人才的队伍亟需扩大，层次亟需提高。

第三个问题是通过人才队伍建设，促进专业服务业的发展。

首先，加快现代服务业人才队伍建设，关键是要处理好政府、市场、社会三者的关系。要坚持以政府为主导，运用政策和法规引导人才向专业服务领域流动。我们要学习和借鉴中国注册会计师协会的经验，进一步解放思想，促进人才发展观念的更新，深化人才工作体制机制改革，转变观念，开拓创新，将供给导向为主转向需求导向为主，借鉴吸收国际人才的培训经验，通过上下联动结合政府、科研机构、企业多方面的通力合作，推进人才体系构建。

第一，要统筹协调产业发展规划和人才发展规划，细化高端服务业核心人才发展规划，制定系列配套的政策，通过创新驱动战略，深度开发人力资源。

　　第二，要构建多元化人才投入体系，建立和完善以政府为主，各方面投入有机结合的投入增长机制，加快创新创业服务平台建设。

　　第三，要加快完善高端服务业人才发展的相关法律法规体系建设，有效引导人才的发展。现在法律法规明显还滞后于专业服务业领域的发展需要，一是法律法规不健全，二是行业规范不统一，导致竞争环境不是非常好，竞争往往不是引导人们关注专业服务质量，而是将专业服务等同于一般的商品而忽视了服务质量，直接开展价格竞争。这样，专业服务的质量无法得到保证。因此，要严格制定法律法规，就这些问题结合专业服务的特殊性加以研究、予以规范，同时还要国际国内两个人才市场一起抓，整合区域人才资源，推进高端服务业的人才培养体系一体化，加快中央和地方人才的融合，通过对口学习、培训、双向挂职锻炼、课题联合攻关、项目重合，实现人才资源交流共享、投资共赢；考虑建立区域人才合作，加快区域人力资源一体化的建设，特别加大与东部沿海地区人才交流的力度。

　　其次，加快专业人才队伍建设，要以市场为动力。发展专业服务业，必须发挥市场在配置人力资源方面的决定性作用。通过深化改革，提高社会专业化分工程度，促进制造业内部专业服务活动的外部化和专业服务交易的市场化，为专业服务业的发展奠定雄厚的人力资源市场基础。

　　一是要推进体制创新，调整专业服务业市场监管体制的框架。加快取消针对非公有制经济社会组织和企业歧视性的待遇，属于私人产品的服务业，应该坚定不移地推进其市场化和产业化，进一步发挥非公经济社会组织作为投资人和发展主体的作用。

　　二是要推进服务创新，形成专业服务业发展的良好能力。增加新的服务门类和业务，改善专业服务业的内部结构，提高专业服务业的技术装备水平，提高专业服务业的知识密集度和含量，增强其稳定性，培育专业服务业新的增长点，增强专业服务业跨区域、跨专业的辐射能力。

　　三是通过区位优势聚集专业服务业的生态基础。专业服务业有中心城市和中心知识高度密集的特征，产业集聚带来知识共享。大都市中央商业区出现一系列的产业集群，如以中央商业区为载体和平台，实现金融、会计、商务、服务为主的核心集群；以高新技术园区为平台，形成产品研发为特征的环境，多样化拓展专业服务的空间，使专业服务的价值链向国外延伸。

　　最后，加快现代服务业人才队伍建设，要以社会为依托，形成多元化人才社会培养机制。一是要健全培养体系，加快高技能人才成长步伐。通过学校培养、岗位培训和基地培育，多形式培养专业人才，逐步建立高素质人才队伍。二是要建立体系，采用科学规范、有效简便的评价手段，对技能人才的技术水平进行评价。三是要强化服务体系，优化人才成长环境。通过不断强化服务意识，切实为提高专业人才技能提供优质的服务，为技能人才搭建展示自我的舞台，完善流动服务体系，加大宣传力度，创造有利于高技能人才成长的社会环境。四是要建立激励制度，发挥专业技术人员的作用。建立专业服务人才激励机制，落实专业技术人才的各项待遇，是鼓励专业技术人才干事业、成事业的有利保障。

此外，发挥社会组织的作用，发挥社会各界的作用，还需要形成校企结合、产学研结合等多种培养人才的形式。以高端服务业人才市场需求为导向，以相关行业知识为培训的重点，实现由订单向定制式，尤其是高级定制式、私人定制式人才培养新形式的转变。企业为学校提供人才实习实验场所，根据人才就业和知识技能的情况，建立行业人员参与指导高等学校的指导教育机制，通过学校与行业双向的指导，培养出更多符合专业化需求的人才。

总的来说，我国发展专业服务业具有广阔的空间。如果我们不断地调整政策、创新管理、加大服务，我认为我们将走出一条中国特色的专业服务业发展的新路，走出一条中国特色的调整产业结构发展中国特色社会主义市场经济的新路。谢谢大家！

商务部服务贸易司副司长吕继坚在中国科技服务国际合作会议上的讲话

尊敬的各位来宾，女士们、先生们：

下午好！非常高兴受邀参加第三届京交会中国科技服务国际合作会议，首先我谨代表商务部服贸司对本次会议的召开表示热烈的祝贺，对各位嘉宾的到来表示诚挚的欢迎。

进入 21 世纪以来世界经济与工业经济逐步转向服务经济，目前全球服务业增加值占国内生产总值比重达到 60%，主要发达国家达到 70% 以上，全球外国直接投资总量的存量中有 60% 以上是服务业的投资，服务贸易占世界贸易的比重达到 20% 左右，服务业和服务贸易已经成为国际经济合作的新热点和世界经济增长的新动力。中国政府积极推动经济发展方式的转变，高度重视发展服务业和服务贸易，2013 年在复杂的国内外经济形势和经济下行压力加大的情况下，中国服务业实现增加值 26.2204 亿元，增幅达到 8.3%，服务业增加值占 GDP 的比重首次超过第二产业，达到 46.1%，服务业在中国经济发展中占据越来越重要的地位。

现代服务业的发达程度是衡量一个国家或地区综合竞争力和现代化水平的重要标志。作为现代服务业的重要组成部分，科技服务业伴随着科技经济和信息技术的产生而发展壮大，向社会提供知识型、高附加值的科技服务，对现代服务业发展起着重要的支撑和引领作用，是服务经济快速成长和发展的重要推动力量。

改革开放以来随着中国经济的快速发展，中国的科技服务业已经具备了相当好的基础，在专利申请、科技投入、技术市场、交易量等方面均取得了长足发展，目前全球科技发展迅猛，竞争日益激烈，以高新技术为代表的一批新兴产业逐渐占据经济发展的主导地位。在调结构、转方式的大背景下，中国正积极推动企业自主创新、努力提升核心竞争力，这为中国科技服务业的发展创造了良好的机遇。科技服务板块作为京交会的一个重要内容，其使命就是要全面推动中国的科技服务为全世界科技服务产业的发展发挥积极作用。

很高兴看到今天有一大批致力于科技创新，从事科技服务产业的国际组织及领军企业在北京参加本次会议，这充分体现了国际社会、跨国公司对中国市场前景的看好。希望通过这种深度交流，使来自各国的科技和商业精英能碰撞出更多的智慧火花，中国企业能借此机会更好地了解世界科技服务业的发展趋势和前沿动态，国外企业也能在中国拥有更好的发展前景和更多的合作机会。

最后祝本次活动取得圆满成功，预祝科技服务业取得更大的发展。谢谢大家。

微软公司全球副总裁贺乐赋在中国科技服务国际合作会议上的讲话

尊敬的各位听众：

非常感谢大家今天给我这个机会来这里演讲。今天我想讨论一下增长的问题，实际上我们也在不断地促进产品和服务的增长，所以，我想跟大家谈一下微软作为中国的一家公司是如何来进行运营的，以及我们是如何作为中国的一个合作伙伴来运作的。

当然微软是一家跨国企业，但我们在中国是有一颗中国心的。可以看到我们在中国有 4 个研发中心，同时在全球范围内，我们每年投入 100 亿美元的研发资金。我们还在中国有 21 个技术和创新中心，29 个办公室，同时我们有 13000 名员工。我们可以看到大概每个合作伙伴都有很多的员工和我们在一起工作，所以，我们在帮助中国的 IT 行业进行发展。

实际上微软也在不断地成长，大家可能认为微软过去是卖软件的，实际上我也想借今天的机会给大家一个印象，微软现在正在从卖软件的公司转向一个"设备＋服务"的公司，而这种服务通常是一个转型的业务，我们的转型目标就是云服务。云服务是我们在中国一项非常重要的业务，这也是我们作为企业的一个大的转变，我们正在转变为一个服务型和增长型的企业。

我们实现这个目标的方法就是要完全转换我们的业务模型，我们的产品都是基于云来发展的，我们的技术和服务也是基于云来发展的，这是非常独特的。公司的这种转型是在过去 40 年中发生的一次非常大的转型，我们现在要使我们的用户和企业用到适合自己的技术。我们目前正在转型的前沿，在转型中，我们主要关注 4 个领域，我们要与客户和合作伙伴一起来进行转型。

第一，关于数字的工作。实际上它会影响每天的工作方式，以及如何提高个人生产力的方式。

第二，数字生活。数字生活就是我们每个人如何来获取数字的信息，利用 IT 的技术来改进我们个人的行为。

第三，云服务。云服务是基于本地运营商和我们的技术来提供的。

第四，我们如何来消费。在消费方面我们会考虑到设备，如果考虑一些制造行业，可以看到它有传感器以及不同的技术和产品，也就是我们如何来消费这种服务。所以，这种技术是颠覆性的，因为它为我们每个人的工作和获取信息的方式提供了很大的改变。同时，它也改变了我们的成本结构还有基础设施的结构。实际上这对中国社会有很大的影响，我们帮助企业大量削减它们的开支，因为它们不再需要经费来购买硬件，同时我们为企业提供了很好的技术，让它们可以很快地向全球的客户来提供服务，而且是一种非常先进的方式。

实际上云解决方案是非常强的，同时我们也有非常好的客户的案例，它可以为大家展示我们如何在中国用很新的方式来进行我们的服务。云和是我们的一个合作伙伴，他们也采用云的服务，他们刚刚建立起了 ERP 的基础设施，可以用于医疗、保健、教育，这些都是服务。实际上我们把产品转化成一种服务，这也是我们和本地投资伙伴做的一项工作。

比如光明网，这是一家媒体行业，它实际上也是为媒体提供很好的云服务的平台，让他们能够更好地服务他们的客户，同时他们不需要任何硬件上的投资。

我们和温州市建立了很好的合作关系，我们为小的企业提供办公软件，作为服务来提供，比如 Office、电视视频会议，还有网络的展示方式。实际上这些小企业是不需要对技术进行投入的，它只需要付一个月的费用，就像水电费一样，我们这个服务目前也在很好地增长。

另外我主要谈一下我们在中国的成长，主要是在设备上，如移动设备、平板电脑和 PC，实际上我想讨论一下一种不同的、类似于传感器的设备。中国是非常重要的市场，我们在中国市场的运营方式也是非常重要的。最近刚刚宣布对小的设备提供免费 Windows 包。另外，基于国内的技术，现在国内的客户可以购买一款 8 英寸的平板电脑，价格不到 800 元，这款平板电脑有着很好用的、非常安全的操作系统。这显示了我们在产品和设计方面的能力，我们这家合作伙伴生产的 70% 的产品都会用于出口，这个企业会有非常好的增长。

下面我想说创新，在云服务和设备的创新上，我们整个行业和我们作为行业领先企业都有一个很重要的责任，就是隐私性和安全性。我想专门强调这一点，因为目前我们公司提供的服务在中国是受到支持的，而且是在本地进行开发的，是完全满足国际法和中国法的。同时我们在中国的运营公司是世纪互联，它以一种非常合规的方式来运营他们的服务，完全符合中国法律法规的要求。我们也是中国云体系产业创新联盟的一员，作为这个联盟的一员，可以很好地了解中国政府在安全方面的一些法规。我们也在和政府合作，向他们提供安全方面的保证，和他们分享源代码。在消费者和企业用户方面我们都在极力保护他们的安全性和隐私性，完全满足中国法律法规的要求。这对我们是非常重要的，因为在服务行业，我们正在打开一个新的领域，需要用新的方式考虑安全性和隐私性。所以，作为领先企业，需要确保我们在这方面不断地努力，发展和推动行业的标准。

作为总结，我希望通过今天的演讲，大家能够了解微软是如何推动整个行业增长的，并且能够了解微软是如何推动企业在中国的服务业务发展的。最后，预祝大会成功。谢谢。

商务部电子商务和信息化司司长李晋奇在 2014 年中国（北京）电子商务大会上的讲话

尊敬的各位来宾，女士们、先生们，朋友们：

大家上午好！非常高兴出席 2014 年中国北京电子商务大会。我谨代表商务部电子商务和信息化司对大会的召开表示热烈的祝贺，向长期以来关心和支持我国电子商务发展的各位来宾表示热烈的欢迎！

近年来，我国服务业在经济总量中的比重不断增长，服务贸易规模不断扩大，在服务贸易中所占的份额及世界排名稳步上升。根据服务贸易发展"十二五"规划纲要，到 2015 年，我国服务贸易进出口总额将达到 6000 亿元，年均增速超过 11%。电子商务作为一种新的商业模式，通过提供新的服务、新的市场和新的经济组织方式，推动传统经济的转型升级，成为我国战略性新兴产业的重要组成部分。

中国（北京）电子商务大会，作为中国服务贸易交易会的重要板块，已经成功地举行了两届，吸引了大量的参会人员。同时签署了一系列的合作协议，取得了丰硕的成果。本届电子商务大会以创新驱动、融合发展为主题，顺应了当前互联网技术推动电子商务模式不断创新发展的方向，预示了电子商务通过融合线上线下相关资源及配套产业链、共同发掘电子商务新价值的发展趋势，将对加强我国电子商务上下游产业合作、推动电子商务快速健康发展发挥积极的作用。

近年来，我国电子商务呈现出良好的发展趋势，已经成为经济发展中活力和创新力最强、社会影响力最广的朝阳产业，广泛渗透到社会经济生活的各个领域。不仅成为企业扩展市场、降低成本的新渠道，消费者便利消费的新选择，而且在促进社会就业、推动产业转型升级、带动全球贸易增长等方面发挥着日益重要的作用。

据统计，2013 年我国电子商务交易额突破 10 万亿元，五年来翻了两番。网络购物用户规模达到 3.02 亿人，网络零售超过 1.85 万亿元，占社会消费品零售总额的比重由 2008 年的 1.2% 提升到了 2013 年的 7.8%，成为全球最大的网络零售市场。同时，电子商务在促进就业方面作用明显。研究表明，我国网络零售企业创造了 900 多万个岗位，到 2015 年预计将达到 3000 万。电子商务还推动了国内外市场一体化的高效建立，跨境电子商务成为我国加快转变外贸发展方式的新手段。据统计，我国 80% 以上的外贸企业已经开始应用电子商务开拓海外市场。从发展趋势看，电子商务下一步将呈现以下几个特点：

（1）信息技术的创新将有力地推动电子商务的发展。物联网应用范围将快速扩大，云计算和大数据技术将促进电子商务企业经营方式和服务模式的变革，推动电子商向精细化发展。电子商务企业能够制定更具有市场竞争力的营销方案，服务水平和运营效率会不断提高。同时，随着 4G 技术的推广应用，移动终端将成为电子商务未来发展的重要领域。

（2）电子商务将加速蔓延扩展。更多的电子商务企业将开展跨境经营，其业务将向物流、供应链、金融和广告业发展，跨境经营将成为大型电子商务的战略组合。

（3）线上线下融合等电子商务新模式将引领传统企业的转型升级。不同类型的企业将利用线上线下融合的发展模式，积极调整原有的经营方式和体系，妥善应对电子商务对传统产业带来的利益冲击，推动实体企业向电子商务转型升级。

（4）服务能力将成为电商企业的核心竞争力。随着消费者日益理性和市场不断成熟，电商企业的运营能力、服务能力和创新能力将成为赢得市场和消费者的关键因素。

（5）互联网金融会逐步发展完善。互联网金融是信息化技术、电子商务和金融业创新发展的产物，是对金融生态体系的重要补充和完善。在控制风险、有效监管和完善机制的基础上，互联网金融会得到进一步的发展，从而逐步走向成熟和完善。

（6）电子商务在政策支持下将成为转变经济发展方式的突破口。政府将针对电子商务发展面临的问题和困难，研究制定政策，推动电子商务的发展。

我国电子商务在快速发展的同时，也面临一些矛盾和问题，如在法治、诚信方面不够完善，地区发展不够平衡，自身体系不够发达，电子商务人才相对匮乏。商务部一直将促进电子商务健康发展作为新时期做好商务工作的重要抓手。始终坚持以市场为导向，以企业为主体，在发展中规范、在规范中发展的原则，积极通过政府引导和规范，带动市场的力量共同促进电子商务的发展。解决发展中存在的问题，重点应推动以下工作：

第一，加强环境建设。针对当前电子商务领域出现的问题，完善法规，积极推进电子商务法的制定工作，促进消费者保护法、食品安全法、产品质量法、合同法、广告法等涉及电子商务内容的相关法律的修订；与国家发改委、财政部、人民银行等 13 个部门制订了《关于进一步促进电子商务健康快速发展有关工作的通知》等一系列促进电子商务发展的政策文件；发布了电子商务模式规范、网上购物模式规范等一系列的部门规章和标准；积极构建电子商务统一监测和信用体系。

第二，积极促进应用。在零售领域支持网络零售平台，进一步扩展覆盖范围，创新服务模式。支持传统流通企业依托线下资源开展电子商务，实现线上线下资源互补和应用协同。在外贸领域积极落实国务院办公厅转发的《关于实施支持跨境电子商务零售出口有关政策的意见》，着力突破不适应跨境电子商务发展的外贸监管瓶颈。加快电子商务外贸平台建设，加快出台电子商务便利化措施，进一步完善网络基础设施、支付、监管等诚信体系。在农产品领域，建立完善农产品电子商务标准，规范和物流配送体系，鼓励电子商务企业和传统农产品企业对接，推动涉农企业、涉农电子商务企业开展农产品的品牌化、标准化经营，建设并上线全国农产品商务信息服务平台，培育农村电子商务市场，促进农产品流通。在社区服务领域，促进社区便利化电子商务平台的建设，鼓励服务于百姓日常生活的电子商务应用。积极开展电子商务示范试点，建立电子商务创新及应用的示范体系。充分发挥电子商务示范城市、示范基地、示范企业的引领作用，促进电子商务的创新发展。

第三，完善电子商务自身服务体系。开展电子商务物流体系建设，完善与电子商务发展相适应的物流配送体系，鼓励电子支付信用服务、安全认证开展技术和服务模式的创新。完善电子商务服务产业链条，推动行业组织、专业培训机构和企业开展电子商务人才培训及岗位能力培训。

第四，开展国际交流与合作。近年来我们积极参与联合国、世界经贸组织、亚太经合组织等，积极创建多双边交流，从发展态势看，国外企业通过电子商务拓展中国市场、中国企业应用电子商务平台走出去将成为必然的趋势。我们将继续推进电子商务的国际交流与合作，鼓励和支持电子商务企业通过设立展示中心和海外窗口来扩展海外市场。

各位来宾，党中央国务院高度重视电子商务工作，十八届三中全会通过的《中共中央关于全面深化改革若干重大问题的决定》中，多次对电子商务的发展提出了要求。2014年政府工作报告中也明确强调，要促进信息交流，鼓励电子商务的创新发展。国务院领导对电子商务多次做出重要批示，使我们清醒地认识到我国大力发展电子商务的信心和决心。

女士们、先生们，让我们共同携手，在党中央、国务院的正确领导下，牢牢把握电子商务领域的战略机遇，以创新发展为动力，以深化电子商务应用为重点，不断提升我国电子商务的发展水平，共同创造我国电子商务的美好未来。

最后预祝本次大会圆满成功。谢谢大家！

商务部电子商务和信息化司副司长蔡裕东在 2014 年中国（北京）电子商务大会上的讲话

尊敬的各位领导、各位来宾：

大家上午好！现在我发布 2013 年《中国电子商务报告》。

本次报告继续坚持全面、务实、权威、明确的原则，在深入调研我国电子商务发展的实际状况的基础上，经过多次讨论并征求了不同行业、领域专家的意见后最终形成。报告从我国电子商务的发展环境、服务业的演进态势、各行各业的应用情况、全国各地发展状况等五个方面总结和反映了 2013 年度我国电子商务的发展情况。

2013 年我国电子商务保持了持续快速增长的势头，电子商务交易额突破 10 万亿元，同比增长 26.8%。其中，网络零售额超过 1.85 万亿元，同比增长 41.2%。电子商务作为战略性新兴产业，在转变经济增长方式、推动产业转型升级、促进流通现代化方面发挥了重要作用，已经成为国家提振内需、扩大消费、促进就业的主要途径之一。

2013 年我国电子商务发展呈现出以下六个特点：

（1）我国成为世界最大的网络零售市场，2013 年网络购物用户规模达到 3.02 亿人，全年网络零售交易额超过 1.85 万亿元，相当于社会消费品零售总额的 7.8%。

（2）电子商务拉动内需、促进就业的作用明显。一方面，网络零售的触角延伸到全国各个角落，拉动消费的作用日益显著；另一方面，电子商务发展有力促进了就业创业工作，全国网店创业就业人数达到 962 万人。

（3）技术创新成为电子商务保持快速增长的重要动力。移动互联网、大数据、云计算、新一代技术的应用成为电子商务发展的新热点，电子商务商业模式不断创新。

（4）电子商务与传统产业融合发展，促进产业转型升级。传统零售商向互联网转型的步伐明显加快，正在成为网上零售的重要力量。电子商务进一步促进了物流配送水平的提高。互联网金融开始倒逼传统金融业创新发展。

（5）电子商务市场竞争日益激烈，企业服务能力和行业集中度均有提升。2013 年是中国互联网投资并购较为活跃的一年，电商龙头企业的领先地位进一步巩固，行业集中度逐渐提高。

（6）跨境电子商务的管理和服务体制建设取得重大进展。随着商务部联合多个部委发布跨境电子商务有关政策，跨境电子商务正在迎来一个全新的发展阶段。当前我国电子商务发展受到全世界瞩目，规模取得突破，但是总体来看仍然处于发展的初级阶段，还存在着许多阻碍产业健康持续发展的因素。下一步我们将按照深化流通体制改革、建设法制化营销环境的要求，健全法规体系，逐步解决我国电子商务发展中面临的网络安全、消费者保护等方面的问题，引导电子商务持续发展。谢谢大家，也欢迎大家对报告内容批评指正。谢谢！

北京市商务委副主任孙尧在 2014 年中国（北京）电子商务大会上的讲话

尊敬的各位领导、各位来宾，女士们、先生们：

大家上午好！作为京交会的重要板块之一，2014 年中国（北京）电子商务大会正式拉开帷幕。我们十分高兴能邀请到来自世界各地的行业代表，来自全国 31 个省、自治区、直辖市的政府部门代表和 500 多家企业代表共同展示电子商务的发展成就，分享电子商务的发展经验。在此，我谨代表电商大会的主办方北京市商务委员会对各位朋友对中国（北京）电子商务大会的关注和支持表示衷心的感谢，对各位嘉宾的到来表示热烈的欢迎。

近年来，在商务部和国家相关部委的指导下，在北京市委市政府的重视和领导下，我市的电子商务再次发展，处于行业领军地位。

一是网上零售全国领先，龙头企业辐射带动作用明显。2014 年第一季度，全市网上零售额达到 254.9 亿元，同比增长 38%，占全市社会消费品总额的比重为 12.1%。

二是基础设施完善，服务覆盖全国。北京市光纤接入家庭 600 多万户，全市无线通信网络覆盖率 97.92%，网站数量 43.9 万个，居全国各城市之首。拥有 8 家电信认证机构及 53 家支付机构，北京市电子商务支撑体系居全国领先地位。

三是传统企业与电商企业相互借力，推动线上线下融合发展。在网购市场快速发展的前提下，实体企业借助 B2C 平台，谋求新的发展空间。传统零售企业利用手机微店开展线上线下互动营销，王府井百货、上品折扣对接微信支付，打通线上线下全渠道服务体系。全聚德不断扩大网络销售。马连道茶叶网、艺龙网等特色服务平台为生产企业增强了活力。制造业涌现出了爱目、曲美、博洛尼等一大批企业。传统企业借助线上线下销售渠道，拓宽店面优势。

四是聚集示范效应。电商全产业链应用体系建设初具规模，培育了两个国家级电子商务示范基地和四座电子商务特色楼宇。全市 12 家电子商务示范企业获得商务部认定，数量居全国首位。初步形成了电子商务应用门类齐全、产业优势配套项目突出的全产业链体系。目前，大兴区暨北京经济技术开发区立足建立北京电子商务开发区，聚集了京东商城、酒仙网等 20 多家企业及电子技术相关服务企业上千家。通州服务园汇集了各类电子商务企业 34 家，产业特色进一步凸显。

我们在打造行业新优势方面主要采取了以下措施：

一是完善政策保障。北京市出台了《关于促进电子商务健康发展的意见》，明确了一系列的目标，提出了大力发展网络零售、推进电子商务、推动跨境电子商务、构建高效的电子商务服务体系共 26 项重点工作。建设了由商务部门牵头，21 个部门组成的全市电子商务处理工作机制，加强共同联动，共同优化电子商务发展环境。

二是全面推进电子商务试点工作。市商务委会同工商、地税等企业推进试点工作，2013 年 4 月 27 日，中国首张电子商务发票在京东商城诞生。这标志着北京市推进电子发票试点工作获得了阶段性的成功，优化电子商务发展环境取得了重大突破。截至目前，已有京东商城、小米在线、快乐的狗等四家企业可以开具电子发票。电子发票可以有效节约能源，全面利用电子发票后，一年将节约 5 亿张纸质发票。按照每一吨纸耗费 3.6 立方米木材测算，仅京东商城一年就可节约近 1100 立方米的木材。可见，电子发票的推广和应用将带来显著的经济和社会效益。

三是开通跨境电子商务沟通信息服务平台，推动跨境电子商务试点工作。为了开展跨境电子商务试点工作，我市建立了由主管副市长任组长，包括商务、发展、海关等九个部门的机制。2014 年 9 月，市商务委会同海关等部门共同开通了北京市跨境电子商务沟通平台，实现了各个部门之间的监管联动、信息共享。截至目前，共发出货物一万多票，涉及 120 多个国家和地区。

四是构建电子商务培育平台。举办中国北京电子商务大会，宣传展示我国电子商务发展成果。打造网络促消费平台，指导行业协会开展点击消费活动，2013 年各参与企业共实现网上销售额 491.25 亿元。

五是推广电子商务多平台应用。发挥电子商务促进传统产业转型升级的作用，并拓展电子商务在养老、家政、社区服务等领域的应用。

六是大力推进电子商务物流体系建设。通过在社区、高校设立共同配送站点，依托信息化管理平台，整合物流末端配送需求和资源，实现配送的信息标准化、配送区域化、服务集中化。推动电子商务物流配送集约化发展，在京南和评估物流基地逐步形成以电子商务为特色的仓储聚集区，有效缓解了电商企业的仓储压力，降低了物流成本。

电子商务作为新兴产业，成为了首都非核心工程，在促进传统产业升级和产业结构调整、提升居民服务业品质等方面发展潜力巨大。我们将加大力度改善电子商务发展环境，为中外电商企业在京发展创造良好的条件。北京欢迎你。最后，祝本次大会取得圆满成功。祝各位在北京期间生活工作愉快！

商务部服贸司副司长吕继坚在语言服务与全球化论坛上的讲话

尊敬的王局长、郭局长、隆主任，各位嘉宾，女士们、先生们：

大家上午好！很高兴你们在京交会期间参加语言服务与全球化论坛，我谨代表中国商务部服贸司对海内外各位嘉宾的到来表示热烈的欢迎！

当今世界，经济全球化深入发展，科技文化广泛交流，信息技术不断突破，这些都推动了语言服务业快速发展，推动了全球语言服务业呈现信息化、产业化的新趋势。在全球化背景下，中国作为世界上最大的发展中国家，发展语言服务业是大国崛起的必由之路。有利于加快转变经济发展方式，实现有就业、更环保、可持续的经济增长；有利于增强国家文化传播能力和信息利用能力，大幅提升国家软实力；有利于提高贸易和投资便利化水平，提升开放型经济水平。中国的语言服务业起步于改革开放初级阶段，发展于市场经济的确立，壮大于加入世贸组织以后，目前已经进入产业化初级阶段，呈现出规模扩张迅猛、市场化进程增速、"走出去"步伐加快、技术创新能力增强的特点。与此同时，中国语言服务业发展还存在着国际竞争力较弱、市场竞争不规范、行业政策环境有待改善等问题，这些都不同程度地影响着语言服务业的可持续发展。下一步商务部愿与有关部门一起支持中国翻译协会，积极引导语言服务业企业抓住历史机遇，开拓国际国内两个市场，共同推动我国语言服务业和服务贸易健康快速发展。

一是推动提升语言服务业的行业发展地位。我们将进一步推动相关部门明确语言服务业在国民经济行业中的地位，研究制定加快发展语言服务业的政治措施，支持行业协会制定语言服务行业发展规划，进一步健全语言服务业统计体系。

二是支持语言服务业企业提升国际竞争力。我们将利用服务外包、文化产业等专项资金，对翻译服务出口、语言服务重大科技创新项目等予以资金支持，推动将翻译服务纳入政府采购项目，进一步规范采购流程和质量控制。

三是鼓励语言服务业企业加强国际交流合作。我们将支持行业协会积极参与国际行业标准和规范制定，支持建设以商业化运作为主的语言服务业公共服务平台，扩大语言服务的国际合作深度和广度。

女士们、先生们，2013年中国翻译协会在第二届京交会上首次举办了语言服务产业贸易全球化的桥梁高层论坛，语言服务版块首次进入服务贸易综合展会，既为提升语言服务专业水平开了一个好头，也向世界打开了一扇中国语言服务发展之窗。我相信，2014年的语言服务与全球化论坛将会为大家带来更大的机遇、更多的收获。

预祝本次论坛圆满成功，谢谢大家！

国务院发展研究中心党组成员兼办公厅主任、著名经济学家隆国强在语言服务与全球化论坛上的讲话

尊敬的王局长、吕司长、郭会长、黄会长，女士们、先生们：

我非常荣幸参加服务与全球化论坛。语言服务作为一个新兴产业、新兴服务业，一开始我并不熟悉，但此时我意识到它是全球化的一股重要支持力量。

今天我讲话的主题"跨境双向投资的机遇与挑战"其实是语言服务的一个背景。众所周知，全球化的背景为全球的直接投资提供了重要的机遇。从 20 世纪 90 年代开始，全球跨境投资快速增长，在金融危机之前，全球跨境投资达到了两万亿美元。但是每一次大的金融危机都会影响到全球的跨境投资。2001 年，美国的 IT 泡沫破灭时，全球的跨境投资迅速下降。但是短短两三年后，全球的跨境投资就迅速回升，在 2007 年达到了历史的高点。

2008 年开始，美国发生次贷危机，后来演变成欧洲的主权债务危机，再次冲击了全球的直接投资。跨境投资连续两年出现了下滑。在过去的三年里，出现了小幅的反弹，应该说还是伴随着全球经济的复苏，跨境投资在波折中前进，现在为 1.3 万亿美元左右。

在这个过程中，大家可以看到一个很重要的现象，就是中国作为对外投资的一个新兴大国异军突起。2003 年，中国的对外投资只有 28.5 亿美元，到了 2014 年，中国对外投资达到 901 亿美元，也就是说在十年的时间里，中国的对外投资增长了 30 多倍，成为了全球最重要的对外投资大国之一。

在此之前，中国是吸收外国直接投资最多的发展中国家，在全球范围内，中国在过去几年里也都在全球的前五位，最高时居第二位，仅次于美国。今天我们可以看到中国既是一个利用外资的大国，同时也是一个对外投资的新兴大国，所以在全球的跨境投资中，中国扮演着越来越重要的地位。

和中国一样，我们可以看到全球直接投资格局还有一个新的变化。由于发展中国家作为一个整体，在全球直接投资中的作用越来越重要。发展中国家在 2012 年时，吸收的外商直接投资在历史上第一次超过了发达经济体，这也是一个历史性的变化。

在这种背景下我们再来考虑全球的跨境投资面临着什么样的机遇、挑战，应该说机遇和挑战是并存的，机遇很多，挑战也不少。

第一，发达经济体的复苏和新兴经济体的工业化，为全球的跨境直接投资提供了很重要的动力。刚才我作了一个简要的回顾，每一次金融危机都会打击全球直接投资。最近，随着经济的复苏，发达经济体如美国的经济情况有明显的改善，欧洲的金融形势有所稳定。所以，2014 年的跨境投资随着发达经济体的复苏，应该说提供了一个新

的动力。而新兴国家、新兴经济体在推进快速的工业化和城镇化过程中，也对跨境投资产生了强烈的需求，提供了很多发展机遇，吸引全球直接投资进入新兴经济体。

第二，贸易投资自由化为跨境投资提供了新的机会。贸易和投资取决于两个因素，一个是技术进步，比如说通信技术的进步、航运技术的进步，推动贸易的发展，那么贸易发展必然就带来分工的优化，伴随的就是全球跨境直接投资。

还有一个非常重要的动力是什么呢？就是制度。在很多情况下，制度往往是一个制度性的障碍，所以贸易投资的自由化实际上是一个不断地消除阻碍全球贸易和投资的制度障碍的过程。

WTO 成立之前，贸易投资自由化主要的平台是多边的组织，首先是贸易的自由化，降关税，取消非关税壁垒，后来也有了和贸易相关的投资协定。在过去的十几年里，我们看到一个最重要的现象，就是区域合作、自由贸易安排（FTA），全球在过去的十几年里涌现出了上百个新的 FTA，在不同国家之间通过谈判在贸易自由化、投资自由化方面达成了很多新的协议。

还有越来越多的国家之间在谈判双边的投资协定，投资协定既涉及对外来投资的开放，又涉及对外来投资的保护。还有，国家之间的谈判，避免双重征税的协定。因为作为一个跨国公司，如果没有这个协定的话，它就可能会在东道国和它的母国都面临征税，这是不利于跨境投资的。

所以，我们可以看到过去几十年里，BIT 在双边投资协定和避免双重征税协定的数量快速增长。对中国来说，当前中国正在和美国谈判 BIT，中国已经谈了 128 个双边投资协定，这一次为什么我们特别讲到中美投资协定的谈判呢？因为中美投资协定里面包含着一个非常重要的内容，涉及中国对外资的管理体制。在这个协定里，将会要求中方对外国直接投资实行准入权的国民待遇和负面清单管理体系，这和我们以前对外资的管理体制是有着根本的区别的。所以，为了适应双边投资协定新的进展，现在大概有 70 多个发达经济体都普遍使用的就是准入权国民待遇加负面清单管理的体制。所以，我们在 2013 年建立的上海自由贸易实验区里，率先试行准入权国民待遇加负面清单的管理方式，实际上也是为我们进一步推进投资的自由化做准备。

随着中美投资协定谈判的进展，我们跟中欧可能还要谈中美投资协定，这样的话，对中国的外商投资的管理体制将会产生深刻的影响。

与此同时，现在国际社会也在探讨要就一个多边的投资协定来达成协定。所以，这一系列制度性的变化将会有力地推动全球的跨境直接投资。

第三，我们会看到在过去几十年里，世界主要国家对待外资的政策取向发生了很大的变化。从过去的警惕、限制，变成了对外商直接投资的一种欢迎的态度。每年世界各国都在修订自己的针对外国直接投资的法律法规。在这个修订的法规里面，大约有 80% 是让本国的外资政策更加开放、更加亲和外国直接投资者，极少数的是在个别领域加强对外资的限制和管理。所以，总体来看，各国政策的调整，特别是金融危机爆发以后，很多国家要走出困境，对外资的需求更加强烈，所以，对外资的欢迎政策也给全球的投资者提供了新的机会。

第四，我觉得就是新技术革命的活跃。在金融危机爆发以后，我们一直在讨论发达国家怎么走出危机。一方面，它要通过金融政策来救助金融机构、稳定金融市场。另一方面，从根本上来说，需要新一轮的技术革命，来引领经济走出危机。所以，在这个背景下，我们会看到业界和政府携手推进新一轮的技术革命，我们有时把它称为第三次产业革命等，这个说法也许是不准确的，但是确实反映了我们现在处在一个新技术研发创新的活跃期。

这个活跃期带来了很多跨境投资的机会，比如说发展中国家希望能到发达国家去获取技术，发达国家的企业可能需要到新兴市场寻求更好的市场机会。所以，这种技术变革、产业结构的调整等，都会推进全球产业的重新布局，而这个布局的背后实际上就是由跨境直接投资来驱动的。

对中国来说，除了刚才我们说的这四个重大的全球性的机遇，我们还面临着一些对我们来说特殊的有利的战略机遇。第一个就是金融危机爆发以后，我们面临着海外低成本并购的机遇。中国企业现在正处在一个快速国际化的阶段，大量的中国企业开始走向国际。在早期是因为希望通过出口来取得国际市场的机会，现在随着我们产业升级的要求，企业更加注重技术创新，更加注重品牌，更加注重国际销售的渠道，还有一些企业希望到海外通过投资来获取自然的资源、能源。金融危机爆发以后，应该说主要发达经济体受金融危机的冲击，很多企业的市场价值大幅度缩水，而且由于资金链的紧张，它愿意寻找新的投资者。所以，这些就给中国企业的对外投资，特别是通过并购来获取技术、品牌、国际销售渠道，带来了一个战略型的机遇。

第二个就是中国官方巨额的外汇储备，为中国企业对外投资提供了一个坚实的基础。在过去很长的时间，中国的对外投资政策是以限制为主的，这是因为相当长的时间内，中国是外汇短缺的，它导致整个宏观政策、对外投资政策的变化。现在，中国的政府在考虑怎么能够用好这高达四万亿元的外汇储备、保值增值。中国政府提出了"走出去"战略，推动中国企业通过对外投资更好地运用这个宝贵的外汇资源。所以，它会推动我们对外投资的政策做相应的调整。

中共三中全会文件以及在上海自贸区的实验中，专门提到要推进中国对外投资管理体制的改革，放松管制、加强服务，政府能够推动中国的企业、帮助中国的企业更好地实现对外投资。

第三个就是中国的比较优势在发生变化。过去30年，中国是靠低成本的劳动力来参与全球竞争，现在，随着我们经济的发展，人均收入水平提高，在改革开放之初，人均GDP是148美元，现在是6700美元，所以，很多传统的低附加价值的劳动密集产业逐渐失去了国际竞争力，很多企业要去寻求更低成本的新的生产基地。在很多国家都发生过这种变化，这种比较优势的转化会推动产业转移。我们中国一部分的企业已经开始向更低成本的东南亚、非洲转移一些传统产业活动，实际上也是在推动我们对外投资。

第四个就是中国开放战略升级带来的一系列机遇，习近平总书记提出丝绸之路经济带、21世纪海上丝绸之路，我们把它简称为"一路一带"的战略经济构想，中国在和很多国家谈判FTA，刚才我们提到中美的BIT以及中非合作等，这些区域合作战略的进一步调整和完善，实际上也在助推中国企业"走出去"。

对于中国来说，我们"走出去"除有很多新的战略以外，还有很多进一步吸收外资的战略。曾经在不同的场合、不同的阶段，我们经常会听到唱衰中国的声音。金融危机爆发后，大家说很多跨国公司要撤回美国去，奥巴马政府实行再工业化战略，其实它指的是振兴制造业，而不是我们说的再制造业化，也不是媒体炒作的很多制造业会回流到美国去等。

实际情况是我们看到全球跨境投资因为金融危机而出现大幅下滑的时候，来中国的直接投资在稳定增长，所以，大家觉得经济和过去加入世贸组织那几年大幅的增长相比好像回落了，但是我们要看到全球的背景，实际上全球的跨境投资是下降的，而中国的是在稳定小幅增长的。

为什么出现这种情况？金融危机爆发以后，我们也对在华的数百家跨国公司进行了调查，询问其怎么看待中国，怎么看待中国的投资环境，对中国的投资战略有什么样的调整。从跨国公司的反馈可以得知，其实在危机爆发以后，中国在跨国公司未来战略里，地位更加重要。因为在危机爆发以后，中国经济一枝独秀，中国经济的前景被一直看好，使得中国的本土市场更具吸引力。

大家可以看到，中国是世界第二大经济体、第二大进口国，拥有着世界第二大的市场。但是，中国作为发展中国家，它还拥有着低成本。全世界来看，往往本土市场大的是那些高收入国家，没有低成本。低成本国家、发展中国家，即便是印度，像很多年前的中国一样具有很大的人口规模，没有本土的大市场。而中国有潜在的大市场，随着经济的发展，这个市场会越来越大。今天的中国恰恰处在这么一个阶段，它既有一个大市场的优势，又有低成本的优势，放在全世界来看，这是唯一的。所以，正是这种唯一的本土大市场和低成本的综合优势，使得跨国公司更加看好中国的前景，它要加速对中国转移先进的制造业、高端的服务业，以及一些重要的研发活动。

如IBM在中国雇了五六千个研发工程师，诺华——瑞士的一家制药企业，在上海的一次投入就是十亿美元，作为研发中心。所以，中国的大市场和低成本的综合优势，为全球的投资者提供了机遇。这也正是为什么在全球背景下，我们看到全球的跨境投资下降时，对华投资是在稳步增长的。

还有一个很重要的就是中国经济结构本身的调整，中国政府一直在讲我们要转变发展方式，我们要加速产业结构的调整，这个结构的调整就会带来很多新的发展机会，也是吸引外国投资者的一个重要内容。投资者到这儿来，除了要利用中国的市场以外，还要利用我们每年高达700多万的大学毕业生带来的人口素质的红利，这在以前是没有的。十几年前我们一年招108万大学生，现在一年有700多万的毕业生。所以，我们产业结构的升级，随着收入水平提高带来需求结构的升级，都会吸引全球的投资者加速对中国进行产业转移。

特别需要强调的就是十八届三中全会确定的新一轮全面深化改革和扩大开放，为外国投资者提供了新的机遇。我们在新一轮的开放里，将服务业作为重点。在上海自贸区里，国务院确定率先开放六大领域18个部门，实行负面清单的管理，在未来还会进一步缩短负面清单。再加上我们实行负面清单加准入权国民待遇，所以全面深化改革和扩大开放实际上是中国自身在推动贸易的自由化、贸易的便利化、投资的自由化和投资的便利化，这也会给外国投资者提供新的机遇。

当然，我们说在面临大量机遇时，其实还是有很多挑战的。全球的投资都面临挑战，中国的对外投资也面临着挑战。第一个挑战就是面临着地缘政治的风险。总体来说，全球的格局是稳定的，和平与发展是这个世界的主流。但是局部的动荡不断地在爆发，而且很多没有任何先兆，对企业来说就有很多的风险。比如说乌克兰，两年前我到乌克兰调研，中国很多企业对乌克兰非常感兴趣。乌克兰有很多好的自然资源、黑土地，对农业投资就有很强的吸引力和很强的科技能力。但是过去几个月我们看到乌克兰的政治动荡毫无疑问会影响到跨国投资者。还有过去几个星期越南的骚乱，它不仅是针对中国的，实际上针对很多外国投资者，带来了很多的风险。

中国的企业，十年之间快速地崛起，所以中国很多企业在海外投资方面没有经验，也不自觉地进入了一些高风险的国家和地区，所以，对中国企业来说，怎么防范这种地缘政治的风险，比如政治动荡、国有化等这些政治风险，是一个很大的挑战。

第二个挑战，双边关系的波动也会影响双边投资。比如说钓鱼岛，日本政府擅自推进所谓钓鱼岛的国有化，严重地冲击了中日双边的关系。政治关系直接影响到双边的投资关系、贸易关系，对双边的投资不管是日本投资到中国来，还是中国企业到日本投资，都产生了很严重的冲击。

第三个挑战，就是企业，特别是中国企业对外投资能力的不足。我们虽然总量上很大，有上万家企业开始了对外投资活动，但是总体来看，中国企业对外投资经验不足、能力不足，跨境投资，开展全球化的运营是需要很多新的能力的，如风险管理能力和东道国处理关系能力等，当然还有一个很重要的能力就是沟通交流能力，这里面就涉及我们的语言服务。我们一直在讲需要既懂东道国语言的，同时又懂全球经营的复合型人才，但实际上这样的人才的培养和成长绝非易事。正是因为全球跨境投资越来越多，对语言服务业产生强劲的需求，语言的专业服务帮助了所有的跨境投资企业，当然包括中国对外投资的企业，在语言上和它的东道国与贸易投资伙伴更好地交流，在文化上更好地相互理解、相互尊重，从而通过这种沟通交流和合作，使得中国"走出去"的企业和东道国真正能够实现互利共赢。所以，语言服务业对于中国企业"走出去"增强它的对外投资和全球化能力是不可或缺的。

我觉得今天的论坛专门讨论语言服务业和全球化是非常有意义的，也希望业界的朋友能够一方面发挥自己的优势，帮助中国企业对外投资走得更加平顺，更加平稳；另一方面，也抓住中国企业对外投资带来的新的机遇，来促进我们语言服务业的发展。

我就说这些，谢谢大家！

中国译协第一常务副会长郭晓勇在语言服务与全球化论坛上的讲话

尊敬的吕继坚司长、隆国强主任，翰思先生、安德鲁先生，各位来宾、各位朋友：

大家上午好！欢迎大家在风和日丽的 2014 年 5 月来到北京，来参加第三届京交会语言服务与全球化论坛。借此机会，我代表中国翻译协会向商务部服贸司和京交会组委会表示衷心的感谢。正是在他们的大力支持下，我们才得以在京交会这个大舞台上开辟了一个颇具特色的语言服务平台。

我们说颇具特色，不是自卖自夸，首先语言服务是京交会一个特有的版块，说起翻译服务，大家都不陌生，但是提到语言服务这么一个概念，很多人还不能够马上完全理解。这个也不奇怪，因为语言服务这个概念的提出在国际上也不过十年的时间。而中国正式提出这个概念是在四年前，就是在 2010 年中国译协举办的第一届中国国际语言服务行业大会上。

我们为什么要提出语言服务这个概念？第一，这是因为信息化和全球化的飞速发展，不断地赋予翻译新的内涵和外延。今天的语言服务已经远远超出单纯的所谓口译、笔译范畴的概念，逐步拓展为一个包括翻译服务、本地化服务、语言技术与工具研发术语等语言资产管理，全球化与本地化咨询服务，以及相关教育培训服务在内的新型服务业，初步形成了自己的产业链。而京交会为语言服务这一新兴行业提供了我们国内首个，也是目前唯一的一个集中展示平台。

第二，语言服务是京交会不可或缺的一项重要服务。语言服务不仅自身产生巨大的价值，还辐射和带动所有服务产业的发展，也是贸易全球化的重要经济力量。把语言服务引入京交会，给有国际化需求的参会参展机构、企业提供一个非常重要而便利的服务和平台，其本身就是一项推动供需双方对接的贸易匹配大举措。同时，语言服务版块的设立也有助于提升京交会的国际化水准。

第三，语言服务版块是京交会国际化程度较高的版块。这一点从论坛的组织结构上就可以看出来，本次论坛由中国译协联合全球知名行业协会和商务咨询机构全球化与本地化协会、本地化世界大会等部门共同举办。我们迎来了来自美国、德国、意大利、挪威、日本等国十多家知名跨国企业负责人与会分享交流，充分体现了京交会推动国际服务贸易发展这样一个特点。我也借此机会代表京交会向三位合作伙伴在宣传京交会和本次论坛策划等方面所做的积极配合和支持表示衷心的感谢！

京交会才举办第三届，语言服务、会展活动刚刚拉开序幕，我们愿与京交会组委会一起共同努力、共同成长，继续为语言服务的供需双方搭建高端的国际化、专业化的桥梁，让语言服务在贸易全球化当中的基础性支撑作用得到更好的体现。

　　预祝本次研讨会圆满成功，同时，作为第三届京交会承办方之一，中国翻译协会也祝愿京交会取得更加丰硕的成果，谢谢大家！

工信部信息化推进司副司长董宝清在 2014 年互联网金融风险控制与监管趋势会议上的讲话

　　非常高兴参加本次会议，对会议成功召开表示祝贺，也对将要揭牌成立的中关村互联网金融研究院表示热烈的祝贺。信息化与金融业融合创新的进程和步伐在加速推进，业内公认，2013 年是互联网金融的元年，表明了我们信息化正在不断地推动和引领金融业的创新，应该说互联网金融是非常好的探索和实现。

　　2013 年是互联网金融的元年，主要有以下四个原因：第一，金融业不断地开放和市场化，从贷款利率的市场化到存款利率的准市场化，以及正在推动的外汇汇率的加大波动，以及民营企业进军金融业，外资企业进军金融业。第二，信息技术高速发展和普及奠定了非常好的社会基础。第三，金融业的本质和信息业的本质，在哲学层面是统一的，因为它们都是在处理符号，可以称之为符号金融，所以在本质上就存在二者融合创新的可行性。第四，互联网企业家们、互联网产业和金融家们共同推动的结果，特别是互联网企业家。推动互联网在金融业应用已经有十多年的历史，似乎 2013 年互联网金融元年的重要推手主要来源于互联网行业，所以有的互联网企业家说，我们对金融的了解远远超过金融对互联网的了解。

　　我觉得信息化，特别是以互联网为代表的信息技术，并不改变金融业的本质，它改变的是金融业的商业模式和业态，改变的是思维理念、方法、流程等，金融业的本质仍然是服务实体经济、创造价值，更好地发挥货币和金融资金的资本作用，创造新的价值。风险控制是金融业的关键点，我们讲安全生产优先，如果没有很好的风险控制，金融业也是不能够健康发展的，我觉得信息化对各行各业都有很重要的推动和引领作用，特别是在金融业方面的创新至少已经发生或者正在进行以下三个阶段。

　　第一个阶段，是信息技术在金融业的广泛应用，我们推动金融电子化的阶段，这个阶段主要开辟了处理能力，使金融业产生了创新。当前阶段我认为处于信息化或者与互联网金融业的融合发展阶段，出现了跨界融合，电商做金融，金融做电商；跨界营销，网上卖资金、卖保险、卖理财产品等，跨界融合正在展开。第二个阶段，是金融业向网络空间的不断延伸扩展，甚至走向全网进军的局面，全渠道、全网营销的这种局面，像以余额宝为代表的也属于这个阶段的重要的代表性产品。第三个阶段最为重要，是信息化引领金融创新阶段。在信息化条件下所产生的 P2P、众筹、在线金融都是未来发展的前瞻性方向，但这样的探索，在商业模式上还不成熟，正在处于探索和发展中。在线供应链金融也正在起步，应该说在线供应链金融比 P2P 和众筹对金融业来讲更加现实，因为它是在信息化条件下把金融产业服务实体经济紧密结合的一个重要的载体。

我们应该透过现象看本质，去掌握信息化推进产业创新的一些本质规律，我觉得最重要的变化，就是过去我们各个产业发展所思考的背景和空间仅仅是现实世界和现实空间，而目前我们的经济活动范围从实体空间已经扩展到网络空间，或者说网络空间与实体空间一体化，加上人们的智慧，人脑空间，形成的"智慧某某"这样的一些口号，我觉得这是最重要的一个发展背景。打个比方说，过去我们只用左半脑思考，现在我们也得用右半脑思考，或者说我们应该在整个大脑的层次上思考问题，所以这些变化从哲学角度讲，我们应该看到现象背后变化的本质，我觉得商业空间的一体化和协同是非常重要的分析方法。就此我们展开对金融业、金融创新、互联网金融监管的主题讨论。

重要的原则是，我们必须进行金融创新，但同时也必须加强监管，没有监管是不可能的，金融创新从全球看始终是戴着镣铐跳舞这样一种局面，所以要把创新和加强监管有机统一起来。我认为应该本着审慎和微妙的态度来创新发展，并且处理好实体空间和网络空间监管的一致性，任何业务在实体空间和网络空间中本质上是一致的，并没有发生根本性的变化，所以我也不太赞成信息化和互联网颠覆了金融业这样的提法。它们在本质上是一致的，但是我们必须考虑到在技术处理方法上不一致的特点，相应的监管政策应该是针对不同的技术匹配特点坚持本质上的统一。

我们在创新方面要兼顾金融业和跨界金融产业之间的竞争功能定位、统计性问题，这样才能更好地推动信息化在互联网产业和金融业融合中的作用，当然最重要的是要采用信息化的方法和思维来完成对跨界金融业的监管。在万物互联的情况下，人类对信息的掌控处理能力已经提升到一定高度，信息非对称性是风险的源头，对信息的处理能在很大程度上消除信息化的非对称性，就能更好控制和降低风险，我确实感觉到信息化对金融业的创新带来了前所未有的机遇和美好的前景。以上是我的致辞，祝会议取得圆满的成功。谢谢大家！

北京市金融工作局副局长栗志纲在 2014 年互联网金融风险控制与监管趋势会议上的讲话

对互联网和金融到底怎么认识，每个人都有不同的思考，在座的每个人也都有不同的考虑，金融、互联网金融和金融互联网分别是什么，专家、学者、从业人士的观点都不一样。我认为互联网金融仅仅是对传统金融业的补充，虽然对传统金融业产生了非常大的触动作用，但是不可能代替传统金融，也不可能颠覆传统金融。金融的本质是什么，从不同的角度、不同的层面可能有不同的认识，但是我个人认为，金融首先是经营和管控风险，其次是一定要诚信。我们讲了一系列的问题，包括要用互联网的思维去颠覆传统金融，互联网思维是什么？互联网是一个平台，是一个工具，或者互联网是一种思维模式？没有固定界定，所以我个人也非常支持包括人民银行在内的金融管理部门对互联网金融持着一个审慎负责的态度。

互联网金融在发展过程当中出现的日新月异的产品为什么会得到百姓的热烈欢迎，其根本原因是我们现代的金融体系对百姓和实体经济的需求没有能够充分满足，现有的金融体系覆盖面还非常低。互联网金融恰恰在一定程度上弥补了传统金融的不足，也从而使我们传统的金融机构发现市场不再是一家独有，也发现潜在的客户群是非常巨大的。但我们再反过来看一看，互联网金融企业无非就是把百姓的储蓄存款集中起来作为同业存款跟金融机构去谈价格，赚取金融机构同业市场的利率与百姓活期储蓄存款利率的利差。这些资金是否真正投入到实体经济中去，是否是我们国家支撑的重要方向，都值得我们深思。

党中央和国务院金融管理部门高度重视金融业的发展，高度关注金融业的风险，非常重视金融要扶持支持社会，但我们的"宝宝们"并没有真正地把它们的产品优势用在金融发展上，所以坊间传闻"央妈生气了"，为什么？希望一个产业发展的同时真正落到实体经济，不希望扭曲虚拟经济，不希望扭曲脱离监管，致使这些风险传感到金融体系，使金融的不稳定因素增加。

因此我搞不清楚什么叫互联网思维了，互联网无疑是金融机构推广发展业务的一个非常有效的平台，互联网也无疑是给我们的生活带来丰富便利的一个工具。金融机构可以通过互联网开展业务，互联网企业也可以通过互联网的平台开展金融业务。我想大家要清醒地认识到金融是特许行业，不是每个人都能做的行业，所以非常高兴参加这个会议的另外一个主要原因，就是我们海淀区政府、海淀金融办、海淀商贸，包括即将成立的海淀金融研究所，已经高度认识到金融互联网风险可能带来的危害。我们在扶持互联网金融产业发展的同时，希望它能够良性运行，希望它能够真正服务于实体经济，希望它能够对传统金融形成有益的补充，不希望互联网金融体系发展过程中自身受到伤害，消费群体、百姓受到伤害，更不希望互联网金融一旦产生风险对整体金融安全稳定产生不利影响。

市场都持着审慎的态度支持互联网的发展，支持互联网企业通过互联网的平台开展金融业，但一定要在金融法律法规监管框架内，一定要真正把我们的金融服务用到实体经济上，而不要玩虚拟经济，也不要使金融脱媒。

我说的这些话不一定对，错的地方希望大家批评指正。谢谢大家！

国务院发展研究中心金融所所长张承惠在 2014 年互联网金融风险控制与监管趋势会议上的讲话

今天的主题是"互联网金融风险控制与监管趋势"。我想就这个主题谈两点看法，第一点，关于互联网金融的风险。第二点，关于互联网金融风险的监管问题。

2013 年初互联网金融还仅仅是一道亮丽的风景线，但是通过一年多的发展，互联网金融已经开始在相当程度上影响了我们传统的金融行业，引起了金融界监管部门、社会媒体还有一些社会大众投资人的普遍关注，成为一个热点的话题。这一年多来互联网金融发展速度是非常快的，规模已经达到了一个相当惊人的程度。互联网金融的快速发展我想有两个方面：一方面，当然是积极的，互联网金融是一个普惠金融的重要工具，在很大程度上解决了中小微企业的融资难问题；但是另一个方面我们也看到，互联网金融的风险正在日益凸显。鉴于互联网金融的实质，从目前运作模式来看，互联网金融大多数是一些非金融企业或者没有金融资质的企业借助互联网的工具进入金融领域，它是一种完全不受约束、没有规范的金融交易行为、金融服务。

在这个过程中风险主要体现在三个方面。

第一个风险，如果这个规模扩张到一定程度，就构成对传统金融行业的挤压，会影响整个社会的资金流。当然如果互联网金融在一个很规范的基础之上得到了快速发展，这个行业整体上如果是非常稳健的、是有经验积累的，在 10 年、20 年之后可能确实会对传统金融行业产生非常合理的挤压，也会推动传统金融行业自身进行变革、结构调整，这些都是非常合理的前提。但是现在的问题在于，我国的互联网金融在很短的时间内出现了爆发式的增长，而且是在完全不受到规范、不受到约束的情况下带来的规模的迅速扩张，正规的金融体系受到了冲击，我认为是值得关注的。何况互联网金融和现有的金融机构不是在一个公平的平台上竞争，它不受金融机构的监管，这种竞争在一定程度上是不公平的。这是第一个风险，互联网金融在一个不规范的情况下迅速扩张，规模达到一定程度以后会带来系统性的风险。

第二个风险，我觉得现有的互联网金融企业由于经营的时间非常短、经营的经验也很欠缺，风险控制能力还相当薄弱，有相当一部分企业，由于风控能力弱导致经营不善。更有甚者，是具有传销或者非法集资特性的企业，借助互联网金融大潮进入这个领域，它开始的目的可能就不是想做合法经营并且可以百年发展的金融企业，目的仅在于圈钱，这对消费者来说是非常大的利益侵害。

第三个风险，目前的互联网金融，由于没有监管、没有规范，大多数的经营活动是不透明的，经营的模式、经营的数据、资金的流向是不透明的，在这种不透明的情况下就失去了社会监督这一非常有力的监管力量。导致社会公众没有办法甄别业务，这也是一个很大的风险隐患。

这是我谈的第一点，互联网金融发展到今天有它积极的作用，也有它潜在的风险，应该说是到了一个规范市场和构建监管框架的时候了。第二点，未来互联网金融监管的趋势。对于互联网金融监管应该说全世界都不成熟，没有一个成功的模式。美国是把 P2P 作为一个基金来监管，纳入证监会，这种监管模式在相当程度上控制了金融风险，也在很大程度上抑制了行业的发展，这种监管办法令大批企业倒闭，所以美国的监管方式也未见得是一个正当合理且行之有效的模式，中国正在探索互联网监管模式，我觉得需要全社会的共同参与。

从我个人的角度来说，互联网金融的风险监管应该把握住几个基本原则：

第一个原则，分类别。现在的互联网金融有很多种模式，根据不同模式特点和风险特征，风险监控都是不一样的，所以不能就互联网监管建立统一的监管标准、监管模式，这是不太现实的。应该具有针对性，针对不同的模式，特别是针对当前风险隐患最突出的行业，比如 P2P 这个行业，出台监管的办法和政策。

第二个原则，互联网金融监管应该是自律监管和他律监管相结合的产物。毕竟互联网金融和传统金融行业有很大的不同，技术基础、经营模式、经营理念都有很大的不同，不能完全套用传统金融机构监管模式。我在前期是非常主张互联网金融加强自律监管，但没有他律就不能约束少数的害群之马，也不利于那些希望做长、做久的好企业的生存和发展。

第三个原则，互联网金融起源于欧美，但是到目前为止欧美国家的互联网金融发展相当平稳，没有出现像中国这样爆发式的增长。其中一大原因，就是欧美的金融服务业已经相当发达，金融市场相当成熟，金融管制远远不如中国金融领域这么多，因此金融服务的空白比较少，金融服务比较到位。中国的互联网金融存在着大量的金融服务的空白，所以给我们的互联网金融提供了很多经营的平台和机会。如果说我们对互联网金融只是用堵的方式，而不去疏导现有正规的金融体系，包括互联网金融在内的影子银行问题会始终得不到解决。所以我认为一方面要规范互联网金融；另一方面要加快传统金融领域的改革，放开不必要的行政管制，使我们的金融机构能够在更加自由的市场环境中为消费者、为企业提供更好的金融服务。

互联网金融监管的重点在几个方面：第一，建立行为标准。并不是一定要设立很硬的准入门槛，关键是要建立和完善互联网金融企业的行业标准。第二，风险管理的方式，互联网金融企业如何管控风险。第三，投资的监管。很多 P2P 公司面对消费者，仅保证年收益率 12%，而丝毫不提风险，这是没有考虑到消费者的风险认知能力的表现，会给广大的不具备金融知识的没有抗风险能力的弱势群体带来很大的损害，也会给整个社会带来不稳定，所以对消费者保护问题也要做好。第四，互联网金融业务的统计以及信息透明的问题。这个应该是通过监管架构加以明确的，未来的监管架构是不是一定要由金融监管部门来监管，我觉得还需要商榷，也可以参照现在的小贷公司的监管模式，一方面建立宏观的顶层设计的金融监管框架，另一方面由地方政府来对互联网金融实施一定程度的监管。当然我的看法不一定成熟，仅供各位参考。谢谢！

中国服务贸易协会常务副秘书长顾文忠在服务贸易与现代服务业投融资论坛上的讲话

尊敬的各位领导，各位嘉宾：

大家上午好！首先欢迎大家莅临本次京交会的投融资专场论坛，希望通过此次论坛，来自企业界、学界和政界的有识之士可以共同探讨如何在迅速变化的商业竞争中拥有持续进化的能力。所谓进化的能力是这个世界上任何物种持续存在的根本原因，商业对进化能力的要求更加紧迫。俗话说，逆水行舟，不进则退。在我看来，越来越扁平，越来越迭代变化的商业竞争更像是逆水行商，不进则亡。我们认为这个进化能力既是企业长久积累的产业优势，也是在全球竞争当中互联网时代赖以变革的创新能力。毫无疑问，只有你比别人积累得更丰富，比别人变化得更迅速，比别人更擅长找到新的创新法门，你才能够拥有持续的竞争能力。

本次论坛将分为三个阶段：互联网时代如何做企业、金融创新的边界与安全和跨国公司在中国的十年战略转变。各位嘉宾可以畅所欲言，尽兴探讨在各自领域的实践和思考，为我们带来更强烈的头脑风暴，让大家拥有更强大的面对竞争的智慧，预祝本次论坛取得圆满成功。

商务部原部长助理、商务部内贸专家委员会主任黄海在服务贸易与现代服务业投融资论坛上的讲话

各位来宾，各位朋友：

大家早上好！我原来长期担任服务贸易协会的第一副会长，最近因为国务院批准成立一个典当业协会，我即将成为会长。典当业也是我们投融资的一个部分，所以我很高兴来到这里跟大家一起交流。

因为服务贸易和服务业的发展应当说是现代社会发展的一个新的阶段，目前从全球来看，产业结构的服务化、产业活动的服务化以及产业组织的服务化都已经成了潮流，服务业正成为不管是发达国家还是新兴国家的一个经济增长最重要的发动机，成为一个最重要的核心竞争力。从中国来说，这几年随着经济结构的优化，服务业有了很大的发展。2013 年，中国的服务业增加值比重达到了 46.1%，第一次超过了制造业，成为我们国家三大产业当中贡献率最大的产业，应当说这是具有里程碑意义的事件。同时我国的服务进出口总额也达到了将近 5400 亿美元，同比增长了 14.7%，这个增长速度大大高于货物贸易的增长速度。大家知道，2013 年货物贸易的增长数是十几个数字，这个也是很大的。

2014 年第一季度，服务业继续充当了一个经济发展的发动机和稳定器的作用。服务业增加值和增速继续高于第二产业，服务业占 GDP 的比重达到 49%，特别是服务业在吸收就业方面发挥了巨大的作用。我们长期以来认为，中国的 GDP 增速不达到 8%，就业就会出现问题，但是实际上我们现在已经低于 8% 了，但是我们的就业不但没有出问题，而且新增就业人数还有所增长，这都有赖于服务业在扩大就业方面做出的贡献。同时服务业利用外资也增长很快，增速达到了 20.6%。目前服务业利用外资也已经成为了中国利用外资各领域当中增长最快的一个领域，这里投资房地产目前也统计到服务业内，将来可进行剔除之后再对行业进行具体的分析。同时，2014 年以来服务业的进出口总额达到了 1388 亿美元，增速高于货物贸易 10 多个百分点。而且服务贸易占对外贸易的比重也有所增加，达到了 12.8%。

尽管我们的服务业和服务贸易取得了很大的进展，但是和发达国家相比，我们仍然存在着巨大的差距。首先我们的服务贸易，包括现代服务业的总量还是不够的，我们占 GDP 的比重 2014 年以来只有 49%，和发达国家 70%~80% 的水平相差很远。另外我们的服务业结构目前也是比较落后的，在我们传统服务业当中劳动密集型的服务业还占有很大的比重，新兴服务业尽管发展很快，但是占的比重还比较低。同时我们在服务业的管理方面，包括服务贸易的管理方面，也都存在着一定的问题，需要进一步

完善。同时我们国家的服务业还有相当一部分开放程度不够，市场化程度不高。同时我们 2014 年会议的主题，在投融资的领域，目前对于服务业的发展也仍然存在着很多制约的因素。

所以我想，十八届三中全会做出了全面深化改革的决定，我们在服务业，特别是投融资方面，我觉得也面临着一个重大的改革任务。包括服务业的投融资体制、管理体制，对于服务业投融资的商业模式，以及服务业投融资的产品，目前我觉得都是远远不适合实际发展需求的。祝愿我们的论坛圆满成功，祝愿中国的服务业、中国的服务贸易能够为中国的发展、世界的发展做出更大的贡献，谢谢大家！

全国人大常委会委员、全国人大财经委副主任委员、民建中央副主席辜胜阻在服务贸易与现代服务业投融资论坛上的讲话

女士们、先生们：

　　大家早上好！我演讲的题目是《重塑变革新格局的六大机遇》。历年的京交会都有不同的主题，在京交会的论坛，这次投资的专场论坛确立的主题是"重塑变革力量"，一个很重要的问题就是要强调如何抓住颠覆力量，重塑变革后的市场。我认为重塑变革当前有六大发展机遇：一是人口城镇化；二是经济服务化；三是发展低碳化；四是产业高端化；五是企业信息化（信息化讨论的主要问题是互联网金融）；六是经营国际化。

　　我们看到机遇的同时也存在着挑战，我们的企业现在面临融资难的问题，不仅是难，而且是贵；用工难，招不到、留不住、用不起；盈利难，成本高、税费重；投资难，市场没订单、投资没空间；创新难，不愿、不敢、不能、不会。

　　我们的经济要在阵痛中转型，这种阵痛我把它归结为四个方面：一是制造业要去产能化，我们现在制造业面临着严重的产能过剩；二是金融要去杠杆化，无论是政府的负债还是企业的负债，这种杠杆率都很高；三是房地产去泡沫化；四是环境去污染化，这是我刚才讲到的我们的重塑变革既有机遇，同时也有挑战。

　　首先我们来看城镇化给我们带来的机遇。曾经展望了未来中国20年，认为中国的城镇化率会从50%上升到70%，也就是每年上涨一个百分点。服务业会从43%提升到61%，18个百分点，几乎每年上涨一个百分点。但是我们的城镇化率如果按照户籍人口来算只有30%，实际上没有50%。我们服务业的比重只有40%多一点，发达国家是70%以上，所以我们服务业的比重与同等经济发展水平的国家相比低10个百分点，所以我们服务业有非常大的短板。李克强总理作为经济学博士，他有非常重要的三个独特的经济学政见，他认为城镇化是内需最大的潜力，服务业是就业最大的容纳器，改革是发展最大的红利。

　　城镇化会推动消费升级，无论是能源、电信、医疗、文化传媒还是电气设备，城镇化都会带来商机。城镇化在吃、穿、住、行、用五大消费方面，特别是对住和行的消费需求拉动很大，城镇化会推动投融资的需求，现在我们需要绿色发展，特别是北京，头号问题是治疗大城市病，一方面是挑战，另一方面也会为我们的绿色发展、绿色产业带来机遇。

　　国家开发银行预测，未来3年，我国城镇化投融资资金需求为25万亿元。财政部

的预测，2020 年中国城镇化带来投融资的需求会是 42 万亿元。所以我们需要多元化的融资模式，包括互联网金融的创新。

我们对于十几个省市进行了调研，调研发现，城镇化会为我们的民间资本带来几个方面的投资机遇：

一是服务化。这是我们京交会的主题，就是经济的服务化或者说服务产业的大发展。我们看看北京服务业的比重，从 2006 年的 70%上升到今天的 77%，而且服务业保持较快的投资增速。2013 年，制造业投资是下降的，但是得益于服务业投资需求的增长，北京市服务业的固定资产投资速度保持较快，当中的金融业发展也较快。

二是低碳化。这对于北京十分重要。北京"十面霾伏"，其中很重要的问题就是要减少排放，我们排放深层次的根源在于粗放的工业化和失衡的城镇化。北京最大的污染源来自汽车尾气的排放，人多车多，所以我们要解决低碳化的问题，必须改变我们的城镇化模式和工业化模式。

三是高端化。我们过去的辉煌得益于低成本的竞争优势，是低成本、低价格、低利润、低端市场、低技术。我们高能耗、高物耗、高排放、高污染，我们快速地创造 GDP，但是无法创造高端的利润，生产了大量的商品，无法创造品牌，吸纳大量就业人口，无法大幅度提高人民收入。这就是我们为什么要从低端的经济走向中端、高端。

四是低价工业化。我们是用廉价的劳动力、廉价的成本换来的，代价十分沉重。所以经济工作会议提出来调整产业结构，根本思路是创新。创新不是中国独有的，现在创新和转型是世界性的难题和世界性的命题。欧洲提出来要搞第三次工业革命，美国提出来要再工业化，中国提出来七大战略性新兴产业。

五是信息化和互联网金融。企业的信息化分为两个方面，一个是用信息技术来改造传统产业，另一个是信息技术的产业化，信息技术和其他产业的融合，比如说电子商务。互联网改变了报纸、电影、音乐、电信、航空，下一个改变的是金融。互联网金融是互联网金融化和金融的互联网化。互联网金融融资成本、时间成本都比较低，交易便捷。通过分析互联网的作用和影响，我们可以看到互联网是大众化、包容性、有普惠金融和草根金融的特色。互联网金融是直接交易、去中间化、跨界经营、去边界化。互联网金融利用大数据和云计算的平台优势，有高效率优势。它能够促进传统金融的变革，在金融改革中间会发生"鲶鱼效应"。我们看看阿里金融的成绩，现在已经解决了 70 万个小微企业的需求，贷款超过 1900 亿元，坏账率只有 0.9%，最低的年化利率可以达到 12%，每笔贷款的成本只有 2.3 元，在银行一般要花 2000 元左右，只有几天的时间。互联网金融业不是法外之地，要因势利导，在发展中规范，要管理风险，利用机会。我对于互联网金融的监管提出几条建议，包括分类监管、联动协同，通过负面清单进行监管，对产品进行适当规范，维护公平竞争的市场秩序等。

六是经营的国际化。最乐观的预测，认为中国有望在 2020 年为世界经济贡献超过 1 万亿美元的对外直接投资，所以中国现在正在由传统的商品出口大国逐步向海外投资大国转身。跨国并购已经成为海外投资的亮点，本届京交会汪洋副总理的致辞强调，当今时代是服务经济的时代，他指出服务业占中国利用外资的比重已经升至 50%以上。我们北京有七成的外资企业投向现代服务业，北京在利用外资的过程中间，服务业超过了 80%，北京的服务贸易已经成了规模，服务贸易已经超过 1000 亿美元，在本地外贸中超过了 20%，在中国的对外服务贸易中的比重超过了 20%，这两个 20%表明北京京交会的主题，我们可以从这个方面得到体现，这是北京在服务贸易当中的地位。

我的总结是，重塑经济发展的新格局，我们面临六大机遇：人口城镇化、经济服务化、发展低碳化、产业高端化、企业信息化、经营国际化。但是中国经济最大的短板是服务业和城镇化，这个短板也就意味着机遇。所以我们的京交会定义服务贸易是一个非常好的选题。

我的演讲就到这里，谢谢大家！

中国供应链金融服务联盟理事长姜超峰在供应链金融的发展与创新研讨会上的讲话

首先我要说一说供应链金融的现状。什么叫供应链金融？供应链金融的本质是什么？它的本质就是运用供应链管理的理念和方法，为相关关联的企业提供金融服务的活动。如果是理论家，他可以用很复杂的语言来介绍供应链金融，但是如果是经营企业的，我们就这样理解供应链金融。

供应链金融的主要模式是以核心企业的上下游企业为服务对象，以真实的交易为前提，在采购、生产、销售各环节提供金融服务。由于每家企业都有自己的供应链条，展现出一个庞大的供应链网络。因此现在不同的企业赋予不同的产品名称。大家都有自己的产品，这个产品实际上是服务的产品化，赋予不同的产品名称，但是它的本质是供应链金融，就是在供应链条上提供金融服务。建行的陈行长有一个定义，供应链金融是指金融企业和物流企业在供应链的链条上寻找核心企业，并对其上下游企业进行融资的行为。电商、物流企业都拥有庞大的客户群，银行通过加强与此类企业的合作，可以较轻松地介入某一个行业或领域，以较低成本获得海量客户资源，以贸易金融服务为起点，加强客户维护，发掘并满足客户大额贷款、跨市场融资、理财等其他派生金融的需求。这是陈行长在 2012 年他当副行长的时候提出的一个银行应该搞供应链金融的理念，我觉得非常经典。

我们下面谈一谈供应链金融的发展。供应链金融与物流业两业融合是第一个特点。金融和物流是交易的中介，这是我们首先提出来的，金融和物流实际上都同属于服务行业，它们都是中介。金融是付款的中介，实际上是资金的中介，而物流是付货的中介。所以供应链金融业务的创新，主要来源于金融产品的创新，它有很多像订单融资、保单融资、电商融资、金融物流、担保品管理、保税仓、保理仓、贸易融资、应收账款、质押融资等一系列的产品。每个银行都可以推出二三十种产品，名称都不一样，但是它们都有一个共同的、最本质的内容，就是为供应链链条上的所有企业提供金融服务。物流企业在这里起的作用是什么呢？就是起交付货物的作用，所以物流企业是在保证货物的存在和交付。

第二个特点就是金融和物流进入电子商务。2013 年在中信部的一次座谈会上我有一个发言，大家都比较赞成，就是说电子商务之所以能够大行其道，主要有两个支撑，一个是金融，一个是物流，没有这两个支撑，电子商务一天都活不下去。所以我们现在可以研究一下，几乎所有的电子商务公司在提供交易平台的同时，也提供了融资的平台，为买卖双方开展了质押贷款，各主要银行、股份制银行都推出了针对电子商务的子服务。而当前最主要的特点就是网上交易网上融资、网下交割或者网下交付，这三个特点，把电子商务的核心都总结出来了。

我们再回过头来看看电子商务，电子商务将颠覆传统的交易方式，它有这六条颠覆我们交易方式的特点：一是交易不受时空的限制。二是缩短交易环节。三是碎片化订单反映真实的需求。四是快速交易要求快速交付。我们经常说，电子交易是在一秒钟之内完成，但是交付却是用三轮车、大货车一步一步送到消费者手里，所以快速交易现在要求快速交付了。五是为小企业提供销售市场，因为现在的小企业已经开始不依附于大企业，就可以销售自己的产品了，尤其是一些贴牌的加工厂，完全可以不依靠大品牌销售自己的产品，在网上就可以销售。它用低于市场 80% 的价格，仍然能获得 50% 的利润。六是成本和售价较低。

我们回到大数据，大数据下供应链金融的一些特点，体现在三个方面：一是速度，交易速度极快，要求交付的速度也要尽力加快。二是流程，流程标准化进而信息化，规则透明化进而平台化，所以也可能不再依赖于核心企业来发展自己的业务。三是融合，包括制造业、商贸业、金融业、物流业、市场的融合。对物流业有一些影响，就是我们业务的方式在改变，快速响应、快速分拣、小批量、多批次、可视化、网络化等需求，会影响物流设施的规模、布局、构造等。

第三个特点就是互联网金融。互联网金融被大家所看好，2013 年非常盛行，大家一直在讨论。它的含义是什么呢？我给它下的定义是利用互联网技术完成的金融活动，再复杂的内容也是这个实质。金融服务打破时间、空间的限制，大幅度压缩成本，大数据、小微的，这是它的特点。它的数据是支撑它相关业务的。它的重要性是什么呢？用银行业协会的专职副会长的一句话，就是让银行业彻夜难眠。像他们举的例子，余额宝每日平均沉淀资金 200 亿元，现在所有的电商平台都是冲着这一点去的，把自己变成一个准银行的机构。但是大家要注意，它的前提是供应商推移延期回款，有的同意 7 天，有的同意 14 天，但是有的行业已经要求到 3 天、4 天必须回款。所以互联网金融并不只是余额宝或者阿里巴巴唯一的所有者，实际上我们的金融机构已经早就在实现互联网金融了。工商建行的网页业务占它全部业务的 78%，平均每秒 6500 笔业务，网页实际上也是互联网金融。供应链金融 2014 年的情况是什么呢？诚信体系经受严峻考验，过剩的产能、虚假的信贷需求、居民储蓄缺乏投资渠道、过度的逐利、诚信在危机存亡时很不可靠。

2014 年上海钢贸事件的影响很大，金融机构被多方冲击，实际上钢贸事件当中损失最大的是银行。目前银行的冲击就是刚才说的金融脱媒，不再通过银行作为媒介，竞争加剧，互联网金融、"余额宝们"聚沙成塔，倒逼银行改革。一个市里面经济开发区的银行负责人告诉我，这一个开发区聚集了 19 家银行，110 多个网点，这是银行比旅店都多了，竞争如此的激烈，就看谁能够创造出核心竞争力来。

新的风险是什么呢？新的风险就是联保的欺骗性。联保这个事，说实在话，我们是 1995 年颁布的《担保法》，1995 年各企业之间进行联保，最后就造成了守信用的企业为不守信用的企业埋单，这个方式现在由南向北一直推广。昨天我在东北听到，目前东北也是联保，十家联保，山西也是联保，十家联保，联保能够进入银行吗？进入不了，反而让银行的损失更大，因为它集聚了风险。

然而有一些新的问题，就是电商的信用从何而来？电商的注册资本是两亿元、三亿元左右，但是大家信任它，留下的资金有 5000 亿元，大家信任它什么？就是它的公信力。当它沉积的资金达到 1 万亿元、2 万亿元、5 万亿元的时候，大家可能会更信任，但是如果那个时候危机发生，就不可收拾了。所以电商一定要坚守自己的信用，千万不要出什么事。过去电商卷款逃跑的事件从 1996 年开始有十多起，所以我觉得还是应随时保持警惕性。目前的贷款方面担保仍然是以信用担保和实物担保为主，实物担保不说了，动产抵押、不动产抵押都是一种方式。

接下来谈谈大数据如何影响供应链。现在的情况下，大数据的影响已经非常明显了，怎样影响呢？有这么几点。第一，可以用于准确判断需求方向和需求量。供应链上的企业存在着紧密的关联关系，终端消费量的变动必然会引起上游各环节的变动，大数据可以帮助我们判断一系列变动的规律。我昨天给别的同志讲的时候提到，大数据就是一个蜘蛛网，网上的任何一点动静，蜘蛛马上就能感觉到，所以电商会减少流通环节，这是必然趋势。大宗商品订单碎片化进入流通，批发企业就会减少，这是一个例子。将来的批发行业会存在多少，批发行业存在的理由是什么？我们需要认真地去研究。另外，商贸物流一体化，也是一个趋势，物流服务既是交易的组成部分，又是增值服务新利润的来源。正像日用品电商推动快递发展一样，大宗电商会促进生产物流的发展。

第二，可用于目标客户的资信评估。在客户同意的情况下，贷款人利用大数据，可以对客户财务数据、生产数据、水电消耗、工资水平、订单数量、现金流量、资产负债、投资偏好、成败比例、技术水平、研发投入、产品周期等这一系列数据进行研判，研判之后如果有公式、有标准，这些数据马上变成评判的指标。我们的三分钟贷款是可以实现的，在三分钟之内实现短期的小额贷款，完全可以实现。但是我也有一个想法，只是看财报和交易数据是有风险的，因为这些数据有可能造假，而我们用这个大数据来掌握对方的情况，不会有假，因为对方造假造不完全。

第三，可以用于风险分析、警示和控制。大数据的优势是行情分析和价格波动分析，尽早提出预警。行业风险是最大的风险，行业衰落，行内大多企业都不景气，多控制一个环节、早预见一天，就能有效减少风险。晚去一天甚至接了人家的盘，就会造成巨大的损失，所以大数据对我们的影响确实很大。

第四，可实现精准金融，物流服务贷款时间、期间、规模、用途、流向、仓储、运输、代采等信息，都可以精准地投放。

所以我们判断，2014 年将是物流业大变革的一年。一是点上交割的快速便利要求，使生产商根据大数据得出安全库存量，预存货物到各仓库，以便随时配送。这时仓储网络比以前任何时候都重要。大家都讲菜鸟，菜鸟的计划实际上是什么？菜鸟的计划实际上是实现网上点击交易之后，8 小时之内把任何你要的货送到。它怎么完成这个任务？如果这个厂家在哈尔滨，它的客户在广州，怎么解决？它要做的就是通过大数据预测出每个区域对该商品的需求量是多少，先存起来，然后再配送。二是贸易商、制造商的资金需求因库存增加而增加，要求金融业提供增量融资，供应链金融管理的需求增加。三是快递业的市场分割将完成，下一步必将进入精细化管理阶段。所以我的一个目标就是优化节点，一级节点规模要大，只有足够大，能够实现满载，目的节点社区化，解决最后一公里的问题。

　　大数据应用的条件有：第一，基础数据的真实性。要使用大数据，就必须保证数据的真实性，尤其是基础数据和地方 GDP。目前吞吐量、货运量、仓储设施、投资额都有水分，地方 GDP 加总超过国家 GDP，集装箱重复计算吞吐量，关联企业互开发票增加销售额等，致使数据失真。第二，数据要聚焦形成指标。数据本身是枯燥的，我们每天都生活在数据中，但是这些数据能不能用？不能形成指标的数据是不能用的，形成指标以后数据就有生命了，鲜活的指标具有重要的指导作用。第三，不同的数据体系互联互通。在市场化条件下，数据是资源和产品。利益分割使信息孤岛依然存在。甚至于公共信息被当作部门利益而垄断起来，部门数据、行业数据、企业数据、国际数据相互割裂，大数据不能发挥其作用。第四，要积累准确的参数。要推动这些数据的分析，要积累出我们业务上的参数。基础参数极为重要，尤其是临界参数，什么是临界参数？就是即将发生变化的参数。现在全国企业的仓储面积不知道有多少，但是每年的仓储量在增高，连续五年是 30% 以上的增长速度，2014 年到目前为止还是 30% 以上。所以我们说参数是什么？参数就是木工打出的那条基线，基线以外的都刨掉，然后做出我们需要的东西。我们现在亟须基数，但是拿不到。第五，先进的数据应用理念。如果数据是客观的，使用数据与人的认识和判断有关，先进的数据运用理念能够最大程度发挥数据的作用，得出我们想要的结果。

　　下面谈谈供应链金融的趋势。第一，向信用担保的方向发展，现在实物担保越来越少，并且朝着信用担保的方向发展。第二，向着实物担保的方向发展，这就需要有物流企业、担保企业与之相配合。我很少有机会讲钢贸问题分析的脉络，上次肖总曾经建议把钢贸事件认真直接分析，那必将是一篇大文章、好文章。确实是这样，但是我们没有那么多时间去做这个事。我们只能说 2008 年金融危机，是挑起泡沫的条件，高速增长的资金供给刹车了，为延续项目和损失而借高利贷。我们的项目已经上了一半，我现在如果缺资金，这个项目就完了，我必须借资金，20%、40% 的利润率都要借，推高了资金成本。2011 年陈德敏部长找我们座谈的时候，三个企业当面向陈部长作了汇报，当前中小企业的借款利率在 24% 左右，他有点吃惊，确实如此，24% 引发了高利贷盛行，放高利贷是最好的一种运行方式，所以搞市场的人就用质押的方式骗贷。当金融进一步收缩的时候，上层链条断裂，各方都在警惕，收集有利证据，捂着不上报。等待形势宽松、各方拖时间，问责制下部门不作为，冷衙门风气，诉讼时效临近，官司集中爆发。第三，电商、金融、物流构建合作平台。电商、金融和物流三者是一体的，谁也离不开谁。现在有一种趋势，三家共同构建合作的平台。所以我们说买卖双方均可以通过电商平台申请贷款，贷方可以是金融机构，现在也可以是电商平台。电商通过代收贷款沉淀了大量资金，利用收复时间差向客户融资，无占用成本，成为主要的利润来源。通过提供交易信用拔高的形式使客户能够获得免担保的银行受信，这是大数据分析与金融结合的创新需求。平台电商是大数据的汇集者，交易平台与物流系统集成、与支付系统集成、与交易融资系统集成，达到信息流、资金流、物流、商流的统一，确保交易资源真实可靠，贸易行为真实可靠。这个平台有六大必备功能，电商的同志说我说得对，要建一个大家共同的功能性的平台的话，六大功能必不可少。一是信息咨询功能，二是交易功能，三是融资信贷功能，四是物流服务功能，五是客户管理功能，六是安全保障功能。我看了89家电商平台的设计方案，有商议交易所式的平台，有生产厂家建的平台，有贸易商建的平台，有IT企业建的平台，这四个领域不同背景的电商建的平台是不一样的，非常有趣。

大宗商品的交易模式大概也这么多，就不讲了，这个大家都很熟悉。尤其是竞价、交易撮合，说交易撮合已经过时了，还有人这样设计。但是需要跟大家介绍，这非常重要。如果你要涉及电子商务融资，要考虑的方面都在这里。第一，你要有在线融资的产品，这个产品叫什么名字？叫什么不管你，但是你必须有一个名字，让大家能够迅速找到这个名字。第二，你要有一个融资管理的软件，还有货物的监管。有人说在网上买不用监管，事实上都有监管，监管的时候要有监管地、货位、区位、合同清单、总额、折扣等，因此增信系统是一篇大的文章。第三，你的资产负债表，你的企业法人资料拿过来存在这儿，有人要的时候我提供给他，这就是事实增信。但实际上不是，一定要表现出这个企业的生产运营情况和财产情况，所以这是一个缺陷。第四，加强合作、减少猜忌。金融物流遇到了很大困难，银行关注什么？企业关注什么？出资人关注什么？这三家都需要资金，都需要为资金服务，如果我们把这些利益关系调整好的话，这个业务还会上升的，虽然我们刚才讲下降了50%，实际上我已经看到它有回升的苗头。

这篇报告也是我的一些心得体会。让供应链金融在更安全的环境里发展，一是要改变考核体制和机制，不要填鸭式贷款，也不要釜底抽薪。二是重视大数据，这个不多说了。三是构建供应链网络体系，还是要把眼光放远一点，建立一个供应链的网络。

我的讲话就到这儿，谢谢大家！

商务部服务贸易和商贸服务业司副司长万连坡在中医药主题日启动仪式暨中医药服务贸易投融资大会上的讲话

尊敬的于文明副局长，尊敬的各位来宾：

大家上午好！非常高兴今天出席第三届京交会中医药主题日启动仪式，请允许我代表商务部服务贸易和商贸服务业司对本届京交会中医药系列活动的成功举办表示热烈的祝贺。

当今世界服务业跨国转移已经成为经济全球化的新趋势，服务贸易成为推动全球经济增长的新动力。进入 21 世纪以来，全球服务业和服务贸易发展势头强劲，目前服务业占世界经济总量的比重已经达到了 70%。主要发达国家经济体的服务业比重甚至达到了 80% 左右。服务出口占世界贸易出口的比重也达到了 20% 左右。发展服务贸易成为世界各国改善国际收支状况，提高国际分工地位的重要手段。服务贸易领域的国际竞争也更加激烈，全球服务贸易发展出现了规模扩张、结构调整同步演进的新特点。1980~2013 年世界服务出口扩大到约 4.6 万亿美元，33 年间增长了近 12 倍，占世界贸易出口的比重从 1/7 到 1/5，2013 年世界服务进出口总额 9 万亿美元，比 2012 年增长了 6.1%，其中出口 4.6 万亿美元，同比增长 6%。

我国服务贸易已经取得长足进步，主要有以下几个特点：

第一个特点是服务贸易规模迅速扩大，国际地位不断提升。我国服务贸易是从 1982 年开始统计的，当初进出口总额 44 亿美元，到 2013 年达到了历史最高水平，为 5396 亿美元，是 1982 年的 123 倍。2013 年我国服务出口和服务进口分别位居世界第五和第二。

第二个特点是新兴服务贸易快速起步，传统服务贸易稳步发展。最近三年我们国家的计算机和信息服务保险金融咨询等新型服务贸易快速发展，年均增长 16.2%，竞争优势不断提升。运输、旅游、建筑等传统服务贸易稳步发展，规模优势继续巩固。

第三个特点是服务出口占比偏低，服务贸易长期呈逆差状态。与服务贸易大国相比，我国服务贸易总量仍有差距，我国服务出口占货物和服务出口总额比重低，2013 年该比重的世界水平为 20.2%，中国仅为 8.7%。中医药文化是中华民族优秀文化的重要组成部分，是我国优秀文化宝库中的瑰宝。丰富的哲学思想和人文精神，是我国完全自主知识产权的民族健康产业，得到中国政府的高度重视。商务部等 34 个部门联合发布服务贸易发展"十二五"规划纲要，明确了中医药服务贸易发展的目标，商务部等 14 个部门发布的关于促进中医药服务贸易工作的若干意见，指明今后一个时期中医药服务贸易的方向。在优化对外贸易结构和加快对外文化贸易服务贸易的发展，培养具有中国特色服务出口新优势等方面具有一定的现实意义。下一步商务部将与国家中医药管理局一起会同相关部门，重点做好以下四方面工作。

一是营造良好的发展环境，加强我国传统医药领域知识产权的应用和保护，结合传统医药的发展实际，不断创新保护措施和手段，鼓励企业开展涉外知识产权维权工作，建立健全中医药服务贸易企业诚信体系建设，加快建立企业信用技术征集和信用评级，维护公平竞争的市场环境。

二是完善促进政策体系，深入贯彻落实关于促进中医药服务贸易发展的若干意见，鼓励中医药服务贸易企业建立和完善境外营销网络，率先鼓励符合条件的企业"走出去"。

三是加强公共信息服务，加强中医药服务贸易公共信息平台建设。建立健全中医药服务贸易统计体系，依托市场化咨询服务，逐步实现政府机构和咨询公司在中医药领域的信息互通和资源共享。

四是发挥体制机制作用，发挥服务贸易跨部门联系机制和行业管理部门作用，加强宏观规划和指导，协调解决中医药服务贸易体制机制性问题。发挥我国与世界多边双边机制，推动中医药服务进入当地市场。

各位来宾，商务部非常希望能够通过大家的共同努力紧紧抓住当前中医药服务贸易发展方面面临的历史机遇，促进具有中国特色的中医药文化加快走向世界的步伐。这不仅仅是我国服务贸易发展的重要内容，更是中华民族智慧结晶对全人类的伟大贡献，我们对中医药服务贸易的发展充满了信心。谢谢大家！

中国医师协会副会长袁亚明在首届国际养老服务产业交易会上的讲话

尊敬的各位领导、各位来宾：

大家上午好！为贯彻落实国务院关于加强发展养老服务业的若干意见，以及关于促进健康服务业发展的若干意见，提升养老服务水平，实现医疗、养老、地产、金融等跨行业的合作，推动中国养老事业的发展，由中国医师协会举办的国际养老服务产业推介会今天（2014 年 5 月 31 日）正式开幕。我代表中国医师协会和大会组织，向出席本次会议的各位领导、各位来宾、各位专家学者、媒体界的朋友们表示热烈的欢迎和诚挚的感谢。本次会议的主题是医疗养老行政引发全球资源投资中国养老服务产业，旨在为开发商、运营商和投资商以及地方政府提供探索中国蓬勃发展的养老市场的机会，为大家搭建平台，确定战略，促成合作。展现国内对外优秀管理运营机构，搭建养老信息化平台，交流智能化养老建设方案，推介充满商机的养老产业园项目、政府资金审批项目，力求办成养老服务领域的品牌盛会。举办该推介会得到了京交会组委会、国家卫生计生委、民政部、老龄委等单位及中央电视台、北京电视台、新华社、中国养老健康报等主要媒体的支持，今天出席会议的有国家相关部委主管领导，会上将分享自己的宝贵经验，重点推介五个项目，组织 300 亿元资金参与养老服务，以产业联盟的形式推动促进养老服务业的发展。养老产业既是一个传统的产业，也是一个新兴的产业，保险和医疗一直是养老服务产业发展的重要内容。公立医院的改革，特别是 2014 年国家正式对外发布关于加快发展社会办理医院的若干意见，都将对与养老密切相关的医疗，尤其是医养结合的机构，有更加积极的促进作用。2014 年 4 月 25 日召开的中央政治局会议上提到许多与健康养老产业相关的精神，其中明确了基本服务，中高端市场将以市场为主，这对社会资本将是一个战略性的机遇。

中国医师协会是中国医师的行业组织，我们将积极支持国家的健康服务业发展战略，我们坚信有在座嘉宾的积极参与和热情支持，中国养老服务产业的发展将会越来越好。

最后预祝本次推介会取得圆满成功，谢谢大家。

全国老龄委办公室副主任朱勇在首届国际养老服务产业交易会上的讲话

各位来宾，女士们、先生们：

大家上午好！今天非常高兴出席第三届京交会养老服务产业推介会，在此我代表全国老龄办对会议的召开表示热烈祝贺，向长期以来关注老龄问题、支持老龄工作的社会各界表示衷心的感谢。

今天会议的主题是养老服务产业的发展，我认为这个主题非常好，人口老龄化快速发展的形势下积极推动养老服务产业的发展，对应对我国目前的老龄化形势，推进经济社会健康发展都有重要的意义。所以借此机会我也就养老服务产业的发展谈自己几点看法。

第一，我们要正确认识我国人口老龄化的现状和政策环境。我们国家已经进入人口老龄化快速发展阶段，到2013年底全国60岁以上的老年人口已经达到了2.02亿人，占总人口的14.9%，根据我们的预测老年人口将在2025年超过3亿人，2033年超过4亿人，2053年达到峰值4.87亿人，可以说未来40年里我们国家将面临非常严峻的人口老龄化问题。一方面，老年人口集聚增长，特别是未来20年平均每年增加1000万老年人，这种增长速度和规模无论在国外还是国际上都是史无前例的；另一方面，伴随老年人口比重的急剧上升，整个社会的养老负担日益加重，在未来1/3的人口是老年人，将成为我们国家的一个基本国情，养老服务的潜在需求十分巨大。在这种形势下，国家对养老服务业的发展给予了高度的重视，"十二五"以来我国修订了《中华人民共和国老年人权益保障法》，出台了老龄事业"十二五"规划、《社会养老服务体系的建设规划》、《加快发展养老服务业发展的若干意见》一系列的文件，从法制建设、规划引导、政策创制等方面为养老服务产业的发展提供支持与保障。同时国家财政也在不断地加大相关投入，努力促进老龄事业产业的协调发展，相关部委进一步明确了支持发展老龄服务业的税收优惠、税费减免、财政补贴、土地供应等优惠政策。从2013年起我国将养老服务业、健康服务业纳入生活服务业发展的优先领域。鼓励地方结合实际探索发展养老服务业的有效模式，所以，总体看，迅速增长的市场需求和良好的政策环境为养老服务业的发展提供了千载难逢的机遇。

第二，我们要正确认识养老服务产业的市场需求。我们要认识到养老服务产业的发展既有机遇也存在挑战，尤其要理性地看待市场潜在的需求。养老服务市场潜在需求虽然很大，而且处在不断增长的趋势，但潜在需求能不能转化为有效需求，从目前来说还受到了很多制约。

首先，我国中低收入老年人口比重比较大，制约了老年人的消费能力。到 2014 年我们国家已经连续十年按照 10% 的浮动提高企业退休人员的基本养老金标准。目前全国企业退休人员平均养老标准仍然不到 2500 元，老年人的收入有待提高，同时社会保障制度的不健全也构成了老年人收入偏低的重要原因。发达国家老年保障体系是多层次的，老年人的养老金收入由国家基本养老保险、补充养老保险和商业养老保险共同构成，但是在我国发挥主要作用的只是国家的基本养老保险这一根支柱。作为其他支柱的企业年金、职业年金和商业养老保险不仅保障面很小，而且在养老金当中所占的比例也很小。另外，我国还没有建立起长期互利保险制度，这项制度的缺失对老年人的养老服务需求的扩大造成了很大的制约。

　　其次，我国养老服务消费市场不规范，制约了老年人的消费意愿。近年来养老服务业越来越受到党政部门的重视，形成了一系列的法规和标准，但是相对于养老服务业的发展来说目前的标准和法规还很不完善，尤其是市场监督机制不健全，维权体系存在缺失。一旦老年人的消费权利受到侵害，往往出现投诉无门的问题，使得老年人购买养老服务的意愿受到了较大的制约。

　　第三，多数老年人的消费观念仍然趋于保守。随着我国经济社会的发展，居民消费结构已经发生了很大的变化，但是根据我们的调查，尽管老年人的消费方式、消费观念和行为已经开始发生变化，但是老年人的消费仍然偏重于日常的开销，对价格的敏感度比较高。所以除了老年人的经济收入限制因素之外，老年人对自己过分节约、对于孙辈们十分大方的消费心理，成为了老年人消费水平偏低的重要因素。因此，尽管养老服务市场潜在需求巨大，但市场有效需求较小的问题仍然突出，如何将潜在需求变为有效需求，还需要一个较长的发展过程。这是我们发展养老服务业需要正确把握的一个重要方向。

　　第四，我们要正确认识养老服务产业的未来。讨论养老服务产业化的问题首先需要明确养老服务的内涵，养老服务存在着广义和狭义的两种含义，从广义来讲，养老服务是指一切为满足老年人需要而提供产品和服务的行业组织，包括家政服务、医疗、保险、理财、休闲娱乐、老年用品、老年旅游、老年教育、老年文化、老年体育，以及老年心理健康等行业。狭义的养老服务主要是为老年提供生活照料、医疗保健、康复护理等服务。无论从什么概念来看，养老服务产业都绝非单纯养老的概念，确切地说，养老服务产业是一个综合性的产业，其具有产业链长、关联度高、涉及领域广的特点。

　　目前，企业投资养老产业的热情很高，但是我认为在投资中我们还存在着一定的误区，许多企业片面地认为老年人最需要的是豪华的住所和设施，正因为有这种想法，许多早期建设的养老服务机构虽然拥有五星级的基础设施，但是缺乏五星级的养老服务运营模式。还没有形成有效的盈利模式，大多处在亏损的状态。所以我们在发展养老服务产业的过程当中不能简单地把养老服务等同于修建豪华的养老机构或者是养老地产，我们应该更加注重服务，所有的设备技术只有在服务当中才能发挥作用，才能产生效应。所以我们应该把我们的重点放在如何做好经营管理和服务上。

第五，我们要正确认识并发挥市场机制的作用。我们必须充分地认识到养老服务同其他产业相比有许多特殊性，它的市场化程度和对盈利的追求应当受到适当的限制和调节，但总体来说养老服务产业化至少应该具备以下三个方面的基本要求：一是投资养老服务的无论是政府、企业、个人还是非营利组织，管理运营成本都要能够以某种方式得到收回，比如通过服务收费、政府补贴、政策优惠等方式获得合理的利润，只有这样才能吸引社会各方面的资本兴办养老服务，否则，只依靠政府投资养老服务业没有发展前途。当然养老服务产业的发展没有政府的支持倡导是要受到制约的，但完全依赖政府的投资是不可持续的，反而会对养老服务业的发展造成损害。二是养老服务行业人员的报酬应当与社会其他服务行业人员的报酬相一致，甚至更高，应当享受与其他服务行业人员相当的社会地位。也就是说要让养老服务业成为一种正规的、专门的、体面的职业，只有这样才能吸引大量的劳动者从事养老服务，才能发展养老服务业的专业教育和培训，提高养老服务业的专业水平。否则将造成养老服务行业能源短缺，专业水平低下的状况，成为制约养老服务产业发展的一个障碍。三是养老服务的价格应该按照市场供求关系而确定，或者按照商品交换的原则，按照双方约定的价格来支付。支付方式是自己支付与政府补贴，这样养老服务企业才能获得一定的利润，才能有条件改变服务质量和水平，老年人才能得到满足自己需要的、达到专业水准的服务。做到上述三个基本要求，我们才能形成多方共赢的发展局面，推动养老服务产业的健康发展。

第六，我们要注重依靠科技进步来推动养老服务产业的发展。养老服务产业的发展除了机制体制这些宏观方面的原因之外，主要有三大瓶颈问题：一是科技水平低，跟社会其他行业相比目前我国养老服务行业的科技含量应该说还是比较低的。二是专业化程度低，从业人员基本上没有太高的专业技术，社会上有一种观点，认为只要具有"一颗红心两只手"就能干好养老服务，我认为这是一个误区，养老服务业是一个专业化程度很高的一个行业。三是我们的专业人才、专业队伍缺乏，本来就只有少数高素质的专业人才，由于工作条件、薪酬待遇比较低，我们培养出来的专业人才大多流失了。为了解决这个问题，全国老龄办在2012年提出了智能化养老的理念，计划在"十二五"、"十三五"期间在全国建成一百家智能化养老基地，同时我们也积极推进老龄智能科技产业园、智能化养老实验区等多种形式的养老方式的探索和实践，我们希望通过激励建设来引领示范的作用，发挥引领示范的作用，促进我国养老服务业提高科技水平。

同志们，养老服务业的发展正处在机遇与挑战并存的时代，我衷心希望全社会通力合作为推动养老服务产业的健康发展，以及增进老年人的福祉做出更大的贡献，预祝会议取得圆满成功，谢谢大家。

中国房地产业协会名誉副会长兼老年主区委员会执行主任朱中一在首届国际养老服务产业交易会上的讲话

刚才朱勇主任把宏观的形势讲得非常清楚了，希望跟大家多多的协作和配合。正像刚才领导讲的，养老这一领域的社会关注度很高，房地产企业也很关注，主要是因为老龄产业的市场很大、潜力很大、前景很大，宏观的政策环境在不断地完善当中，应该说宏观的政策环境的前景很好。但是我想在这种情况下，作为企业应该有一种责任感和使命感，一方面要求我们政府的政策配套完善，另一方面要保持理性，细分市场、细分需求，既要看到潜在的需求，更要看到有效的需求。我想从这个角度讲四个问题：

第一，认真进行市场分析，搞好项目的前期策划。这个非常重要，因为我们房地产企业进入老年产业的基本上大多数是以房地产的方式进入。客观来说，社会上对养老产业并没有形成共识，但不论如何理解，一定要有养老的基础设施，这是非常重要的，包括医疗的、康复的、老年的活动中心。除了这种硬件的配套设施以外，还要有周到的养老服务，如果没有养老服务设施，没有周到的养老服务，这个住区是谈不上养老服务区的。在实践当中最主要的是要认清两个问题：一是一定要深刻理解我国养老方针的内涵，这个内涵是符合我国国情的。不论9064或9073模式，绝大部分是居家养老，或者是社区养老，在这种情况下，国务院讲的首要任务是要加强养老社区的规划建设。二是要做好老人最关心的社区服务。作为开发企业，将来新的开发小区必须要注意到这个问题。住建部有一个文件是关于养老服务设施的建设规划，要求新建的住宅小区配建养老服务设施，这个目标需要政府的政策配套支持，要政策到位，这是最需要注意的。

第二，一定要细分市场。我国虽然有两亿多的老人，但是如果进行细分，其中一亿多是农村老人，城市的老人大多数选择居家养老、社区养老，综合考虑其余老年人的家庭支付能力，真正希望去另外一个地方进行养老，或者到专门的养老服务中心养老的老人是有限的。当然由于我国的人口规模大，总的人数可能并不小，但是这个市场是必须要细分的。现在开发企业存在两个问题：一是规模大，可以达到1000亩、2000亩、4000亩的土地；二是档次比较高，有的养老服务中心很豪华，能达到四星级、五星级。但是仔细思考，老年人并不是去享受五星级宾馆，而是养老服务。豪华的设施对老年人并没有实用价值。国外很多国家的养老，老年人购买的住房产权是30年，为什么选择30年？因为老人当前60岁或70岁也好，30年之后就到90岁、100岁，大概是人的寿命极限，购买豪华的东西对老年人并没有实际的意义，他们真正希望购买的是养老服务。我们如何开发适合老年人的产品是非常重要的，所以一定要对市场进行分析。虽然我们现在政策上确实有一点不周到的地方，但最近国土资源部刚出台的一个政策，就是针对养老服务设施用地的指导意见，这个指导意见对养老服务设施用地界定是窄的，即专门为老年人提供生活照料康复护理、托管房屋的场地设施用地。另外，其中存在一点优惠，就是农村的建设用地可以用做养老机构用地，但限制为养老机构才能使用此建设用地。另外，空闲的厂房、学校、社区用房从事非营利性的养老服务设施的用地才可以得到优惠。也就是说，国务院35号文件规定的优惠政策还是针对一些非营利性的机构和养老机构，而房地产开发企业要从事的领域，包括一些用地上的政策，还没有得到优惠。因此，房地产开发企业既要有责任感、使命感，同时要保持理性，要细分目标市场以及需求，千万不要盲目。我进入中国房地产协会之后提出的建议主要有两条，其中第一个建议是一定要制定发展规划，我国三四线城市房地产过量的现象，就是因为2010年和2011年一线城市的限购，导致大企业都到三四线城市发展，造成了开发过量。养老地产也一定要总结这个教训，任何产品都有一个总量级的结构合理的问题，都有和消费者支付能力配套的问题。这是我们一定要考虑的。第二个建议，一些专家反映房地产开发企业开发的项目，建设单位往往跟运营管理单位脱钩，譬如说一些养老服务设施的摆放位置不太方便运营管理，因此请设计单位的时候最好考虑跟运营管理单位一起协商，使做的项目更加符合国家的标准，最新的建设标准是2014年5月1日开始实施的养老设施建设设计规范。因为养老的基地更重要的是便于运营管理，否则养老基础设施建成以后使用起来也比较困难。

第三，作为企业来说一定要处理好合资开办建设和运营管理几个方面的关系。因为参考国外的一般做法，养老机构都是由投资单位、建设单位和运营管理单位三个部门有机的配合来办成的。在我国，尤其是存在开发企业进入的，投资单位和开发单位往往就是开发企业，因为我们开发企业是融资的。在我国大企业往往是自己运营管理的，比如现在的太阳城多是投资单位自己运营，但也有很多企业是请第三方企业做运营管理单位。总之，要处理好三方面的关系。

第四，我们确实要考虑到开发模式。就目前来说，房地产开发企业由于拿地政策的限制等，可能还是选择在一些新的小区里面配建一定的养老服务设施，在大的小区配建医院。把养老服务做到位，这样住宅部分可以采取销售、会员制的办法等，对经费进行收回，养老服务的配套设施部分通过运营管理服务收回经费成本，只有这样才能实现持续经营。因为根据现在的政策，非营利性的机构如何投入养老产业还要再研究，因为企业是需要考虑盈利的。

我们这个专业委员会在全国老龄办的指导下工作，我们和中国老龄产业协会保持着合作的关系，包括所有的会议都是合作的。而且我们和中国老年产业协会正在启动中国老年宜居试点项目，有一个强大的专家团队，如果大家有兴趣把项目列入我们的试点示范项目的话，可以和我们联系。

谢谢大家。

中央纪委驻国家旅游局原纪检组组长、中国旅游协会名誉副会长、国际休闲产业协会主席王军在中国古城镇旅游产业发展研讨会上的讲话

女士们、先生们，各位嘉宾：

上午好！很荣幸受邀出席中国城镇旅游产业发展大会暨项目推介会。在中国目前状态下，在发展旅游经济继续往前走的时候，要学习一些西方国家、发达国家发展休闲经济的理论、概念和成功实践，这对我们大有好处，我们的城镇化问题会在这个思路下有些新的思维和新的想法。按照原来我们发展的状态和基础，我们在强调城镇化的时候，会给我们的旅游设计部门、房地产开发部门、旅游商业都带来一些新的思考和新的发展途径。就是我们平常所讲的，现在发展房地产遇到了困难和问题，当然也可以研究和解决，发展旅游的地产、发展养老的地产，都是企业值得研究的。最近，我发现很多企业都在研究自己如何发展、如何找到一个新的途径，使自己的企业重振雄风的问题，城镇化就给大家打开了窗口和途径，告诉大家瞄准城镇化问题，发展休闲旅游经济能给我们一些新的启示。

当然城镇化不是"摊大饼"，不是把一些城镇搞得越大越好、越广越好，包罗万象，我觉得它应该是一个依照环境资源状况和城镇的自身特点，最有利于发展经济社会总体状况和总体目标的这样一个思路才比较符合实际。

前天我翻旧报纸，看到了一个浙江地级市掌管的范围内，把城镇建成有特色的旅游城镇。这在浙江和江苏包括我们北京郊区的许多地方，是建得非常好的。所以城镇化本身既然叫"化"，就包括了三个内容，一是告诉我们发展的目标。二是告诉我们这个城镇发展的过程，不是一锤子、一下子就打造了一个现代城市标准。这个过程包括对城镇本身特点、环境资源和人口文化各方面的研究之后才能"定盘子"，才能有一个比较好的发展过程和趋势，一蹴而就往往会带来一些问题。三是城镇化确实给我们搞旅游的这些企业、这些工作人员提出了一些新的任务和目标。

所以，我认为我们大家研究城镇化，是一个非常重要、非常生动活泼的问题，这个非常重要、非常生动活泼的问题，是我们在座和未到会的这些专家、企业家，旅游业界的领导同志应该关注的。

由于时间问题，我不是在这里作讲座，主要是对这个会议表示支持，对这个会议的意义、任务表达一个个人的理解。最后，祝本次会议能够取得圆满成功，祝大家都有收获，满载而归！

亚太旅游联合会会长何光晔在中国古城镇旅游产业发展研讨会上的讲话

各位领导、各位来宾，同志们，朋友们：

大家上午好！再过两天就是我国的传统节日——端午节了，在此期间预祝大家节日愉快、阖家幸福安康！很高兴大家在百忙之中出席今天的盛会，在此，我代表亚太旅游联合会对各位来宾的到来表示热烈的欢迎和衷心的感谢！

伴随着北京炎热夏季的到来，第三届京交会也如期开幕了，京交会是一个国家级国际性综合性、服务贸易交易大会，其最为明显的特征就是平台大、规格高，在此平台上举办旅游产业论坛当属首次，其意义更为深远。

近年来，我国旅游产业平稳较快发展，现在已成为举世闻名的世界旅游大国。目前我国已进入城镇化历史新进程，这对我国旅游发展提供了难得的发展机遇，也将带来前所未有的影响。作为政府旅游主管部门或者是旅游经营者，都应顺应城镇化的战略需要。所以，有如此难得的机会和大家一起畅所欲言，共赢旅游发展，对城镇化过程中旅游发展新问题、新热点、新业务进行新的研讨，预祝大会成功召开，预祝大家在北京过得愉快，谢谢！

商务部副部长房爱卿在中国文化贸易发展国际大会上的讲话

尊敬的厉无畏副主席，各位嘉宾，女士们、先生们：

大家下午好！首先我谨代表中国商务部和第三届京交会组委会对参加本届中国文化贸易发展大会的各位来宾表示欢迎和感谢！

当今世界文化与经济、政治、科技相互交融的程度不断加深，经济贸易发展中的文化因素越来越重要，发展文化贸易是提升国家文化软实力的重要途径。文化进口反映了一个国家和民族的文化包容和自信，文化出口则直接体现了一个国家和民族的文化影响力，二者展现的是文化软实力中的硬实力，是中国文化组成的重要部分。在经济全球化条件下，国内市场引入竞争到国际市场参与竞争，充分利用国际国内两个市场，两种资源将有力推动中国实现文化产业成为国民经济支柱产业的历史性目标。发展文化贸易是加快转变外贸发展方式的重要内容，文化贸易具有资源消耗少、附加值高、吸纳就业多的特点，特别是还具有文化价值的内涵，是国际贸易的高端领域。发展文化贸易、壮大文化产业，有利于优化贸易结构，并带动相关产业的发展。

近年来，中国对外文化贸易不断发展，呈现出四个方面的特点：一是规模不断扩大。2013年中国文化产品进出口总值达到274.1亿美元，其中出口251.3亿美元，是2006年的2.6倍，文化服务进出口95.6亿美元，其中出口51.3亿美元，是2006年的3.2倍。二是结构逐步优化。2001~2013年，中国文化服务出口年均增长26.3%，高出文化产品出口年均增长7.2个百分点，文化服务出口占文化产品和服务总体出口的比重也从9.1%迅速增加到17%。三是新型文化贸易发展势头强劲。目前数字化、网络化技术正广泛应用于文化产业，在此过程中，动漫、游戏、电影后期加工、数据库服务等新型领域的文化企业逐步将技术优势、成本优势转化为出口的竞争力，使得技术条件要求较高、产业化条件较为成熟的文化领域出口快速增长。四是对外投资目标日益多样化。近十年来，中国文化企业对外投资目标从建设营销渠道开始向获取技术优势、成本优势、人才优势方面延伸，在境外向产业链、上下游拓展的意愿较强。据商务部统计，中国文化、体育和娱乐业对外直接投资已由2006年的76万美元快速增至2013年的1.8亿美元。但是与世界发达国家相比，中国的对外文化贸易从规模到质量都还处在起步阶段，主要体现在文化出口企业规模较小，有影响力的跨国文化企业较少，影视、出版、商演内容的产品贸易长期存在逆差，支持文化贸易发展的政策环境还需要进一步优化。

女士们、先生们，2014年3月，国务院正式出台《关于加快发展对外文化贸易的意见》，对全国对外文化贸易工作做出了全面的部署，这是新时期发展文化产业、推动中华文化"走出去"，提升开放型经济水平的重要举措，我们将扎实推进、贯彻落实国务院文件各项举措，加强政策引导，优化市场环境，壮大市场主体，改善贸易结构，进一步推动对外文化贸易发展。

第一，统筹发展，进一步发展文化贸易在中华文化"走出去"的作用。中华文化"走出去"离不开文化交流、文化传播和文化贸易三种方式的相互促进和协调发展，我们将更加注重企业主体、市场运作在中华文化"走出去"过程中的作用，从"送出去更多"转向"卖出去"，从"走出去更多"转向"实现走进去"，推动文化贸易和投资合作成为新时期中华文化"走出去"的重要途径。同时，我们要加强政府主导和社会参与，充分发挥文化交流和文化传播的独特作用，提高对外文化交流水平，加强国际传播能力的建设。

第二，深化改革，进一步激发企业在文化市场中的活力。我们将大力推动对外投资体制的改革，修订境外投资管理办法，简化包括文化领域在内的对外投资行政许可程序，扩大文化领域对外投资合作，继续深化外商投资体制改革，推进外资三法修订工作，为扩大文化对外开放创造良好环境。近日，外商投资项目核准办法正式发布，明确外商投资由全面核准改为有限核准，我们还将在海关实施企业人员因公出国更加便利化的措施。

第三，进一步优化对外文化贸易的出口格局。我们将充分发挥各地文化出口的特点和优势，重点依托上海自贸区和海关特殊监管区，建设文化产品和服务出口的平台，形成以长三角、珠三角、环渤海为前沿，以广大中西部地区为支撑的文化出口格局。同时我们将统筹规划境外各类文化贸易促进活动，资助有条件的机构和企业举办文化贸易对接会、展览会等促进活动，推动形成巩固华裔市场、深耕欧美市场、扩大新型市场的国际化文化市场的开拓局面。

第四，加大力度进一步细化支持文化贸易发展的财税金融政策。我们将鼓励和引导文化企业加大内容创新力度，对文化服务出口、境外投资、营销渠道建设、市场开拓、公共服务平台建设、文化贸易人才培养等方面给予支持，对国家重点鼓励的文化产品和服务出口实行零税率或免税，支持文化和科技融合发展，鼓励企业开展技术创新，推动文化企业积极利用国际先进技术，提升消化、吸收和再创新的能力，在信贷、债券、担保、保险、外汇等方面强化金融服务，大力支持文化企业"走出去"。

第五，有效对接，进一步提高为文化企业开展贸易投资活动提供服务的公共服务水平。我们将继续加大文化领域的知识产权保护力度，为中外企业的健康发展营造良好的环境，加强对外文化贸易公共信息服务，为文化企业开拓国际市场提供贸易和投资方面的国别信息。推动行业中介组织的建设，重点发展其出口、促进行业自律、国际交流、人才培训等方面。加强文化贸易统计工作，发布文化贸易和对外投资统一数据。

女士们、先生们，中华文化源远流长，博大精深，为人类文明进步做出了独特的贡献，是全世界共有的精神财富。我们愿意与各国人民一道扬起贸易之帆，启动文化之航，为文化贸易做出贡献。预祝本次大会取得圆满成功。

谢谢大家！

"中国创意产业之父"、十一届全国政协副主席厉无畏在中国文化贸易发展国际大会上的讲话

尊敬的各位来宾，大家下午好！

今天我演讲的主题是关于中国文化企业走出去的机遇和挑战。文化繁荣是发展的战略目标，这是世界性的共识，因此世界各国都在发展各自的文化，我国同样也在发展文化产品。在经济全球化的今天，中国文化企业作为文化产业的经营主体，肩负着参与、传播中华文化的光荣使命，正积极地走出国门，进入世界市场。文化企业走出去的路径包括两个方面：文化贸易和境外投资。文化贸易包括文化产品贸易和文化服务贸易，境外直接投资包括直接投资和兼并收购两种形式。境外直接投资能够让中国文化企业在东道国拥有从事文化经营活动的主体资格，可以更直接、更有效地传播中国文化。

文化企业走出去的意义和责任可以归纳为以下四点：第一，加快我国文化企业走出去，有利于传播中国文化，增进世界对我们国家的了解。第二，加快文化企业走出去，可以促进文化产业的发展，加快我国产业结构升级的步伐。文化企业低污染、低消耗，同时能够融合到其他产业里，带动其他产业的发展，进而带动产业结构的升级。第三，加快文化企业走出去还可以提高我们国家的软实力。第四，加快文化企业走出去，有助于增加对中国文化的需求。由于需求的增加，产业就要发展，进而增加我国的就业岗位。加快文化企业走出去还可以提高我们的居民素质。因为文化企业走出去，通过国际的交流合作，可以提高我们的文化创新力，提高我们走出去的企业在创建文化方面的创新能力，因此它有利于提高我们的整体文化需求。

接下来我要谈一下文化企业走出去的机遇。国家大力支持文化企业走出去，2009年7月22日，我国出台了《文化产业振兴规划》，在这个政策利好之下，从2009年到2012年短短四年时间内，我国文化、体育和娱乐业对外直接投资增长了10倍，从2009年的1796万美元增长到2012年的19634万美元。2012年11月，胡锦涛同志在十八大报告中强调要坚持把文化创新作为社会主义制度自我完善和发展的重要环节。2014年2月，习近平总书记主持并审议通过了《深化文化体制改革实施方案》，这个方案强调要加强政府对文化产业的投资力度，要加大对中国文化企业走出去的金融支持。

中国的崛起让世界空前渴望了解中国和中国文化。我们国家现在的经济已经发展成为世界第二位，相应的文化应该与这个相匹配。2014年，我国一系列电视剧在世界各地的热播充分地印证了这一点。根据当前我们国家一些电视剧在海外播放情况的统计，电视剧《白领公寓》、《新上海滩》、《蜗居》、《我的丑娘》、《媳妇的美好时代》、《金太

狼的幸福生活》、《我是特种兵》、《甄嬛传》、《步步惊心》、《我家的春夏秋冬》都已经走向国际。我们不难看出，2010年以来我国在海外播放的电视剧数量明显增加，而且播放的范围更广泛，过去局限在亚洲，现在扩展到美国、加拿大这些发达国家，以及非洲国家，如坦桑尼亚等。电视剧《媳妇的美好时代》在非洲的热播引发了非洲人民对中国时尚婆婆形象的崇尚。《我是特种兵》在美国的热播让美国人民看到了新时代中国军人的形象。电视剧《我家的春夏秋冬》在美国尚未播出就已经引发了中美两国人民对杨立新饰演的中国大叔和凯文·斯佩西在《纸牌屋》中饰演的美国大叔的热烈比较。

我们文化企业走出去具有良好的资源优势，因为中国是四大文明古国之一，有几千年的历史文化，我们还是一个多民族的国家，多样的民族特征，这些历史文化和民族特征为我国文化企业走出去提供了重要的资源和条件，而这些资源的利用还需要有创新。根据世界文化和自然遗产数量的统计数字，我国文化产业走向世界的优势十分明显。截至2011年底，在世界文化和自然遗产排名中，中国排在第二位，拥有42项世界文化和自然遗产，说明我国拥有较好的开展国际文化贸易出口的资源优势和潜力。这个数量和比例的排名为：西班牙居世界第一位，中国居第二位，意大利居第三位，法国居第四位，德国居第五位。比较国家文化遗产、自然遗产的数量，西班牙最多，有43项，我国有42项，意大利有40项，法国有33项，德国只有32项。

目前，我国经济发展得比较好，外汇储备也比较丰富，人民币升值，服务机构壮大，这些因素支持我们的文化企业走出去。作为全球第一的外汇储备大国，我国庞大的外汇储备是我国文化企业走出去的坚强的经济后盾，人民币升值使得我国文化企业境外投资的成本降低，我国的商业服务机构开始在全球布局，并逐步成熟、壮大，也为我国文化企业走出去提供了交易保险，降低了文化企业的交易成本和交易风险。如果没有中国银行国际分支机构的支持，我们的万达地产并购美国AMC的境外融资就变得很困难，而以中国国际金融有限公司（中金公司）为代表的金融服务机构的壮大为我国文化企业的境外并购带来了更专业、更高效的财务顾问服务。

我国的文化企业走出去有很多机遇，但是也有挑战。第一，我们的文化企业境外直接投资的经验还不够丰富。我国企业走向世界的历史比较短，从21世纪初才开始在国外进行直接投资，而文化企业在境外进行直接投资的历史更短。2012年万达收购AMC是我国文化企业的首次尝试。境外直接投资，尤其是以兼并收购的形式进行的境外直接投资面临着巨大的法律风险和投资风险。以前到美国进行收购，有时候会出现不批准、不同意的情况，现在我国自贸区在这方面已有所发展，所以比以前更加方便了。法律风险主要是不熟悉境外的法律所带来的交易风险，最大的风险是交易审批风险，各个国家几乎都对外国投资并购本国的文化企业设置了审查程序。由于文化属于意识形态的范畴，所以对外国企业的审批标准难以准确地界定，对来自不同意识形态国家的文化企业的审核标准是不一致的，因此中国企业在国外并购文化企业的交易审批的不确定性就更大了。投资风险主要是因为不能够准确地判断交易标的物的价值而带来的交易风险。作为智力密集型的产业，文化企业的价值通常在于员工的创造力，但是员工的稳定性及创造力的持续性都是难以准确预期的，这无疑给文化企业的境外并购带来更大的交易风险。万达在初次试水境外文化产业并购时选择影院经营商 AMC 作为并购标的，很重要的一个原因是 AMC 的核心价值在于电影院和电影银幕等有形资产，这让万达可以更准确地评估它的公司价值，并能够在并购后持续控制这些资产。若要并购一家以编剧、导演、演员、制片人等人员的创造力为核心的电影制作公司，那么这个价值判断和持续控制的难度就会大幅增加。收购一个制作公司和放映公司是不同的，放映公司比较容易评价，制作公司就难以评价。

第二，对文化资源的创意开发能力不足。我们虽然有丰富的文化资源，但是文化产业的发展还处于初期，缺乏足够的创意将文化资源开发出足够精彩的产品，并赢得外国人的赞赏。文化企业要成功地走出去，必须加强科技和文化的融合发展，这样就能够进行创意开发。所以，虽然我们有很多资源，但是如果我们没有创意开发，那外国人也会拿去开发的。例如，我国花木兰的故事，美国人对它进行了创意开发，我国的熊猫也是我们的自然资源，但是美国人对它进行了开发，还利用了中国的功夫，成为了《功夫熊猫》，这两部电影在中国赚了很多钱，所以我们必须加强创意的开发。在开发的过程中，还必须与科技相结合，如 3D 片、4D 片。杭州西湖天下闻名，宋城股份在杭州打造人文景区，大型购物节"宋城千古情"让海内外的游客感受到中国文化，杭州市在 2012 年接待的外国游客超过 300 万人次，这些游客就是中国企业走出去展示中国文化的重要起点。所以，杭州就是开发利用了文化资源，它是以杭州的历史典故、神话传说为基点，融世界歌舞、杂技艺术于一体，运用现代高科技手段营造如梦似幻的意境，给人一日千年的感受。"宋城千古情"是目前世界 2013 年演出场次最多和观众接待量最大的剧场演出，被海外媒体喻为三大名秀之一。从历史情况来看，我们也有很多开发成功的案例，如"印象刘三姐"，其是对壮族的民间对唱进行了开发。另外，张家界的"天门湖仙"是把历史传说故事"刘海砍樵"编成了文艺剧，还有"秀一个上海给世界看"也很成功。

我们还要推动创意文化的发展，发挥我们文化资源的优势，比较成功的就是深圳的华强科技公司，它通过与文化相结合建造了一些主题公园，如深圳华侨城，还有欢乐谷、方特世界，这些都是作为主题公园与科技结合展出的，现在华强公司走向了世界，如伊朗、南非都邀请华强公司去为它们办主题公园，华强公司的发展趋势就类似于迪士尼在全世界的发展。我们被外国人开发利用的文化资源，除了刚刚讲的美国开发的两种以外，韩国和日本也利用我们的文化资源——《三国演义》和《西游记》开发了动漫和游戏。因此，我们必须有创意来开发我们自己的资源，而且要努力地把科技与文化结合起来发展。

第三，我们的文化服务贸易发展不足。我们的文化产品出口在世界上排第一位，但是文化服务出口相对较少，我们文化产品出口是顺差，而文化服务出口是逆差，而且这个逆差很严重。比较从 1997 年到 2006 年中国文化贸易进出口贸易差的总体情况可知，中国文化贸易发展很快，但一直为文化产品出口第一大国，而文化服务出口的规模不大，而且在总量持续扩大的同时出现了持续的逆差，已经成为中国服务贸易总体逆差的重要组成部分。如何扭转严重的服务贸易逆差的局面，成为我国文化企业走出去的一大挑战。

第四，过去的文化输出是以海外华人为主要消费群体，而缺乏国际消费群体的支持。由于语言、传统文化以及生活习惯的原因，我们的文化输出的地区过去是在中国香港、中国台湾、东南亚、美国、加拿大、澳大利亚以及欧洲，这些地区是华人聚集比较多的主要区域。海外华人对于中国本土的文化具有天然的亲和力，也更加容易接受。以图书版权为例，在 2010 年中国一共对外出口图书版权 3600 种，输出地前五位是东南亚地区、中国台湾、中国香港、美国和加拿大，这五个地区的图书版权出口占中国总出口的 67% 左右。我国在海外文化输出地区上过于狭小，过于集中，消费群体仍以华人为主，缺乏更广泛的国际消费群体的支持。《甄嬛传》在美国华育电视台率先播出后，反响不错，目前正准备由美国团队操刀剪辑后在美国英文电视台播出，这只是我国电视剧走向国际主流消费群体的开始，中国文化企业国际化的道路还很漫长。因为这其中存在语言差别的问题，如我们的企业走出去怎么进行翻译，需要我国政府的支持。

第五，缺乏具有世界影响力的品牌。美国在世界文化领域的霸主地位是由好莱坞和百老汇等区域品牌、迪士尼和福克斯等企业品牌、白雪公主和米老鼠等角色品牌、汤姆·克鲁斯和布莱德·皮特等明星品牌共同创造的。文化出口要有好的品牌，既要有产品的品牌，还要有企业的品牌。而我国目前缺乏有世界影响力的品牌，我国在各种国际文化交流活动中仍停留在以展示剪纸、泥人、刺绣、大红灯笼之类的民俗作品和兵马俑以及其他出土文物为主的阶段，在国外较有影响的戏剧歌舞和影视作品很少，在国外有影响力的文化企业和明星寥寥无几，缺乏品牌增加了我国文化企业走出去的难度。我们需要更多的像成龙、李连杰等明星品牌提升中国电影在国际上的影响力，帮助更多的企业走向国际。

第六，我国文化产业发展的时间短，细分行业的分头管理导致文化企业规模不足。目前，过分强调文化公益性质而忽略了产业性质，因此在过去几十年中，我国的文化产业都是通过政府主导的事业单位作为事业来经营而不是作为产业来经营。文化产业目前还处在起步阶段，文化企业的规模普遍较小，缺乏规模效益。我国的文化产业由不同的行政主管机关来管理不同的细分行业，从而使我们的文化主营业务集中在某一个行业，缺乏细分行业之间的协同效益。以上市公司为例，同为影视板块的上市公司，在影视、广告、出版等细分行业之间基本没有业务交集，如影视板块的上市公司华谊兄弟和光线传媒不从事出版业务，广告板块的上市公司也不从事影视业务。

缺乏规模效应和协同效应导致我国文化企业难以与美国综合性传媒巨头相提并论。以华谊兄弟和哥伦比亚的广播公司为例，这两家公司的利润增长率和净资产的收益率非常接近，但是哥伦比亚广播公司的资产规模和主营业务收入都比华谊兄弟多了 60 多倍，哥伦比亚广播公司除了影视制作之外，还多了广告、出版和电台、电视台等多项运营业务。从数据上看，光线传媒的主营业务收入是 10.34 亿美元，迪士尼的主营业务收入是 422 亿美元，时代华纳是 279.5 亿美元，我国华谊兄弟只有 13.86 亿元人民币。

根据上述机遇和挑战，我们现在提出走出去的对策和建议：一是要增强我国文化企业的原创力。二是要加快我国文化企业的科技创新水平，文化产业要与科技相结合，这样既有科技的创新力，又有文化的创意，这两个结合起来才能够在世界上有地位。三是要加快文化管理体制的创新，转变政府的文化管理职能，这个在党的十八届三中全会上也已经提出来了。四是加快国际营销观念，争创更多的文化品牌，要想办法加快品牌建设。五是充分发挥全球华人的推动力。海外华人喜欢中华的文化，可以通过他们在海外帮助我们推广。

中国要复兴，文化必须要复兴。我们现在是世界第二大经济体，我国的文化要与我们的经济发展相匹配。中国文化只有走向世界，在世界文化市场竞争中占有一席之地，中国才有可能成为文化强国，进而才有可能成为世界强国。

谢谢大家！

国家邮政局副局长刘君在 2014 年中国快递行业 (国际) 发展大会上的讲话

尊敬的各位来宾，各位朋友，女士们、先生们：

大家上午好！今天是快递人的一个大聚会，在此我谨代表国家邮政局向 2014 中国快递行业发展大会的召开表示热烈的祝贺，向莅临大会的各位领导、各界来宾、企业界以及媒体朋友们表示诚挚的欢迎和衷心的感谢。

快递业是现代服务业的重要组成部分，对于带动电子商务、现代物流业的发展，提升制造业的竞争力，促进贸易和投资，推动经济增长都具有重要的战略意义。在国家经济结构调整，发展方式转变和促进社会就业中都发挥着重要的作用。近年来，我国的快递业保持了快速发展的良好态势，2013 年完成快递业务量 91.9 亿件，连续五年平均增长 43.5%，业务规模已经跃居世界第二位，我们最高日处理量也已经突破了 6500 万件，全行业的从业人员也超过了 100 万人，每天我们服务的快递用户超过了 5000 户。2014 年国务院政府工作报告中指出，要深化流通体制改革，清除妨碍全国统一市场的各种关卡，降低流通成本，促进物流配送、快递业和网购事业的发展。快递业第一次写进政府工作报告，这是快递业在经济社会中影响力日益提升的一个标志，也为今后我国快递的发展指明了方向。

目前，我国经济社会发展长期向好的基本态势没有改变，快递业作为邮政业的重要组成部分，面临的主要矛盾仍然是我们的发展能力、发展水平不能满足人民群众不断增长的应用需求，不能适应经济社会发展的需要。同时我们也要看到，随着全面深化改革的持续推进，尤其是综合交通运输体系的进一步优化和健全，快递业将迎来前所未有的发展机遇，我们的内生动力和创新能力都将日益增强，全行业将进入一个增效的崭新阶段。

面对发展的新情况和新机制，快递业要按照抓改革、促发展、惠民生的总体思路和安全危机，发展为要、服务为上的发展理念，紧紧抓住转型升级这个战略，在发展态势上保持续，在发展质量上下功夫，在服务水平上求效益，在安全运营上稳基础，全力推动行业的机制增效。国家邮政局正在大力推进快递西进和快递下乡两大工程，"引进来"和"走出去"相结合的发展战略，积极促进快递与制造业的联动发展，继续强化快递对网购的支撑作用，着力解决快递的服务瓶颈，在行业安全监管、诚信体系建设、服务标准落实、自律机制建设、专业人才培养等方面出台了一系列政策，这些内容也是我们这次大会讨论的核心问题。

在这样的背景下，召开 2014 年中国快递行业（国际）发展大会，确定了"诚信服务融合发展共享未来"的主题，就是要借力京交会大平台，统筹发展资源，凝聚行业发展智慧，就是要在全局和战略的高度深入探讨快递业发展的热点、关键和趋势，加快推进快递服务战略的合作，就是要以改革创新的精神激发行业可持续发展的不竭动力，构建积极向上的价值观和行业文化，推动我国快递服务向现代化、国际化和市场化方向科学发展。

这次会议隆重简朴、内容丰富，研讨的主题包括快递业与网购、金融业、制造业等关键行业的融合发展，企业管理、品牌塑造和服务质量提升，信息技术在快递业的应用，国际化发展战略等主题内容。这些主题既贴近行业需求，又聚焦行业发展前沿，得到广大快递企业、专家学者和关联行业的积极响应和热情参与。这次会议还有一项重要议程，就是要举办战略合作的对话，我们今天的会议与2013年相比，签约的范围更加广泛，内容更加充实，形式更加丰富，签约额度也有一个较大突破。

衷心希望签约各方能珍惜合作的机遇，实现合作共赢共同发展这样一个大目标，我也相信本次大会及各项配套活动的成功举办，将进一步推进快递服务拓展发展空间，不断创造品牌价值，持续提升服务品质，更期待通过大家的共同努力，展示中国快递服务取得的可喜成就，展望美好的发展前景，推动行业内外开辟新合作领域，引导社会资源更多投入快递服务，真正实现行业快捷、健康、安全发展，为全面建成小康社会贡献我们的力量。最后，预祝2014年中国快递行业（国际）发展大会取得圆满成功，谢谢大家！

中国快递协会常务副会长秘书长李惠德在 2014 年中国快递行业（国际）发展大会上的讲话

尊敬的各位来宾、各位朋友，女士们、先生们：

大家上午好！2014 年中国快递行业（国际）发展大会今天在此盛大开幕，作为本届大会主办方，我谨代表中国快递协会向参加本届大会的各位来宾、各位代表、媒体朋友表示最诚挚的问候和衷心的感谢。

本届大会特别邀请了发改委、商务部、公安部、安全部、交通运输部、海关总署、国家民航局、国家铁路局、全国工商联等部委相关领导出席，大会还得到国家邮政局以及党组书记马局长的大力支持，刘君副局长致开幕辞，对各位的到来表示热烈的欢迎。

作为第三届京交会的重要组成部分，中国快递行业（国际）发展大会已经连续举办两届，本次大会以"诚信服务　融合发展　共享未来"为主题，邀请了政府相关部门、行业研究机构、金融服务机构、电子商务平台以及国内外知名快递企业、专家学者，立足各自的领域就新时期赋予快递业发展的新课题发表真知灼见，本届大会重点探讨的议题将涉及我国快递业如何以诚信服务为立足根本，来应对快递业的服务需求。如何促进快递业与电子商务、制造业协同发展，共享未来，如何实施本土快递企业与资本市场的融合发展，并参与国际竞争等行业热点，让我们期待这一快递业的年度盛宴。

刘君副局长刚才在致辞中指出，党中央、国务院对我国快递业给予了充分的肯定和积极的鼓励，国家邮政局在新形势下提出了宏大的行业发展战略规划，共同为快递业的持续发展指明了方向，以创新为驱动，以改革为引擎，未来几年如何加快快递业改革，更好地实现快递转型升级，提升行业整体竞争力，完善快递业服务体系，将成为行业发展的主旋律。

行业大会不仅引领着行业的发展，还为快递业以及上下游产业带来充分的合作契机，下午举行的快递行业签约仪式，将把今天的大会再次推向高潮。国家邮政局相关领导和北京市政府相关领导将出席见证签约仪式，签约项目将涉及我国快递协会与航空、电子、商务等行业协会的战略合作，还包括快递企业与电子商务运行平台等方面的全面合作，达成的签约额将值得期待。通过行业大会和签约仪式的举行，将有力地推动快递业科学发展，增进快递企业与行业管理、研究机构、金融、制造业等领域的沟通交流，鼓励企业重视科技进步、科学管理和规范经营，我深信中国快递业一定能抓住全面深化改革和经济全球化的黄金机遇期，实现快递业的跨越式发展。

今天我们在此就中国快递业"诚信服务　融合发展　共享未来"开展研讨，意义非凡，通过本届大会的举办，让我们夯实基础，谋划长远，举全行业之力，打造中国服务问鼎世界第一。再次感谢各位领导嘉宾百忙中出席本届大会，谢谢大家！

国家邮政局市场监管司司长王丰在 2014 年中国快递行业（国际）发展大会上的讲话

尊敬的各位领导、各位嘉宾，女士们、先生们：

上午好！首先对 2014 年中国快递行业（国际）发展大会的召开表示祝贺，对社会各界长期以来给予快递业发展的关心、帮助和支持表示感谢。下面我结合本次大会"诚信服务　融合发展　共享未来"的主题做发言。

美国作家托马斯·弗里德曼在《世界是平的》一书中描述了一个全球化的时代，在这样一个因信息技术而紧密方便的互联世界中，全球市场劳动力和产品都可以实现共享，现代通信技术解决了信息交换的问题，现代金融体系实现了资金在全球范围内的流动。发达的快递网络可以实现实物的快速传递，通过快递网络，消费者足不出户就能买到任何地方的商品，经销商可以不经过分销渠道而直接把商品销售到任何角落。生产商可以根据各地资源禀赋来合理分布生产环节，改变传统的生产模式，把成本降到最低。快递正在不知不觉地改变我们的生产和生活，近三年来，我国快递业始终保持年均 10% 的增长速度，业务量、业务收入分别翻了两番和一番半。2013 年业务量完成 92 亿件，同比增长 62%，业务收入完成 1442 亿元，同比增长 37%。目前日均处理量超过 3000 万件，最高日处理量达到了 6500 万件，从业人员突破 1000 万人。国有、民营、外资在内的多种所有制竞争发展的格局已经形成。

2013 年快递服务满意度为 72.7 分，较 2012 年增加了 1 分，连续 5 年持续提升，2013 年下半年，重点地区快递服务全程实现为 58.18 小时，连续 4 年持续改善。全行业倡导诚信服务的价值理念，传递行业正能量。过去的一年，行业发展环境进一步优化，《快递市场管理办法》修订完成，《快递条例》列入国务院立法计划，我们积极争取到符合营改增政策，联合发布关于推进快递服务制造业工作的指导意见，促进行业融入生产和消费的产业链、供应链和服务链。联合发布加强和改进城市配送工作的指导意见以及行业标准，解决最后一公里的瓶颈。

党中央、国务院领导高度重视快递业的发展，李克强总理在新年看望慰问快递员工时谈道：快递业关系经济民生，你们既是在运送商品，也是在传递亲友心意，给大家送去春节的温暖，把幸福快递到千家万户。快递业是中国经济的黑马，祝你们在马年快马加鞭，万马奔腾，马到成功。

但快递行业在持续快速发展的同时，服务质量不高、发展水平不高和安全问题凸显，将影响我国快递业的长期发展。

第一，服务质量，消费者反映最强烈的问题仍然是快件延误和投递服务等行业顽疾，占有效申诉的 80% 以上。部分企业重前端轻后期服务，快递服务与用户个性化需求匹配度不高，区域性服务质量波动的问题突出，影响到整体发展水平。

第二，发展水平不高是行业面临的主要问题。面对全球化竞争的大趋势，走出去步伐还比较慢，企业重东部、重城市特征明显，快递服务在惠及西部和农村方面还有很大空间。低水平、低价格、同质化竞争现象突出，距离形成细分市场明确、服务体系完善、增值业务丰富的成熟产品体系还有较大的差距。

第三，距离渠道、安全问题凸显。从业主体对安全问题重视不够，投入不足，泄露用户信息时有发生，安全监管没有完全到位，隐患较多，相对于持续增长的行业规模，安全监管面临的压力与日俱增。

针对发展中存在的问题，我们将从以下几个方面着力提高，提升发展水平，推动行业持续、健康、安全的发展。

（1）提升快递服务网络购物能力，推动企业对运输网络、分布中心、营业网点等基础设施建设的投资，鼓励企业开发多品种、个性化服务的产品体系，提供代收货款、验货签收等增值服务。建立协同机制，推动信息共享，标准对接。

（2）推动快递更好地服务于跨境电子商务零售出口，落实国务院办公厅《关于实施支持跨境电子商务零售出口有关政策意见》，鼓励支持国内重点快递企业开拓海外市场，通过合作、并购等方式建设跨境网络，配合商务海关等部门研究推动跨境电子商务和快递服务的发展，进一步完善跨境电商通关环境，推进网络购物的发展。

（3）推动快递服务与制造业协同发展，加强快递服务对制造业物流环节的支撑，重点在制造业基地、工业园区建设仓储配送中心，加快仓配一体化建设，鼓励制造企业依托快递网络开展综合集成和分销配送，引导快递企业与大型制造企业建立长期稳定的战略合作关系。

（4）启动快递下乡和西进工程，鼓励快递企业加快农村网络布局，促进快递服务向下延伸，使广大农民尽快享受网购服务，统筹考虑交通区位和业务走向，加快西部快递网络的建设，促进西部消费环境升级，协调地方政府推进淘宝村建设，畅通特色农副产品东进流通渠道。

（5）推动解决快递服务最后一公里问题，商务部门在全国性快递节点城市和电子商务示范城市重合地区开展联动发展示范工程，推动快递企业与商业机构、便民服务设施、社区服务组织，机关学校管理部门以及第三方企业合作开展投递服务模式，探索新型服务模式。加强和改进城市配送管理工作的指导意见，解决通行、停靠问题。

（6）鼓励快递服务创新与科技进步，编制快递业发展指数，建立全面均衡、真实反映快递发展状况的综合评价体系。开展标准化、自动化和信息化建设，加快转化和应用快递成果，实施快递服务温室气体排放测量方法标准，出台快递服务非机动车技术要求标准。

（7）优化快递业务经济许可流程，建立经营许可绿色通道制度，落实备案管理规定，下放备案权限，简化备案手续，对末端服务网点实行备案。

（8）强化快递服务质量监督。启动诚信体系建设，结合服务承诺履行、服务标准执行、合法合规经营，安全管理等指标建立信用评分机制，加强企业自律和社会监督，继续开展满意度调查和实现测试，加大结果的公布力度，推进申诉信息公开制度化，充分发挥申诉系统在维护消费者权益，提升行业服务质量的支撑作用。

（9）加快人才队伍建设。继续做好从业人员培训和职业技能鉴定，提高人员素质和持证比例，推动有条件的企业实行全员持证上岗制度，推进快递培训网站的建设，为从业人员培训提供便利，继续实施快递百千万人才工程，推进院校开设快递专业，为企业培养紧缺人才。

（10）着力保障行业安全发展。强化寄件人、企业和邮政管理部门三方面的安全责任，制定邮政业安全生产设备配置规范标准，推动企业全面提高安全生产水平，健全联合工作机制，加强重点地区、重点部位渠道的安全防范工作，强化特殊地区的安检措施，全面落实用户个人信息安全管理规定，保障信息安全。

我的讲话到此结束，预祝 2014 年中国快递行业（国际）发展大会取得圆满成功，谢谢大家！

商务部西亚非洲司副司长曹甲昌在 2014 年中国快递行业（国际）发展大会上的讲话

尊敬的各位来宾、尊敬的各位与会代表：

大家上午好！非常高兴应邀出席 2014 年中国快递行业（国际）发展大会，首先我谨代表商务部西亚非洲司对本次会议召开表示热烈祝贺，对会议的承办方表示衷心的感谢，相信此次会议的举办必将对中国快递行业提高服务意识和水平，加快转型升级，拓展国际化的发展空间，参与国际竞争产生积极作用。

自 2013 年以来，世界经济延续弱势复苏的态势，国际市场需求低迷，我国加入 WTO 组织以来外贸发展的黄金时期不再持续，形势严峻复杂，2013 年我国虽然已经成为世界第一大货物贸易国，进出口总量也已经达到 4.16 万亿美元，但是增速仅为 7.6%，是过去 30 年来最低的一年。在传统外贸增长弱势的大背景下，跨境电商业务异军突起，成为我国进出口贸易成长最快的领域，相关数字显示，截至 2013 年底我国有 20 多家企业从事在线进出口贸易业务，跨境电商年交易额达到 3.3 万亿元，在过去五年间年均增长 31%，占我国进口总额的比例从 4% 提升到 12%。

2014 年世界经济复苏的态势略有改善，增长的动力有所增强，但是风险因素依然突出，国际竞争更加激烈。我国外贸形势虽具备有实现稳定增长的条件，但是面临很多困难和挑战。2014 年第一季度进出口总额、出口额双双下降，这是在我们过去 30 多年或者改革开放以来不曾有过的。这样不佳的表现，反映我国外贸形势严峻复杂的一面仍然不能低估。

为此，商务部等相关主管部门将积极促进进出口贸易稳增长、调结构，出台了稳定外贸增长的政策，进一步提高贸易便利化水平，为外贸企业营造更加宽松的环境。同时要充分挖掘出口增长点，其中包括积极推进跨境电商等新兴业态发展，鼓励企业加大技术创新投入，运用跨境电商开拓海外市场，扩大中国贸易。

各位与会代表，自 2013 年以来，商务部与国家发展改革委等单位先后联合下发《关于实施支持跨境电子商务零售出口有关政策的意见》，东莞市等 30 个城市创建国家电子商务示范城市的通知等文件，海关总署也在不断改革通关监管模式，加大科技的支持和保障，以便加快电子口岸平台与电商企业相关政府部门的信息共享。我们相信，这些利好政策的出台将为我国跨境电商业务进一步发展营造良好的环境。

物流产业是促进一个国家经济发展的加速器，对于当前我国优化资源配置、调整经济结构、改善投资环境、增强综合国力和企业竞争力、实现可持续的经济发展都具有非常重要的意义。对于跨境电商业务而言，其市场规模不断扩大，快递业务量技术的发展，都为我们快递业的进一步发展带来了新一轮的升级。

各位代表，在过去半个多世纪，中国与非洲建立起全面战略合作伙伴关系，经贸合作更是在中非合作论坛框架下取得令人满意的成绩，中非双边贸易额在 2013 年达到创纪录的 2102 亿美元，非洲的资源型产品和特色产品，包括咖啡也在中国市场上出现。中非虽然在地理上相距遥远，但近年来双边经贸合作的不断发展，在跨境电商和跨境物流方面存在巨大潜力和合作机会，具体表现在以下几方面：

一是贸易总额增长高速化。2000 年中非贸易迈上百亿美元的台阶，从此之后中非双边贸易呈现快速增长态势，我们几乎是非洲最大的双边贸易伙伴。自 2009 年起中国连续五年成为非洲第一大贸易伙伴国，2013 年的中非贸易额为 2100 亿美元，其中我们对非洲出口 928 亿美元，这里有我们快递业的贡献，也有跨境商务的贡献。在中非贸易中，南非、安哥拉、尼日利亚、埃及、阿尔巴尼亚是我们最重要的合作伙伴，也是我们最重要的出口市场。

二是贸易结构实现电商化。20 世纪八九十年代，中国对非洲出口商品以轻工、食品、化工等为主，自 2000 年以来，机械设备、电子产品等机电产品的出口在增长，占到 50%，纺织服装等产品占到 20%，这些消费者的进出口贸易向电商化过渡的难度较小。

三是非洲的基础设施逐步步入现代化。非洲政府非常重视基础设施建设，国际社会也关注非洲基础设施改善，在中国的技术和资金支持下，中国企业在非洲承担住宅、桥梁、铁路、机场、医院等一大批工程项目，为非洲国家基础设施改善做出积极贡献。南非、尼日利亚、埃及、肯尼亚等国的交通通信等基础设施已经能够满足跨境电商快速发展的硬件条件。

四是贸易政策的便利化。非洲各国政府重视贸易和投资政策改善，希望通过扩大对外贸易和引进外资发展德国的制造业，提高出口能力和扩大当地就业，非洲国家在区域一体化方面也取得不错成绩，东非共同体、南部非洲共同体、西非共同体都在区域经济发展方面发挥积极作用。中国遵循互利共赢原则，按照世界贸易组织规则与非洲国家开展贸易往来，目前与 46 个国家签订双边贸易协定。中国企业在非洲五个国家建设六个经贸合作园区，积极参与非洲铁路、公路、航空、网络建设，以及沿海重要港口的建设运营，为中非双方开展物流合作创造有利条件。

各位领导，各位与会代表，进入 21 世纪以来，中非贸易关系迈入全面快速发展黄金时期，双方政治关系日益密切，经贸关系不断发展，各领域合作富有成效。2013 年中国国家主席习近平就任首次选择访问非洲，2014 年 5 月中国总理李克强也选择了访问非洲，当前中国和非洲发展阶段梯次衔接，经济互补性很强，合作前景十分广阔。作为负责中国对非经贸合作的主管部门，商务部西亚非洲司愿意为中国和非洲国家的跨境电商和物流合作提供更多支持和帮助。

最后，祝愿本次会议取得圆满成功。谢谢大家！

中国邮政速递物流股份有限公司副总经理方志鹏在 2014 年中国快递行业（国际）发展大会上的讲话

第三部分 高峰高层论坛讲话汇编

尊敬的各位领导、各位来宾：

大家好！我代表中国邮政速递物流今天在这里做一个专题发言，主要是谈谈跨境电商综合服务平台如何打造的问题，以及我们中国邮政速递物流怎样提供一体化物流的解决方案。前面几位领导在宏观上做了很好的演讲，我的讲话更多是从微观操作上谈谈我们的方案。

第一，跨境电商市场现状。这几年人民币的升值造成了外贸的下滑，还有欧美经济危机以及贸易摩擦等，导致了大众出口贸易缓慢发展。但随着互联网技术的发展以及电商平台的推动，在线交易和营销的发展，在线支付的成熟，促进了跨境电商强大的社会需求，但目前的瓶颈就是物流的解决方案。

2013 年从事跨境电商的商家有 20 万家，平台企业有 5000 家，总的规模为 3.1 万亿元，年增长 30% 以上。进出口贸易规模的增长这几年明显缓慢下来，2011 年是 7.5%，2012 年是 9.6%，2013 年是 12.1%，但是跨境电商基本保持 30% 左右的增长速度。而跨境电商进出口的结构目前也比较失衡，现在主要以出口为主，2013 年出口 2.7 万亿，占 88.2%，进口占 11.8%。跨境电商出口的 50% 以上是通过中国邮政渠道发到国外去，目前中国邮政渠道变成了出口跨境电商的主要通道。2013 年进口市场规模超过 700 亿元，同比增长 11.7%。2014 年 4 月通过中国邮政渠道进口的包裹已经达到了 200 万件，同比增长 110%。

第二，中国邮政速递怎样打造邮政跨境电商综合服务平台。2013 年我国各部门陆续出台了积极鼓励跨境电商业务发展和支持跨境电商业务发展的政策，这些举措表明，我国要把跨境电商作为一个大宗贸易的强大补充，形成一个新的贸易渠道。总结一下，目前跨境电商出口主要有两种模式，进口也有两种模式。出口的第一种模式是一般出口，以邮政的海关，邮政的商关，社会的商关出口；第二种模式是保税出口，特殊区域的出口。进口也有两个模式，第一种模式是一般进口，就是集货进口模式；第二种模式是保税进口，就是备货进口模式。

中国邮政速递物流打造了跨境电商出口平台的概念，出口平台中间这一层拥有四个通道，第一个渠道是邮政渠道，第二个渠道是邮政渠道的快件联网中心，第三个渠道是跨境电商的园区，第四个渠道是保税区。这个渠道下层目前是中国邮政速递物流，针对于各种渠道能够提供的产品体系。最上一层是邮政跨境电商综合服务平台，政府监管部门实现速递互联互通。这就构建了跨境电商出口的平台，而且整个平台目前基本上都在推进过程当中，其中也有一些渠道已经非常成熟。我们拥有很强大的库房处理能力。关于进口平台的建设，最顶端的是业务客户，中间是四个主渠道，进口产品的设计，最低端的是邮政的服务平台，实现了数据的互联互通。

第三，我们怎样提供一体化的物流解决方案？我们提供一体化物流解决方案具有的优势，一是可以进行物流的服务定制；二是有强大的供应链管理体系；三是信息系统的支撑，尤其要提到我们这几年跟国际最大跨境电商平台 EV 的紧密合作，取得了很强的信息系统对接以及实践经验；四是成熟完善的配套资源，进驻保税区和园区。

出口一体化物流的解决方案，我们利用在线发展，实现电商网络信息系统全部对接，专业客户团队全程跟踪查询。通关我们有邮政商关，有 B2C 一般出口，有 B2B2C 的保税进口，有海外仓储配送系统，以及拣货、离货、包装、合并等服务。增值服务、物流保险、报关报警，就这些一体化的整个供应链解决方案，可以为客户提供定制的方案，可以随机地组合。反之就是进口一体化物流的解决方案。

中邮的海外仓布局，现在已布局到美国，2014 年下半年我们要布局到美国的东海岸和西海岸、英国、澳大利亚、日本，我们还会在很短的时间内布局到中东和俄罗斯。为什么要有海外仓呢？主要是提供跨境电商海外的销售，全程配送时间会压缩 5~10 天，卖家的销量和售价会大幅度提升，更容易成为金牌卖家。这就是我们主要进口产品的简介，包括邮政 EMS、邮政国际包裹、商业快件、急货进口产品和备货进口产品。

以上就是中国邮政速递物流已经搭建了的出口和进口的跨境电商平台简介，以及依赖进口和出口这两个平台，我们能够提供的一体化物流解决方案，以及对几个具有竞争力的进口和出口的产品进行的简单介绍。我们非常期盼也非常愿意跟社会各界，尤其是跨境电商的平台、跨境电商的卖家进行合作，能为中国跨境电商的发展来共同努力。谢谢大家！

顺丰速递集团副总裁李东起在 2014 年中国快递行业（国际）发展大会上的讲话

尊敬的各位领导、各位来宾：

大家好！首先请允许我代表顺丰集团对多年来帮助顺丰发展的领导和朋友表示衷心的感谢，今天我跟大家分享的主题是"顺丰让生活更精彩"。

为了适应外部市场环境以及客户需求的变化，顺丰围绕"以市场为导向，以客户为中心"这个理念做出了一系列的战略转型。今天跟大家分享一下顺丰从传统的 B2B 向 B2C 转变，以及向完整的供应链战略转型的一些成果和规划。为客户提供多元化服务，顺丰坚持以科技应用提升服务质量和效益，在创新和发展完整供应链的同时，注重环保和社会担当。

我们计划优化顺丰物流服务，包括国内快递，无论是同城、省内还是省外，当日即可到达，未到免单。特惠就是根据一些特殊的需要，价格、经济、时效，时效依然稳定可靠。我们根据客户的不同需求推出这些产品，使得整个选择多样化，服务标准化，不同客户都能享受高标准、高要求的顺丰服务。

针对具有特殊操作流程的产品，现阶段主要推出的是顺丰特安，它的特点就是优质，全程监控，专人专出服务，百分之百的安全保障，这也是主要针对市场上一些高价值的货物，比如珠宝。在快件交互、运输、签收环节规范安全，这是我们的保证，是快递贵重物品的首选，其服务流程超过规范已经成为业内标杆，一直保持在领先的位置。

顺丰在向重物发展，最近针对客户发运大件，或者比较重的物品推出一个经济型的物流服务，现阶段这个服务就是物流普运。大件货物包装操作比较烦琐，运输比较困难，一般托运费用比较昂贵，顺丰物流普运就是为解决客户这些难题。它的优势就是性能价格比，还有安全性和时效稳定性。我们在国际网络方面也在逐步完善，现在已经开通了美国、日本、韩国、新加坡、马来西亚、泰国、越南、澳大利亚和港澳台地区的快递服务，并且不断扩展市场和提升我们的服务质量。在国内领先，在国际上我们也在追赶先进的标杆企业，同时也在扩大我们的服务范围，持续提升服务质量和时效。

针对电商市场，最近我们重新梳理推出"惠系列"，以高质量的服务来满足中高端客户需求，这是我们的市场定位。"惠系列"的推出，就是根据电商市场的需求，用差异化服务来践行"以客户为中心和以市场为导向"的市场理念。针对所有消费者，顺丰一直都坚持服务领先的理念，坚决不打价格战，坚持以服务领先，为市场提供差异化服务，针对不同需求对内部的流程和服务的环节进行梳理，根据客户特定的需求进行内部优化。围绕电商市场对时效和对安全有不同要求，因此其作业环节和传统快递也有一些差异，我们针对这些市场进行内部优化，最终节省成本、反馈客户，推出"惠系列"。

电商产业园也是顺丰在大力发展的新业务，是我们战略转型的一个举措，借助顺丰已具备的强大营运能力，为满足电商企业全面的一站式服务，与地方政府紧密合作，提供仓储、办公、物流、融资、销售、代运营，甚至包括电商的一些摄影、培训等全方位的服务，类似于孵化园区，提供最合理的电商产业园服务。顺丰电商产业园的特点是打造全体系电商企业供应链解决方案，通过电商配套资源的整合，打通电商企业上下游供应链，为中小企业发展打通瓶颈，让中小企业集中资源于核心竞争力，顺丰则提供代运营的全产业链服务。

顺丰目前在发展电商产业园有一些优势。一是规模优势，未来5~8年将在全国50多个城市进行布局，建立全国性电商服务网络体系，解决电商和企业的新需求；二是服务优势，产业园大部分服务由顺丰提供，标准统一、稳定性强；三是物流运力服务，顺丰在部分产业园内设置了物流分波转运中心，提高物流和中转速度。

最近有一个很热的话题，就是顺丰嘿客，2014年5月以来我们非常快速地在全国铺开几百家，嘿客店就是满足客户需求、电商需求和社区服务所推出的O2O战略转型的新举措。顺丰嘿客是顺丰的直营门店，为线上线下商家提供基于社区的O2O服务，助力客户提升品牌知名度和销售额，为客户提供灵活、便捷、智能化社区的消费体验，这些服务包括网络购物橱窗展示、宣传，广告宣传、GIP预约服务，当商家对商品没有太强的把握时，可以预约商品进行试穿、试用以后再付款，这个服务是非常重要的。此外也包括便民服务、金融售后服务和物流服务。未来顺丰会有数万家嘿客店，以最贴近顾客的方式在社区以统一的形象和规范的服务，提供线上线下O2O服务和社区增值服务，为顾客带来互联网时代的全新服务。我相信这些嘿客很快会出现在各位领导和嘉宾的身边，希望大家有机会去体验，提出宝贵意见，让我们不断完善，真正贴近社区生活，带来O2O的体验，为商家和消费者带来最好的服务。

明天对顺丰是一个很有意义的日子，2014年5月31日是顺丰B2C食品网站成立两周年，这两年来优选店庆也非常热烈，希望大家有机会也去访问顺丰优选网站，享受在店庆期间提供的优惠产品和优质服务。2012年5月31日顺丰打造的全球美食优选网购商城——顺丰优选，目前有来自60多个国家优质的美食，选择进口食品和产地直采，做B2C和C2B，其中荔枝、蓝莓非常热销，我们直接从产地24小时送达。我们一直重视质量和安全，我们提供丰富的商品推荐和流通支持，现在顺丰优选是国内第二家拥有进出口食品资质的食品电商。顺丰优选拥有华北、华东、华南三个多功能仓，每个仓有五个区，跨度达到90度，可以满足全品类商品存储需求，很快我们会在华中和东南再开两个仓，并且把我们的温控商品的配送范围扩大到更大区域。顺丰优选产品全部由顺丰速运负责，对产地直供商品实现24小时从产地到用户手中，目前顺丰速运已建立食品产业物流解决方案。

顺丰金融服务包括两方面，一是金融本身服务，二是金融物流服务。金融服务主要是顺银，配合物流、信息流、资金流，为专业客户、电商企业和行业提供三流合一的综合解决方案，可以提供一定的资金和品牌支持，包括供应链金融。我们现在有一个专业的金融保险服务团队，研发了先进的信息管理系统，依托公司资源平台为客户提供专业化、个性化、差异化的产品和服务。

客制化市场是顺丰业务市场全新的战略方向，依托我们在快递领域所沉淀的良好口碑、品牌形象和运营能力，我们提供客制化物流服务的机会，同时为未来重点专业解决方案推出一些好的尝试，主要是汽配和医药领域。汽配主要服务于主机场、零配件制造商，还为经销商提供专业解决方案，客制化解决方案专项物流服务，同时优化升级如零部件、仓配一体化，零部件包装设计制造、增值服务、专项客服，为客户提供汽配全程优质服务。这主要是凭借顺丰建立起来的丰富物流网络和车辆资源，完善信息系统，针对行业做一些特殊的定制，满足汽车汽配行业对成本安全的要求，帮助客户提升核心竞争力。在医药服务方面，顺丰最近开始尝试推出专业的药品温控干线运输，服务特点是专业、温控，再加上药检备案，全程公开可视。在信息方面，顺丰未来是建立在今天的信息基础上，顺丰在信息系统建设方面一直是不遗余力的，现在主要是面向客户端，推出会员系统、客户 APP、短信、自助下单和查询、微信服务等，以及其他咨询服务。希望大家去体验，提出一些改进意见。顺丰履行环保的社会责任，配合国标委快递服务温室气体测量方法推出绿色物流，减少运营过程当中对环境造成的影响，包括包装材料优化，车辆中转环节改造，日常办公节能措施，减少能源消耗和二氧化碳排放。在业务层面，推出无纸办公，在设计上加上绿色服务的考虑，节省纸质和包装材料，更加绿色环保。我们建立了一个顺丰分享平台，鼓励员工将闲置个人物品分享给其他人。在社会责任方面，顺丰秉持低调助人的原则，从 2003 年以来在公益方面投入接近 9000 万元，今后也会继续坚持下去。

以市场为导向，以客户为中心，需要以创新为根本，不断满足客户需求，为客户实现和创造价值，这就是我们的使命。面临巨大的挑战，顺丰将站在一个新的起点上，脚踏实地，与我们的客户携手共进，让生活更精彩。最后，预祝本次论坛圆满成功，谢谢大家！

UPS 亚太区信息技术副总裁柯蒂斯·卢梭在 2014 年中国快递行业（国际）发展大会上的讲话

非常感谢能让我代表 UPS 公司发言，我将用数据分析来分享更加环保且可持续的商业实践。首先简要说明 UPS 致力于环境可持续发展的事项，以及如何使用数据分析来实现更加环保可持续，更具成本优势的操作目标。最后介绍一下我们对政府的建议，鼓励更加环保和可持续的贸易实践。

100 多年前，UPS 在美国开始提供包裹服务，随着时间的推移，我们逐渐向海外扩展业务。今天 UPS 是包裹服务和供应链解决方案的全球领导者，每天我们在 200 个国家为 940 万个客户服务，UPS 卡车和飞机承载了全球 2% 的 GDP，UPS 于 1988 年进入中国市场，逐渐从中外合资企业转变为首个在华外商独资的快递商。我们在上海和深圳有两处操作中心，并在上海和杭州建有最先进的医疗保健仓储设备，在中国 330 多个城市开展业务，拥有 6000 多名员工，280 个航段，将中国与美国、欧洲、亚洲联系起来。

对我们来讲，非常重要的是我们要以一种环保和可持续的方式来发展。2003 年 UPS 首次发表了《可持续发展报告》，涵盖了每年的做法。如我们首席财务官所说的，一直以来我们都认识到我们对环境的责任，对环保的贡献，同时也为业务带来了价值。我们不仅要获得一个非常好的绿色盈利，同时也要获得可持续的发展。

我们用数据分析来更好地了解我们的商业，通过数据分析来持续调整自己的运营，包括车辆的表现、网络建设，还有车辆路线的规划，数据分析给我们带来了庞大的价值。UPS 驾驶员驾驶着超过 96000 辆的车辆，每天配送包裹达到 1700 万件，服务 900 万个客户。如果每天我们能节省一公里的话，每年就能节省 8000 万美元。我们的司机也可以减少他们发动机的怠速时间，减少一分钟，就可以节省 51.5 万美元。2011 年基于数据的想法，使得我们减少了 5.82 亿公里的里程，显著减少了卡车怠速时间。

我们是怎么做到这些的呢？其中一个原因是我们不断进行运营调研，进行先进的分析。我们通过自己经验的总结以及第三方的调研，去了解我们对于商业和在碳减排方面的贡献。当前我们也用可以描述的、可以诊断的、可以预测的分析方式，帮助我们把数据转变成能够感受到盈利的良好措施。

快递的信息获取系统简称为 DIAD，从初步的电子触摸板到更加先进的技术工具的采纳，DIAD 这个工具可以给司机提供数据，让他们能作出更好的决策，能更加有效地交付订单，DIAD 这个系统可以让我们更好地给客户提供服务，并且能履行我们对客户的承诺，而且它支持非常复杂的预测规划引擎，可以预测未来的一些需求图景，并且能创建出每天交付的计划，可以帮助我们增加包裹的数量和服务，这对我们的盈利都有很大贡献。

还有另外一个系统是车载信息服务系统，再加上 DIAD 系统，可以让车辆和司机有更好的表现。我们有 20 个传感器，有 GPS，我们可以看到司机是不是佩戴安全带，行驶速度怎样，车辆行驶的道路在哪里，司机是不是在停车的时候把钥匙留在了车上之类的情况，这都可以传感出来，这种车载信息系统能使我们更好地进行诊断，可以让我们的司机使用安全带的比例达到 99.9%，这也是我们在服务历史上最高的水平了。

我们还有导航系统，可以让我们进行更多的创新，可以同时满足客户和商业需求，这也是非常先进的数据分析工具。一个 UPS 司机每天平均有 120 站的工作量，通过这个系统让他们找出最好的一个路径，交付服务的时候会更加快速。使用 2.5 亿个地址数据点，各种软件，结合消费者的运输需求，能定制出恰当的地图信息，可以让他们更好地进行导航，并且减少行程和碳排放。2013 年通过十万个路线，这个系统帮助我们节省了 560 万升燃油，可以支持很多的运营中心，我们要把这个系统带给我们的好处更好地扩展到北美的各个地区，希望到 2016 年底完成全部的部署。

迄今为止，我们一直在关注怎么使用数据分析和技术创新来实现更加有效的运营，减少成本，减少能源使用，减少碳排放。环境的可持续性是最重要的一个投资，而且政府也持续地提供各种激励政策给各个企业，让他们享受绿色盈利好处，很多政府都提供了采购可替代燃油汽车的各种补贴，还有一些其他的财政方面的补贴，来培训员工，培训人才进行数据分析，来提升它的投资效率。而且在关注数据分析时，也使得我们的交通做法更加具有可持续性，最关键的是很多数据能自由跨国界流动。世界各地的参与方，无论是制造商、供应商还是消费者，都对数据质量有所贡献。

一般来说，政府会帮助物流公司来实现更好的燃油经济性和环境可持续性，会放开交通领域，让公司有机会接触最短、最绿色的路线，这样多模式运输网络就出现了。给大家举个例子，在 2015 年，东盟的国家决定要在东盟地区加强交通的互联互通，把新加坡和云南通过卡车的路径联结在一起，这些交通选项可以创造更多东盟国家内部的燃油经济性路线，这对交通行业的燃油贡献是非常大的。

我们要想实现可以衡量环境的改变，最佳途径就是强有力公司间合作，很多跨国公司都致力于环境的可持续性，在中国和世界其他地方都是一样的，而且我们也非常希望有这样的机会能够去分享公司合营方面的经验。我们合作的一个组织就是绿色运输，简称 GFA，2013 年创建，亚洲的非营利组织，代表运输商致力于在供应链当中提供绿色交通运输路径。我们发起绿色运输认证计划，对采纳绿色燃油经济性技术的运输企业给予认证，还鼓励他们把这些良好采购的行为，环保的采购行为纳入他们的运营当中。

我们也希望有更多的中国运输企业能加入我们的认证当中，也非常希望能和中国道路交通运输协会以及它的成员在绿色运输项目上进行合作，来实现经济可持续发展的目标。

非常感谢大家，让我们一起创造绿色盈利的宏伟目标。谢谢！

商务部电子商务司司长李晋奇在知名企业家北京对话会上的讲话

各位来宾，女士们、先生们：

大家下午好！非常高兴参加今天的知名企业家北京对话会，我谨代表商务部对本次活动的召开表示热烈的祝贺！京交会组委会、北京市海淀区政府共同举办这次对话活动，就移动互联议题展开对话，对国内外移动互联网领域的产业合作、推动中国移动互联网更广泛的应用将起到积极作用。

随着互联网产业的迅速发展，互联网不仅仅局限于产业领域本身，而是日益融入生产、生活的各个方面，由此产生的互联网经济成为一种革命性的变革力量。电子商务是信息技术和互联网在经济领域最突出的应用，近年来，我国电子商务发展迅猛，对国民经济的影响力日益突出，在转变经济增长方式、调整经济结构、提高经济效益等方面发挥了积极的作用。2013 年，我国电子商务交易总额超过 10 万亿元，五年内翻了两番，有过网购经历的用户达到 3 亿人，手机网络用户达到 4.4 亿人，同比增长60%，移动交易规模超过 1600 亿元，线上线下加速融合、跨界经营、移动电商、互联网金融引起热议和广泛关注。新一届政府对信息化和电子商务发展高度重视，李克强、汪洋总理多次做出指示，2013 年 11 月商务部发布《关于促进电子商务应用的实施意见》，2014 年 2 月召开全国电子商务会议，系统研究了电子商务的发展形势，对 2014年工作做出重点部署。在推进电子商务方面，我们始终坚持以市场为导向，以企业为主体，在发展中规范，在规范中发展，积极引导规范、共同促进电子商务的应用，解决发展过程中出现的问题。

我们的主要工作包括：

一是加强法律法规标准建设，营造良好的环境。做好电子商务的立法工作，积极推动修订与电子商务密切相关的法律，研究制定出台第三方交易规则规章，积极构建电子商务统计检测体系和电子商务的信用体系。

二是开展应用促进，鼓励先行先试。在零售领域，支持网络零售平台进一步扩展覆盖范围，创新模式，支持依托线下资源优势开展电子商务，实现线上线下资源互补和应用协同。在外贸领域，突破不适应电子商务外贸发展的环境，推动建设网络基础设施、物流、支付、监管、诚信建设一系列配套措施。在农产品领域，鼓励电子商务与传统农产品领域对接，推动农产品品牌化，以信息服务促进农产品的流通，鼓励支持服务百姓日常生活的电子商务应用。在电子商务试点示范方面，发挥电子商务示范城市、示范基地、示范企业的引领作用，促进电子商务的创新应用。

三是完善电子商务支撑服务环境。开展电子商务物流体系建设，推动构建与电子商务发展相适应的物流配送体系，推动电子商务支付、信用服务等支撑服务企业，开展技术和服务模式创新，建立和完善电子商务服务产业的链条，推动行业组织、专业培训机构和企业开展电子商务人才培训及岗位技能培训。

四是开展国际交流与合作。中国政府积极参与联合国、世界贸易组织、亚太经合组织电子商务工作，积极推进电子商务多双边交流机制。从发展态势看，国外电子商务企业拓展中国市场、中国电子商务"走出去"成为新趋势，下一步，政府层面将推进电子商务的交流和合作，利用电子商务手段拓展国内外市场。

中国电子商务面临历史发展的难得机遇，具有广阔的发展前景。我们相信，通过行业、市场、企业多个层面的创新推动，依托互联网和信息技术的创新发展，电子商务在各个领域的应用将不断拓展和深化，相关服务业和支撑体系将更加健全和完善。最后预祝本次对话会活动圆满成功，谢谢大家！

北京市政府副秘书长张志宽在知名企业家北京对话会上的讲话

尊敬的各位来宾，女士们、先生们：

大家下午好！在第三届京交会开幕的第一天来到这里，参加第三届京交会知名企业家北京对话会，我感到非常荣幸，我代表北京市人民政府对光临对话会的各位来宾表示最热烈的欢迎！并预祝这次对话会取得圆满成功！

本次京交会邀请到了来自全球100多个国家和地区的客商和嘉宾，大会围绕构建高精尖的经济结构、大力促进国际服务贸易发展，进行了充分的沟通与交流。北京市委、市政府历来非常重视电子商务，先后印发《关于促进电子商务健康发展的意见》和《关于推荐本市跨境电子商务发展的实施方案》，对推荐跨境电子商务发展做出了具体部署。2011年批准北京市为电子商务城市，2012年批准北京市大兴区经济技术开发区为全国首批国家电子商务示范基地，2013年京东商城等12家企业获得商务部2013~2014年度电子商务示范企业的称号，数量居全国首位。2013年6月27日，第一张电子发票在北京正式诞生，标志着北京市电子商务领域的发展环境取得了新的进展，成为引领电子商务规范发展新的引擎，对促进我国电子商务及与国际接轨具有重要意义。

近年来，北京电子商务发展出现了新的形势，在我国传统外贸增速放缓的前提下，跨境电子商务异军突起，逆势飘红。2013年，北京海关共监管进出口国际邮件包裹近亿件，跨境电子商务包裹超过3亿件，平台具备商品通报、数据共享、通关监管的职能等，这是北京市发展电子商务又一重要的举措。

未来，北京市将继续围绕科技创新中心的创建，充分利用发展电子商务的信息优势、人才优势和行业管理规范的优势，推动引领电子商务的创新，大力发展移动电子商务，支持电子商务模式的创新，继续发挥电子商务在全国的领军及示范作用。

最后希望通过这次对话会，企业家们能够碰撞出关于电子商务发展新的火花，把电子商务的发展推向一个更高的水平，谢谢大家！

亚马逊全球副总裁保罗·麦森纳在知名企业家北京对话会上的讲话

　　大家好！非常感谢各位政府领导朋友们，感谢大家邀请我代表亚马逊在今天做一个发言！感谢你们举办这个盛会，搭建这个平台，今天对话会讨论的话题是具有重要意义的，展示了北京市政府与商务部都非常关注电子商务。我感到十分荣幸能够参与到这个对话，20 年前我首次来到北京是受政府邀请参与讨论高清电视的，10 年前我率领亚马逊代表团与卓越公司商讨合作，2014 年我们庆祝了亚马逊入驻中国 10 年。而本人已经年岁渐长，是北京的老朋友。

　　亚马逊是怎样走向全球的？亚马逊现在在 13 个不同的国家与地区经营，有着超过 2 亿的用户，为用户量身定做网站具有非常重要的意义。通过了解当地的文化、生活品位、货币与商品，一直致力于将网站进行个人化、定制化。无论在西班牙、美国，还是中国，我们的目标是提供给顾客最好的用户体验。亚马逊其实是让用户体验我们关注的三个要点：一是丰富的产品种类，亚马逊有超过 2 亿种产品可供选择，在中国是在线商城中品类最全的网站；二是非常关注便利，亚马逊致力于让消费者更轻松容易地找到需要的东西；三是尽可能地压低产品价格。因此，选择范围、便利程度以及低廉的价格是亚马逊在全球获得成功的原因。

　　在巴西、美国等不同国家做生意有什么不同？当然会有不同，但是相似之处远大于差异。世界各地的消费者都规避琐碎的选择，都希望获得最低廉的价格、最方便的选择、最丰富的品类，我们正利用现有的技术将这些服务提供给消费者。

　　在中国，亚马逊有三项业务：一是传统的零售业务。不管是国内还是国际业务，零售业务开始的时候非常简单，首先批发一些货物放到货仓，之后把这些货物零售出去，这样说起来并不是创新，关键因素是我们的线上运营。我们在中国有 13 个仓库，共 80 万平方米，提供着 2 亿种不同种类的产品，这里储存着亚马逊网站提供的货品。

　　二是向小商户开放第三方销售业务，向其他商家提供平台一起进行线上销售。这一观点最初提出的时候，媒体评论人以及投资商都无法理解，认为允许其他卖家在同一平台销售，可能会因他们的售价较低而造成亏损。然而为什么坚持这样做？因为消费者喜欢有选择卖家的权利，通过比较，消费者能够知道其获得的相对价格。从卖家的角度来看，通过这样一个全国性的网站来推销产品和服务对买家和卖家都很有吸引力。我们的平台在全球有几百万个中小卖家，其数量的增长更令人瞩目，2013 年增长了 150%。

　　三是手持电子阅读设备。除平板电脑可以便捷地欣赏图片和视频外，还有一种设备叫手持电子阅读设备，可以阅读上千本书。它在消费者当中备受欢迎，因为消费者对它有需求并且定价较低。在中国，已经有超过 400 家出版社和 7 万名用户在使用这个平台，在满足中国消费者的同时，我们通过这个平台把中国的产品尤其是文化产品销售到全球各地，如在中国出版的书籍，中国作者创作的书籍，中国出版社出版的书籍。美国的网站 Amazon.com 有销售超过 20 万种中国书籍的中国书店，并期待其数量继续增长。其原因有两个：①希望客户在其他地区例如美国有更多接触到中国文化产品的机会，例如书籍、音乐、视频等，尽管亚马逊目前主要关注于书籍的销售；②亚马逊在全球有 13 个不同的网站，对于中国的作者和出版商来说是一个很好的走向世界的机会，能接触到前所未有的全世界的消费者和读者。现在我们着手翻译中国作者的书籍，让西方的客户、读者和中国作者、出版商一并受益。

亚马逊在北京致力于发展持续增长的业务，非常希望有机会与其他企业家合作，同时也希望与北京市政府以及商务部的朋友继续保持紧密的合作关系。在有着五千年文明的中国讨论长远规划有一定的困难，但是亚马逊 20 年间发展成为全球性公司，在中国也有着 10 年的历史，我们对其发展非常有信心，将保持紧密的合作关系，并着眼长远的发展。谢谢大家！

第三部分　高峰高层论坛讲话汇编

商务部部长助理童道驰在 WTO 与中国
——北京国际论坛上的讲话

尊敬的孙会长，尊敬的易大使，各位朋友，各位来宾：

大家下午好！首先祝贺第三届中国（北京）国际服务贸易交易会的召开，刚才孙会长也讲到服务贸易，京交会的主题就是服务贸易，这是我们突出的一个主题。在京交会期间，由世贸组织研究会、孙会长主持的研究会和北京市国际服务贸易中心共同主办 WTO 与中国——北京国际论坛。今天我有幸加入这个论坛，在此谨代表商务部谈一些个人的看法。

进入 21 世纪以来，全球服务业和服务贸易的发展势头非常强劲，已经成为全球平衡可持续发展的重要强劲动力，也成为世界各国全面参与全球经济的重要途径。改革开放以来，特别是加入 WTO 以来，中国有序推进服务业的开放。易大使是世贸组织的总干事，对 WTO 事业的发展十分重视，孙大使是世贸组织第一任大使，他们都不遗余力地推动服务业的开放。中国有序推进服务业的开放，服务贸易规模迅速扩大，国际地位也在不断上升：2003 年我国服务业贸易的总额首次突破了 1000 亿美元，2007 年突破了 2000 亿美元，2008 年突破了 3000 亿美元，呈倍数的增长。2013 年，虽然我们处于一个全球经济格局深刻调整、经济放缓、外部形势比较严峻、进出口在各个国家都不同程度下降的情况，但是我国服务贸易总额达到 5396 亿美元，全球排名第三位，其中服务出口总额达到 2100 亿美元，比上一年增长 10%，实现了 2001 年以来首次两位数的增长。当然我们不仅强调增长的速度，同时也注重服务业贸易结构的不断优化；在旅游、建筑等传统服务业稳步发展的同时，我们也注重服务业的转型升级，在计算机、金融、咨询等现代服务业上也在起步，并且现在我们有服务外包中心，这都是服务业转型升级的一些步骤。服务业的发展对加快中国转变经济发展方式、调整经济结构起到了很重要的作用。

这里我还要强调，中国服务业虽然发展迅速，但实际上因为它起步晚，而中国传统上是一个以货物贸易为主的国家，因此服务贸易还是一个新兴的产业，也是一个处于朝阳期、发展中的产业。从总量上来看，我国服务贸易的总额只有美国的一半，服务贸易占中国整体进出口贸易的 11.5%，与全球的平均水平 20% 相比仍有近一半的差距。因此，服务贸易在我国还有很大的发展空间。

与其他金砖国家相比，巴西服务业占进出口贸易的比重为 1/4，我们与其也有很大差距。另外，我们经常提到中国是贸易顺差大国，但贸易顺差主要是在货物贸易方面，在服务贸易上，我国是逆差大，如 2013 年我国服务贸易逆差达 1184 亿美元，同比增长了 32%。我国服务贸易进口量大，这未必是件坏事。事实上，这对促进全球贸易的发展，加大进口——这也是我国外贸发展的一个方向，实现进口和出口并重都是有好处的。我国进口的服务业主要集中在高端服务业，因为在金融、计算机、咨询等高端服务业我国仍有很大不足，所以在这方面我国进口也比较多。因此，我国需要在保持传统服务业优势的同时提升服务业的结构，即进行服务业的转型升级。我国需要在注重劳动密集型服务业出口的同时，加大技术、知识密集型服务业出口的比重。众所周知，当下世界贸易竞争格局正在发生深刻变化，竞争也更多地从传统的货物贸易竞争转向服务贸易竞争，服务贸易成为新兴市场及大国竞争的一个焦点。因为一些成熟的市场已经基本上从货物贸易转向了服务贸易，因此新兴市场大部分也在往这个方向转变。贸发组织发布的关于全球价值链的最新研究显示，服务部门贡献了全球出口增加值的一半左右。因此，大力发展服务贸易对于中国全面深化改革、加快经济发展方式转变、提升产业链的国际竞争力、全方位参与全球价值链的合作、增加大学生群体的就业，打造经济的升级版具有重要的意义。

最近在青岛刚刚结束的 APEC 贸易部长会议就全球价值链发表了一个报告，这也是服务贸易领域的一项重要成果。

随着"十二五"规划的推进，我国以全球产业结构调整和服务业加速转移为契机，以推动服务业发展作为产业结构优化升级的战略重点，坚持有序推进服务业开放，积极营造有利于贸易发展的政策环境，推动中国贸易的快速发展。为了进一步健全服务贸易的管理机制，国务院出台了《国务院办公厅关于加快发展服务业若干政策措施的实施意见》、《服务业发展"十二五"规划》和《服务贸易发展"十二五"规划纲要》等一系列服务贸易的支持政策。北京市商委拓展了服务贸易促进的平台，京交会就是世界上第一个综合性的服务贸易国际展会。

十八届三中全会提出全面深化改革的号召，在深化改革方面，特别是在深化贸易体制改革、大力促进转型升级、促进贸易转型方面责任重大，任务也非常重。我将从以下三个方面讲推动我国服务业发展创新的问题。

第一，全面推动服务贸易的政策创新。探讨制定服务进出口管理条例的可行性，制定重点服务出口领域的指导目录，为财政、税收、金融等扶持政策提供支持。推动出台财税、金融支持政策，推动设立服务贸易专项资金，创新金融支持政策，针对服务贸易的特点开发金融产品，深化同银行和保险机构的合作，支持服务贸易重点项目的建设，积极推进服务贸易的便利化，加强人员流动、资格互认、行业标准制定方面的国际交流。众所周知，服务贸易与货物贸易的一大区别就是人的流动，人的流动关系到很多资质、资格、标准的制定，需要进一步的国际化、加强交流。同时，服务业处于一个转型升级的阶段，还需要有配套政策的支持，特别是金融业的支持。

第二，推进服务领域的可持续发展。我们将创新服务贸易发展平台，继续完善服务贸易促进体系，为中国和全球的发展做出贡献；注重发挥服务贸易作为社会稳定器的积极作用，积极深化国际合作，鼓励技术创新，增加知识型人才的就业，在品牌、信息、资讯、人才、知识产权等领域加大工作力度，为服务贸易的快速发展打下坚实的基础。服务贸易对我国就业的贡献非常大，特别是大学生的就业。在这方面，服务贸易对于社会稳定、解决就业，特别是知识型人才就业意义重大。因此，我们会加大力度，提供支持，也为我国服务业发展打下坚实的基础。

第三，要不断推动服务贸易领域的对外开放。根据国家进一步推动经济对外开放的战略，我们将进一步促进服务贸易领域的对外开放，稳步扩大金融、物流、节能、环保等领域的对外开放。这些领域开放度还不是很高，服务业又处在一个高速发展的阶段，下一步我们要推动金融、电信、环保等方面的对外开放，鼓励外商投资专业设计、软件开发等知识密集型服务行业领域，扩大服务供给，激发服务业的发展活力，完善政策措施，鼓励全球技术、研发、服务等创新要素在中国的蓬勃发展，鼓励国内外企业联合开展技术研发，推动科技成果的产业化，提升服务创新的质量和水平。对外开放对服务业发展是很重要的，我们不能关起门来搞服务业，因为发达市场在服务业上的发展已经有非常成熟的经验可供我们借鉴。所以，我们希望今天在座的很多来自中外企业界的朋友们能够携手合作，在服务业的开放和国际合作方面迈出新的步伐。

这次论坛虽然不大，但是既有 WTO 的副总干事易大使，还有孙会长、北京市商委的领导，听众里也有很多企业家。我希望大家通过这个平台能够分享经验、凝聚共识。作为商务部的一员，我们愿意和国际社会加强对话、增进互信，共同推动包括服务贸易在内的国际贸易的持续协调和平衡发展。

最后，祝这次论坛取得圆满的成功。谢谢大家！

世界贸易组织副总干事易小准在 WTO 与中国
——北京国际论坛上的讲话

特别高兴今天回到中国！这是我到世贸组织之后第一次回到北京参加这样一次重要的会议，特别想用中文跟大家交流，但是中文不是 WTO 的工作语言，所以，我还是用英文做我的演讲。为了方便大家了解我发言的内容，我做了一个中文的 PPT，希望大家谅解。

很高兴能回到北京来参加中国国际服务贸易交易会。今年的主题非常切合时宜，全球经济现在正经历史无前例的转型，而这些转型趋势的核心就是要向服务型经济过渡。服务业支撑着生产过程的每一个阶段，如研发、设计、工程、金融、交通、分销和市场营销。简言之，如果没有服务业，我们所能获得的增加值和创新将非常有限。下面我想从五个方面来讲一讲为什么我认为服务业对于中国未来的发展尤为重要。

第一，中国的服务贸易已经取得了跨越式的发展，这主要归因于中国加入 WTO 后坚定地履行了自己的承诺，并大踏步地推进改革。中国 2001 年加入世贸组织后，逐步成长为世界上第一大货物贸易出口国和第五大服务贸易出口国。如果我们将欧盟成员各国统计为一个整体，那么中国将成为世界第三大服务贸易出口国。中国在制造业方面所取得的成就是尽人皆知的，然而，中国服务业的发展却鲜为人知。事实上，中国服务贸易的发展成绩也非常显著，服务业出口一直在快速增长，从 2002 年到 2013 年年均增速达到了 11%；现在，以国际收支为基础的服务出口已达到 2070 亿美元。2001年中国入世以前，中国的服务出口仅排名第 12 位，占全世界的比重只有 2.2%；而到 2013 年，中国的世界排名已经上升至第五位，占比已经达到了 4.5%。2013 年，中国赶超德国，成为第二大服务进口国，服务进口达到 3290 亿美元，在全球进口中占比7.6%。

在如今以全球价值链为特征的经济模式中，服务进口在促进经济增长和提升竞争力方面发挥着重要的作用。例如，物流、交通等服务业已成为将各生产商联系在一起的黏合剂。其他服务业，如研发、通信、金融、设计与市场营销，都是制造业的关键要素。通过进口相关服务，中国的生产者不仅能够融入全球价值链，而且能接触到全球最领先的技术和管理技能，从而提升中国经济的竞争力。

中国的快速发展在很大程度上归因于其加入世贸组织后坚定地履行承诺并推进政策改革与调整。2001 年中国入世时，在服务业开放方面做出了比大部分发展中成员国家更加广泛和重大的承诺。我认为，这是中国比其他许多发展中国家发展更快的关键因素。

第二，我想为大家介绍中国具体的一些服务部门在贸易方面的表现。在中国的服务贸易方面表现最突出的部门是建筑工程、计算机和信息服务、交通服务，这些部门现在的发展情况和 2001 年中国入世前相比，毫无疑问，已经取得了实质性进展。在建筑工程方面，中国从之前的全球第 10 位提升到今天的全球第 2 位，在世界贸易中的占比为 10.2%。计算机和信息服务从之前的全球第 16 位提升至现在的全球第 5 位。在交通服务方面，中国的排名从之前的第 20 位提升到第 7 位，在世界贸易中的占比为 4.2%。这种长足的发展主要得益于从 2001 年到 2012 年海洋运输服务取得了年均增速 26% 的骄人成绩。

如果我们将所有的商业服务汇总起来，将交通和旅游从统计意义上划归为其他服务而排除在外的话，中国现在的服务出口位列世界第 5 位，之前仅占世界第 18 位，现阶段比重占据全球贸易的 4.8%。电信、快递、视听、金融和其他商业服务都属于快速增长的这一类别。

中国服务贸易发展取得令人瞩目的成绩值得庆贺。作为一名中国人，我为我的国家感到非常自豪。中国在商业服务方面的发展表明，中国所采取的以改革开放促进发展的模式是非常成功和明智的。但同时我们也应注意到，虽然市场开放促进了中国服务业的长足发展，但是我们仍需进一步进行改革，中国在制造业方面所取得的成功比服务业更加突出。

根据在货物贸易方面的入世承诺，中国从 1992 年逐渐将实施税率从之前的 42% 下降到了 2013 年的 8.7%。按照贸易加权方法计算，目前更加准确的实施税率仅为 4%，这个税率是所有的大型发展中国家和新兴经济体中最低的。中国在制造业方面所开展的大胆开放，为我们换来了制造业的强劲增长。与货物贸易相比，中国对服务业的保护更多，特别是在金融、电信、专业服务和数字贸易方面。根据世界银行与经合组织服务贸易限制指数显示，中国对服务贸易的限制不仅远远高于发达国家的平均水平，也高于许多发展中国家如巴西和墨西哥等。当然，服务贸易限制指数是非常广义的，在计算这一指数的过程中还有许多因素需要深入与仔细研究，但这个指数仍然表示在历经十几年的发展之后，中国的服务业亟须通过新一轮的自由化进程来提升其竞争力。

为提升在全球价值链中的地位，中国现在将服务业作为经济发展的战略优先领域。在此背景下我们必须意识到，提升服务业效率和竞争力的必由之路就是要推进市场开放。如果中国想要复制在制造业方面取得的伟大成就，就必须进一步开放服务业市场。这也意味着我们需要进一步深入推进改革，从而便利和促进服务业的贸易与投资。在中国加入世贸组织之后，贸易自由化能提升服务业的竞争力，中国发展最快的部门都是那些受到限制最少的部门。

第三，为了进一步增强制造业，中国需要提升在全球价值链中的地位，这就需要我们有更强大的服务业。中国的经济一直在逐步融入全球的供应链，通过加入全球的价值链，中国已经发展出规模庞大的制造业，提供了就业和收入，帮助大量的人口摆脱贫困。然而，我们经常听到中国人抱怨，中国的制造业很大，但却不强。这背后真正的原因是我们的服务业发展滞后，这已经成为中国提升价值链地位的瓶颈。人们经常说中国的制造业需要沿着微笑曲线向上发展，获得更多附加值，也就是说要向设计、创新、研发、专利、品牌、市场营销、软件、物流、交通、售后服务与维护、金融管理、会计和咨询这些领域进行拓展。这些服务部门贡献了大约90%的增加值，如果这些服务部门不能同样地一起发展，制造业只能取得量的增加，无法实现质的提升，这样的增长是不可持续的。

德国出口一辆轿车，其中一半的价值都体现在服务中，这些服务体现在与制成品相关的服务方面。各国都意识到服务业是一个重要的因素，能够决定国际竞争力，包括货物贸易的竞争力。提升我国在价值链中的地位是中国继续保持竞争力的关键，由于全球的价值链很容易转移，总会有人可以以更低的成本完成低附加值的任务，但是取代专业化和知识密集型的服务则相对更难。

第四，贸易政策可以扮演重要的角色，让我们避免中等收入陷阱。中等收入陷阱指的是这样一种情况：一个发展中国家，可以不再是低成本制造者，但是却很难变成发达经济体，这是中国迫在眉睫的挑战。最近由波士顿咨询公司进行的就全球制造业发展状况的一项研究表明，四项因素对制造业成本有重要影响，那就是薪酬、劳动力生产率、能源成本和汇率。中国现在与美国相比仅有微弱的优势，双方的差距正在快速缩小。墨西哥的制造业成本明显低于中国，这样的一个趋势已经促使大约300家公司将它们的制造业工厂从中国或者亚洲其他地区转回美国。不断提升的制造业成本让中国没有别的选择，中国必须进行经济转型，从低成本制造业转向高附加值的服务业。

新的数据显示，在全球价值链中的参与度，不仅看直接的服务出口，还要看货物出口中服务增加值的比例。就中国服务业的直接和间接增加值对总出口的贡献而言，现在中国还落后于经济服务化发展的目标。数据显示，虽然中国的服务业出口获得了增长，但是对全球价值链的贡献率却没有明显的提高，从1995年以来一直是这样，到2008年贡献率只有5%，相比之下发达国家的平均贡献率是15.6%，发展中国家的平均水平为10.3%。中国国内服务业增加值在总出口中的占比也非常低，仅有18.5%，而发达国家的平均水平是37.3%，发展中国家的平均水平为23.1%。所以，可以说中国以前和现在都是制造业的出口国。

2013年，服务业在中国GDP中的占比增加到了46%，首次超过了制造业，但是这仍然比经合组织国家73.6%的比例要低。中国政府强调现在必须尽快进行经济转型，国家经济增长模式应该从重点发展制造业转型为扩展和提升服务产业，这是中国避免中等收入陷阱的关键。我们相信，贸易政策能够在此过程中发挥重要的作用，逐步取消服务贸易限制措施是提升服务业竞争力的必要组成部分。

中国最近的上海自贸区示范项目就是这样一个例子。这是非常及时的一个举措，可以评估重要政策变化的影响，尤其是在市场开放方面的影响。现在正在进行测试的政策措施包括以负面列表的方式管理外商投资，进一步开放一系列服务部门，包括银行业、保险业、建筑工程业、物流、教育、医疗和电商业，在这些方面获得的经验非常重要，因为我们希望在上海自贸区获得的经验可以在中国的其他地方进行复制。

第五，中国需要获得可预见的规则和市场准入，而这通过支持多边贸易体系可以获得。我们需要考虑的另一个关键因素就是中国的对外直接投资中，几乎67%的对外直接投资都是在服务贸易上，正在迅速提高的中国对外投资都集中在交通、仓储、分销、金融和商务领域，这些服务通常支持中国海外的其他服务活动。中国可以多样化自己的战略，通过海外投资来增加服务的出口，并且保证这些活动能够得到WTO有关承诺的支持，中国应该努力参与世界组织服务协定，同时利用这样的协定来保证自己的利益。

世贸组织是唯一一个可以谈判多边规则和市场准入的平台，包括服务贸易规则及市场准入。和其他世贸组织协定一样，服务贸易总协定给中国提供了进入其他市场的可预见和非歧视的渠道，同时也可以全面保护一个以规则为基础的多边系统。服务贸易总协定鼓励更多透明度和非歧视的竞争，这些义务和中国国内改革是一致的。服务贸易谈判多边进程如果成功的话，能够保证中国在未来10~20年的发展和增长，世界也希望中国在世贸组织中发挥更重要和更具建设性的作用。

最后，预祝大会圆满成功，谢谢！

北京市商务委副主任宋建明在 WTO 与中国
——北京国际论坛上的讲话

尊敬的孙振宇会长、易小准副总干事、梅林德总裁、周柳军司长，女士们、先生们：

大家下午好！在这美好的初夏季节，我们迎来了 WTO 与中国——北京国际论坛，我谨代表北京市商务委员会对论坛的召开表示热烈的祝贺。

当前，世界经济已进入服务经济时代，服务业和服务贸易发展已成为推动全球经济可持续发展的重要引擎。全球贸易竞争的重点从货物贸易转向服务贸易，创新已成为价值增值的主要源泉。因此，大力促进服务业和服务贸易创新发展是现代服务业和传统产业转型升级、提升国际竞争力的重要途径。

本届论坛以服务贸易创新与产业结构升级为主体，围绕政府职能转变、产业升级创新等前沿专题进行研讨，契合了国际经济发展新趋势，对促进全球服务业和服务贸易发展具有重要意义。

近年来，北京市致力于转变经济发展方式，大力发展服务业和服务贸易。2013 年，北京市服务业总值达到 1.95 万亿元，占比 76.9%，高出全国平均水平近 31 个百分点，其中生产性服务业实现增加值 9812 亿元，占 GDP 的比重超过 50%。服务贸易继续保持全国领先地位，贸易总额达 1100 亿美元，同比增长 20% 以上，占全国的 1/5，世界占比超过 1%。通信、保险、金融、计算机和信息技术服务出口增长均超过 50%。

今后，我市将重点发展生态型服务业、文化创意产业，形成科技创新与文化创新双轮驱动的发展新格局，为促进中国和世界服务业及服务贸易发展做出积极的贡献。

最后，祝愿本次论坛取得圆满成功！祝各位领导和来宾工作愉快、身体健康，谢谢大家！

商务部服务贸易和商贸服务业司司长周柳军在 WTO 与中国
——北京国际论坛上的讲话

尊敬的孙振宇会长、易小准副总干事，各位来宾，女士们、先生们：

大家下午好！非常高兴受邀参加 WTO 与中国——北京国际论坛的活动。今天上午第三届京交会开幕式和高峰论坛已经在国家会议中心隆重开幕，上午的高峰论坛上与会嘉宾针对服务贸易在全球价值链中的作用发表了精彩的演讲，国务院副总理汪洋同志非常重视京交会和高峰论坛，专门为大会发来了书面致辞，代表中国政府鲜明地释放出我们要加快服务业的对外开放、进一步推动服务贸易和服务业的发展、把中国的经济推向转型升级的健康发展之路的信号。应该说，这为我们大会与会者提振了信心，使我们深受鼓舞。

在今天论坛的第一单元，几位重量级的嘉宾发表了精彩的演讲，特别是易小准副总干事在全球化服务经济这个大视野、大背景下审视中国的服务贸易发展，进一步阐明了我国应当在多边贸易格局下进一步扩大服务业的开放，从而赢得中国服务贸易发展的新动力给了我们深刻的启发。

商务部的部长助理童道驰同志发表的演讲，进一步阐明了我们在开放条件下应该将服务贸易和服务业的发展作为战略任务，进一步以开放促改革、促发展，并且在实际推进的层面上阐述了我们要加快思想观念的转变和政策创新，为我们下一步的工作指明了方向。所以，我们从第一单元嘉宾们的演讲就可以看到这个论坛非常有意义，既有对形势发展的深刻洞察，也有对趋势和今后方向的明确判断。

WTO 与中国——北京国际论坛已是第三届了，成为了京交会的品牌项目。因此，我代表商务部服务贸易和商贸服务业司对各位嘉宾给予第三届京交会的支持表示衷心的感谢，也对 WTO 与中国——北京国际论坛的成功举办表示热烈的祝贺。

当前，世界经济已经迈入了服务经济的时代，服务业占世界经济总量的比重接近70%，主要发达经济体服务业的比重达到了80%左右。随着经济全球化趋势的不断发展，世界各国经济的融合程度进一步加深，国际分工协作从传统的制造环节日益向生产性服务业等高端环节延伸，与制造业相关的服务业国际转移越来越占据重要地位，当前服务部门的跨国投资占全球投资的比重已接近2/3，这带动了服务贸易的持续快速发展，也引发了全球新一轮经济结构的调整与升级。近年来，全球离岸服务外包高速发展，服务业外国直接投资迅速扩张，跨国公司加快将研发、咨询、信息等生产性服务业向发展中国家转移，以跨国公司为主体的全球服务产业的产业链加速形成，服务业全球化的发展趋势也不断加快，服务贸易已成为国际贸易的重要内容。商务部服务贸易司是 2006 年成立的一个年轻的司局，这几年来见证了我们国家服务贸易、服务业发展的快速进程。

发达国家目前占据着服务贸易的主导地位，但是发展中国家也通过承接服务产业的转移，加快了自身服务业的发展与转型升级。在服务经济时代，服务贸易已经成为经济增长的新动力和大国竞争的新焦点。WTO 近期发布的数据显示，2013 年在全球货物贸易总额下滑的背景下，服务贸易依旧保持了稳步增长：服务进出口总额接近 9 万亿美元，同比增长了 6.1%，增速较上年同期提升了 4.1 个百分点。服务贸易对外贸易的增值贡献显著，与货物出口相比，服务出口的附加值更高。联合国贸发会议发布的全球价值链的研究结果显示，虽然服务贸易仅占全球贸易的 1/5 左右，但服务部门贡献了全球出口增值部分的近一半。今后，世界贸易的竞争将更多体现为服务贸易的竞争，各国都将发展服务贸易作为提高产业链整体竞争力、提升在国际产业链中的价值增值能力的重要手段，服务贸易领域的竞争将会日益激烈。

对外开放是推动服务业发展的有效途径，也是推动服务贸易发展的核心动力。中国在加入世贸组织时对服务贸易的开放做出了广泛的承诺，在世贸组织分类的 160 多个服务部门当中，中国承诺开放了 100 个部门，涉及商业服务、通信、分销、建筑、教育、环境、金融、旅游和运输共九大服务类别，其中 54 个允许外商独资，另有 23 个允许外资控股，而且基本没有地域限制和数量限制。根据入世的承诺，中国各服务主管部门对服务行业的法律法规和政策规章进行了大规模的清理整顿，进一步规范了服务行业的许可和资质要求以及程序，初步建立起了开放有序的服务市场体系和基本符合世贸规则的开放型经济体制。

伴随着服务业开放步伐的加快，中国服务业实际利用外资实现了大幅增长，服务贸易实现了快速发展：2001 年，服务业利用外资 112.3 亿美元，占实际利用外资总额不到 25%；到 2013 年，服务业实际利用外资达到了 614.5 亿美元，占实际利用外资总额的 52.3%，年均增长了 15.2%，增速高于实际利用外资平均水平 7 个多百分点。

2001 年，中国服务进出口额仅为 719 亿美元，2003 年首次超过了 1000 亿美元，2008 年超过了 3000 亿美元，2013 年达到了 5396.4 亿美元，入世以来年均增幅达到了 18.3%。中国服务贸易全球占比也从入世之初的 2.2% 增长到 2013 年的 6%，全球排名从第 13 位跃居第 3 位。服务业逐步开放既为服务业利用外资创造了条件，也为服务贸易的发展提供了不竭动力。

目前，中国服务业利用外资的规模已经连续三年超过了制造业，对外直接投资也逐渐向服务业集聚，服务贸易发展迅速，服务进出口总额居世界第三位，服务业在中国对外开放当中发挥着越来越重要的作用。

我们应该看到，尽管现在中国服务业吸收外资和服务贸易的发展势头良好，但还存在着结构不合理等诸多问题，如服务业吸收外资的结构不合理，外商直接投资过多地集中于房地产等利润较高的行业等。由于中国服务企业与跨国公司的技术差距远大于制造业，服务业技术吸收能力有限，本土生产性服务业大多被压制在产业链的低端，外资对内资的辐射带动作用还不够显著。另外，服务业外商投资对于中国服务出口的带动作用不足，服务贸易本身的行业结构不合理，高附加值服务贸易比重偏低，服务贸易长期处于逆差，且逆差规模呈扩大的趋势，因此，逐步放开对服务业发展的诸多限制，积极扩大服务业对内对外开放，以开放促改革、促发展，培育壮大国内服务业是当前中国加快服务业转型升级和服务贸易发展的重要思路。

女士们、先生们，当前中国正处于深化经济体制改革、转变经济增长方式的关键时期，十八届三中全会提出要构建开放型经济体制，加快培育引领国际经济合作竞争的新优势。十八届三中全会明确指出要统一内外资的法律法规，保持外资政策稳定、透明、可预期，推进金融、教育、文化、医疗等服务业领域有序开放，放开育幼养老、建筑设计、会计审计、商贸物流、电子商务等服务业领域的外资准入限制，这也是今后一个时期服务业开放的总体部署。我们将加紧贯彻落实，积极稳妥推进这些政策，以进一步推动我国服务业和服务贸易持续健康发展。

第一，着力改善投资环境，增强服务贸易领域吸引外资的国际竞争力，研究国际投资规则、通行做法与经验，积极清理各种不利于服务业发展的法律法规，进一步完善服务贸易领域外资投资政策。深化外商投资管理体制改革，坚持依法行政，不断提升公共服务水平与政府管制水平，推行外商投资在线办事系统和格式化审批，提高行政效率，增加行政透明度，强化服务意识，加强知识产权保护和执法力度，依法维护境内外投资者的合法权益，为进一步吸引高水平的服务业投资创造良好的环境。

第二，积极稳妥地引导外资投向，优化服务业的产业结构，进一步鼓励外资投向节能环保、新能源、现代服务业等领域，鼓励跨国公司设立地区总部、财富中心、共享服务中心、营运中心等机构，引导外资依托云计算、物联网等新兴技术发展服务业新业态，稳步扩大医疗、养老机构等服务部门的开放，发挥外资吸纳就业、促进国内消费的作用。积极利用外资发展职业技能培训，提高劳动力素质，作为服务业领域对外开放的突破口，积极推进深圳浅海现代服务业示范区、珠海横琴新区、广州南沙新区、福建平潭综合试验区等区域的先行先试，有效利用境内外资本市场，支持有条件的外商投资企业境内外上市。

第三，发挥中国（上海）自由贸易试验区的窗口作用，推动管理体制改革。建立中国（上海）自由贸易试验区是党中央在新形势下推进改革开放的重大举措，其设立标志着中国以开放促改革进入了创新性开放的新阶段。在新的历史时期，我国对外开放的重点是体制、机制等方面的创新，上海自贸区设立的意义就在于为全面深化改革和扩大开放探索新途径、积累新经验。上海自贸区试验的核心是制度创新，而不是营造政策洼地。

制度创新的实质是加快政府职能转变，扩大开放领域，推进贸易发展方式转变，深化金融领域的开放创新，以及完善法制领域的制度保障，按照先行先试、风险可控、分步推进、逐步完善的方式，把扩大开放与体制改革相结合，把培育功能与政策创新相结合，形成与国际投资贸易通行规则相衔接的基本制度框架，积极营造平等准入的市场环境。

第四，完善服务贸易政策支持体系，着力扩大服务贸易的规模。这个问题刚才童道驰助理讲得非常清晰，这里不再重复。

第五，提升中国服务贸易的国际影响力和话语权。我们要积极参与世贸组织和其他机构相关国际规则的谈判，加快实现国际规则与产业发展的协同性，积极关注服务贸易协定谈判的进展情况。在世贸组织多边框架内共同推动服务贸易自由化、便利化的进程，与有关国家和地区探讨签署高水平的服务贸易安排，实现对等互惠的开放，推动全球服务业行政审批透明化，推动行业技术标准趋同，为服务贸易发展营造更加有利的外部政策环境。

服务业的进一步开放，发展环境的进一步完善，必将为服务贸易发展创造新的机遇和空间。我们将坚定不移地推进改革开放，抢抓机遇，开拓创新，坚持进口与出口并重、引进来与走出去并重的方针，坚持把发展服务业和服务贸易作为经济结构优化升级的战略重点，着力扩大服务贸易规模，优化服务贸易结构，提升服务出口的国际竞争力，为培育国际经济合作竞争新优势，为提升全球价值链做出我们应有的新的贡献。

谢谢各位！

全国政协委员、国务院发展研究中心原副主任
卢中原在 WTO 与中国
——北京国际论坛上的讲话

谢谢研讨会邀请我参加这个论坛。我想谈谈中国的经济转型对服务业发展和开放带来的新的机遇和空间。

众所周知，中国的经济发展速度已经放慢了，但是非常有意思的是，在连续两年经济增长速度放慢到 8% 以下的时候，我国新增就业不但没有减少，反而分别增长了360 万人和 410 万人，这是什么原因造成的？是服务业。服务业 2013 年第一次超过了第二产业在 GDP 中的比重，达到了 46%。根据我们的预测，2015 年"十二五"结束的时候，中国的服务业产值占 GDP 的比重达到 47% 应该是没问题的。但是我们需要看到的是，服务业就业在国民经济中占的比重仍然非常低，因此服务业发展的前景是非常大的，潜力也是非常大的。服务业已经成为中国经济增长的新动力和经济转型的新依托，以及中国扩大就业的主渠道。请大家放心，中国的经济增长达不到 7.5% 也没有关系，在 7.0%~7.5% 我认为都是健康的，因为中国已经有了新的动力来源和就业渠道。这就是我们对中国经济增长速度放慢但不担心的重要支撑。这一点我个人觉得是应该给予充分肯定的。

另外，服务业的活力仍然非常旺盛。根据我最近的研究，连续多年来的服务业活跃程度，就是服务业的商务活动指数高于制造业的采购经理人指数，通常要高 5~10 个点。即使是在制造业非常不景气，低于 50% 的时候，服务业仍然高于制造业 3~4 个点。所以，这就进一步说明了中国的经济增长动力正在获得新的来源，中国的就业渠道正在发生深刻的变化，这是中国经济转型呈现出的一种新的态势，希望大家给予足够的重视，如果重视不够的话，我们就会陷入保增长、盯速度、上投资这样的窠臼中去。因此，今天我首先要向大家释放的是这样一个信息，即我国服务贸易的发展还有很大空间。下面从三个方面简单说一下。

第一，服务业在国内的发展前景非常好，但是它没有得到足够的政策资源。因此，它的活力还没有完全释放出来。为了使服务业进一步地增强活力，国务院前不久专门公布了鼓励生产性服务业发展的政策。也请大家注意，我们讲服务贸易的时候，大家主要研究的是对外贸易、服务贸易的进出口，国务院关于发展国内生产性服务业的政策是非常重要的，鼓励发展商务咨询、研发设计、营销服务、法律、会计等，这毫无疑问扩大了我们国内的市场和承接能力。因此，这对我们扩大服务业的引进以及承接服务业的外包营造了更好的政策环境。

第二，我们将要进一步走市场化改革的道路，进一步放开相关领域的限制，不仅鼓励民营资本进入，同样鼓励外商进入，并且我们的改革方向是减少鼓励类的正面清单，转向负面清单。我们只公布禁止类和限制类，而且要尽量减少，同时公布政府的权力清单。你有什么审批的权力公布出来，这个权力清单也要尽量减少，在权力清单领域，我个人认为我们要突出的是"法不授权即为禁止"，政府不可任意地增设新的行政审批事项。对于市场主体来说，负面清单释放的信息就是"法不禁止即为自由"。这两个可不能弄混了，对于市场主体来说是"法不禁止即为自由"，对于政府而言，恰恰相反，是"法不授权即为禁止"。我们以往可能很少遇到这样新的机遇和挑战，同样我们相关的企业、政府和学界要关注这种变化，这对服务贸易的发展带来的体制条件是前所未有的。

　　第三，扩大对外开放。我国鼓励个人的投资和企业的投资，行政性的审批要进一步减少，同时对服务领域的开放要进一步扩大。十八届三中全会说得很清楚，有序地开放金融、教育、会计还有相关的服务领域，进一步放开幼儿养老，还有相关的过去开放得不够的服务贸易领域，要以过去没有过的步伐来开放。

　　此外，还有一个机遇就是我们进一步扩大区域性的开放合作，提出了海上丝绸之路，还有丝绸之路经济带。另外，我高兴地注意到我们和瑞士等发达的欧洲国家签订了自由贸易协定，这对于中国企业到区域开放合作的环境中去历练、去扩大我们服务贸易的进出口具有重要作用。同时，也欢迎我们区域合作的伙伴以及签订自贸协定的国家和地区越来越多地进入中国的市场，与中国的企业共同创造双赢的局面。

　　谢谢大家！

商务部世界贸易组织司副司长洪晓东在
WTO 与中国
——北京国际论坛上的讲话

尊敬的孙大使，尊敬的易副总干事，各位来宾：

下午好！很高兴参加这个论坛并就这个议题发言。近 20 年全球服务贸易发展非常快有两个很重要的因素：一个是经济全球化，即开放和自由化的不断深化；对服务贸易而言，另一个很重要的因素就是信息技术的广泛应用，这使得电信成本降低，互联网得到快速发展，而这又进一步使服务的可贸易性不断增加。因此，信息技术的推广和电信成本的降低对服务贸易，特别是对模式一（跨境交付）和模式二（境外消费）有很大的提高作用。

在这两个因素下，全球的服务贸易快速发展，市场也在不断地开放。我们来看三个很重要的数据：①服务业占全球经济的比重接近 70%；②服务投资在跨国投资的存量中占了 60%；③服务对全球出口增值的贡献接近 50%。因此，从以上三个数据可以看出服务及其投资对全球贸易和经济具有很重要的意义。

但请大家再看另一个数字：服务贸易只占了全球贸易的 20% 多一点儿，如果我没记错的话是 23%。我们再来看中国的数字：2013 年，中国服务贸易总额为 5400 亿美元，占中国货物贸易的比重不到 13%，比刚刚说的 23% 还要低。这里涉及的一个是服务业的开放，一个是模式三（商业存在），还有统计上的问题。但我这里强调的不是服务贸易占全球贸易比重低，而是从另外一个角度看，服务贸易潜力很大，空间很大，大家也都在不断努力地探讨如何让服务在经济投资中的重要性在贸易中体现。

说到中国的比重 13%，从我的认识来讲，今天不是强调它低，而是强调中国的服务贸易进一步发展的空间还非常大。我们今天谈的第一个问题是如何将空间大的潜力转换成现实的贸易利益。首先，我想谈谈我们目前具备的几个条件，然后结合今天非常重要的主题，即从"让市场发挥决定性作用"的角度来看我们今后应采取的措施。我们具有的几个有利条件如下：

第一，我们有强大的内在动力。第一个内在动力在于不断提高的收入水平给中国创造了很大的服务消费需求，从而带来了很多服务交易和贸易的机会。一个国家居民收入消费水平越高，对信息、服务、会计、咨询、法律的服务需求越大。因此，中国GDP 总量以及人均 GDP 的不断提高给服务业的需求创造了大量的机会。2012 年我国城镇居民可支配收入已经达到了 2.5 万元人民币，而 2002 年仅为 7700 元。同时，我们观察到居民消费的变化，现在的消费更多的是子女的教育、医疗、旅游。请看如下数据：

2012 年中国旅游服务进口额突破 1500 亿元，居各类服务之首。我们的潜力很大，我国的居民消费已经突破了一个点，过了这个点，我们会对服务产生巨大的需求，服务将在国民经济中扮演越来越重要的角色。这是因为我国除了投资推动经济，另一个很重要的渠道就是通过消费推动经济。因此，我个人认为收入水平不断上升是中国的一个拉动因素，而且这也将为全球提供巨大的市场和投资机会。第二个内在动力在于我国是世界第一制造业大国，而众所周知，很多服务是与制造业相关的，如研发、咨询、专业服务。同时，我国也是第一货物贸易大国，而货物的进出口也需要大量的服务，如运输、保险、通信、金融等。这从我国的国际收支平衡表也能看出来，我国逆差最大的项目就是运输。我国在保险上也存在逆差，这也给我们提供了大量的空间。我国国内的服务企业应当利用好中国作为第一制造业大国和第一货物贸易大国带来的优势和市场机会。这方面，我国还有很大的发展潜力。第三个内在动力在于我国人力资源质量和成本方面的优势非常明显。我国在大学生、专业人员方面存在明显的优势，这些人员包括专业服务人员，如律师、会计师、工程师等，还有从事大量服务外包的编程师、软件工程师。我们要进一步扩大知识密集型服务的出口和增加服务外包的优势，而这些优势已经体现出来：2012 年我国承包额达 600 多亿美元。在互联网信息技术飞速发展的背景下，服务分工进一步细化，我相信凭借人力资源的优势，我国还可以创造更多的机会。这三点讲的是我国的内在拉动力。

第二，我们有一个有利的外部环境。我国现在已经是世贸组织成员，多边是我国最大的舞台。同时，我国也有自贸区战略：我国已经签署了一系列的自贸区协议。同时，我们还要不断升级，如我国 "10 + 1" 已经谈成，现在正在准备升级版，谈中韩、中澳自贸区，这些多边和双边协议将为中国服务贸易自由化提供一个更好的国际环境。这一方面为出口创造了更好的环境，另一方面解决了国内对服务进口的需求，多双边结合的贸易体系为中国发展提供了有利的外部条件。

第三，良好的政策环境。我国政府非常重视服务业的发展，"十二五" 规划明确提出要进一步解放思想、深化改革、扩大开放，将推动服务大发展作为调整经济结构的重要突破口，以市场化、产业化、社会化、国际化为方向，加快服务业的发展。因此，这种良好的政策环境——包括放宽市场准入、加强事后监管——都为将来服务业的发展打好了基础。

有了好的基础，下面我想结合最新的主题，即如何发挥市场的作用来激发内部活力，通过推动服务业的进一步开放来促进发展。

首先是竞争，改革开放 30 多年的实践证明，中国的发展必须在对外开放中不断推进，可能有人认为参与国际竞争会丧失市场份额。但我个人认为，开放可能使本土的企业在短期内失去一些市场份额，但通过竞争可以带来新的管理和技术、引进新的竞争机制，更重要的是，实践证明市场被做大了，因此从全局和长远来看，开放的结果肯定是双赢的。如保险，入世的时候中国保险业刚刚发展，当时我们对外资的引入和外资的开放也是很担心的，但我们事后总结了一句话，外资可能占去了饼的一部分，但是这个饼做得远远比以前大。当时我国保险的参与度非常低，但随着外资保险公司的进入、保险意识的提高、保险的理念以及新的保险的销售方式的引入，2013 年我国保险业共实现保费收入 1.72 万亿元人民币，这是入世时的八倍。这个"饼"的做大当然有我们自身发展的因素，但竞争的因素也发挥了一定作用。饼做大了八倍，外资切走了一块，切走多少呢？寿险外资也就在 5% 上下徘徊。因此，竞争带来了新的管理、理念、模式，新的产品和服务，消费者毫无疑问也会受益。实际上不仅有外资开放的例子，国内竞争也会给消费者带来好处：现在我们用微信可以免费地通过朋友圈联系，省了电话费。因此，从不断的竞争中，消费者可以不断地得到好处。

其次是让市场发挥重要的作用。除了竞争还有一个认识上的问题，就是市场，我们该如何认识这个市场。个人看法是让市场发挥作用不能只看国内市场，不能把国内市场和国际市场割裂开来。如果我们把门关起来在中国市场上竞争，而不把这个市场看成是国际市场，那么这种市场就起了一个封闭市场的作用，它不能够体现出一个开放的环境。市场是由要素组成的，不管是资本还是劳动力，还是将来我们模式三上外资的准入，要素流动的市场应该是国内、国外两个市场的充分融合。因此，从这个意义上讲就有了一个比较清醒的认识：我们认为要扎实推进基于竞争和基于两个市场融合的认识，扎实推进有关的改革开放工作。这方面有两个具体的想法：第一，以开放换开放。我们入世交入门费也好，拿到成员的资格也好，当时我们是单方面的开放，现在不管是多边谈判还是自贸区谈判，都要立足于国内产业发展的需要，加快推动服务业对外开放的进程，推动与更多的经贸伙伴相互开放市场，为国内的服务业发展营造良好的外部环境。第二，以开放促改革。进一步厘清束缚服务业进一步开放和发展的不合理限制，营造公平的内部市场环境，促进国内服务业的体制创新，充分激发国内服务业的发展活力，培育核心竞争力。

下面是我在上个环节提到的问题。在我们看来，上海自贸区就是先行先试、推进改革开放的试点工作。上海自贸区明确提出区内扩大，个人认为上海自贸区里力度最大、措施最多的就是服务业的开放，即扩大金融、航运、商贸、专业服务、文化服务和社会服务六个领域的开放。上海自贸区正是中国政府转变职能的体现：一方面，采用负面清单方式，相对正面清单而言，负面清单的开放更为直接，开放的稳定性和可预见性要强一些，更有利于吸引外国投资者和服务经营者；另一方面，金融管理体制的创新将进一步促进国际国内要素有序自由流动和资源的高效配置，有利于市场的深度整合。

最后一点也很重要，我国除了有内需，除了有良好的政策环境，除了推进改革开放，还要利用外部动力积极参与全球服务贸易谈判。众所周知，多哈回合谈判 2001 年启动，现在已经 13 年了，这么长时间一直久拖不决。但是在巴厘岛召开的世贸组织第九届部长级会议的成功达成了早期收获，涵盖了贸易便利化、部分农业合作发展议题，虽然取得的成果可能相比一揽子来讲只是一部分，甚至是一小部分，但是给大家带来了信心，即多边体制能够做成事后巴厘议程可以往前走，所有成员应认认真真地坐在谈判桌上拿出后巴厘议题，毫无疑问，服务贸易就是后巴厘谈判议程的重要组成部分。可以说，巴厘岛的早期收获为我们服务贸易谈判重新启动，甚至为整个后巴厘谈判议程启动带来了新的机遇，现在可以说是我们推动多边服务往前走的时候了。

中国是一个多边贸易体制的坚定支持者和重要贡献者，多边贸易体制的健康发展有助于中国充分利用多边规则，为我们全面建成小康社会营造一个公平、透明、可预测的外部环境。

这就需要国内产业界，包括我们司认真分析我们在谈判中的利弊得失。一方面，我们服务贸易的整体竞争力比发达国家要弱；另一方面，我们面临着两个市场融合，面临着进一步开放，面临着以开放促进国内改革。我们最终参加多边的目的有两个，一个是实现刚刚提到的公平、透明、可预测的环境；另一个是通过开放真正使我国国内的服务业发挥市场作用，使国内市场更多地融合。WTO研究结果证明，越开放的经济体在发展过程中速度越快。我们就是要达到这个目标，多边就是我们的主渠道。当然，前面我提到了其他的方式，我们也愿意尝试不同的渠道来推动贸易自由化。

最后，我想说的是，我觉得只要我们有一个合适的政策，积极参与多边服务贸易谈判，整合内部动力和外部资源，我国服务业一定会有更快的发展。

谢谢大家！

世界贸易组织服务贸易司司长阿卜杜勒·哈米德·马姆杜在 WTO 与中国——北京国际论坛上的讲话

女士们、先生们：

下午好！非常感谢主办方，尤其是孙会长给我这个机会向大家演讲。我看到了京交会一直以来的发展，这是我第三次参加京交会，每年我都有幸参加这个盛会，能够看到一年中的发展。

京交会可能是最重要的一次集会，因为它是关于服务贸易的一个盛会。服务贸易在不同的论坛也都讨论过，这一次盛会关注的也是服务贸易，我觉得它获得的关注会越来越大的。毫无疑问，我是从 WTO 的角度来讨论，还有其他演讲者的精彩演讲提供了很多实质性的分析，我想跟大家讲的是一个不同的观点，即从世贸组织的角度对现阶段的服务贸易议题进行讨论。另外，我们觉得中国应该关注一些政策上的挑战。

首先，在世贸组织的服务议程方面，我们还没有一些合适的服务自由化的讨论，如关于 1997 年的金融，还有通信服务的讨论。在世贸组织成立之后加入的这些成员，如中国，做出了很广泛的承诺，实现了很多经济改革。在 2000 年，我们开始了一个讨论，即让农业进入 DDA 回合中。DDA 回合的谈判已经进行了 13 年，13 是一个青少年的年龄，现在已经发生了很多的变化，过去的 20 年中在服务行业发生了改变，我们 WTO 也想促进服务贸易的发展。服务贸易自由化在单边方面已经取得了很大进步，这样的一个改变在之前我们进行 GATS 讨论的时候，包括我，我的国家埃及也进行了关于政府职能的讨论。目前，我们实现了很大程度的自由化，正在以一种有机的方式发展，因为我们需要建立一个竞争的服务市场。

其次，服务贸易具有战略意义和扮演了重要的角色。现在的服务业决定了经济的竞争力，更加发达、可靠、有效的服务行业可以促进经济发展。服务业对制造业很重要，对农业同样也很重要，大家可以看到，如果没有很好的服务业做支撑，农业也不可能获得很好的发展。众所周知，埃及在蔬菜种植方面排世界第五名。但为什么埃及在种植方面有如此大的优势，在出口方面却没有相应地反映出来呢？因为种植蔬菜是一方面，将其放到市场上销售是另一方面，有一系列的一些服务，如摘菜、包装、融资、运输、冷冻、分销，还有保险等一系列的环节，不能提供这样的服务造成了 30%~40% 的蔬菜浪费。

同时，从政策的角度来看也是非常重要的。服务越来越重要，社会福利越来越重要，服务并不仅仅涉及经济方面，它不仅关乎效率，也关系到社会的福利。服务的水平决定了社会福利的水平。

过去 20 年的另一个发展就是全球的供应链和价值链的发展。它的特点是跨境，在加强效率和生产力方面实行跨境交易、去当地化。供应链现在不仅仅依赖技术，同时也依赖一些工艺，新的工艺在发展和变化，但很多操作却仍在使用老旧的技术。

　　我们对此应该做出怎样的反应呢？一些多边的活动，我们应采取什么样的行为？有很多区域或者双边、多边的合作，世贸组织的一些成员，还有欧盟组织的成员正在进行服务贸易协定的谈判，这非常与众不同。因为其他方面的回合谈判没有能够继续进行，所以这些成员国选择了另一种途径，但 TISA 并不是最好的方式，TISA 可以实现短期有效的目标，但从长期的战略目标来看，还是在 WTO 框架内进行服务贸易协定的谈判更好。第一个原因就是国家的覆盖范围，这些国家想要有双边的贸易体制以及让更多的参与者参与进来。如果我们看一下挪威在国家范围内的服务业的分布，就可以看到它和欧盟的国家建立了 EEA，这是欧洲地区的协定，剩下的 30% 的服务贸易是和非 TISA 贸易的成员进行的。所以，多边谈判的长期效果是我们要追寻的目标，多边的规则是一些规范的标准。从企业界我们看到，开发监管标准和合作最好的方式就是通过多边的体系。因为市场中不同的监管标准会增加企业运营的成本，因此我们并不仅要同质化这样的一种意识形态，更要协调企业的运作。第二个原因就是在执行方面，在争议解决上我们需要找到长期的、可行的解决方式。我们希望建立一个充分全面的全球项目，包括服务贸易的谈判。现在我们看一下政策方面，全球价值链、供应链、创新，还有中国政府做出的努力，都是为了让我国经济与世界经济能够更好地融合在一起。我们想要开发一个框架，以将这些事情归类，这样我们能够更好地采取行动。我们主要关注四类问题：第一类就是企业的发展，企业界正在继续发展，政策制定者却没有赶上企业发展的步伐。新的企业正在进行工艺的创新，在市场上增加了更多的活力，它们相对政策制定者有更深的理解。因此，企业正在赶超政策制定者制定政策的进程。第二类就是我们需要理解，因为如果我们不能理解企业的发展，我们就不能够进行第二步政策制定。政策制定，尤其是在发达国家，还是遵循一种传统的方式，没有看到上游和下游服务部门之间的联系。全球的供应链有一系列不同的服务，如会产生多层级的政策制定，而我们要有一个协调一致的方式。因此，中国在"十二五"规划当中第一次提到在政策愿景中添加一些协调的因素，而不是专门制定运输、通信各单个部门的政策。我们在技术合作方面取得了很大进步，看到更多的国家进行开放，但还是有孤立的政策制定出现，在发达国家中也有体现。所以，我们如何能够在政策制定方面更加协调，如何能够统筹政策制定，使投资等一系列政策都协调发展是一个重要问题。第三类就是监管问题。政策制定都是建立一个愿景，能够建立法律法规、能够让政策得到实施是非常困难的挑战，因为现代的规则制定很复杂。同时，还需要思考开发什么样的法律框架，如何能够实施监管的体制。第四类就是国际合作。从一个法律的观点来看，就是现在我们的协议体制以及这些区域协定、这些体制和自己国家内的法律体制如何协调在一起，监管体制和国际合作框架如何融合。我们如何能够实现政策协调，我觉得这是一个巨大的挑战。我们在日内瓦正在关注的就是如何利用全球价值链进行讨论和谈判。为什么没有这样的行为呢？因为我们缺乏国际合作。我们在政策协调方面的理解是必须要进行的，这样才能提供无缝链接的全球价值链，但是这种情况没有发生。所以，这是我们应该解决的一个挑战。

我非常荣幸能够来到这里，并不仅仅因为我觉得我是这次盛会的一员，而且是因为我看到中国政府是非常严肃地对待政策制定这件事的。

非常感谢！

中国服务外包研究中心主任骞芳莉在中国服务外包人才培养国际大会上的讲话

尊敬的各位来宾，女士们、先生们：

大家上午好，非常高兴有机会和大家共同分享服务外包人才的发展情况，今天报告的主题是"新形势下服务外包人才发展瓶颈的体系构建"。

首先是服务外包产业发展的回顾。

第一，服务外包发展现状。2011~2013 年，我们的签约合同金额和合同执行金额以每年 40%的增长速度发展。

第二，中国服务外包产业的布局。服务外包产业已在 4 个直辖市、28 个省份、115个城市迅速地发展起来。至 2014 年第一季度，全国有 160 多家服务外包园区、2500 多家企业、550 万名服务外包人员，我国服务外包产业布局已经基本形成。

第三，大额离岸合同的行业发展情况。2014 年第一季度，从离岸大额所属的行业分布来看，排名前五位的是信息服务业、制造业、工程设计和检验检测、金融保险、零售和批发，这五个行业中信息服务业占比是 50.9%，占了半壁江山。

从中国服务外包景气指数可以看到，2014 年 4 月，中国服务外包的综合体系先行指数是 99.1%，滞后景气指数是 106.6%，将来处于振荡整理过程中，较 2014 年 3 月提升了 3.91%，表明目前服务外包解决状态还是比较良好的。滞后景气指数下降 14.32%，表示在 2014 年 1 月的下行，和行业指标的滞后性。

从企业家信息指数和企业综合生产经营经济指数可看出第一季度企业家信息指数是 143.3%，综合生产经营景气指数是 139.0%，第一季度比之前有所下降，但是整体情况还是比较乐观的。

其次是服务外包产业面临的新形势。

第一，新一轮技术革新涌现。"大、云、平、移"等技术的迅猛发展，IDC 有一个预测，2017 年大数据技术和服务市场规模达到 324 亿美元，年复合增长率达到 27%，中国互联网协会的一个报告中，2013 年我国移动互联网经济规模是 1083 亿元，网络经济总规模中占比达到 18%，成为互联网发展的重要助推力。

大家看到技术迅猛发展带来了信息量大幅度的增加，资料显示，未来十年内将增加 44 倍的数字和内容，而且这些内容中 80%的全球数据是非结构化的数据，这些非结构化的数据都是非常鲜活的、碎片化的、原生态的，需要我们做进一步的深度挖掘和分析，也为服务外包企业带来了巨大的商机。这是服务外包新业态一个典型的特征，我们中心对新业态做了一个梳理，因为现在 3D 打印技术的出现，移动互联网、物联网的出现，包括大数据的发展，产业融合，带来了很多新业态。比如产品打样服务，还有场地智能化设计、空间信息服务等。

第二，国家对产业重视增加。发展服务外包是国家保增长、扩内需、调结构、促就业的战略需要。中共十八届三中全会、李克强总理的政府工作报告，还有国务院常务会议上都提出要发展服务贸易和服务外包，把服务外包作为转型发展的重要手段。十八届三中全会特别提出要加大政府购买公共服务的力度。

第三，转型升级步伐加快。经过这些年的发展，企业之间的竞争也日益加剧，企业面临一些问题，比如说人民币升值、人民币成本上升、买方溢价的苛刻等问题，使企业越来越重视转型升级。转型升级就是企业通过提高自身的技术和自主创新能力，从提供整体的解决方案，整合产业链上下游、深化行业的应用，拓展市场的开发方面来不断地提高企业的价值链水平。

最后是人才发展的现状与瓶颈和如何构建科学的人才发展体系。

第一，发展现状。我国服务外包大学以上的从业人员截止到 2014 年 4 月，达到 327 万人，占整个服务外包人员比重是 66.6%，还是比较高的数字。

第二，人才发展的主要瓶颈。

（1）复合型的人才缺乏。根据能力胜任模型，一般员工做好自己的工作需要六个方面的职业素质，第一是技巧，第二是知识，第三是社会角色，第四是自我形象，第五是特性，第六是动机。一般前两个方面能明显地表露出来，其余四个方面都作为潜在能力，就像深藏在水面之下的冰山。而一个人要胜任职业岗位，必须相应地具有六个方面的服务能力。对照这个能力胜任模型，我们可以看到目前我国人才培养仍然以单一的技能和知识教育为主，缺乏多技能的综合培养，对价值观、沟通能力、职业道德等方面的培养相对还是比较缺失的。服务外包对职业信用、交流沟通的这些水平方面有较高的要求。因此，既具有交叉专业知识，又具备外包所需要的复合型人才，还是非常缺乏的。

（2）具有国际化视野的领军人才缺乏。根据我们中心的问卷调查，约有 73% 的企业认为，人才缺乏是发展过程中面临的主要问题。其中接近 50% 受访企业认为，难以招到中高端人才。人才缺乏是第一位的，排在成本上升、融资困难等之前。目前我国服务外包人均产值不足两万美元，高层次人才的匮乏将直接导致产业提升缺乏动力，影响企业的转型升级。

（3）人才发展体系有待完善。各地之前在服务外包人才培养方面都做了很多有益的探索和尝试，取得了很多成功的经验。这里我也简单地罗列了一些城市做的尝试和培训情况，但是迄今为止我们还未形成全国性的人才发展体系，包括人才标准体系、人才评价体系和人才培养体系等。

第三，构建科学的人才发展体系。

（1）完善人才标准体系。人才发展体系分三部分：人才标准体系、人才评价体系、人才培养体系。根据能力胜任模型理论，加快完善针对服务外包不同类型的人才培养，同时结合新时期专业发展重点，研究产业人才需求特征，定期发布紧缺人才目录，具体从以下三个方面入手：初级人才培养标准建设；中高端人才培养标准建设；领军人才培养标准建设。

（2）建立专业有效的人才评价体系。人才评价体系是为政府动态监测体系人才状况，企业外部交通和内部后备人才的培养选拔，以及员工能力、自我提升等方面提供支持。因此，需要专业机构、行业协会和企业共同构建服务外包人才体系，以适应新形势下的服务外包人才的新要求。

（3）构建人才培养体系。先是完善培养模式，内部培养和外部相结合，校企联动，打通高校人才的培养与企业实际需求的引导，同时要创新培养的内容，构建门类齐全的课程体系，适应不同岗位人才需求，比如像 ITO 的培训课程等。

（4）建立培养机制。全国性的行业协会能够牵头构建国家层面的服务外包人才培养框架，各地成立以行业协会或领军企业牵头的推进机构，建立以高校和专业培训机构为主体的人才培养载体。

总之，人才发展是一个复杂的系统工程，人才标准体系、人才评价体系和人才培养体系三者相互发挥作用，科学的人才发展体系是建设服务外包新高地的必由之路。谢谢大家！

商务部研究院党委书记兼副院长任鸿斌在中国服务外包人才培养国际大会上的讲话

围绕着构建服务外包人才的供应链方面我与大家分享几个观点。首先，刚才骞主任非常全面地回顾了服务外包产业的发展情况，我感觉有三个方面的特点需要给大家梳理一下。服务外包产业在中国国民经济和社会发展中的作用日益凸显，主要有三个方面的特点：

第一，服务外包已经成为我国经济可持续增长的新增长点，根据 2013 年的数据，我国服务外包业务离岸和在岸最大规模达到 1.7 万亿元，相当于 GDP 的 2.97%，拉动经济增长 0.8 个百分点，已经充分证明服务外包不是一个小的行业，而是作为一个产业，支撑着国民经济的发展。

第二，服务外包的产业已经成为大学生就业或者说中国就业、城镇就业的容纳系统。刚才骞主任已经说过了，2013 年新增就业服务外包是 106.5 万人，相当于城镇就业的 80.1%，其中 2/3 的新增就业都是大专以上的毕业生，对大学生就业是一个很大的容纳器。

第三，服务外包已经成为中国经济转方式，特别是外经贸方式转化的重要抓手。金融危机发生以后，我们的货物贸易增长相对迟缓，基本上不超过 10%，而服务贸易年均增长非常快，"十二五"以来我国国际服务外包业务增长都在 45% 以上。这几年由于外需下降与国内经济下行，服务外包整个增长结构变化，ITO、BPO、KTO 结构变化，使整体服务外包产业发展有所下降，2013 年离岸外包是 454.1 亿美元，增长了 35%，但是"十二五"以来的速度基本上增长了 40% 以上。

2013 年，据测算国际服务外包业务额相当于服务出口的 21.6%，增长速度约为服务出口增速的 3.3 倍，服务外包作为产业链、供应链、价值链的延伸和管理的重要支撑，不仅是提升中国制造业国际竞争力的重要手段，也是引领服务贸易发展，改善服务贸易结构，扭转服务贸易逆差的重要抓手。以上是服务外包的三个特点。下面围绕人才建设的两个方面提几个观点：

首先，人才供给的现状和问题。目前在全国范围内我们的一批高校设立了与服务外包相关的学科，各地产生了一批服务外包人才的培训基地和一批社会培训机构，为我国服务外贸产业发展提供了重要支撑。服务外包作为外包的重要组成部分，持续的人才供给是服务的重要瓶颈，目前存在几个问题：

第一，服务外包需求缺口较大。主要是四个方面的缺口：

（1）高端人才缺口。特别是缺少能够带领大型技术团队承接复杂外包业务订单的行业领袖、高级技术人才、管理人才和国际营销人才。

（2）服务外包总量缺口比较大。虽然一年 700 多万大学毕业生，但为服务外包输送的人员还是比较少的，主要是分几个层次，一是高校的人才培养与企业实际需求脱节。二是专业培训机构培训周期比较短，比较薄弱，学员实际操作运用离企业实际需求有一定差距。三是企业内部培训应该是一个很好的培训方式，效果比较好，但是成本比较高，在座有一部分企业，宁愿招有经验的新员工，也不愿意花大财力培养服务外包员工。

（3）服务外包人才的能力较弱。一方面是外语能力弱；另一方面是技术能力狭窄，缺少复合型人才培养。

（4）服务外包人才流动性较强。主要是四个方面的原因：一是收入较低。二是成本上升。三是工作性质相对枯燥。因为服务外包都是以年轻人为主，数据处理、软件、呼叫中心都是在比较偏远的地区，年轻人留不住，生活比较单调。四是企业之间相互挖人现象普遍。

第二，服务外包人才的供给效率有待改善。

（1）我们认为优秀高等院校和高级培训资源利用不充分，目前高校教育难以适应服务外包产业发展需要，教育部直属的本科院校受教育部规定课程限制，约束了高等专业的自主权，像 985、211 高校无法根据服务外包要求培养人才，难以承担服务外包工作。三类职业院校、社会培训机构，由于生源质量、师资质量的局限，主要是定位培养基础性、常规性的中低端的外包人才，难以适应服务外包所需要的复合型高端人才的培养。中高端人才缺口比较严重，国务院 33 号文重点提出，中高端培养还要加大力度，加大财政支持。

（2）教育与企业需求脱节，学用不适配，大学生培养需要三个月才能上岗。

（3）师资力量严重不足，主要是教师的实战经验。

（4）国家缺乏培养标准和认证体系。

（5）国家财政资金支持力度有待加强。服务外包培训机构，主要是解决"服务外包人才一公里"，也就是主要服务外包的主要管道，目前国家对学员补贴是一个学员 500 元人民币，这个远远不够，一个服务外包人员基本上需要 6000 元人民币。

第三，如何构建服务外包人才的供应链问题。

创建政府、企业、高校和培训机构四位一体的人才供应链。

（1）政府联合各层级的服务外包行业协会和企业合作联盟，建立以市场为导向的人才培养与管理机制，促进服务外包人才人力资源的健康发展。

（2）搭建人才培养的机制和平台，为企业科学制定人才规定等一整套体制。

（3）高校积极调整学科结构和课程设置，加大对相关教育的投入。

（4）加强政府与企业高校、社会培训机构之间的合作，加强市场导向、无缝对接的体系。

其次，如何培养人才。

第一，提高服务外包高级人才的引进和培养，这里主要是微观层面，特别是重视企业层面，界定高端人才的标准，这也是 2014 年部里在人才培养方面和服务外包的重点工作。建立健全股权、业绩的分配激励机制，扩大团队管理的自主权，探索高层次人才的构建，构建开发型包容的企业文化，努力做到人才进来能留得住，推动中高端人才"走出去"到海外学习、工作，为他们创造晋升的通道，国家和地方财政应给予相应的补助，并妥善解决安家、子女教育、户籍等问题。

第二，加大对中高端人才的培训，刚才说每个学员的补助只有 500 元，但是实际需要 6000 元，那么能否每个人提到 1000 元，使地方政府从中央政府的配比条件达到 1 : 1，加大二级政府的支持力度。对服务外包企业承担大众院校学生的实习和新员工的培训给予适当的补贴。

第三，创新校企合作的模式。

（1）扩大高校课程设置的自主权，鼓励有条件的院校结合国内产业发展需求，动态设置各类专业课程。

（2）积极推行高校学分学时互换机制，将学生在企业实习的期间换算成学生的学时学分，以鼓励在校学生参与企业的实践，促进大学生毕业以后直接就业，直接进入服务外包企业不需要培训。

（3）积极推进院校和服务外包企业的合作，将服务外包实习的环节纳入高校教学体系，实现人才的有效对接。

第四，服务外包的实训。

（1）鼓励服务外包企业建立实习基地，支持企业接纳大学生，把企业的相关业务嵌入高校，实现毕业即就业。

（2）充分发挥服务外包园区的培训机制。

（3）鼓励国际知名外包企业建立服务外包人才的培训基地。

另外，创新模式，提高培训的质量也十分重要。①尽快建立服务外包的专业培训机构，专业培训机构的资质认证标准和市场准入的标准；②引进国外机构；③提高国内培训机构的水平。

第五，加快服务外包公共服务平台的建设。

（1）建设服务外包人才网站、服务外包人才数据库，定期举办服务外包的招聘会、论坛、权威发布会，推动建立企业、院校培训机构的沟通、交流和合作机制。我觉得 2014 年的人才培养国际大会就是一个很好的信息服务交流平台。前不久商务部的主管研究院服务外包创刊，这也是我国唯一的一本国家级的期刊，我们也想通过这个杂志的平台，进一步宣传服务外包，提高对服务外包的认知，同时加大对服务外包人才的培养，也希望在座的各位更多地关注我们这本杂志，通过这本杂志发表大家的真知灼见，推动国家服务外包产业的共同发展。

（2）鼓励服务外包龙头企业、跨国公司内设培训中心，成为规范化的培训服务平台。

（3）发挥社会机构的作用。

（4）探索建立外包诚信体系，打造服务外包人才市场有序的竞争环境，推动服务外包的人才合理流动。当然服务外包的发展离不开政府的支持，希望各级政府加强服务外包的组织、规划、管理和宣传工作。

最后，预祝本届大会取得圆满成功，谢谢大家！

第三部分　高峰高层论坛讲话汇编

第四部分

主题日及专场活动讲话汇编

商务部副部长房爱卿在北京主题日上的讲话

尊敬的程红副市长，各位来宾，女士们、先生们：

大家上午好！历时五天的第三届京交会今天进入收官之日，今年（2014 年）的京交会精彩持续，洽谈活跃，成果丰硕。与大家相聚在北京主题日，我感到十分的高兴，首先我谨代表中国商务部对北京主题日的举办表示祝贺！

京交会是商务部和北京市人民政府共同搭建的全球综合性服务贸易交易会。经过三年的培育，京交会已经成为中国服务业对外开放的重要窗口和加强服务贸易国际交流的重要平台。北京市人民政府为京交会的创办、培育和发展做了大量的工作，做出了艰苦的努力，借此机会，我代表商务部向所有参与京交会工作的同志们表示衷心的感谢！

当前世界经济缓慢复苏，服务业成为推动世界经济复苏的新引擎和新动力。随着经济全球化的深入发展，国际分工协作从传统的制造环节向生产性服务业等高端环节延伸，引发了全球新一轮经济结构调整与升级，带动了服务贸易持续快速发展。

"十二五"期间，既是中国迈向服务经济的关键过渡期，也是大力发展服务贸易的重要战略机遇期。2013 年，中国服务业增加值占国内生产总值的 46.1%，首次超越工业，成为国民经济的主导产业。中国服务贸易总额达到 5396 亿美元，居全球第三位。中国政府将大力发展服务业和服务贸易作为转变经济发展方式的重要途径和打造经济升级版的重要方式，进一步确立服务贸易的战略定位，以此作为经济发展的战略重点。

北京是中国的政治、文化、国际交往和科技创新中心，科技资源丰富，高端人才集聚，生产性服务业发展，北京具有发展服务业和服务贸易的独特优势。

一是产业基础雄厚。2013 年，北京市服务业占 GDP 的比重是 77%，位居全国各省市之首；服务业经济增长迅速，服务业利用外资的比重超过 70%，在全国率先形成了服务主导型的经济发展格局；服务进出口总额超过了 1000 亿美元，占全国总额的 20%；基本上形成通信、保险、金融、计算机和信息服务等高附加值服务贸易发展的格局。

二是发展环境良好。从政策环境来看，北京市委、市政府高度重视服务贸易的发展，依托石景山国家服务业综合改革试点和中关村现代服务业改革试点的建设，完善服务业和服务贸易发展政策，连续三年在京交会举办主题日活动；从市场环境来看，北京市服务业市场开放程度居全国首位，已有 714 家跨国公司总部企业和研发机构在京落户。

三是促进体系完善。北京市有 6 个市级服务外包园区的建设，包括生物基础专业化等十多个公共服务平台，本届京交会北京市也在金融服务、电子商务等多个领域，为企业搭建洽谈合作的平台。

女士们、先生们，今天我们在这里共同见证了北京市服务贸易发展的成果，我相信只要我们共同努力，就一定能推动包括北京服务在内的综合服务更快、更好走向世界。最后祝北京主题日活动取得圆满成功，祝各位来宾满载而归，谢谢大家！

北京市副市长程红在北京主题日上的讲话

尊敬的房爱卿部长，尊敬的布鲁诺主席，尊敬的各位来宾，媒体界的朋友们：

大家上午好！非常高兴与大家再次在北京主题日这个活动中相聚。首先，我再次代表北京市人民政府，对于前来参加北京主题日活动的各位嘉宾和媒体界的朋友们表示热烈的欢迎！同时，借用这个机会，对商务部多年来对北京市工作的支持、对京交会工作的支持表示衷心的感谢！也对为首都的服务业和服务贸易发展做出重要贡献的业内人士表示崇高的敬意！

今天是 2014 年 6 月 1 日，是一个意味着生机、意味着成长、意味着希望的日子。所以在今天这样一个日子里，回顾起北京近年来服务业和服务贸易的发展，我们感到非常喜悦，也非常欣慰。所以，借这个机会和大家探讨以下三点，来共同分享北京服务业和服务贸易成长的喜悦。

一是规模快速增长。回顾过去十年来北京服务业和服务贸易的发展，能够看到快速成长的服务业正在北京发展起来。2004 年以来，北京服务业的增加值从 0.34 万亿元增加到 2013 年的 1.5 万亿元，十年内增长了 3.5 倍。在这个过程中，服务贸易伴随着服务业的成长在以更快的速度发展，服务贸易从 2004 年的 235.7 亿美元增长到 2013 年的 1100 亿美元，十年内增长了 4.7 倍。北京服务贸易在全国服务贸易中所占的份额达到 20%，在全球服务贸易中的份额达到 1.2%，从中可以看到北京服务业和服务贸易的竞争力和成长性。

二是结构加快升级。结构的加快升级可以用"20%"、"40%"和"60%"三个数字表述。"20%"是指在北京对外贸易之中，服务所占的比重为 20%，这个份额在过去的十年中增长了约十个百分点，在全国也处于较高水平，因为服务在我国对外服务贸易中所占的比重大约为 10%。"40%"是指北京在对外贸易的出口中，服务所占的比重达 40%。"60%"是指北京新兴服务贸易领域在服务贸易之中所占的比重是 60%。从"40%"和"60%"两个数字可以看到，北京在服务贸易方面具有较强的竞争力、成长性，在新兴领域更呈现出蓬勃发展的势头。

三是服务贸易成效显著。服务贸易对于经济发展和对外贸易规模扩大的作用，我就不在此赘述，今天讨论一下服务贸易在以下三个方面对于城市的独特作用：

（1）服务贸易促进了就业的增加。服务贸易与我们的生产和生活是密切结合的。近年来，服务贸易在北京的发展为就业提供了很多新的前所未有的机会。例如，在北部的山村，成千上万的昔日的农民在做着海外旅游的接待工作，他们实际上是在自己的家门口，吃旅游饭，挣服务贸易的钱，在全新的就业岗位上开拓着自己的事业。另外，全市还有十几万大学毕业生，通过服务外包在本土的就业岗位上为世界许多国家和地区提供着信息服务。从这些例子可以看到，服务贸易在促进就业提升方面开辟了许多新的空间。

（2）服务贸易促进了城市生活服务品质的提升。近年来，北京对于海外投资者的吸引力仍在持续地增长，现在有累计超过700亿美元的外国直接投资陆续投到北京，其中80%以上投在了服务业，其中包括生产性服务业和生活性服务业。在生产性服务业，服务贸易的发展为市民生活提供了很多新的选择。例如，在日常生活中，市民可以到数千个连锁超市、综合性超市、专业店、品牌店等消费场所进行消费，市场更加丰富，生活有更多的选择；在闲暇之余人们可以享受很多进口的电影，感受地域文化和异域风情；家长可以通过国际的通信服务与海外游子保持非常密切的沟通；在进行出国商务或者旅游的时候，有众多的海外航空公司可供大家选择等，服务贸易就在我们市民的生活之中。近些年来，服务贸易的加强，使市民可以享受到更加多样化的、更加优质的服务，为我们城市提高生活品质做出了独特的贡献，特别是现在按照首都战略定位要加快建设和发展国际一流的宜居城市，所以，加强服务贸易，提供更加高品质的生活环境十分重要。

（3）服务贸易促进了中国的文化和技术等"走出去"，提高了中国影响力。这几年，特别是借助京交会这个平台，有一大批项目持续走向海外。到目前为止，北京市与世界上200多个国家和地区开展了服务贸易，有1000多家企业"走出去"，在海外开展经营和管理活动。北京服务的足迹已经走遍了全球，形成真正的北京服务、全球共享的愿望。例如，民营的服务贸易企业四达时代在非洲进行数字电视和通信网络的建设，非洲普通家庭也能收看到中国流行的电视剧《媳妇的美好时代》，这是非常好的文化交流。与此同时，我们大家所熟知的、著名的老字号同仁堂，现已在16个国家和地区开办了64家药店，使得40多个国家和地区的华侨、华人和当地的居民能够享受到中医独特的服务。在接下来的北京主题日现场活动中，还会有很多的企业和企业家来分享他们是如何带着中国的文化和技术，甚至是中国的标准走向海外开拓国际市场的。

所以，服务贸易在三个方面独特的促进作用，让我们感受到服务贸易就在我们的身边，给我们这个城市的未来带来许多美好的希望。

各位来宾、各位朋友，京交盛会齐相聚，北京服务谱新章！三年来，通过京交会这个平台，我们充分感受着服务业和服务贸易美好的未来和巨大的机遇，同时收获着商机、合作、友谊。展望未来，北京将立足首都新的城市功能战略定位，按照习近平总书记提出的要求，紧紧围绕五都建设的目标，坚持生产性和生活性服务并重发展，全力加快服务业和服务贸易的发展，通过不断的创新服务体系，促进北京服务贸易加快发展；通过更好地利用国际国内两个市场，加快服务贸易的发展，谱写服务业和服务贸易加快发展、外贸结构加快升级的新篇章。最后，衷心地祝愿本次北京主题日活动圆满成功，谢谢各位！

北京市商务委主任卢彦在北京主题日上的讲话

尊敬的程红副市长，各位嘉宾，女士们、先生们：

大家上午好！北京主题日向大家全方位、多视角地展示了北京服务所创造的丰硕成果，大家共同见证了北京服务光辉的发展历程，感受了北京服务蓬勃的发展生机，描绘了北京服务美好的发展远景，北京服务的活力、魅力、能力、潜力得以充分展现。

一是立足北京，放眼全球，服务业和服务贸易的辉煌成就向世界展示北京的活力。北京率先在全国实现服务主导的经济格局，服务业和服务贸易发展迅速，成绩斐然。2013 年，北京服务业增加值为 1.5 万亿元，占全市地区生产总值的 76.9%，高于全国 3 个百分点，服务贸易进出口额突破 1100 亿美元，占全球比重达到了 1.2%，继续保持国内领先。2014 年 1~3 月，北京市服务贸易进出口总额超过了 400 亿美元，同比增长 54%，表现出良好的发展势头。

二是改善民生，服务大众，高端服务业的快捷便利向世界展示北京的魅力。2013 年 6 月 27 日，中国内地第一张电子发票在北京诞生，同年开具电子发票达 280 万张；2013 年实现信用消费额 67.9 亿元，增长 164.2%；全年实现网上应收额 926 亿元，增长 44.3%，占全市销售总额的 11.1%，社消贡献度超过 40%。2014 年前四个月，批发市场企业实现网上零售额 354 亿元，预计年底可超千亿元。创新服务提升企业效益，创新型消费促进了消费增长，电子商务便捷着市民生活，北京宜居之都的魅力得以充分地展示。

三是面向北京，走向世界，"引进来"、"走出去"，发展战略全球延伸，向世界展示北京的能力。北京与 20 多个国家和地区建立贸易往来，1000 余家服务企业实现跨国经营，2013 年双向投资持续攀升，实际利用外资达 85.2 亿元，增长 6%，连续 12 年保持增长。2013 年，全市核心文化产品进出口总额为 9.11 亿美元，增长 51%。60 家企业与 37 个项目入选 2013~2014 年全国文化出口重点企业和重点项目，企业和项目数均居全国第一。

四是开放务实，引领升级，总部经济发展水平的快速提升，向世界展示潜力。北京出台新的总部政策，给予外资跨国公司地区总部在京与央企、市属国企和民营企业开展公平竞争的市场地位。目前，北京市已有 48 家世界 500 强企业的总部，跃居全球城市第一，总部企业已占全市 40% 的数量，约 25% 的就业，创造全市近一半的增加值，实现近六成的收入和税收，成为全市经济发展的重要支撑。

今天，来自北京服务业和服务贸易领域以及国内外的同行们本着相互信任、合作共赢的理念，借助北京主题日活动这个高端的服务平台，签订合作项目协议 29 个，协议成交额达 138.5 亿美元，其中来自计算机和信息服务、文化金融等新型行业的签约数为 18 个，签约金额达 11.62 亿美元，分别占签约总数的 60%、签约金额的 80% 以上，表现出新兴高端服务行业良好的发展势头。除今天的北京主题日签约项目，京交会期间北京企业在其他板块也取得了丰硕的成果，在本次第三届京交会上，共达成签约项目 175 个，意向签约额达 428.68 亿美元。

同志们、朋友们，北京主题日活动展示的丰硕成果是大家共同努力的结果。今天是六一儿童节，刚才程市长提到这是充满希望和未来的日子，京交会刚刚三岁，如同一个儿童，在在座所有同志们的呵护、关心、支持下，已经成长起来，日益茁壮。我们期待"北京服务、全球共享"这个主题，在下一次京交会再一次唱响，也期待着下一届京交会我们相聚。谢谢大家！

商务部服务贸易和商贸服务业司副司长吕继坚在浙江主题日上的发言

各位领导，各位来宾，女士们、先生们，朋友们：

大家好！非常高兴受到第三届京交会浙江省主题日活动的邀请，首先我代表商务部服务贸易和商贸服务业司，对出席第三届京交会的各位来宾表示热烈的欢迎，对浙江省主题日的举办表示热烈的祝贺！

进入 21 世纪以来，全球服务业和服务贸易发展势头非常强劲，大力发展服务贸易已经成为各国调整经济结构，推动产业转型的重要举措，成为推动经济新一轮增长的动力，中国政府高度重视发展服务贸易，积极推动外贸发展方式转变。中共十八大报告明确提出，要发展服务贸易，推动对外贸易平衡发展。2013 年，中国服务进出口总额达到 5396.4 亿美元，比上一年增长了 14.7%，稳居世界服务进出口第三位，其中出口位列第五位，进口跃居第二位。

浙江作为沿海发达省份，积极推动服务贸易发展，提出扩量的发展思路，注重在立法、政策、规划、统计方面的创新。目前，服务贸易已经成为浙江对外开放的重要领域和新的经济增长领域，浙江在全国服务贸易发展方面也走在前列。2013 年服务贸易规模居北京、上海、广东之后列全国第四，浙江是开放型经济大省，有着先进制造业的积极优势，现代服务业的基础，具备大力发展服务贸易的独特条件。我们希望浙江能够把握服务贸易发展的新机遇，继续强化服务贸易发展的新举措，使服务贸易成为浙江经济增长的新引擎。同时充分发挥浙江的示范推动作用，为全国服务贸易发展注入新的动力。

此次浙江主题日活动，以"浙江服务、浙江未来"为主题，充分展示了浙江服务贸易在经济社会发展中的重要地位和作用。参加本次活动的企业来自文化、服务外包、旅游、教育等领域，也体现了浙江服务贸易领域众多的特点，这些将对宣传浙江的服务贸易工作起到积极的作用。

最后预祝浙江在本次京交会取得丰硕成果，也预祝浙江主题日活动取得圆满成功，谢谢大家！

商务部外贸发展局局长孙成海在香港主题日开幕式暨主题论坛上的讲话

尊敬的方舜文总裁，马林秘书长，各位内地和香港企业家的代表：

大家上午好！很高兴参加今天的中国香港服务贸易洽谈会香港日的开幕式，我谨代表商务部外贸发展局欢迎各位嘉宾莅临今天的活动。众所周知，京交会成为中国服务业"引进来"和"走出去"的重要平台，有力推动了各国服务行业的加强沟通、加强合作，对促进香港与大陆的服务业合作发挥不可替代的作用，在京交会的平台举办香港日的活动，搭建香港服务行业、企业、专家与内地经商业的合作桥梁，必将有利于发挥香港同业优势经验，支持内地企业转型升级，提升国际竞争力，有利于推动香港和内地实现优势互补，共同发展！

感谢香港贸发局精心组织的香港高端服务业代表团，我们希望各位香港专业人士与内地的企业分享金融、会计、法律、贸易、设计、房地产管理和医疗等领域的成功经验和创新理念。我们真诚希望内地工商业和香港相关从事服务业的组织、企业和朋友，进一步加强交流和合作，借助今天这个平台，寻求多惠发展，互利共赢，携手共同开拓市场。商务部贸易发展局是商务的政策决策机构，我们不仅要搞好服务业，同时要搞好服务贸易工作。我们和香港合作日益紧密，目前我们跟香港贸发局在会展、培训等方面开展了一系列卓有成效的合作。我们愿继续与香港贸发局进行合作，提供高效的合作，最后预祝本次香港日取得圆满成功，谢谢大家！

北京市人民政府副秘书长马林在香港主题日开幕式暨主题论坛上的讲话

尊敬的方舜文副总裁，孙成海处长，女士们、先生们：

大家上午好！很高兴今天由中国国际经济技术交流中心、商务部外贸发展局、香港贸易发展局联合举办的中国香港服务贸易洽谈会香港日，我谨代表北京市人民政府向来自香港的朋友们表示热烈的欢迎，向长期以来为发展北京市服务贸易做出贡献的香港和内地各位朋友们表示由衷的感谢！

京交会是世界上第一个专门为服务贸易单位提供的交流平台，也是全球服务贸易规模最大，涵盖领域最广的会议，京交会已成功举办了两届，一些重大的项目在京交会成功签约，给企业带来了实实在在的收获。第三届由展览、论坛、洽谈交易三种形式组成，旨在对各个国家、各个地区提供服务贸易展示推介和洽谈交流的机会，促进企业的扩大交流合作，推动服务贸易加速发展。"十二五"以来，北京经济社会发展取得了新的成就，2013年北京实现地区生产总值1.95万亿元，服务业比重达到了76.9%，服务贸易总额超过1100亿元，发展基础雄厚，平面支撑广阔。未来，北京将坚持用科技创新来推动城市的新发展，激发文化创造的获利，着力借助京交会，提升高端服务业的发展，加快转变经济发展方式。

香港作为国际服务业的重要枢纽，在服务业发展中积累了丰富的优势和经验，人才、资金的优势以及专业化的服务业知识，都是举世瞩目的。2013年，北京企业向香港直接投资额为14.48亿美元，占北京企业境外直接投资总额的47%，香港已经成为北京市企业"走出去"的重要桥梁。同时我们也看到，香港企业涵盖了金融、会计、法律、市场推广、物流、设计、创新科技、专利授权等领域，我们衷心地希望，两地企业可以利用此次京交会的良好平台，进一步促进两地的服务业交流与合作，共同努力把两地服务业合作推向更高的水平，最后预祝本次会议圆满成功，谢谢大家！

商务部台港澳司副司长孙彤在香港主题日
分论坛上的讲话

尊敬的朱曼玲主任，尊敬的叶泽恩助理仲裁，尊敬的香港朋友：

大家早上好！今天非常荣幸能够出席这个研讨会，我想参加今天研讨会的同事、朋友们，都非常急切地想听到我们从香港请来的专家分享他们的经验，所以在这里我就跟大家分享一下我自己的一个体会。

经过 30 多年的改革开放之后的发展，目前很多中国企业都进入到拓展国际化这样一个阶段，在这个阶段我们利用香港"走出去"是一个非常正确的选择，或者是一个最佳的选择之一。那么从现在看未来的 5~10 年中国的企业"走出去"将会成为我们的经济领域的一个重要形势。有专家预测未来 5 年中国的对外"走出去"的资金会超过 5000 亿元，那么这 5000 亿元的资金对于任何一个经济体来讲都是一个巨大的利好消息。那么在这个过程之中我们的企业要想拓展国际市场，必须要有这样的专业中介服务。大家知道，香港的专业服务是非常发达的，它有几个明显的优势：一是与国际接轨，非常国际化，了解国际的规则，而且多年来一直与国际的这些投资领域有着非常密切的合作。二是经过 30 多年的改革开放，香港的专业界人士非常了解内地企业的需求，善于利用内地企业的文化。所以利用香港这个平台为内地的企业"走出去"服务，我觉得是我们未来五年、十年，甚至更长时间的非常重要的合作方式。

那么同时我们也觉得香港的中介服务企业也应该抓住这样一个机会，我想世界上很少有像中国政府这样主动推动自己的企业"走出去"，帮助自己的企业去开拓国际市场，不仅要利用未来五年的大规模的"走出去"趋势，也要利用我们政府间的合作为香港的中介服务提供的这种便利。我们把这些政策组合起来为两地的企业更好地开拓国际市场创造条件，我们希望大家能够从演讲者当中得到不小的收获，希望这个合作能够开展得越来越好。

谢谢各位！

第四部分 主题日及专场活动讲话汇编

国家知识产权局国际合作司司长、港澳台办公室主任吴凯在香港主题日分论坛上的讲话

尊敬的香港贸发局中国内地总代表吴子衡先生，尊敬的各位来宾，女士们、先生们：

大家上午好！非常高兴参加第三届中国（北京）国际服务交易会——香港日知识产权分论坛活动，首先感谢香港贸发局的盛情邀请，以及为本次论坛所做的精心安排和准备。本次论坛以"香港让您的知识产权业务腾飞的首选平台"为主题，具有非常强的针对性和前瞻性。

香港是我国南海上的东方明珠，是国际服务业的枢纽，在金融、贸易、旅游和创新等领域享有盛誉，我们欣喜地看到通过完善法律简易手续，香港知识产权工作取得了卓越的成绩，建立了良好的声誉。国家知识产权作为内地知识产权的主管部门，自香港回归以来，便积极与香港特区有关部门的知识产权部门在知识产权领域展开了卓有成效的工作，特别是近年来双方通过一系列高效而丰富的活动，为内地与香港在增强综合实力和提高竞争力等方面凝聚了更多的正能量。在香港知识产权贸易这一概念上，双方多次通过内地与香港、澳门知识产权研讨会和亚洲知识产权论坛等平台进行推介。很高兴的是，今天又在京交会香港日活动上就这个主题和大家交流。

香港特区行政长官梁先生正式提出，成立由政府、业界及各方面组成的工作小组，研究推广香港作为知识产权贸易的整体策略，一年多来，在香港特区政府的领导下，把香港打造成为知识产权贸易中心的工作得到了扎实的开展。我们欣喜地看到，由香港贸发局创立并管理的亚洲知识产权交易平台，已成为业内知名的知识产权交易平台，拥有超过25000项可供交易的知识产权项目，内容涵盖专利、版权、商标及外观设计，同时香港贸发局还与世界知识产权组织签署协议，共同推广绿色科技创新及相关产权的交易，这些成绩都令人非常振奋。

当前内地正进一步促进科技进步和创新。十八届三中全会明确提出，要深化科技体制改革，加强知识产权运用和保护，这也为内地的知识产权事业发展指明了方向。相信未来完善知识产权制度，促进科技成果的资本化、产业化，将成为内地与香港提升创意水平，促进社会经济全面发展的共同话题。两地在知识产权领域的合作也将得到更加广泛的推广。

女士们、先生们，将香港建设成为亚洲领先的知识产权贸易中心，需要各方的长期努力。环顾会场我看到今天的论坛既是知识产权界人士的聚会，同时也体现了工商界、学术界齐心合力，共抓机遇，共赢挑战的信心和决心。展望未来，国家知识产权

局将继续做好相关工作，为香港知识产权事业的发展提供支持，为香港更好地发挥其自身优势和便利性，不断巩固在知识产权贸易领域的领先地位，为两地经济发展和社会繁荣做出贡献。

最后，预祝本次论坛取得圆满成功，谢谢大家。

第四部分 主题日及专场活动讲话汇编

新加坡总理公署部长、环境及水资源部兼外交部第二部长傅海燕在携手狮城，放眼国际——新加坡专业服务推介会上的讲话

尊敬的女士们、先生们：

早上好！今天非常荣幸出席新加坡服务业研讨会，中国的服务业如今正处于一个快速增长的阶段，预计未来五年至十年将成为中国经济的一个重要亮点。2013 年中国的服务业占国内生产总值的 46.1%，首次超过制造业。在过去五年里，中国的服务业更是创造了 3700 万个就业机会。

新加坡和中国长期以来保持密切的合作关系，合作的领域也非常广泛。值得一提的是新加坡与中国携手开拓的两个旗舰项目——中新苏州工业园区和中新天津生态城。新加坡企业也参与了中国多个省、市的城市建设和发展项目，为这些发展计划提供专业的服务与协助。新方企业期待能够继续积极参与城市建设的项目，特别是各城市在经济转型中所提倡的现代服务业。

中国经济的蓬勃发展促使中国企业越来越国际化，中国与全球贸易往来和对外投资也快速增长。许多中资企业已经"走出去"，积极拓展海外业务。新加坡一直是中国"走出去"战略的支持者。我们欢迎中资企业选择落户新加坡，利用新加坡作为跳板进军东盟和全球市场。至于那些对新加坡不甚了解的企业，这里让我们用三个"易"来概括介绍新加坡的投资环境和优势，如何能为中国企业"走出去"提供助力。

第一，易懂。新加坡与中国在语言和文化方面相近，双方企业在合作时更容易互相理解和沟通。也正因为能够多交流，从而对彼此有了更深的了解，寻找更广阔的合作空间。因此新加坡与中国之间的经贸往来和关系才能长期持续发展和深化，不断开展新的合作领域。在这个基础上，新加坡可以为中国企业通往区域和东盟市场搭建合作的桥梁。

新加坡是东盟地区一个重要的金融中心及服务业枢纽，新加坡企业不仅熟悉东盟市场，在东盟经商也有丰富的经验。东盟是个具有庞大潜能和商机的经济区，总人口达 6 亿人的市场和生产基地。2015 年当东盟建成经济共同体后，一体化的建设将使该地区成为世界经济发展的一个重要经济中枢。因此，东盟可说是中国企业不能忽视的市场。

第二，易通。新加坡所处的地理位置优越，是世界一流的海运和航空交通枢纽。新加坡是全球最繁忙的集装箱码头之一。樟宜机场为 100 多家国际航空公司提供服务，国际航线飞往约 60 个国家和地区，连接 280 多个城市。完善的运输网络是我们的优势

第四部分　主题日及专场活动讲话汇编

之一，有助于货物流通和人的交流。

对企业来说，资金流通非常重要。新加坡是亚洲区的重要金融中心之一，能够为人民币市场的增长和促进中国与东盟贸易活动集资金流动给予强有力的支持。新加坡的三大银行已进军中国，而中国的七大商业银行也在新加坡设立据点，双方业务都有良好的成绩。中新金融合作显著增强，未来将创造更多发展机会和商机。自中国工商银行新加坡分行于2013年5月正式推出人民币清算业务以来，取得了强劲的增长。在新加坡，人民币外汇的日平均交易量从2013年3月的160亿美元增长至12月的310亿美元，几乎翻了一倍。目前，新加坡是继香港之后，最具竞争力的离岸人民币清算中心。新加坡金融机构不断推出更多人民币金融产品和服务项目，以满足中国企业再融资、投资和资金管理方面的需求。中国企业应该利用新加坡的这些优势，为其在亚太地区甚至全球拓展业务积蓄力量。

第三，易商。新加坡在世界银行营商便利度排名中连续八年列第一位。在跨境贸易、投资者保护、开办企业和获得信贷等方面也排在世界前三名以内，这些都是发展知识经济的关键条件。为鼓励创新，新加坡建立了完善的研发生态系统和健全的知识产权（IP）机制，享有良好的国际信誉。新加坡承诺制定健全的规章制度来保护知识产权。在世界经济论坛发布的2011~2012年度《全球竞争力报告》中，新加坡是亚洲知识产权保护最佳的国家，同时在世界排名第二。因此，超过30家领军生物医药科学产业的国际公司选择在此设立区域总部。此外，这里还有超过4500家公司提供各类专业服务，如审计、会计和管理咨询、市场调研、广告和公共关系、人力资本服务及法律服务。

2000多年前，中国通过海上丝绸之路与世界连接进行贸易，新加坡亦担任东亚、东南亚、印度和中东的贸易枢纽点。早在700年前，新加坡已成为海运和贸易中心。悠久的历史奠定了新中两国贸易合作的基础，并为未来的发展提供了良好的平台。希望中国企业能更多地了解新中合作的潜能，与在座的新加坡企业彼此多交流，探讨并共同开拓更多的合作机会。

商务部副部长房爱卿在携手狮城，放眼国际
——新加坡专业服务推介会上的讲话

尊敬的傅海燕部长，各位来宾，女士们、先生们：

大家上午好！非常高兴受邀参加第三届京交会新加坡主题日活动，首先我代表中国商务部对活动的顺利举办表示祝贺！

中国政府高度重视与新加坡发展友好的关系，中新建交以来两国高层交往十分密切，经贸关系快速发展，合作水平不断提升，利益交融日益加深，2008 年中新签署了自由贸易协定，这既是中国与发达国家签署的第一个自由贸易协定，也是中国签署的第一个涵盖货物贸易、服务贸易、投资等多个领域的自由贸易协定。协定生效以来双边经贸关系发展迅速，2013 年中新双边贸易额达到 759 亿美元，中国首度成为新加坡最大的贸易伙伴，新加坡也是中国在东盟的第二大贸易合作伙伴，截至 2013 年底，新加坡在华累计直接投资额达到 665 亿美元，中国对新加坡直接投资也达到了 136 亿美元，2013 年中新服务进出口总额达到 193 亿美元，新加坡是中国第六大服务贸易伙伴和第四大服务出口目的地。计算机和信息服务、咨询服务等高附加值的服务与双边服务贸易总额的一半以上。随着双边经贸关系的日益深化，中新两国合作的载体也日益丰富，目前已建立了包括中新双边合作联委会、中新苏州工业园区联合协调理事会等在内的五个政府间的经贸合作机制。2014 年 5 月 21 日中国国家主席习近平在出席亚信第四次峰会做主旨演讲发言时指出，中国将和各国一道加快推进丝绸之路经济带和 21 世纪海上丝绸之路建设，更加深入参与区域合作进程，新加坡是"一带一路"的重要国家，也是中国在"一带一路"国家中最大的服务贸易合作伙伴，中新两国在服务贸易领域各具优势，具有很强的互补性，中国旅游服务、建筑服务、计算机和信息服务、服务外包具有较强的竞争力，新加坡现代服务业发达，在金融服务、通信服务、医疗保健、专业服务、环境服务等领域具有很强的比较优势。两国合作空间巨大，2013 年 10 月，中新双方签署成立了服务贸易合作促进工作组的谅解备忘录，中方将以此为新的起点，加强同新加坡在服务贸易领域的务实合作，推动双边服务贸易合作达到新的水平。

女士们、先生们，在全球价值链时代，服务贸易作为制造业和服务业的黏合剂，将带动各国产品和服务更好地融入全球价值链，中国将把发展服务业作为打造中国经济升级版的战略举措，把服务贸易作为经济发展的战略重点，欢迎中新两国服务贸易企业充分利用京交会这一平台，加强沟通交流、深化务实合作，实现互利共赢，共同促成全球服务贸易更好更快地发展。

最后，希望来自新加坡的企业家朋友们能够不虚此行，收获信息与商机。预祝京交会新加坡主题日活动圆满成功。

谢谢大家！

中国国际贸易促进委员会副会长张伟在携手狮城，放眼国际——新加坡专业服务推介会上的讲话

尊敬的傅海燕部长、傅春安副主席、房爱卿副部长，各位来宾，女士们、先生们：

大家上午好！很高兴出席今天的"携手狮城，放眼国际——新加坡专业服务推介会"，我谨代表中国贸促会、中国国际商会对本次推介会的成功举办表示衷心祝贺，对远道而来的新加坡朋友表示热烈的欢迎！

近年来，中国与东盟地区保持着良好健康的经贸关系，2013年中国与东盟进出口总额为4436亿美元，同比增长10.9%，增速居中国主要贸易伙伴前列，中国企业加快了"走出去"的步伐，中国与东盟的合作拓展了新的领域，以新加坡为代表的东盟地区逐渐成为中国企业对外投资的主要目的地。截止到2013年底中国企业累计在东盟国家非金融投资总额293.1亿美元，东盟已经成为对外投资企业经济增长最快的地区之一。在东盟国家中新加坡是中国企业的首选投资目的地，凭借优越的地理位置和完善的投资环境，新加坡已经成为中国企业进入东盟市场的门户，随着国际化程度的提高，越来越多的中国企业认识到用好专业投资服务机构的服务，对国际化经营的效率和效果至关重要。多年来中国贸促会在支持和促进企业"走出去"的过程中积极整合中外金融机构、律师事务所、会计师事务所等投资服务机构参与其中，为中国企业对外投资提供专业化的支持和服务，新加坡作为亚太地区的金融、商业以及专业服务业中心具有专业服务机构多、专业服务人员素质高以及专业服务分工细等方面的优势，随着中国经济国际化程度的提高，无论是制造业企业还是服务业企业，尤其是众多的中小企业要走出国门、扩大国外业务，需要提高产品的升级换代、研发设计、市场开发的能力以及国际法律、咨询、会计等方面的专业服务，从这个意义上讲，中国与新加坡在专业服务业领域的合作潜力巨大。

今天众多新加坡专业服务机构组成的新加坡代表团前来参加本次京交会，举办了这次推介会，向参会的中国企业介绍如何利用好这些专业服务。当前中国正积极推进海上丝绸之路的建设，扩大与东盟国家各领域的务实合作，新加坡作为东盟的门户，在这个过程中也将发挥很重要的作用，新加坡的专业服务机构可以在中国寻求到更多的合作机会。最后，希望中新两国企业都能有所收获。

新加坡代表团团长傅春安在携手狮城，放眼国际
——新加坡专业服务推介会上的讲话

尊敬的新加坡总理公署部长、尊敬的环境及水资源部兼外教部第二部长傅海燕女士、尊敬的中国贸促会常务副会长张伟先生、尊敬的中华全国工商联黄荣副主席、尊敬的新加坡驻华大使罗嘉良先生，各位嘉宾，女士们、先生们：

我谨代表新加坡工商联的综合以及经贸代表团的团员对大家的踊跃出席和大力支持表示诚挚的欢迎和衷心的感谢！我在1981年就到中国寻找商机，33年来亲眼见证了中国经济高速发展的成就和过程，也见证了新中两国友好合作的丰硕成果。由于时间有限，我简要介绍下新加坡的国际化过程和成就，和大家分享新加坡为什么是大家走向国际的理想平台。

回顾新加坡。自1819年英国人来福士登陆新加坡，一直到1959年新加坡取得自治邦的地位，新加坡作为英国殖民地一共140年。1959年李光耀先生成为新加坡首任总理，当时的新加坡既没有工业，农业规模也非常小，而且非常落后，治安也很不好，社会动荡不安，在这个贫穷落后的小岛国200万人的生存问题举步维艰。1963年新加坡加入马来西亚成为一州，希望借此分享马来西亚的市场，但是李光耀先生继续担任新加坡总理。后来发现政策理念有所不同，产生种种矛盾，比如当时的李光耀总理主张要建立一个马来西亚人的马来西亚，但是当时的马来西亚总理却坚持要建立一个以马来人为主的马来西亚。鉴于此，新加坡在1965年8月9日脱离马来西亚，宣布独立，成立新加坡共和国，李光耀先生继续担任总理。以李光耀为首的建国一代虽然面对重重困难，仍然奋发图强，苦心经营，第一代元老们深思熟虑，陆续制定了几项必须优先发展的计划，并逐步加以推行。比如说1960年成立了建设发展局，全权统筹"居者有其屋"的大计，今天的新加坡已经有82%的居民居住在政府统筹统办的新加坡组屋，中国朋友称为公共住宅。另外有9.1%的新加坡居民住在私人房屋，大约有8.6%的新加坡人还没拥有自己的房屋。所以在"居者有其屋"这个计划里面，新加坡是最成功的国家之一。1961年成立了经济发展局，负责制定和实施商业与投资策略的主导机构，同时负责招商引资，成功引进了世界500强和超过7000家国际跨国公司落户新加坡。在1961年成立了全国职工总会，除了为劳动阶层谋取福利，逐步建立劳、资、政组成的铁三角，就是劳方、资方、政府组成了铁三角的机制，全面消除了恶性的罢工事件，造就了新加坡稳定的社会和理想的投资环境。1968年我们成立了工业管理局，加强推动新加坡迈向工业化和全面就业的途径。1981年成立了贸易发展局，充分利用新加坡优越的地理位置进一步发展新加坡的转口贸易，为了配合经济全球化的需要，

在 2004 年把贸易发展局改制为新加坡国际企业发展局，成功协助新加坡走向世界，协助新加坡企业实现国际化的宏愿，充分发挥了小国家大胸怀的战略。另外，把中央公积金局不断地加以完善和提升，今天的中央公积金制度成为全面覆盖储蓄、住房、教育、医疗保健、养老的一条龙服务链，让老百姓人人受惠。

新加坡是一个小国，国土面积 716.8 平方公里，总人口大约 540 万人，新加坡居民只有 384 万人，150 多万的外来人口，人口当中的华人占 74.2%，马来人占 13.3%，印度人占 9.2%，其他族群占 3.3%。新加坡是一个多元种族、多元宗教的国家，为了维护种族、宗教和谐以及保证国际化能获得成功，李光耀总理和他的领导团队坚决推行双语教育，同时宣布华文华语，马来文、马来语，印度文和印度语成为新加坡的官方语言，官方和商用沟通语是国际上广为通用的英文。这种既尊重各种族文化，又符合国际潮流的语文政策，为新加坡的国际化和经济发展带来了巨大的优势，也作出了无可比拟的贡献。

各位嘉宾，我之所以要特别介绍先后成立的这几个主要部门，是要强调新加坡建国一代的元老们，在最初、最艰苦的前 10~15 年就为新加坡打下了坚实的基础，为后来的 40 多年的茁壮成长提供了强有力的支撑。今天的新加坡已经拥有世界最佳海港、世界最佳空航，新加坡也是世界最重要的金融中心之一。我们虽然没有石油，但是新加坡是世界第三大炼油中心。新加坡也是世界最容易经商和最宜居的国家之一，今天的新加坡已经是多元种族和多元宗教和睦共处，多元文化共生共荣的国家。新加坡拥有一套高效的行政制度，公平、公正、公开的法律体系，一切都很制度化，很容易被接受。

各位嘉宾，新加坡的成功基础是因为赢得了国际社会的信心，世界 500 强和超过 7000 家的国际公司不但为新加坡带来了大笔资金，也为新加坡带来了现金管理经验和技术。各位嘉宾，我们介绍新加坡的种种优势绝对不是拿来炫耀，而是用来吸引更多外商利用新加坡作为国际化的首选平台，因此我们希望在座的企业家们在国际化的过程中认真考虑把新加坡作为企业的首选平台，新加坡工商联合总会属下超过 2 万名的企业会员，希望有机会和大家通过精诚合作、优势互补，共同创造繁荣。

借这个机会再一次代表新加坡工商联合会总会衷心感谢大家的支持，并衷心感谢商务部、贸促会以及工商联的领导亲临指导。同时恭祝大家健康、平安、快乐。谢谢大家！

英中贸易协会中国区总裁刘慧明在英国创意创新论坛上的讲话

女士们、先生们：

大家下午好！今天会议的主题是为了展示英国最优秀的创新创意和我们的创意者。在各个行业中英国都引领着创意，今天我们也同时谈一谈中英双方之间的互补，通过结合不同领域的优势，实现共同发展。创意和创新其实并不仅仅是设计美丽的产品，同时也可以运用在工作中、制造业中、业务流程中以及解决日常工作中。英国的创意产出吸引着中国人，作为一个国家，中国希望能够从低成本的生产，转型为拥有自主产权的全球品牌，从"中国制造"转型到"中国创造"，与此同时中国的消费需求也在上涨，随着经济的增长，年轻消费者的心理也发生了变化，中国的消费需求急剧改变着中国和全球的经济和社会局势。

如果中国和英国的品牌、产品和服务合作，就能够推动中国各地消费的发展。英国在设计和创新方面领先于世界，英国创意的根源是英国的开放性，我们拥有强有力的天才型的工作人员，也拥有技术和管理方面的先进经验。中国对英国来说则可以提供市场、制造力和投资资本，因此结合英国的专业技术和中国的远大目标，就能够推动全世界的发展。

简单介绍一下英国的创意产业，英国的创意产业占英国经济的5%，增长速度是英国经济增长速度的两倍，广告、时尚、电影、游戏、音乐、电视等行业都领先于世界。英国的创意产业在2011年的出口达到了160亿英镑，差不多是英国全部服务出口的8%。同时英国也在先锋行业，比如说汽车、航空航天业一直持续发展着，英国的先锋设计和创新能够确保很多的传统行业不仅生存，同时也能够继续改善自己的实力，比如说全世界排名前20的汽车零件制造商，英国公司占据17家，一级方程式车队排名前10中有6个在英国，英国也占据全球航空航天业的13%。正因为我们有创新和创意，所以我们的产品和服务才非常独特。英中贸易协会在过去6年间帮助公司开拓中国业务。中国的市场、中国人的抱负、中国企业家的精神，还有中国人认为一切皆有可能的态度，令英国的创新者印象深刻。谢谢！

印度商业和工业部司长潘迪在"印度—中国：服务贸易行业的新机遇"研讨会上的讲话

下午好，朋友们！尊贵的来自中国服务贸易协会的副会长赵中屹先生、苗先生，还有其他的来宾，来自印度的朋友们，Viacom18 集团首席执行官瓦茨先生，感谢你们的光临。

其实我非常愿意在这里跟你们分享我的想法，服务贸易是非常重要的，大概超过 65%的就业机会是来自服务贸易行业的。我们在期待着什么呢？我们在寻求着什么呢？我们希望为我们的年青一代提供很好的工作机会，其实有很多新的工作机会是来自服务贸易的，这是非常重要的一个因素。

大概是两个世纪以前，印中两国贡献了大概 25%的 GDP。今天我们觉得接下来有很多的路要走，这是一个旅途，或者是一个旅程。我们知道，最好的方式就是我们一起走，因为这是一个自然而然的问题，一想到这个问题，我们就应该一起走。现在印度在全球服务业占比是 3.3%，中国占比是 10%。如果我们两个国家在一起的话，同时考虑到我们的人口，印中两国的人口加在一起占全世界人口的百分之多少，然后再考虑一下我们的服务和贸易占全世界的百分之多少，如果我们把这两个数字进行比较的话，你们就应该明白我在说什么。

但是如果说我们看印中两国的话，其实我们的服务贸易是小于 10 亿美元的，这就意味着我们有非常广阔的潜力。在印度，我们是非常敬仰中国的，在我成长的过程中，我非常喜欢读中国的小说，我用印度语读中国小说，有时候我也读一些翻译成英文的小说。今天我的孩子们长大了，他们在成长的过程中，会去市场买中国的玩具，中国玩具在印度市场上也是非常受欢迎的。

对于现在的年青一代来说，他们非常热爱听音乐，他们被 IT 和电脑包围，他们会下载音乐来听。他们会去谷歌上，或者是去搜索引擎上，或者说会用一些在线的翻译服务，其实语言不再是障碍了。我们那个时代，我们那个年龄，我们那代人经历的障碍，今天的这一代人有很多方式，用现代的技术解决，用互联网解决，所以已经不再是障碍了。

今天的印度，我们非常珍视和重视我们跟中国的关系，所以服务贸易是非常重要的领域之一，我们前面还有很长的路要走，我觉得我们还没有真正的开始，所以我们的旅程会非常地充满乐趣，也会充满成就。如果说具体的涉及哪些服务业，包括保健行业，传媒、娱乐行业这些，我们大家都会非常开心，因为我们可以看各种各样的宝莱坞的明星，或者是看来自印度的一些电影的娱乐节目，是非常有意思的。即使没有翻译成中文的话，我也觉得语言不是障碍，就像歌曲，就像音乐一样。即使在拉丁美洲国家、中东国家，还有日本、韩国，在这些市场上，都留下了印度电影的足迹。

在英国有很多从印度过去的医生，他们会提供保健服务。在美国，还有一些其他的地方，在航空航天局，大概有1/3的科学家是印度人。其实我们是有很多潜力的，很多合作的领域有待进一步开发。我们应该如何去合作呢？怎么去合作？语言不再是问题，我们有很多方式来克服这个障碍。

我们接下来要做的重要的事情是什么？其实我们的合作门槛是非常低的，我们要共同合作的潜力巨大。我们非常热切地期待和中国开展有意义的讨论，这样的话两个国家的国民能够从中获益，而且能够走向繁荣和富强，能够取得持续的增长。谢谢各位！

印度驻华大使康特在"印度—中国：服务贸易行业的新机遇"研讨会上的讲话

中国服务贸易协会副会长赵中屹先生、阎先生、苗先生，来自于各个领域的同事，女士们、先生们：

首先欢迎各位来参加我们的研讨会。我们今天要谈到一些提高印中两国合作的问题，比如说在服务贸易领域。我想特别地感谢中国的商务部，以及印度的商务部、贸工部所做出的努力。

印中两国是全球最大的两个增长最快的新兴经济体。所以我们有很多的经济增长点，这都是毫无疑问的。同时，印度刚刚结束了大选，新的政府已经组建了，新的首相就在三天之前就任。印度新的总理也特别关注在服务贸易领域的发展，以及如何展开国际合作来解决一些问题。有一点毫无疑问，服务领域将会引起人们的注意。因此我非常相信中国作为最大的发展中国家，一个新兴的经济体，对于我们印度对外合作来讲，将会是非常重要的一环。

在过去的几天当中，我们两国的最高领袖所做出的表率是非常喜人的。我们也期待两国的政府，以及两国的商界，能够更往前走一步，来增强我们的经济合作。如果可能的话，能够取得一个全面的长足的进步。

我们有很好的基础来进行合作，在过去的几十年当中，在贸易领域，比如说货物贸易，我们的发展非常好。就贸易来讲，今天中国是印度最大的合作伙伴。虽然我们之间有过一些问题，有人会比较担心，但是我们潜在的贸易发展机会是非常大的，这与我们印中两国整体的贸易和战略是相符的。

现在来讲，在服务贸易领域，我们印中两国之间的合作还是比较小的。因为我非常高兴看到 2014 年，来自印度的一个大型代表团，有 6 个不同的政府部门，他们组成的代表团来参加我们的相关会议。他们来参加中国国际服务贸易交易会，我们今天早上也举行了圆桌会议，我们和国资委进行了沟通等。这一切都意味着在未来我们有非常好的前景，我们也非常期待着这一系列事情的成型。

各位朋友，谈到印中两国的经济，人们会说，中国是世界的工厂，印度是世界的办公室，但是往前看我们能看到什么？我们看到一种聚合效应，在两个国家都有。比如说中国正在强调服务业的发展，特别是服务贸易领域，对我们来说加工业是关键点，我相信这将会变得越发重要，特别是在印度新任政府就职之后的加工业领域。

在这样的一个全球化的背景之下，服务贸易领域的机会正在变得越来越具有战略意义。比如说在之前的演讲当中我们提到了，如何使服务贸易能够占到全球贸易更高的比重，能够带来更多的高附加值的产品，以及其中的就业机会等。

那么对印度而言，2013 年的中旬，服务业占据了整个 FDI 的 1/5，服务业已经成为了印度在全球非常重要的一部分。我们也希望在接下来的年份，进一步地发展服务业。

我现在想给大家列一些数字，我们 2013 年的总体服务业达到了一个非常高的数字，我们这些数字都是经过了一系列统计得到的。其中很大一部分是来自于 IT。接下来就是我们的专业领域服务业，正如我早先提到的那样，中国在服务业方面占据了越来越重要的角色，中国 2013 年的服务业贸易额达到了 6000 亿美元，当然我觉得中印两国之间也有大量的互补性，尤其在服务业而言，我们的优势仍然可以互补。像中国在旅游业，还有交通业方面都有优势，我们在 IT、媒体、健康领域也有优势，这样的话我们就可以互相促进、互补，不仅是在双边方面互补，而且也可以共同合作，到第三方国家来提供更多的服务。

其实有一些领域，我们今天下午仍然会着重谈到，我相信这些领域，我们印度会有一些自己独特的优势。比如说 IT 领域，或者像信息技术、服务行业、传媒、娱乐业方面的合作等。正如我们今天上午所讨论的那样，其实有很多印度的 IT 公司在中国存在的年份已经超过了 10 年，也有很多中国公司也到全球去发展，今天上午我得到一些数字，很多中国公司在全世界很多国家成立他们的办事处，到全世界很多国家去发展，实现全球化战略。这中间有中国各种各样的公司。我们也期待着，随着印度 IT 公司在全球的不断扩充，我相信这些公司在中国的脚印和脚步也会越来越广阔。

中国也有很多的国有企业会去印度发展，我知道今天我们会议之后，我们国资委也会有进一步后续的活动。我相信今天下午在我们的讨论中，也会有更多的讨论结果出来。

印中在旅游行业方面来说，我们也会有很好的交流。2013 年中国有很多旅游者去国外旅游，当然对于中国的游客来说，印度是国外旅游胜地之一。所有关于旅游行业方面的交流，我们今天下午也会有相关的议题，包括我们来自印度旅游部的司长，还有中国旅行社的副会长也会跟大家交流。旅游行业无论是在中国还是印度，都会有很大的市场。无论是让中国的国民，还是让印度的游客能够互相地去我们的国家，比如让印度游客来中国，或者让中国的游客去印度，双边的旅游变得越来越便利的话，我们也是有一些事情要做的。当然签证已经不是一个大问题了，但是除此之外有些事情也是要做的。

还有在保健行业，印度的保健业发展得也是比较好的。像医疗设备，还有肿瘤心血管和中枢神经方面也是有优势的，我们考虑的重点是让人们可以负担得起。我们在国际医疗领域，现在的发展也是越来越快。但是无论是中国还是印度，我们在保健行业都有同样的愿景，都希望为我们的国民提供有竞争性的服务。我相信两国之间建立合作伙伴关系，是一个非常正确的选择。当然有一些市场准入的问题，是需要我们和中国朋友一起来共同探讨的。

还有对于健康保健服务的提供，不仅仅是在 2013 年成立的上海的自由贸易区可以

第四部分　主题日及专场活动讲话汇编

来实现。我们在整个中国市场也是有非常大的不断的增长的。

　　除了上面所说的几个行业之外，印中在传媒和娱乐业方面也会有合作，这也是我们今天下午的议题之一。我想我们和中国在传媒和娱乐业方面，可以进行合作。我们在中国的 12 个城市也有一系列的活动已经开展了，就是跟传媒和娱乐业相关的活动，包括我们 2014 年会在 6 个城市组织印度电影和电视节目的展示，或者来介绍印度的一些动画片，或者是一些视频节目，通过这样的一系列的合作和展示，我们希望在这些领域能够加强合作。

　　其实下个星期，中国的一位在传媒和娱乐业方面的领导，将会去印度进行深入的探讨。各位朋友，我想再次强调，无论是中国还是印度对于经济都非常的重视，而且两国的领导人在这方面也非常清楚，在接下来的一个层面上，印中之间将再次进行一个深入的交流和合作。

　　我们还是非常愿意和中方的朋友们，同中方的合作伙伴们一起在各个领域共同合作，和大家一起共同探讨双边合作机会，包括我刚才所说的那几个领域的合作。虽然我们迈出的是比较小的一步，但是这一小步也是非常重要的一小步，它会带来将来的一大步。非常感谢你们，谢谢！

中国服务贸易协会副会长赵中屹在"印度—中国：服务贸易行业的新机遇"研讨会上的讲话

尊敬的大使阁下，潘迪先生，女士们，先生们：

大家下午好！非常高兴出席今天的印度主题日，与中印各界朋友共同探讨服务贸易发展的新机遇。

我们知道，2014 年是中印友好交流年，中国和印度是两个最大的发展中国家，经济情况相近，互补性强。中国和印度又同为文明古国，都拥有悠久的历史和灿烂的文化，人文和自然遗产众多，旅游资源十分丰富。

进入 21 世纪，中印两国的社会经济长足发展，人民生活水平普遍提高，旅游产业发展也进入了新的阶段。在中国，越来越多人选择出境旅游，2012 年，中国出境游人数为 8318.2 万人次，同比增长了 18.41%。中国出境市场已经超过了德国与美国，成为世界第一大出境旅游市场。从入境旅游资源来看，全年入境的外国游客人数为 2719.16 万人次，比上年增长了 0.3%。亚洲市场仍旧是主要的客源市场，主要为韩国、日本、马来西亚、越南等国家。

2012 年印度入境游客为 61.02 万人次，在所有国家中列第 17 位。因此近年来，作为中国传统服务贸易大项的旅游服务，逆差呈逐年加大的趋势。2014 年前 4 个月，旅游逆差已经累计达到了 301 亿美元，对于中国来讲，旅游服务面临的一大问题是，如何吸引更多的国外游客入境旅游，实现贸易平衡。

印度的旅游业同样十分发达，其独特的文化吸引着全球各地的游客慕名前往，在印度服务贸易中占据着重要的位置。在扩大中印双方经贸合作的过程中，旅游服务将发挥十分关键的作用。

为了落实中印两国总理的倡议，2013 年中国商务部和印度工业商务部共同成立了服务贸易工作促进组，印度商业工业部的潘迪司长和中国商务部服务贸易司的周柳军司长，双方的工作组率先召开了第一次工作组会议。这是双方促进服务贸易合作的突破性的举措。作为中国服务贸易协会的代表，我本人有幸参加了工作组，并参与了这次会谈。中国服务贸易协会成立于 2007 年，是中国目前唯一一个全国性的服务贸易的促进协会，会员涵盖了中国服务贸易 12 大领域的重要企业。

借此机会，中国服务贸易协会与印度的有关机构在服务贸易促进方面，开展相关的活动和促进工作，应该说中印两国在服务贸易行业许多领域，都有发展的新的机遇，特别是在 IT 领域、文化传媒领域、旅游领域。

因为我拿到的议程是在旅游板块要发表一些见解，但我注意到今天我们旅游协会的于会长也参加了今天的会议，我在此有点班门弄斧了。有句话说得好，世界看亚洲，亚洲看中印。旅游业是个实体产业，针对中印两国的旅游服务合作，我想提几点粗浅的建议。

第一，建立两国旅游行业有关协会和机构的长效机制。共同倡议将旅游服务中印服务贸易促进工作组的重要内容。

第二，加大各自优势旅游资源，在对方国家的宣传，让两国民众对对方国家的社会环境、历史文化、旅游资源有更加深入的了解，消除负面顾虑，从而吸引更多的人到对方国家旅游。

第三，加强两国旅行社的有关合作和旅游配套资源的整合。比如在酒店、交通、国际航班、对接等方面，提高双方在旅游服务方面的合作效率，提升服务品质，推进双方旅行便利化。

我相信在中印两国政府、商协会、企业的共同努力下，中印在服务贸易的诸多领域，特别是旅游服务方面的合作一定会越来越好。祝本次会议圆满成功，谢谢大家！

巴西发展工业及外贸部贸易服务司秘书长温贝托在中国和巴西经贸合作与发展远景论坛上的讲话

早上好，各位：

感谢在座所有的贵宾们对于巴西的热爱和对于巴西的关注，特别是我们大使馆的大使，还有我们驻拉丁美洲的大使，以及所有对巴西感兴趣的中国的客人，巴西服务业联合工会主席先生，以及组织这次大会的支纬中先生，为我们巴西每一次的来访提供热情帮助的前驻巴西大使陈笃庆先生。我想用三句话表达我的谢意。

第一句话，我想说的是感谢。感谢中国人民的热情接待。昨天我们再一次来到中国，接待人员非常热情地给我介绍中国在这个新时代的商业机会，这对于我们来说是非常荣幸的，能够有机会了解中国和中国人民的热情。这一次在上海签署的巴西银行上海办事处，是一个意义十分重大的举动，可以在金融服务上加速双方的合作。我们之间的合作机会是非常有潜力的。所以今天的主题日是为了进行充分的交流，以及今后能够更多发展的机会，能有更多合作的项目。

第二句话，我们之间的合作已经朝着非常好的方向、非常深入的方向发展，巴西人民现在正处在非常欢快的气氛中，正在庆祝世界杯的到来，我们的总统迪尔玛·罗塞夫先生将接待来自"金砖五国"的代表，习近平主席也将率领团队参加"金砖五国"的会议，在中国和巴西的商务往来上已经得到了很大的发展。

昨天我们非常荣幸跟中国商务部的部长先生进行了一次会谈，他给我们介绍了一些关于双方贸易的数据，我们之间的贸易顺差额已经非常小了，服务贸易行业领域是目前中国经济的一个亮点和战略重点，我们的经济服务领域也是非常重要的一个领域，70%的经济来源生产值都是跟服务业有联系的，我们的目标是提高现在在服务业的企业的竞争力，国际贸易交易会上也是为了这个宗旨而召开的。

所以，在这里我们希望能够在两国之间加深学习和互换，在这个问题上我们制定了工作计划，签署了意向书，建立起了两国之间的商贸桥梁。下星期我们将会签署更多的合作意向，我希望巴西企业家和中国企业家能够更加紧密地联系起来，建立一个共同合作寻找好项目的桥梁，世界杯也给我们提供了很多很好的领域间的合作。

2008年中国成功举办奥运会，我们2014年要举办世界杯，2016年即将举办奥运会，所以两国的合作是非常成熟的，我们希望两国领导人在体育和服务方面能够进一步探讨。

昨天在会上突出探讨的问题是技术方面的合作，不管是中国和巴西，风格都不一样，两国之间可以互补，互通有无。巴西政府在银行业务上已经和中国达成了共识，巴西银行上海办事处成立的意义相当重要，在提供银行财务等各方面的信息上都可以给中国的投资者或者是国外投资者提供有效的服务，这是符合进一步的国际发展前景的。

还有就是加强我们银行的竞争力，就像中国一样，很多领域我们存在竞争，我们可以在竞争中建立一个非常符合当今社会发展和合作的道路，来找到适合我们发展的道路。商务部的方部长给我们介绍了一组团队，他们会提供支持。

从银行业我们谈到服务业，像物流业、文化业、体育业、旅游业很多的领域上，我们迈出了很大的一步，和中国的合作远景是非常重要的，这是一个非常好的平台，我们能够相互了解、相互认识。

我想要说的第三句话，就是希望大家从这一刻开始，包括中国、巴西发展中国家这些能够达成战略性合作伙伴的关系，在服务贸易行业呈现出不同的相融合的机制，请所有在座的企业家们不要放弃这个机会，我们有很多合作的机会，中国稳定的政治和稳定的经济发展速度能够带动所有的企业和世界的其他国家走向成功合作的领域，希望大家事业有成，希望你们在这次京交会上获取更多的成功。

巴西服务业联合工会主席陆易吉在中国和巴西经贸合作与发展远景论坛上的讲话

各位好：

非常高兴在第三届中国北京国际服务贸易交易会上讲话，我们 2012 年在这里参加过第一届京交会，我们认为今天是非常重要的，因为请到的所有贵宾还有各个领域的代表能够给大家提供一些关于巴西在服务行业各个领域的情况。巴西工贸部的副部长温贝托先生也是非常重要的，他对于巴西服务业有很大的支持，所以感谢秘书长先生，感谢你们对巴西的热爱以及对巴西企业的支持。

在企业的服务行业，我们的历史是很悠久的。首先，看一下我们的生产总值。在 2014 年的增产速度是 3.1%，说明巴西的经济成长方式，尤其是在服务行业已经占生产总值的 72%。72% 的服务分配于各个领域，包括服务业、银行业、农业、工业以及商业领域。

我们的形式是非常不一样的，给企业的贷款占 34.2%，在信息领域占 7.7%，说明巴西有一个非常大的信息领域和网络领域。在交通和物流业上是 15.4%，仓储业也是我们每年都在增长的一个领域，2014 年的生产总值是 3048 亿美元，圣保罗在服务领域所占的比重已经达到了 42.8%。在巴西，圣保罗是最大的服务行业所在的州。

我想再介绍一下我们要出口服务贸易的领域，竞争力可以有不同的带动，并且起到积极的作用。

再来看一下旅游业，非常遗憾巴西这么大的国家，资源这样的富有，但是世界上只有 600 多万人知道这个国家的旅游资源，旅游业现在仅占我们 0.1% 的国民收入总值。希望中国朋友了解巴西的旅游业，并了解我们的旅游设施之后可以去巴西旅游，通过旅游来加强了解，从而让更多的中国人了解我们巴西美丽的风景。

在租赁和设备上也是负增长的，所有的这些大产业，比如造船业、石油平台勘探，这方面都是呈负增长的。所以，这方面服务希望能够得到更多的合作机会。

在技术领域，银行方面我们有非常优秀的团队，在世界上都是非常先进的银行系统，我们有一个信息化、程序化接待顾客的组织，经济的增长带动了银行业成为世界上优秀的提供服务的行业之一，所以中国的企业家如果在银行方面需要服务的话，我们会给予大力支持的。

在环境保护方面，也需要国外的投资，而且一直呈增长趋势。在外资投资上也是每年实现了递增，2013 年是 640 亿美元的投资总额，所有的国外投资都分配在不同的领域，最多的有工业、农业建筑，在服务行业和银行业的服务上升到了 19.6%。

在这里我们看一下中国巴西之间的贸易关系，我们在贸易交易排名第八位，但是我们希望能够在服务贸易方面有更多的合作，尤其是我们之间的关系，服务行业到目前为止相当于没有，这次我们的目标就是希望巴西能够有更多的企业和中国进行合作。在合作领域上，中国需要进一步提高，达到 60% 合作的机会，希望中国的企业在服务方面能够更加积极地开展业务，比如说像体育业方面的一些服务领域。

还有一些其他的服务，比如像所有的高端技术方面的服务，我们可以提供，我们有旅游业、健康业以及住房交通领域，都有机会可以建立伙伴关系，吸引更多的投资，希望中国随着经济的不断发展，两国不仅是在原材料之间有贸易合作，在其他领域也可以有更多的合作。

因此，我再一次感谢巴西大使和工业部副部长的到来，他们的到来，显示了我们对中国的重视，希望建立更多的合作关系，希望巴西服务业联合工会能够进一步为大家提供更多的服务，非常感谢！

第五部分

中国服务贸易热点问题研究

中国服务贸易竞争力分析

一、引言

　　服务作为一种经济活动，对大多数国家的经济增长和就业的贡献作用日益显著。近年来，发达国家的国民生产总值中 60%~80% 为服务业产值，发展中国家平均也达 50%~60%。世界服务贸易额已占全球贸易额的 20% 左右。改革开放以来，中国服务贸易有了较大的发展，服务贸易的年增长不仅高于国民经济的增长，也高于国内服务业的增长速度，对推动国内服务业的发展发挥了重要的作用。随着世界经济全球化和贸易自由化趋势不断加快，服务贸易发展是推动中国新一轮对外贸易发展的必然趋势。与此同时，中国国际服务贸易的领域也逐步扩大，通信、金融、保险、技术贸易、经营管理咨询、人员培养等服务进出口随之迅速发展。通过这些服务贸易的发展，引进了国外先进的管理方法、技术和经验，对中国现代化建设必将发挥积极作用。

二、中国服务贸易竞争力分析

　　本文在可获得数据的基础上，建立了三项测评我国服务贸易国际竞争力的指标体系，该指标体系将相对数指标和绝对量指标结合起来，即反映市场占有率的国际市场占有率指标、反映出口所占比例的显示性比较优势指数和反映进出口的竞争优势指数。

（一）国际市场占有率

　　国际市场占有率（A），即一国某产业或产品的出口总额占世界市场出口总额的比率，其计算式为 $A_{ij} = X_{ij} / X_{wj}$。该指标在综合考虑该国整体规模和实力的基础上，可以简洁地表明该国该产业的整体竞争力。

　　从图 1 可以看出中国服务贸易在国际市场中的占有率较低，目前约占 4.6%，但从近 20 年的发展来观察，中国服务贸易国际市场占有率明显呈现了逐年提升的态势，竞争能力正逐渐提高。中国服务贸易国际市场占有率从 1983 年的 0.7% 增加到 2014 年的 4.6%，增长了 5 倍多，世界排名也上升到 2014 年的第二位。这充分反映出 21 世纪以来我国服务贸易竞争力总体上在不断增强。

　　比较世界其他国家或地区来看，我国服务贸易整体竞争力也有所增长。如图 2 所示，在 14 个国家和地区中，2001 年中国服务贸易国际市场占有率排名第九位，大大落

第五部分　中国服务贸易热点问题研究

后于当时处于领先地位的美日英等发达经济体，但到 2010 年就已经超过日本、法国和德国等，跃居全球第四位，拉开了与意大利、韩国、新加坡和中国香港等的差距了。2010 年，中国是世界服务贸易前 10 名国家中两个发展中国家之一，10 年来服务贸易国际市场占有率的上升也几乎是最快的，国际市场份额提高了 2.4 个百分点，但是与美英德发达国家相比还存在很大的差距。

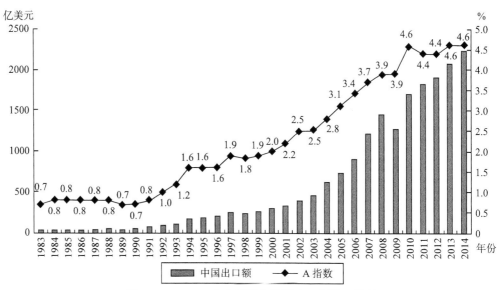

图 1　1983~2014 年中国服务贸易出口额及 A 指数

资料来源：WTO 国际贸易统计数据库。

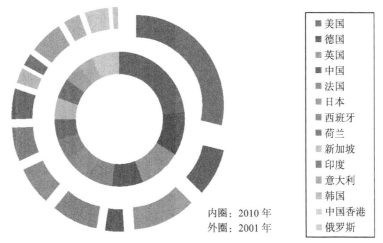

内圈：2010 年
外圈：2001 年

图 2　中国与部分发达国家和新兴工业化国家（地区）A 指数比较

（二）显示性比较优势指数

显示性比较优势指数（RCA）认为 i 国在 j 产业或产品上的比较优势可以由 j 产业或产品在 i 国出口中所占的份额与当期世界贸易中该产业或产品占世界贸易总额之比

"显示"出来。该指数的计算式为 $RCA_{ij} = (X_{ij}/X_{it})/(X_{wj}/X_{wt})$。

如果 RCA [2.5，∞]，则表明 i 国第 j 种产品出口具有极强的国际竞争力；

如果 RCA [1.25，2.5)，则表明 i 国第 j 种产品出口具有很强的国际竞争力；

如果 RCA [0.8，1.25)，则表明 i 国第 j 种产品出口具有较强的国际竞争力；

如果 RCA [0，0.8)，则表明 i 国第 j 种产品出口国际竞争力较弱。

这一指标虽然同样是一个相对值，但可以有效剔除国家出口总量以及世界出口总量的波动对可比性的影响，因此可以比较准确地衡量一国在当期该产业或该产品的出口与世界平均水平的相对位置以及时间序列上的变化趋势。

从纵向比较来看，2000~2014 年 15 年间中国服务贸易 RCA 指数一直在 0.40~0.6 之间，均小于 0.8，表明整体上中国服务贸易无国际竞争力优势，RCA 指数明显偏低，而且 RCA 指数略呈下降趋势，说明近几年里中国服务贸易的国际竞争力在逐渐减弱（见图 3）。究其原因，主要是因为在过去十几年里，中国服务贸易出口额占其全部商品出口额的比重非常低，且近几年里还呈现下滑态势。

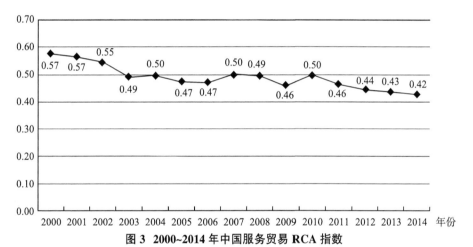

图 3　2000~2014 年中国服务贸易 RCA 指数

资料来源：《中国统计年鉴》各年版、WTO。

与发达国家及亚洲周边国家的 RCA 指数相比较，美国和英国的 RCA 指数介于 1.25~2.5 之间，显示出很强的国际竞争力；法国的 RCA 指数介于 0.8~1.25 之间，显示出较强的国际竞争力；而日本和韩国则有些徘徊，有些年份的 RCA 指数大于 0.8，显示出较强的国际竞争力；德国的 RCA 指数也偏低，但高于中国；反而印度由于近年来国内 IT 产业的发展及服务外包的兴起，服务贸易的国际竞争力提升较快，2010 年 RCA 指数为 1.72，显示出很强的国际竞争力（见表 1）。

（三）竞争优势指数

竞争优势指数（TC）即一国某一产业或产品的净出口总额与进出口总额之比，计算公式为 $TC_{ij} = (X_{ij} - M_{ij})/(X_{ij} + M_{ij})$。该指标的取值区间为 [-1，1]，在此区间内竞争力

表1　中国与部分发达国家和新兴工业化国家 RCA 指数比较

年份 \ 国家	中国	美国	英国	德国	法国	日本	韩国	印度
2001	0.64	1.38	1.55	0.66	1.04	0.75	0.81	—
2005	0.52	1.49	1.72	0.68	1.05	0.81	0.71	—
2010	0.55	1.47	1.89	0.79	1.08	0.78	0.76	1.72

资料来源：WTO 国际贸易统计数据库，https://www.wto.org/。

单调递增。TC 值越接近 1，比较优势越大，表明该国该产业或产品的国际竞争力越强。反之，则说明比较优势小，行业国际竞争力也越小。

该指标剔除了各国通货膨胀等宏观总量方面波动的影响，因此，TC 指数在不同时期具有相当的可比性。

从表 2 得出的 TC 指数来看，中国服务贸易整体 TC 指数一直为负值，即服务贸易进出口一直为逆差，而且 TC 指数值虽无大的起伏，但呈现出明显的下滑态势，说明中国服务贸易整体处于劣势，国际竞争力较弱，竞争力下降，也由此说明近十年来中国服务贸易的进口状况。

从服务贸易各行业看，随着近几年各相关部门对服务贸易发展的重视，某些行业的竞争力指数大有提高，表明这些行业的国际竞争力在逐渐提高。只有其他商业服务的 TC 指数始终为正数，具有一定的竞争力；而一向被认为属于劳动密集型的运输服务的贸易竞争力指数却一直呈负数状态，被认为是中国服务贸易支柱行业的旅游业，近几年来的竞争力呈现出越来越弱的态势，2010 年以后均为负数，竞争力减弱，但是随着我国居民收入的不断提升，出国旅游消费逐年上升。

建筑服务、通信服务、计算机和信息服务、广告宣传等行业大多年份 TC 值为正数，这些行业主要是靠国家政策性垄断和服务外包的发展获得优势；在金融、保险、专利权、咨询和电影音像等高附加值的服务贸易领域，贸易竞争力指数绝大多数为负数，表明我国资本和技术密集型服务贸易的国际竞争力水平较低，特别是专利权利使用费和特许费，长年来其 TC 指数较接近-1，反映了该行业对进口的依赖很大（见表 2）。

表2　中国服务贸易分行业 TC 指数

项目 \ 年份	2000	2002	2004	2006	2008	2010	2012	2014
运输	−0.48	−0.41	−0.34	−0.24	−0.13	−0.30	−0.38	−0.43
旅游	0.11	0.14	0.15	0.17	0.06	−0.17	−0.34	−0.49
通信服务	0.70	0.08	−0.11	−0.02	0.02	0.03	0.04	−0.12
建筑服务	−0.25	0.13	0.05	0.15	0.41	0.48	0.54	0.52
保险服务	−0.92	−0.88	−0.88	−0.88	−0.80	−0.80	−0.72	−0.66
金融服务	−0.11	−0.28	−0.19	−0.72	−0.28	−0.02	−0.01	−0.09
计算机和信息服务	0.15	−0.28	0.13	0.26	0.33	0.51	0.58	0.37
专利权利使用费和特许费	−0.88	−0.92	−0.90	−0.94	−0.90	−0.88	−0.89	−0.95
咨询	−0.29	−0.34	−0.20	−0.03	0.15	0.20	0.25	0.24
广告、宣传	0.05	−0.03	0.10	0.20	0.06	0.17	0.26	0.14

续表

项目 \ 年份	2000	2002	2004	2006	2008	2010	2012	2014
电影、音像	−0.54	−0.53	−0.62	0.08	0.24	−0.51	−0.62	−0.67
其他商业服务	0.07	0.28	0.31	0.27	0.06	0.35	0.18	0.17
合计	−0.08	−0.08	−0.07	−0.05	−0.10	−0.06	−0.38	−0.43

资料来源：中国服务贸易指南网。

三、中国服务贸易存在的问题

（一）服务贸易发展仍旧相对落后

中国服务贸易从 20 世纪 80 年代发展至今，进出口总额增长迅速，在全球服务贸易中的地位逐年提升，从世界排名 25 位之后上升至第 4 位，但是与世界服务贸易的发展水平相比仍旧比较落后，整体竞争力较弱。2010 年，中国服务贸易额仅约占世界服务贸易额的 5.1%；2014 年上升为 6.1%，同年美国占比达到 12.1%，约为中国的 2 倍。从进出口规模来看，近 20 年来我国服务贸易一直呈现逆差状态。2010 年服务贸易总额达 3624.2 亿美元，同比增长 32.4%。其中，服务贸易出口 1921.7 亿美元，出口 1702.5 亿美元，逆差达 219.3 亿美元。

另外，作为贸易方式的两种不同方式的服务贸易与货物贸易，二者之间关系十分密切。一方面，随着货物贸易的发展使得金融、运输、保险等服务行业应运而生，支撑货物贸易的发展；另一方面，货物贸易的发展会增加对服务贸易的需求，对服务贸易的发展有较强的带动作用。当前中国货物贸易与服务贸易的相互带动作用还没有完全发挥出来，两者的协同发展还有巨大的空间。经测算，2014 年中国服务贸易出口额与货物贸易出口额的比例为 1∶10.5，远低于世界平均水平的 1∶4.9，更低于美国的 1∶2.3。

（二）服务贸易进出口结构不合理，且以传统服务项目为主体

从前述的 TC 指数分析中看出，中国服务贸易在金融、保险、专利权和咨询等多数资本和技术密集型行业竞争劣势非常明显。这与中国服务业内部行业发展不平衡、服务贸易进出口结构不合理密切相关。中国服务贸易的支柱是旅游、运输等劳动密集型部门和资源禀赋优势部门等传统服务业、低附加值的产业，而这些产业在全球范围内都正在逐步萎缩。相反，在全球服务贸易中欣欣向荣的商业服务行业，如金融、通信、影视文化和咨询等，中国仍处于初步发展阶段，是一个薄弱环节，基本上处于贸易逆差地位，完全没有出口竞争优势。

2014 年，中国服务贸易进出口中，国际旅游贸易达 2217.1 亿美元，占服务贸易进出口总额的 36.7%，国际运输贸易 1345.2 亿美元，占 22.3%，两项合计共占 59.0%。而

一些服务贸易新兴领域如通信服务为 41.1 亿美元，占 0.7%，影视文化则更低，仅占 0.2%；但是也看出，新兴服务贸易的发展速度与态势良好，如金融服务业，2014 年进出口总额达到了 101 亿美元（见表 3），同比增长达到 59.5%，2013 年和 2012 年的同比增速也分别达到 66.2% 和 139.2%。

表 3 2014 年中国服务贸易各行业进出口情况

单位：亿美元

	出口	进口	进出口	贸易差
运输服务	383.0	962.2	1345.2	−579.2
旅游	569.1	1648.0	2217.1	−1078.9
通信服务	18.1	23.0	41.1	−4.9
建筑服务	154.2	49.3	203.5	104.9
保险服务	45.6	225.0	270.6	−179.4
金融服务	46.0	55.0	101.0	−9.0
计算机和信息服务	183.6	85.0	268.6	98.6
专有权利使用费和特许费	6.3	226.0	232.3	−219.7
咨询	429.0	263.0	692.0	166.0
广告、宣传	50.0	38.0	88.0	12.0
电影、音像	1.8	9.0	10.8	−7.2
其他商业服务	335.4	238.0	573.4	97.4
合计	2222.1	3821.5	6043.6	−1599.4

资料来源：《中国服务贸易统计 2015》。

（三）中国发展服务贸易的产业基础依然薄弱

1. GDP 对服务业的依存度

GDP 对服务业的依存度是指服务业产值在 GDP 中所占的比重。服务业是发展服务贸易的基础，我国服务业虽然在改革开放后获得了前所未有的快速发展，日益成为国民经济的重要组成部分。但由于长期以来我国不重视发展服务业、人才短缺、政策导向不足等多方面原因，导致服务业的发展滞后于其他产业，也大大落后于其他国家特别是欧美日等发达国家。2015 年，中国服务业增加值占 GDP 的比重首次突破 50%，达到 50.5%，但还是低于发达国家的占比，也低于全球经济总量中服务业所占比重的 60%。

2. 服务出口依存度

服务出口依存度是指服务出口在服务总产值中的比重，大致反映了服务业的国际化程度或对国际市场的依赖程度。通过对中国服务出口依存度的计算与分析，中国近十年来服务出口的依存度极低，2000 年以来均小于 0.01，但从 15 年的整体变动情况看，表现出小幅增长，在 2008 年达到峰值 0.077，受 2009 年世界金融危机的影响呈现下降的态势。说明中国服务的出口依存度较低，服务的对外开放不足，服务出口在服务经济的发展中地位还较低。

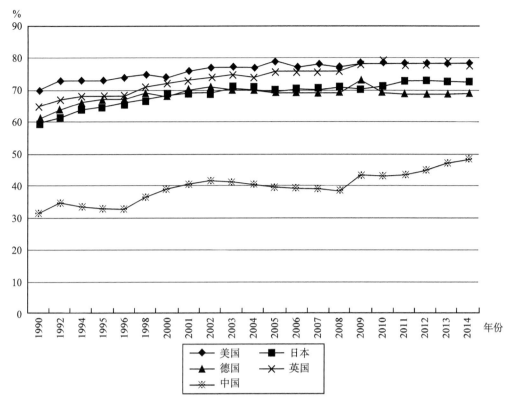

图 4 发达国家与中国服务业产值占各国 GDP 的比重

资料来源：中国数据源于《中国统计年鉴》；其他国家数据根据联合国统计网站（http://unstats.un. org/unsd/snaama/dnlList.asp）公布的数据整理而得。

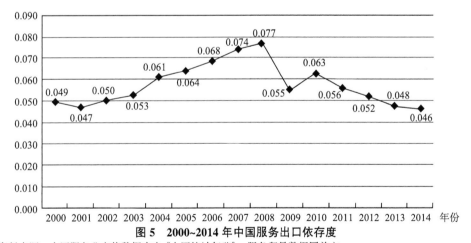

图 5 2000~2014 年中国服务出口依存度

资料来源：中国服务业产值数据来自《中国统计年鉴》，服务贸易数据同前文。

（四）政策法规的不完善，对 GATS 的运用程度不高

近年来我国加快了服务贸易立法的步伐，先后颁布了《海商法》、《商业银行法》、《保险法》、《广告法》、《律师法》、《外资金融机构管理条例》等一批涉及服务贸易领域的

231

重要法律法规，对构筑真正适应社会主义市场经济和国际通行规则需要的统一开放、有序竞争、规范管理的服务贸易体制起了重要作用。但是，同发达国家相比仍存在较大差距，受开放程度和市场化程度的制约，我国服务贸易的立法还不完善，还有很多领域缺少相应的法律法规，一些重要服务部门尚无立法或配套法律欠缺，而已颁布的有些服务贸易方面的法律法规也较为空泛，缺乏实际操作意义，这使得服务部门在实际操作中无法可依，严重阻碍了我国服务贸易的发展。除此以外，有些法律法规与国际贸易的规则相比还存在一定的差距，如电信业、旅游业相应法规缺乏。而现有的与之相关的其他法律，如《知识产权保护法》、《税法》、《公司法》等综合法律中缺乏配套条款。另外，由于服务贸易领域的开放程度加大，特别是外国服务贸易经营者的不断进入，国内市场还缺乏《竞争法》、《移民法》等配套法律。

此外，我国服务贸易对 GATS 的应用也主要体现在相关立法上，不少针对外国服务贸易提供者权利义务的立法与 GATS 规定的原则存在出入，导致了国际服务分歧的发生；某项服务行业的配套法规与我国入世承诺表协议中的服务贸易规定不符；而在 GATS 中定义的四种服务贸易类型，除商业存在这一项外，其他三种服务提供方式很少有相应法律法规涉及。可见，我国服务贸易在 GATS 的运用水平尚待提高。

（五）服务贸易统计体系有待完善

长期以来，中国的服务贸易统计体系就落后于发达国家，存在不少需要重新构建和改进的地方。尽管 2007 年商务部和国家统计局遵循国际标准，且结合近年来我国服务贸易的发展情况和特点，联合发布了《国际服务贸易统计制度》，并于 2010 年、2012 年、2014 年对其进行了三次修订，但由于在数据的全面性、时效性和准确性等方面存在一定缺陷，至今难以满足社会各界对服务贸易信息的需求。同时，我们还缺乏服务贸易统计归口管理部门，虽然中国服务贸易统计由商务部与国家统计局联合负责，也建立了国际服务贸易直报系统，但由于服务贸易企业数量繁多且覆盖面广，加上没有相关法律法规的有效约束，及各企业的自主申报意识不强，造成了直接申报表回收率不高、数据可用性差等问题。服务贸易统计体系的落后，使得我们很难对中国服务贸易真实发展情况有清晰且准确的判断，进而也会影响到相应政策的制定与出台。

四、加快中国服务贸易发展的政策建议

总体来看，中国国际服务贸易尚处于发展初期，尚存在着许多亟待解决的问题。但是，国际经验表明，发展服务贸易对优化产业结构并促进经济发展、提高劳动生产率和就业水平、增加城市综合竞争力等方面都具有积极的意义。

（一）管理体制改革与创新将成为推动服务贸易发展的强劲动力

目前，中国经济社会发展的突出矛盾在于日益增长的公共服务和公共产品需求与

有效供给严重不足，作为公共产品和公共服务的经济社会及服务业管理体制改革滞后，服务业生产力远远没有被彻底解放，难以满足现阶段经济社会发展的需要。研究表明，我国服务贸易体制机制弊端成为制约服务贸易发展的关键问题，因此，我们必须坚持深化体制机制改革，创新服务贸易管理模式，在机构设置上寻求突破。在充分发挥国务院服务贸易发展部际联席会议办公室作用的基础上，组织会同相关部门加强宏观指导，统筹服务贸易政策、相关法律规范、战略规划的制定，以及部际协调等一系列工作。同时，要找准和紧抓服务贸易发展的"牛鼻子"，积极推动具有"小政府、大社会"特征的服务贸易管理体制改革创新。

首先，应该在未来三年内，在开展服务贸易创新发展试点的全国 10 个省市（天津、上海、海南、深圳、杭州、武汉、广州、成都、苏州、威海）和 5 个国家级新区（哈尔滨新区、江北新区、两江新区、贵安新区、西咸新区），以深化改革、扩大开放、鼓励创新为动力，积极推动有利于服务贸易发展的体制机制改革，着力构建公平竞争的市场环境，大胆探索促进服务领域相互投资，完善服务贸易政策支持体系，加快服务贸易自由化和便利化等，彻底解放我国服务业生产力，在各个试点城市、新区先行先试，形成可复制可推广的经验。5 年内，筹建类似成熟市场经济国家的服务业及服务贸易政府管理外围机构，由政府、学界和行业中介组织代表企业，来共同参与到服务业及服务贸易的政策规划制定过程中来。8~10 年内，从中央到地方创建"小政府、大社会"的服务贸易管理体制。

其次，要转变传统外贸发展理念，在全国范围内统一大力发展服务贸易的思想认识，争取在新时期开放型经济发展战略中有所拓展，把服务贸易打造成稳增长、调结构的新引擎。当然，强调服务贸易也并非是否定货物贸易，二者的协调发展才是未来中国对外贸易政策调整的方向与思路。

再次，要加强对服务贸易干部队伍的培养，定期组织各服务业主管部门的公务员参加服务贸易相关培训，以及赴发达国家或地区进行考察，学习先进的管理理念等，提高管理人员的工作素养和能力。同时，完善中国国际服务贸易统计体系，需设计有利于服务贸易发展的制度安排。在财税、海关报关、结汇等若干方面，要根据服务业和服务贸易的特点进行调整，对于促进服务贸易发展的优惠政策要根据行业和区域特点进行制定，切忌"一刀切"，而对政策的实施也要做到定期评估，适时调整。

最后，要实施有利于制造业和服务业行业融合、专业分离的有效措施，打破服务行业和市场的行政化垄断，推进服务业和服务贸易的专业化发展。并且，还要充分发挥服务业和服务贸易行业协会的纽带作用，辅助主管部门有效开展统计和相关管理工作等。此外，还要强化部门间协调能力，实现资源共享，通过建立部门间的协调机制，以期遇到问题时，能够及时沟通，有效解决。

（二）服务贸易的发展要处理好与服务业及货物贸易的关系

服务贸易的发展必然与服务业紧密联系在一起，特别是生产性服务业，可以将服务贸易与制造业和货物贸易有机结合在一起，实现相互间的协调发展。因此，要继续推进服务业结构优化升级，大力发展金融保险、物流运输、信息服务、文化创意和展会等生产性服务业，为服务贸易奠定坚实的产业基础。而服务贸易也要通过进口，引进国外先进优质服务，并在溢出效应下，提升服务业结构升级，不断强化服务业的国际竞争力，最终转化为服务出口。当然，服务贸易也要紧密结合货物贸易，要以生产性服务业、服务外包、文化创意产业国际服务贸易为主要突破口，建立适合服务贸易和货物贸易协调发展的机制。

同时，要充分肯定服务外包发展的真实红利。客观上看，各地政府都将服务外包作为当地发展服务贸易的一个重要领域，在谈及服务贸易时，服务外包的发展必不可少。而服务外包作为服务业领域的加工贸易，其在推动服务贸易发展中的最大作用，并不仅仅体现在当期的规模和增速上，而是表现在对未来高端服务贸易人才的培养上。服务外包可增加就业，改善民生，但其更为深远的影响还是对人才的培育。通过承接服务外包，随着国外先进技术和专业服务经验的溢出，从事外包业务的高端劳动力会将先进的技术、工艺流程和管理经验等充分消化吸收，成为潜在的中国服务贸易领域的高端人才。此外，服务外包可作为服务贸易政策制定和管理体制改革的试验区，通过在服务外包领域的先行先试，将好的政策及改革经验向服务贸易多个领域推广。

（三）打破服务行业的垄断，扩大对外交流合作

前述分析 2000~2014 年中国服务贸易 TC 指数显示，中国的金融服务业、电信服务行业在这十多年中的有些年份，TC 指数为正数，说明竞争力在增强，但是也应该看到这里反映的比较优势可能是靠国家垄断所获得，这不仅破坏了正常的市场公平竞争秩序，而且导致这些服务行业效率低下、创新不足和缺乏有效竞争力。因此，在今后我国政府在制定中国服务贸易发展战略时或出台相关政策时，应该彻底打破垄断，扩大对外的交流和合作，推动这些服务行业的技术创新、制度创新、组织创新和方式方法创新。随着我国加入 WTO 的逐步深入，来自成熟市场经济国家的强有力的服务业竞争对手的进入，迫使中国必须建立公开、平等、规范的服务业准入制度，以及公平、公正的服务业市场竞争环境。打破行业垄断，引入竞争机制，将服务企业推向市场，从根本上创造并提高中国服务行业参与国际竞争能力。同时进一步打破市场分割和地区封锁，推进全国统一开放、竞争有序的市场体系建设，各地区凡是对本地企业开放的服务业领域，应全部向外地企业开放。

（四）健全与 WTO 规则接轨的服务贸易法律体系

学习借鉴发达国家在服务贸易立法方面的先进经验，结合我国实际情况制定完善既符合我国对外贸易发展特点，又与 WTO 贸易规则特别是 GATS 接轨的服务贸易法律法规体系，使我国的服务贸易发展有法可依，有章可循。对服务市场准入原则，服务贸易的税收、投资、优惠条件等要以法律形式规定下来，以增加我国服务贸易的透明

度，使服务贸易真正实现制度化和规范化。同时，正确利用有关例外条款，制定适度的保护政策，以保护我国服务贸易的正常发展。对涉及国家安全和主权的服务部门应以法律的形式对保障的范围和程度予以规定，防止发达国家以此为借口采取相应的报复措施。

（浙江大学宁波理工学院经济与贸易学院　姜丽花副教授，

中国社会科学院对外经贸国际金融研究中心主任　于立新研究员）

中国服务贸易融入国际市场路径与战略研究

一、中国服务贸易发展现状分析

服务业是指第三产业加上建筑业，包含着极其广泛的内容。按照关贸总协定乌拉圭回合达成的《服务贸易总协定》（GATS），服务贸易可定义为四种提供方式：①从一成员境内向任何其他成员境内提供服务；②在一成员境内向任何其他成员的服务消费者提供服务；③一成员的服务提供者在任何其他成员境内以商业存在提供服务；④一成员的服务提供者在任何其他成员境内以自然人的存在提供服务。在 WTO，服务贸易被概括为 12 个大部门的 150 多个分支部门。根据《服务贸易总协定》，服务部门包括如下内容：商业服务、计算机信息服务、建筑及有关工程服务、分销服务、运输服务、金融服务、环境服务、旅游服务、教育服务与医疗服务等。由于经济全球化促进了服务经济发展，无论发达国家还是发展中国家，服务业超过农业和制造业在国民经济中占据主导地位是客观经济发展规律。因此，服务业的对外开放不仅代表发达国家的经济利益，更是全球产业进步的标志。

（一）中国服务业总体概况

改革开放以来，中国服务业实现了跨越式发展，20 世纪 80 年代中国服务业的年均增长率高达 10.9%，高于同期 GDP 增长率 2 个百分点。但 20 世纪 90 年代以来，中国服务业的发展速度有所减缓，呈现下降趋势。虽然增速放缓，但其规模依然保持高速的增长态势。1990 年服务业的生产总值为 5888.42 亿元，以年均 28.7% 的增速增长到 1994 年的 16179.8 亿元，其在 GDP 中的比重扩大了 2 个百分点，从 1997 年开始，服务业比重趋于稳定增长的态势，2000 年达到 39.0%，较 1990 年增长了 7.5 个百分点。进入 21 世纪后，中国服务业依然保持高速扩张态势，2000 年增长率较 1999 年增长了近 4 个百分点，2007 年增长率更是高达 25.7%，由于受到全球经济危机的影响，2008~2012 年，增速呈现下降趋势，但 21 世纪以来中国服务业比重依然呈现正增长态势（见图 1）。截至 2014 年，中国服务业生产总值达 306739 亿元，占 GDP 比重达到 48.2%，高出第二产业 5.6 个百分点。第三产业比重超过第二产业，标志着中国经济正式迈入"服务化"时代。

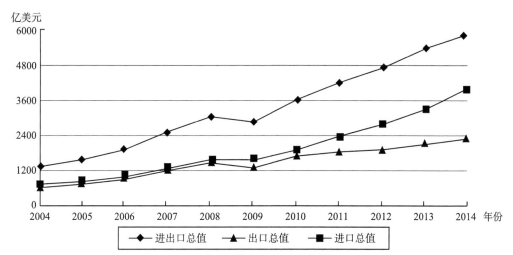

图1　中国服务业进出口总体情况

资料来源：商务部服务贸易和商贸服务业司.中国服务进出口情况［EB/OL］. http://data.mofcom.gov.cn/channel/includes/list.shtml?channel=mysj&visit=E.

（二）中国服务贸易出口现状

1.中国服务贸易出口概况

2013年，面对复杂的国内外形势和经济下行的压力，中国积极优化服务贸易结构，着力扩大高附加值服务出口，服务贸易呈现稳中有升的发展态势。全年服务贸易规模再创历史新高，进出口总额首破5000亿美元，继续稳居世界前列。2014年，中国服务贸易进出口总额6043.4亿美元，突破6000亿美元，较2013年增长12.6%，增速远高于全球服务贸易4.7%的平均水平。

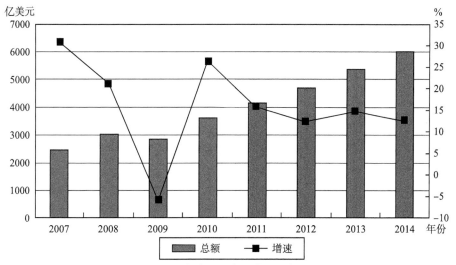

图2　2007~2014年中国服务进出口总额及增长率

资料来源：商务部网站。

从图2数据可以看出，第一，服务进出口总额占对外贸易比重提升。2014年，服务贸易进出口总额中，咨询、计算机和信息服务、金融服务、专有权利使用费和特许费等高附加值服务贸易进出口增幅分别为19.9%、17.0%、66.2%、16.7%。高附加值服务贸易的快速增长培育了资本技术密集型企业，推进了科技进步与创新，优化了贸易结构。第二，服务出口三年来首次实现两位数增长。2013年，中国服务出口明显提速。服务出口总额达2105.9亿美元，比上年增长10.6%，实现了2011年以来的首次两位数增长，增速比上年提升6个百分点。2014年服务出口2222.1亿美元，比2013年增长7.6%（见表1）①。

表1　2011~2014年中国服务贸易出口情况

年份	出口额（亿美元）	比上年增长（%）
2011	1821	7
2012	1904	4.6
2013	2106	10.6
2014	2222.1	7.6

资料来源：中国商务部网站。

2. 中国服务贸易分行业出口现状

由图3可以看出，2004~2014年，在上述五个行业中，批发、零售、租赁和商务服务业的出口规模最大，且其发展迅猛。2009年该行业的出口规模出现明显的下降，之后，其出口规模总体呈现平缓增长趋势。信息传输、计算机服务和软件业的出口规模总体呈现平稳增长态势。这一趋势反映出，2004年以来，中国信息技术产业的国际竞争力处于不断增强之中，中国信息技术产业具有较大的出口潜力。与信息传输、计算机服务和软件业类似，中国金融业的出口水平亦处于逐步提升之中，并且后危机时代中国金融业出口规模的增长速度有所加快，但是，总体而言，中国金融业的出口规模仍然较小。最后，中国文体娱乐业产品的出口规模很小，且发展速度较慢。②考虑到中国文化资源十分丰富的现实情况，可以推断，文化产品将会成为未来中国服务贸易的新兴领域。

3. 中国服务贸易出口中存在的问题

第一，服务贸易逆差进一步扩大。2014年，中国服务贸易逆差1599.3亿美元，同比增长35%。其中旅游贸易逆差为1078.9亿美元，大幅增长40.3%，占服务贸易逆差总额的67.5%，是服务贸易逆差的最大来源。其次是运输服务、专有权利使用费和特许费逆差额分别为579.0亿美元、219.7亿美元，均比2013年略有增长。保险服务逆差179.4亿美，比2013年小幅缩窄。③

---

① 资料来源：中国产业信息网，http://www.chyxx.com/data/201402/228795.html。
② 樊星. 新型贸易业的现状、问题与对策 [J]. 科学发展，2013（12）.
③ 蓝玉才. 逆差在扩大：由数据看我国服务贸易现状 [J]. 中国商贸，2014（10）.

第五部分　中国服务贸易热点问题研究

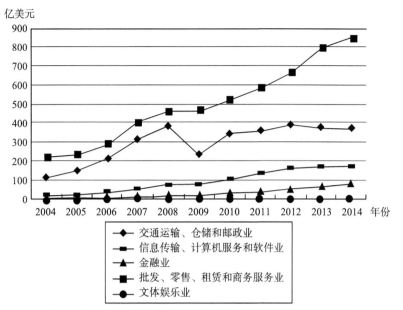

图3 2004~2014年中国不同服务行业出口规模的变动趋势[①]

第二，服务贸易区域发展极不平衡，出口市场主要集中在发达国家和地区。由于服务贸易的特殊性，中国服务贸易主要集中在沿海发达地区、中国香港和少数发达国家。从出口看，香港地区为中国服务贸易第一大出口市场。各地区发展非常不平衡。2012年，中国香港、欧盟（27国）、美国、东盟和日本为中国前五大服务贸易伙伴。中国与上述国家（地区）实现的服务进出口额超过3100亿美元，占中国服务进出口总额的近2/3。[②]

2014年，中国与"一带一路"沿线国家服务外包合作快速发展，承接"一带一路"沿线国家服务外包合同金额和执行金额分别为125亿美元和98.4亿美元，同比分别增长25.2%和36.3%，均远高于总体增速。

第三，服务贸易出口总量以传统的服务贸易为主，但高附加值新兴服务领域快速增长。中国服务贸易主要集中在传统服务业上。近年来，中国运输服务出口占比呈现逐步上升势头，旅游服务出口比重略有下降，但仍占最大比重（见表2）。2014年，中国三大传统服务（旅游、运输服务和建筑服务）进出口合计3765.5亿美元，占服务贸易总额的62.6%。三大服务出口合计增长10.7%，占服务出口总额的50.4%。

---

① 胡飞. 服务业外商直接投资对中国服务贸易出口的影响——基于行业面板数据的实证研究［J］. 经济问题探索，2015（6）.
② 资料来源：国家外汇管理局历年公布的《中国国际收支平衡表》BOP数据。

表 2 2007~2014 年中国服务贸易出口结构

单位：亿美元

年份		总计	运输服务	旅游	通信服务	建筑服务	保险服务	金融服务	计算机和信息服务	专有权利使用费和特许费	咨询	广告、宣传	电影、音像	其他商业服务
2007	金额（亿美元）	1216.5	313.2	372.3	11.7	53.8	9.0	2.3	43.4	3.4	115.8	19.1	3.2	269.1
	比上年增长（%）	33.1	49.1	9.7	59.2	95.3	64.9	59.0	46.9	67.1	47.8	32.3	130.9	36.7
	占比	100.0	25.7	30.6	1.0	4.4	0.7	0.2	3.6	0.3	9.5	1.6	0.3	22.1
2008	金额（亿美元）	1464.5	384.2	408.4	15.7	103.3	13.8	3.2	62.5	5.7	181.4	22.0	4.2	260.1
	比上年增长（%）	20.4	22.6	9.7	33.7	92.1	53.0	36.7	43.9	66.7	56.7	15.2	32.2	-3.4
	占比	100.0	26.2	27.9	1.1	7.1	0.9	0.2	4.3	0.4	12.4	1.5	0.3	17.8
2009	金额（亿美元）	1286.0	235.7	396.8	12.0	94.6	16.0	4.4	65.1	4.3	186.2	23.1	1.0	246.9
	比上年增长（%）	-12.2	-38.7	-2.9	-23.7	-8.4	15.4	38.7	4.2	-24.8	2.7	5.0	-76.7	-5.1
	占比	100.0	18.3	30.9	0.9	7.4	1.2	0.3	5.1	0.3	14.5	1.8	0.1	19.2
2010	金额（亿美元）	1702.5	342.1	458.1	12.2	144.9	17.3	13.3	92.6	8.3	227.7	28.9	1.2	355.9
	比上年增长（%）	32.4	45.2	15.5	1.8	53.2	8.2	204.6	42.1	93.4	22.3	24.8	26.4	44.1
	占比	100.0	20.1	26.9	0.7	8.5	1.0	0.8	5.4	0.5	13.4	1.7	0.1	20.9
2011	金额（亿美元）	1820.9	355.7	484.6	17.3	147.2	30.2	8.5	121.8	7.4	283.9	40.2	1.2	322.8
	比上年增长（%）	7.0	4.0	5.8	41.5	1.6	74.7	-36.2	31.6	-10.5	24.7	39.3	-0.1	-9.3
	占比	100.0	19.5	26.6	0.9	8.1	1.7	0.5	6.7	0.4	15.6	2.2	0.1	17.7
2012	金额（亿美元）	1904.4	389.1	500.3	17.9	122.5	33.3	18.9	144.5	10.4	334.5	47.5	1.3	284.2
	比上年增长（%）	4.6	9.4	3.2	3.7	-16.8	10.3	122.5	18.6	40.1	17.8	18.2	5.9	-12.0
	占比	100.0	20.4	26.3	0.9	6.4	1.7	1.0	7.6	0.5	17.6	2.5	0.1	14.9
2013	金额（亿美元）	2105.9	376.5	516.6	16.7	106.6	40.0	29.2	154.3	8.9	405.4	49.1	1.5	401.0
	比上年增长（%）	10.6	-3.2	3.3	-6.9	-13.0	20.0	54.2	6.8	-14.8	21.2	3.3	13.2	41.2
	占比	100.0	17.9	24.5	0.8	5.1	1.9	1.4	7.3	0.4	19.3	2.3	0.1	19.1
2014	金额（亿美元）	2222.1	383.0	569.1	18.1	154.2	45.6	46.0	183.6	6.3	429.0	50.0	1.8	335.4
	比上年增长（%）	7.6	1.7	10.2	8.9	44.6	14.1	57.8	19.0	-29.4	5.8	1.9	22.3	-7.1
	占比	100.0	17.7	25.6	0.8	7.1	2.1	2.1	8.5	0.3	19.8	2.3	0.1	15.5

资料来源：2007~2013 年数据来源于《中国服务贸易统计 2014》，2014 年数据来源于商务部综合司《2014 年中国服务贸易状况》。

（三）中国服务贸易进口现状

1. 中国服务贸易进口概况

根据商务部《中国服务贸易统计 2013》数据表组看，中国服务贸易进出口总额从1982 年的 44 亿美元增长到 2012 年的 4706 亿美元，30 年间增加 100 多倍，年增长率16.85%。从表 3 可以看出，2009 年全球金融危机使中国服务贸易进出口总额首次出现下降，服务贸易总额占全球的比重却不降反增，从 4.15% 上升到 4.46%，服务进口也表现出小幅增长。2014 年增速放缓，但是占世界比重上升了 0.44%。

表 3 1982~2014 年中国服务贸易总额及进口情况

年份	服务进出口总额			服务进口额		
	金额 （亿美元）	同比增长 （%）	占世界比重 （%）	金额 （亿美元）	同比增长 （%）	占世界比重 （%）
1982	44	—	0.57	19	—	0.47
1983	43	−2.27	0.58	18	−5.26	0.47
1984	54	25.58	0.71	26	44.44	0.66
1985	52	−3.70	0.66	23	−11.54	0.57
1986	56	7.69	0.62	20	−13.04	0.44
1987	65	16.07	0.60	23	15.00	0.42
1988	80	23.08	0.65	33	43.48	0.53
1989	81	1.25	0.60	36	9.10	0.53
1990	98	20.99	0.61	41	13.89	0.50
1991	108	10.20	0.64	39	−4.88	0.46
1992	183	69.44	0.98	92	135.90	0.97
1993	226	23.50	1.19	116	26.09	1.21
1994	322	42.48	1.55	158	36.21	1.52
1995	430	33.54	1.83	246	55.70	2.08
1996	430	0	1.72	224	−8.94	1.80
1997	522	21.40	2.02	277	23.77	2.17
1998	504	−3.45	1.90	265	−4.53	2.02
1999	572	13.49	2.07	310	16.99	2.27
2000	660	15.38	2.25	359	15.80	2.46
2001	719	8.99	2.43	390	8.85	2.65
2002	855	18.86	2.71	461	18.06	2.96
2003	1013	18.48	2.80	549	19.04	3.08
2004	1337	31.98	3.08	716	30.54	3.38
2005	1571	17.50	3.24	832	16.16	3.53
2006	1917	22.02	3.51	1003	20.62	3.80
2007	2509	30.88	3.86	1293	28.83	4.13
2008	3045	21.36	4.15	1580	22.24	4.47
2009	2867	−5.84	4.46	1581	0.07	5.08
2010	3624	26.41	5.05	1922	21.55	5.48
2011	4191	15.64	5.20	2370	23.33	6.10

续表

年份	服务进出口总额			服务进口额		
	金额（亿美元）	同比增长（%）	占世界比重（%）	金额（亿美元）	同比增长（%）	占世界比重（%）
2012	4706	12.29	5.60	2801	18.20	6.80
2013	5396	14.70	6.00	3290	17.50	7.60
2014	6043.4	12.60	6.44	3821.3	15.80	8.10

资料来源：商务部《中国服务贸易统计2013》数据表组；根据商务部综合司《2014年中国服务贸易状况》与世界贸易组织网站数据计算得到。

自2001年中国加入世界贸易组织后，无论是货物贸易还是服务贸易都出现了新一轮的增长高潮。服务进出口总额从2002年的855亿美元增长到2012年的4706亿美元，增幅超过5倍，年增长率16.8%。2009年，全球金融危机影响了中国服务贸易发展，服务进出口总额出现了近十年来的首次下跌，降幅5.8%，同时服务进口却稳中有升，基本维持在2008年的水平。[①] 2010年，世界经济扭转下滑势头，整体保持温和增长，中国服务进出口总额3624亿美元，比上年增长26.4%。其中，服务出口1703亿美元，同比增长32.4%；服务进口1922亿美元，同比增长21.5%，远远超过世界服务贸易的平均增幅。2014年服务贸易进出口总额突破6000亿美元，世界全球市场占比提高0.44%。

2. 中国服务贸易分行业进口现状

如表4所示，中国服务进口以传统服务贸易为主，现代服务贸易快速发展。传统服务贸易中旅游、运输、其他商业服务一直居于主导地位，占服务总进口的近70%。2002~2009年，传统服务部门的进口占服务总进口的比重均在70%左右，但比重逐年下降，2010~2014年比重逐年上升，从2010年的70%增长到2012年的74%，2014年为75.8%。现代服务部门的进口出现了较快的增长：保险、金融、咨询服务的进口比重增长较快，计算机及信息、专利使用费和特许费基本保持稳定水平。这在一定程度上反映出服务进口结构正在优化，随着中国服务业市场的进一步开放，金融、保险、咨询服务等处于劣势的现代服务部门将持续扩大进口。[②]

表4　2007~2014年中国服务进口的行业结构

单位：%

部门 ＼ 年份	2007	2008	2009	2010	2011	2012	2013	2014
运输	33.5	31.9	29.5	32.9	33.9	30.6	28.7	25.2
旅游	23.0	22.9	27.6	28.6	30.6	36.4	39.1	43.1
通信	0.8	1.0	0.8	0.5	0.6	0.6	0.5	0.6
建筑	2.3	2.8	3.7	2.6	1.6	1.3	1.2	1.3

① 蔡宏波等. 服务进口与工资差距——基于中国服务业企业数据的实证检验 [J]. 国际贸易问题，2014 (11).
② 李军. 跨国风险资本联合投资：动机、结构与绩效 [D]. 北京：对外经济贸易大学，2013.

续表

部门＼年份	2007	2008	2009	2010	2011	2012	2013	2014
保险	8.3	8.1	7.1	8.2	8.3	7.4	6.7	5.9
金融	0.4	0.4	0.4	0.7	0.3	0.7	1.0	1.4
计算机及信息	1.7	2.0	2.0	1.5	1.6	1.4	1.8	2.2
专利使用费和特许费	6.3	6.5	7.0	6.8	6.2	6.3	6.4	5.9
咨询服务	8.4	8.6	8.5	7.9	7.8	7.1	7.2	6.9
广告宣传	1.0	1.2	1.3	1.1	1.2	1.0	1.0	1.0
电影音像	0.1	0.2	0.2	0.2	0.2	0.2	0.2	0.2
其他商业服务	14.1	14.6	11.9	8.9	7.7	7.0	6.3	6.2

资料来源：商务部《中国服务贸易统计 2013》数据表组、世界贸易组织《2010 年世界贸易报告》。

3. 中国服务贸易进口中存在的问题

第一，中国传统服务部门如运输部门的比较优势在逐步减弱。逆差额呈现逐年扩大的趋势，随着货物贸易的迅猛发展，运输服务需求量不断增加，中国运输部门尤其是航空运输在质量和价格方面与欧美一些大运输公司相比还有较大差距。

第二，现代服务产品的需求迅速扩大，而中国在这些行业的发展还处于起步阶段，无法满足日益扩大的服务需求，大力发展资本密集型、技术和知识密集型的现代服务业不仅是应对国际服务业对中国服务业冲击的需要，也是满足中国服务业发展的需要。这种挑战肯定会制约中国今后的国际服务贸易向技术、知识密集型转变。

二、中国服务贸易国际化水平分析

（一）中国服务贸易国际化水平定性分析

1. 国际化概念界定

随着全球经济一体化的发展，无论是大中小型的各种企业，还是银行、证券、保险等金融机构，国际化已经成为 21 世纪各国发展的必然趋势。关于国际化的概念，国内外并没有形成一个统一的定义。如美国著名学者赖肖尔把国际化的定义广义地概括为"国际化是把世界作为一个共同体连接起来的国际现象"。而学者 Beamish（1990）对国际化的定义则更为准确，他认为"国际化是一个过程，在这个过程中，公司日益意识到国际交易对其未来的直接或间接影响，并与其他国家建立并执行交易"。总之，无论怎样定义国际化，对于一个企业来说，国际化无非会带来以下三种改变：第一，扩大了企业的产品市场，从原本的国内市场扩展到世界范围的国际市场；第二，拓宽了企业的融资渠道，企业通过国际化可以在世界范围内筹资、融资，而不再仅仅局限在本国的范围内；第三，国际化给企业带来了更加激烈的竞争和更加强大的竞争对手。[①]

2. 中国服务贸易国际化程度评价

改革开放以来，中国服务贸易增长较快，但从 1992 年以后处于逆差状态，并且服务贸易逆差绝对额不断扩大，2008~2014 年中国服务贸易逆差分别达 115 亿美元、295 亿美元、220 亿美元、545 亿美元、896 亿美元、1184.6 亿美元、1216.3 亿美元，在 2014 年出现改革开放以来的逆差最大值，为世界第一大服务贸易逆差国。特别是旅游、运输、特许权转让和专利等技术交易成为主要服务贸易逆差行业。[②]

通过表 5 对中国服务业贸易竞争力指数分析发现，从 1992 年开始，中国服务贸易总体贸易竞争力指数为负，表明中国服务贸易国际竞争力一直较弱。虽然中国服务贸易增长较快，但服务贸易全球化指数较低。同时，通过对中国大陆、韩国、中国香港、印度等国家和地区服务贸易显示性比较优势指数（RCA）对比发现，中国服务贸易 RCA 指数始终处于 0.8 之下，表明中国服务业国际化程度较低。

表 5　中国服务贸易竞争力指数

单位：亿美元，%

	2000 年	2005 年	2006 年	2007 年	2008 年	2009 年	2010 年	2011 年	2012 年	2013 年
服务贸易出口	301	739	914	1217	1464	1286	1702	1820	1904.4	2105.99
服务贸易进口	359	832	1003	1293	1580	1581	1922	2365	2801.4	3290.5
差额	−58	−93	−89	−76	−116	−295	−220	−545	−897.0	−1184.5
服务贸易竞争力指数	−0.088	−0.059	−0.046	−0.030	−0.038	−0.103	−0.061	−0.130	−0.19	−0.22
中国服务贸易开放度	5.48	6.92	7.02	7.12	6.67	5.67	6.00	5.58	5.56	5.68
中国服务业出口开放度	2.50	3.26	3.35	3.45	3.21	2.54	2.82	2.43	2.25	2.22
中国服务业进口开放度	2.98	3.67	3.67	3.67	3.46	3.12	3.18	3.16	3.31	3.47

资料来源：姚战琪. 入世以来中国服务业开放度测算［J］. 经济纵横，2015（6）.

3. 中国服务贸易国际化进程中的目标设定

（1）国际化进程的近期目标。

第一，以生产性服务业为突破口，带动服务业全面提升，推动服务贸易发展。服务业已成为世界经济中产出最大的部门，而生产性服务业亦成为服务业中增长最快的部门。生产性服务业在现代经济增长中具有重要地位，它不但是经济增长的后果，而且是现代经济增长的重要基础条件，对经济增长具有重要促进作用。服务业的产业能力实际决定了服务贸易的竞争能力。

---

① 资料来源：《金融服务贸易自由化条件下中资银行的国际化》，访问网址：http://www.shfinancialnews.com/xww/2009jrb/node5019/node5036/node5040/userobject1ai123743.html.

② 姚战琪. 推动服务贸易与货物贸易有机互动发展［J］. 中国商贸，2014（10）.

第二，鼓励国内企业积极承接国际服务外包。中国应该把制造业乃至改革开放的经验，运用到承接服务业外包方面来，通过制度环境的改善，充分利用人力资本的优势，为外国发包企业提供优良的增值服务；充分利用外资在华不断增长的制造规模，通过其关联关系和互动机制，吸引服务业 FDI、技术和知识；抓紧制定鼓励服务业外包发展的政策和规制，营造发展服务业外包的政策平台。

（2）国际化进程的中期目标。

第一，建立现代服务业技术创新体系，以现代服务业服务交互支撑为平台，支持服务贸易的发展。支持服务贸易链参与各方资源的整合，支持信息流、资金流、产品物流、政务流、商流的协同互动与优化重组。针对中国服务贸易企业中小企业占多数的特点，建立"扁平化"支撑服务体系，降低服务贸易企业信息化建设成本。[①]

第二，形成不同层次间的促进主体的良好合作机制。服务贸易发展的促进要形成一个"体系"，贸易促进的服务主体要形成网络并且分工合理，形成合力。各个促进主体、几个不同层次间的职能、权责和所运用的主要促进手段应由法律、法规或国务院予以明确规定。政府商务主管机构、政府相关服务产业发展机构与半官方机构和民间社会机构之间，应形成较为有效的沟通渠道。由于服务贸易涉及面很广，在这种服务贸易促进体制模式中，要特别注重政府作用与民间作用的有机结合，促进方式要更为灵活、全面。[②]

（3）国际化进程的长期目标。

第一，研究制定高水平的全国和地方服务贸易长远发展规划。以世界眼光和全球战略思维研究和制定规划，根据近几年服务贸易规模速度显著扩大的实际，确立跨越"十三五"期间发展的目标。建议到 2020 年，中国服务贸易进出口总额达到 1.2 万亿~1.5 万亿美元，年均增长 20% 以上，使服务贸易出口在中国对外贸易出口总额中的比重提高到 25% 以上，在世界服务贸易出口中的比重显著提高。与此同时，组织各地根据国家服务业发展主要目标，研究制定本地区服务业长远发展规划。[③]

第二，研究制定更加优化的发展服务贸易指导目录。应该根据贸易结构调整的需要，抓紧细化、完善服务贸易发展指导目录，明确行业发展重点及支持方向。通过服务贸易产业指导，促进服务贸易结构不断优化，提高中国具有明显竞争优势的运输、旅游等传统劳动密集型服务贸易的水平，促进出口继续扩大。提高计算机信息服务、通信、保险、金融、文化创意、专有权使用费、特许费、咨询、广告等新兴资本技术密集型服务占中国服务贸易出口总额的比重。力争到"十三五"末期服务贸易达到进出口平衡，改变中国长期处于服务贸易逆差的局面。

① 郑吉昌，姜文杰. 中国发展服务业政策与发展服务贸易政策的结合 [R]. 2008 中国国际贸易学会年会暨国际贸易发展论坛，2008.

② 张梅. 服务外包与外贸增长方式转变的微观机制分析 [J]. 工业技术经济，2009（7）.

③ 陈文玲. 我国推动服务贸易发展的政策选择 [J]. 南京社会科学，2009（3）.

4. 中国服务贸易国际化发展趋势

服务贸易是当下中国改革开放的重点领域，也是加快转变经济贸易发展方式的主要突破口。尤其是中共十八大召开以来，服务业开放与服务贸易发展受到党中央、国务院的高度重视。《国务院关于加快发展服务贸易的若干意见》（国发〔2015〕8号）的出台具有深刻的时代背景。

一是服务产业进入改革开放加速期。当前，全面深化改革的重点和关键在于服务业，而通过扩大和深化服务业开放，以开放倒逼服务业改革，成为推动当前和今后一个时期中国服务业和服务贸易体制机制和政策变革的必然选择。十八大召开以来，政府职能转变、简政放权，推动设立国内自由贸易试验区，以及对外签署自由贸易协议等途径，大大加快了服务业的改革与开放步伐。[①] 毫无疑问，2015年以来，在中国经济进入新常态背景下，服务业的改革开放将进入加速期，一系列重大而艰巨的改革开放任务将由此展开。

二是服务贸易发展进入政策红利期。近年来，国务院数次召开常务会议，专门研究服务业和服务贸易发展问题，出台了一系列支持服务业和服务贸易发展的政策文件。尤其是进入2014年以来，国务院密集出台了促进服务业发展的规划、意见、通知等，涉及的行业和领域至少包括旅游、养老服务业、健康服务业、生产性服务业、保险服务业、海运业、物流业、体育产业、科技服务业、服务外包产业等十多个行业，从不同侧面指出了相关领域服务业发展的重点方向和业态，从财政、税收、金融、贸易等领域都提出了一些支持措施。可以说，中国服务业和服务贸易的发展的确迎来了政策红利期。2015年1月16日，国务院公开发布了《关于促进服务外包产业加快发展的意见》（国发〔2014〕67号），对今后一个时期服务外包产业发展作出了具体部署，并在增加服务外包示范城市数量、设立国际服务外包产业引导基金、减免税收等方面提出了实质性的政策利好。

（二）中国服务贸易国际化水平定量分析

1. 服务贸易国际市场占有率

从服务贸易内部来看，各细分行业的修正国际市场占有率IMS-SSDVA估算结果如表6所示。2014年，中国大陆批发与零售、旅馆与饭店业的国际市场占有率仅低于美国和德国，高于样本中的其他国家（地区）。运输、仓储与远程通信和商业服务业的IMS-SSDVA分别为1.94和1.77，国际市场占有率较低。中国金融中介业的国际市场占有率为0.20，仅高于中国台湾和俄罗斯，而低于样本中其他国家（地区）。

2. 服务贸易显示性比较优势指数

从分行业的角度来看（见表7），2014年中国大陆批发与零售、旅馆与饭店业的

---

① 资料来源：中国商务新闻网，访问网址：http://epaper.comnews.cn/news-1097800.html。

表 6　2014 年各国（地区）服务贸易细分领域的国际市场占有率[1]

单位：%

国家（地区）＼行业	批发与零售、旅馆与饭店	运输、仓储与远程通信	金融中介	商业服务
美国	15.26	13.48	17.96	23.16
英国	1.79	4.83	23.18	12.98
德国	8.80	6.00	5.72	8.59
法国	6.20	5.83	1.51	4.84
日本	3.94	6.75	0.80	0.88
意大利	2.35	3.95	3.26	3.59
加拿大	1.31	1.91	1.13	2.57
西班牙	0.77	4.99	3.73	6.40
澳大利亚	0.81	2.23	0.49	0.92
印度	1.57	1.25	1.21	6.70
巴西	1.00	0.98	0.23	0.78
俄罗斯	2.58	2.58	0.01	0.04
南非	0.65	0.43	0.22	0.05
中国大陆	7.15	1.94	0.20	1.77
中国香港	4.40	1.36	2.37	1.25
中国台湾	2.13	0.70	0.17	0.11

资料来源：根据 OECD-WTO Trade in Value Added（TiVA）数据库计算而得。

表 7　2014 年各国（地区）服务贸易细分领域的显示性比较优势指数[2]

单位：%

国家（地区）＼行业	批发与零售、旅馆与饭店	运输、仓储与远程通信	金融中介	商业服务
美国	1.23	1.08	1.44	1.86
英国	0.40	1.09	5.21	2.92
德国	1.08	0.73	0.70	1.05
法国	1.47	1.38	0.36	1.15
日本	0.78	1.33	0.16	0.17
意大利	0.61	1.03	0.85	0.94
加拿大	0.46	0.67	0.40	0.91
西班牙	0.32	2.09	1.57	2.69
澳大利亚	0.50	1.37	0.30	0.57
印度	0.82	0.65	0.63	3.50
巴西	0.65	0.64	0.15	0.51
俄罗斯	0.87	0.87	0.00	0.01
南非	1.10	0.73	0.37	0.08
中国大陆	0.86	0.23	0.02	0.21
中国香港	6.88	2.13	3.70	1.95
中国台湾	1.68	0.55	0.13	0.08

[1][2] 郭晶，刘菲菲. 中国服务业国际竞争力的重新估算——基于贸易增加值视角的研究 [J]. 世界经济研究，2015（2）.

RCA SSDVA 指数为 0.86,[①] 低于美国、德国、法国、俄罗斯、南非、中国香港和中国台湾，高于样本中其他国家，具有较强的比较劣势；商业服务业的 RCA SSDVA 指数为 0.21，仅高于俄罗斯、南非、日本和中国台湾；运输、仓储与远程通信业和金融中介业的 RCA SSDVA 指数分别为 0.23 和 0.02，均是样本国家（地区）中较低的。[②] 令人吃惊的是，上述服务贸易细分部门的 RCA 指数均低于 0.8，在国际竞争中几乎无优势可言。可见，中国大陆批发与零售、旅馆与饭店业呈现出较强的比较劣势，商业服务业和运输、仓储与远程通信业以及金融中介业呈现出极强的比较劣势。

3. 服务贸易出口潜力

综上所述，中国的计算机与信息服务贸易相对出口潜力呈现一定的上升趋势，但我国所获取的出口潜力与发达国家相比较，仍存在较大的出入。由此可见，中国计算机与信息服务贸易只是信息服务的"大国"，而非信息服务的"强国"。对于建筑服务贸易，从产业层面看，中国对外承包工程的规模逐渐扩大，市场空间不断拓展，国际化水平逐步提高，贸易竞争力处于较高水平，但整体来看，中国建筑服务贸易仍以劳动密集型为主，与发达国家仍有较大差距，出口潜力的扩增需要进一步通过开放来调节，合理配置技术、资本等资源，推动产业链和价值链的提升。

三、中国服务贸易融入国际市场的模式与路径

（一）中国服务贸易融入国际市场发展模式分析

1. 跨境交付模式

（1）跨境交付的概念。

跨境交付（Cross Border Supply）是指服务提供者从一国或地区的境内向另一国或地区境内的消费者提供服务。跨境交付强调服务提供者和消费者在地理上的界线，跨越国境和边界的只是服务本身，而不是服务提供者或接受者。它与一般的货物贸易方式非常相似，如在美的律师通过互联网为在中国的客户提供法律咨询服务、国际电话通信服务等。

（2）跨境交付的特征。

首先，跨境交付一般不涉及资金及人员的过境流动，其主体是服务本身，服务提供者和消费者都不需要进行位移。因此，其优势在于在进行服务贸易时，不需要服务消费者和生产者面对面地进行交易，可以节省一部分交易成本。相应的就存在不足之处，由于买卖双方没有直接接触，再加上目前对跨境交付提供模式的监管机制尚未健

---

① RCA 指数以 1.25 为分界线，1.25 以上为在国际竞争中具有比较优势，1.25 以下则具有比较劣势，低于 0.8 则表示在国际竞争中处于劣势地位。

② 李晓峰，漆美峰. 中国服务贸易国际竞争力及影响因素的实证研究——基于世界主要国家的面板数据分析 [J]. 学术研究，2013（11）.

全，因此，服务质量就得不到很好的保证，出现问题之后解决起来也比较困难。

其次，由于跨境交付的主体是以信息形式出现的服务本身，这就要求有较高的信息技术为支撑。所以，跨境交付提供方式的受制因素主要是技术，特别是信息技术的发展速度，跨境交付方式的发展快慢在很大程度上取决于信息技术的发展速度。

（3）中国跨境交付未来的改革与发展方向。

中国应当积极探索服务贸易创新发展模式。跨境交付既可以直接向消费者提供服务，同时又是其他服务模式的手段。现在在世界范围内，以云计算、大数据、物联网、移动互联网等为代表的新型信息服务技术蓬勃发展，中国 IT 企业也在争相布局这些领域，尤其积极拓展与国外服务购买商提供跨境交付的相关业务。"一带一路"战略的核心目标之一是与周边国家建立起互联互通网络，其中的重点项目就是实现信息技术的互联互通。中国与白俄罗斯等中东欧国家签订合作协议，帮助这些国家建设高效畅通的通信网络，由此将为我国先进的信息技术服务贸易开辟广阔的新市场。

以云计算为例，云计算与传统的跨境交付服务不同，其主要区别在于借助云计算，使数据通过互联网进行存储和交付，数据的拥有者不能控制，甚至不知道数据的存储位置，数据的流动是全球性的，跨越了国界、穿越了不同的时区。中国企业如百度、360 等大型 IT 公司都建立了云计算中心，大大提高了数据处理的能力和速度。因此，数据处理服务将成为推动服务贸易模式创新，打造跨境交付网络平台的新引擎。

2. 跨境消费模式

（1）跨境消费的概念。

跨境消费（Consumption Abroad）是指一国的服务提供者在其境内向来自任何其他成员的服务消费者提供服务，以获取报酬。它的特点是服务消费者到任何其他成员境内接受服务。例如，购买国外奢侈品，病人到国外就医，旅游者到国外旅游，学生、学者到国外留学进修等。

（2）中国消费者跨境消费的特征。

第一，出境游快速增长带热境外消费。目前中国已经与 90 多个国家和地区签有互免签证协定，与 39 个国家签订了 53 个简化签证手续协定，争取到 37 个国家和地区单方面给予中国公民落地签证待遇。在出境游签证政策日渐宽松等利好因素带动下，中国出境游持续增长，2014 年中国出境旅游达到 1.09 亿人次。中国游客的足迹遍布世界 150 多个国家和地区，已成为世界重要的旅游客源国，为全球国际旅客总量贡献超过 10%。旅游消费涵盖吃、住、行、游、购、娱等六个方面，境外旅游的高增长必然带热境外消费。携程旅游发布的《2015 中国人春节出游意愿调查报告》显示，有七成内地居民希望通过旅游方式度过羊年春节，境外游意愿首次超过境内游，出境客源地正从一线城市与沿海地区向二三线城市和中西部地区转移。

第二，境内外价差产生多买多赚心理。境内进口高端消费品的价格高于境外。其中，进口手表、箱包、服装、酒、电子这五类产品的 20 个品牌高端消费品，中国内地市场价格比中国香港高 45% 左右，比美国高 51%，比法国高 72%。国内销售同档次、同品质、同品牌的中国制造产品定价也高于国外。由于信息技术和互联网购物日益发达，消费者很容易获得价格信息，消费者不愿为国内的高价差埋单。高价差背后的原因有两个：一是税收原因推高国内价格。从税率看，进口环节税率较高，关税率一般为 6.4%~25%，高端商品还要额外征收 30%的消费税；从征收方法看，中国商品价格中直接嵌入的税收为美国的 4.17 倍，是日本的 3.76 倍，是欧盟的 2.33 倍。二是国外品牌商对中国采取撇脂定价策略，期望短期获得高利润率，一般最终零售价格比进口到岸价格高出 2/3 甚至更多。[①]

（3）跨境消费的回流改革——以旅游服务贸易为例。

旅游服务贸易是指一国（地区）旅游从业人员向其他国家（地区）的旅游服务消费者提供旅游服务并获得报酬的活动，既包括本国旅游者的出境旅游，即国际支出旅游，又包括外国旅游者的入境旅游，即国际收入旅游。按 WTO 服务贸易理事会对服务贸易的分类规定，"旅游及相关服务包括以下几项：宾馆与饭店，旅行社及旅游经营者提供的服务，导游服务和其他旅游服务"。对此，可从以下两方面进行改革。

第一，健全旅游法规，强化行业管理，促进旅游服务贸易出口。政府相关部门应加大旅游立法力度，并根据 WTO 规则补充、修订和完善现有的旅游服务立法，建立起完善的旅游法律体系，规范旅游市场行为。要加强政府在旅游业发展中的引导作用，建立"市场主导，政府引导"的旅游服务贸易出口发展模式。[②]同时，通过行业管理，全面提高旅游业服务质量，不断改善国际旅游者的消费环境，这样才能从整体上提升中国旅游企业管理和经营水平及国际竞争力。

第二，加大我国企业对"入境游"的营销力度。一方面，针对不同国家的游客心理特点，采取多样化的营销方式，要通过信息化营销手段和旅游电子商务，在网上进行预订机票、车票、酒店房间、旅行路线以及景点介绍等服务，以提高旅游服务的效率及准确性，使国际旅游客源市场不断扩大。[③]另一方面，要加强对西部省市特色旅游的宣传促销力度，扩大国际旅游的地域范围，既能分解旅游密集区的客流，又可推出新的中国特色民族文化产品，吸引更多海外客源。

3. 商业存在模式

（1）商业存在的概念。

商业存在（Commercial Presence），是 GATS 中最重要的一种服务提供方式，一成员的服务提供者在任何其他成员境内建立商业机构（附属企业或分支机构），为所在国和其他成员的服务消费者提供服务，以获取报酬。包括通过设立分支机构或代理，提供服务等。如一国电信公司在国外设立电信经营机构，参与所在国电信服务市场的竞争就属于"商业存在"。

---

① 赵萍，孙继勇. 中国境外消费现状与问题分析 [J]. 国际贸易，2015（6）.

② 郝索. 论我国旅游产业的市场化发展的政府行为 [J]. 旅游学刊，2001（6）.

③ 维克多·密德尔敦. 旅游营销学 [M]. 向萍译. 北京：中国旅游出版社，2001.

（2）商业存在的特征。

商业存在的特点是服务提供者（个人、企业或经济实体）到国外开业，如投资设立合资、合作或独资的服务性企业（银行分行、饭店、零售商店、会计事务所、律师事务所等）。

（3）中国商业存在未来的改革和发展方向。

中国"一带一路"战略已经进入全面落实阶段，为商业存在模式提供了宝贵的机遇和新的发展趋势。现代国际生产分工早已从产品分工深化发展到同一产品的工序分工上，可以更加充分地利用不同国家的生产要素优势，在现代信息和物流技术支持下，通过跨国公司组织起全球产业链和生产网络，实现全球研发、全球生产、全球销售。因此，借助"一带一路"战略，中国从事分销或物流服务的服务贸易企业要获得像西方跨国公司那样的全球竞争力，应当像西方跨国公司那样"走出去"发展，取得商业存在，依托"一带一路"战略中基础设施向周边国家拓展的有利契机，组织起由自己主导的全球产业链中的生产网络以及仓储网络，在"一带一路"区域国家内建设国际商贸城，并且加大海外仓的建设。[①] 同时，中国从事金融服务贸易的金融机构应当与"一带一路"沿线国家合作组建银行等金融机构，实现金融跨境业务自由开展。利用不同国家要素优势，在人才最集中的地方搞研发，在资源最丰富的地方搞开发，在成本最低的地方搞生产，在市场最大的地方搞营销，在利率最低的地方搞融资，在全球进行资源配置和优化，获得商业存在，这也是国际化的最高境界。

4. 自然人移动模式

（1）自然人移动的概念。

自然人移动是指一成员方的自然人进入另一成员方境内提供服务。许多服务业都需要具有专业知识和实践经验的人员，而且所有拥有国际业务的供应商都需要将具有一定专业知识和实践经验的工作人员送到外国市场提供服务，这样有关的业务才能成功开展。各成员方为规范这种流动制定了各种措施，以保护其边界的完整和保证自然人能有序地通过边界，但这些措施应不使其他成员方根据其具体承诺应获得的利益受到损害。

（2）中国自然人移动面临的主要壁垒。

第一，中国自然人移动面临的市场准入限制。教育培训经历、资格认证等准入资格，已成为众多东道国针对自然人移动的最常见壁垒形式。在资格认证上，东道国会通过扩大资格条件范围增加市场准入难度，对自然人的工作类型、人员数量、停留期限及其他需要满足的要求设限，如要求入境提供服务者需具备一定的专业学历学位证书、相关工作经历、执照和资质等方可入境工作，以此来限制中低层次劳动力的流入。

第二，中国自然人移动面临着东道国签证制度的限制。在获得东道国市场许可后，服务提供者还要向东道国申请签证。此时，签证的配额限制也成为自然人移动的主要

① 孟玉明. 中国企业"走出去"发展战略的制定与实施 [J]. 国际经济合作，2012（2）.

壁垒形式之一，配额限制不仅仅针对境外服务提供者的数量，还体现在发放签证的时间限制上。

第三，中国自然人移动面临的国民待遇歧视。东道国实施的歧视性待遇也在很大程度上限制了自然人的移动，首先体现在外籍服务提供者与东道国服务提供者的工资与税收差别上，如在美国境内的中国劳务提供者必须缴纳美国社会保障费及其他税费，由于在美国停留的时间较短，并不能享受到美国提供的社会福利，只履行了义务，未获得相应权益。

（3）中国自然人移动未来的改革和发展方向。

"一带一路"战略通过六大经济走廊等基础设施建设打通了通往中东欧市场的交通纽带，客观上保证了我国各服务领域技术人员向这些国家自由移动，提供服务的基础条件。同时，我国服务贸易企业还应当以"一带一路"区域国家的政府采购为突破口，致力于承接这些国家的外包服务或咨询、计算机信息等技术性服务，同时简化自然人跨境移动的手续流程，充分鼓励我国技术人员自由流动，扩大服务贸易出口额。

另外，通过对美英德三国对"自然人移动"方式方面的限制比较可知，这三国对劳务输入限制非常严格，比如美国的移民法/劳工法和工会对建筑工人、专业技术人员入美有严格的规定，因此国外建筑工人很难进入美国。所以，中国在面临国际建筑服务壁垒时，可以采取以下措施：一是根据"中国标准"体系，做出与国际建筑规范对接的本企业建筑服务标准范本，积极与"英国规范，美国标准"相契合。二是海外市场拓展模式由"单一承包模式"向"综合商业模式"转变，由承包商向投资商转变，通过投资绕过壁垒限制。三是以政府采购（GPA）为突破口，以投资、担保优势为出价，推进"中国标准"在建筑服务市场中的应用。四是加强与 ENR 前十强的公司的合作交流，建立联合体，以便更好地开拓发达国家市场。①

（二）中国服务贸易融入国际市场战略路径分析

1. 借势"一带一路"战略输出高端服务贸易

"一带一路"是一个跨地区、具有全球视野、强调与相关各国打造互利共赢的"利益共同体"和共同发展繁荣"命运共同体"的战略构想，② 需要以更加宏大的视角思考其战略发展前景。中国可以借势"一带一路"战略输出高端服务贸易。

第一，中国和中亚南亚国家、俄罗斯、欧盟国家共同建设"一带一路"，形成亚欧区域经济一体化发展大格局。 中国同中亚、南亚国家是山水相连的友好邻邦，应以创新的合作模式，共同建设"一带一路"。坚持世代友好，做和谐和睦的好邻居；坚定相互支持，做真诚互信的好朋友；加强务实合作，做互利共赢的好伙伴。

中国和俄罗斯要加强在联合国、20 国集团、上海合作组织、亚太经合组织、金砖

---

① 赵玉荣. 美国建筑市场准入规范［J］. 上海建材，2006（1）.
② 张荣楠. "一带一路"引领中国未来开放大战略［J］. 中国中小企业，2015（3）.

国家、东亚峰会、亚信峰会等框架内的合作，推动国际政治经济秩序朝着更加公正合理的方向发展。双方要积极寻找丝绸之路经济带项目和欧亚经济联盟之间可行的契合点，推进油气、核能、电力、高铁、航空、通信、金融等领域合作，加强全方位基础设施与互联互通建设。

中国和欧盟国家"要从战略高度看待中欧关系，将中欧双方力量、双边市场、两种文明结合起来，共同打造中欧和平、增长、改革、文明伙伴关系，为中欧合作注入新动力，为世界发展繁荣作出更大贡献"。[①] 中国和欧盟国家要做和平伙伴，带头走和平发展道路；做增长伙伴，相互提供发展机遇；做改革伙伴，相互借鉴、相互支持；做文明伙伴，为彼此进步提供更多营养。

第二，中国与"一带一路"沿线国家合作基础坚实。中国与上海合作组织成员国之间合作基础坚实。在上海合作组织框架内，各成员国之间加强了相互信任与睦邻友好，促进了各成员国在政治、经贸、科技、文化、能源、交通、旅游、安全等领域有效合作。中国、哈萨克斯坦、吉尔吉斯斯坦三国联合申报的"丝绸之路：长安—天山廊道的路网"，成功入选世界文化遗产名录，是丝绸之路经济带建设的早期收获。

中国与东盟之间合作基础坚实。目前，中国是东盟最大贸易伙伴，东盟是中国第三大贸易伙伴，中国与东盟建成了世界上最大的发展中国家自由贸易区。中国与东盟已签署了《中国—东盟面向和平与繁荣的战略伙伴关系联合宣言》、《南海各方行为宣言》、《东南亚友好合作条约》等合作文件，建立了中国—东盟商务理事会、中国—东盟博览会、中国—东盟商务与投资峰会等对话合作机制，还正在着力打造中国—东盟自贸区升级版。

中国与阿拉伯国家之间合作基础坚实。中国与阿拉伯国家因为丝绸之路相知相交，是建设"一带一路"的重要合作伙伴。中阿合作论坛已成为双方在互利共赢、相互尊重基础上深化战略合作的重要平台，合作论坛已完成了正规化、机制化建设，建立起部长级会议、高官会、企业家大会等10余个合作机制，几乎涵盖了政治、经济、文化、人文各领域合作。

2. 以边境口岸为载体建立区域经济合作区

当前，经济全球化和区域经济一体化两大潮流日益深化，开放、合作与发展成为当今世界的主流。一体化的区域经济由于地理上接近、文化上相似、市场结构上互补，可有效地降低交易成本和违约风险，扩大市场份额，形成规模经济，促进生产要素流动，刺激投资贸易，进而提高区域经济在整个世界经济中的地位。[②] 为加快、加强以边境口岸为载体建立区域经济合作区，应从以下方面着手：

第一，加强硬件建设。围绕服务于国际口岸建设，建设和完善连接各口岸的交通、

---

① 杜尚泽，许立群，刘歌.习近平同欧洲理事会主席范龙佩举行会谈［N］.人民日报，2014-04-01（1）.
② 李世泽.边境口岸应对区域经济合作策略探讨——以凭祥口岸为例［J］.桂林师范高等专科学校学报，2007（2）.

水电、通信、宾馆、仓储等配套设施；提升城市建设管理水平，发挥对外交往窗口平台作用。

第二，大力发展边境贸易和特色产业加工，扩大进出口规模，提高边境地区对外贸易占全国外贸的比重。以边境口岸为依托，建设一批较具规模的商品集散市场和多功能物流中心。

第三，鼓励资源性商品进口，输出特色优质和高附加值商品。[①] 发挥沿边地缘优势，利用我国周边国家、地区自贸区协定、经济合作协议和其他多双边组织经济合作框架，打造同毗邻国家经贸交流的桥头堡；并积极探索、审慎推进跨境经济合作区模式。

3. 大力拓展生产性服务贸易

（1）生产性服务业的作用。

制造业的扩张和水平的提高是以产业集中度为前提的。要吸引制造业集中于某一地区，需要具备一系列条件，即要具有较强的产品和产业配套能力、高素质的劳动力、良好的生产性服务体系和较好的政府公共服务环境。上述条件的好坏不仅决定了企业对区域进入的选择，而且还决定该区域内制造业交易成本的高低。

从交易成本角度看，生产性服务业的发展对制造业的发展主要起到以下主要作用：

首先，降低制造业交易成本。按照现代制度经济学的理论，制造业的生产包括制造成本和交易成本两部分。随着生产规模的扩大和专业化的加深，制造业成本大大降低，制造效率将提高。但是工业革命造成生产专业化的另一个现象就是分工精细化，社会分工越细，交易成本将越高。在制造业竞争日益加剧的今天，交易成本在企业总成本中占有越来越大的比重。而交易成本的降低，在很大程度上要依赖于生产服务的发展。消除交易成本上升的基本出路就是大力发展生产性服务业。特别是现代物流、金融保险、法律服务、会计服务、管理咨询、广告服务、技术中介服务等。

其次，为制造业提供急需的智力服务。现代经济发展中，人力资本和知识资本在制造业中的作用日益突出，人力资本和知识资本进入生产过程是通过厂商使用人力资本和知识资本进行的。企业投资项目的可行性分析、资本运作和融资服务、保险服务、产品研发、产品设计、工程技术服务、产品市场推广、品牌推广、法律咨询、会计服务、信息技术服务、管理咨询等，这些智力服务进入企业生产过程，加快了现代企业生产的专业化，提高了企业生产效率。

最后，为制造业提供了急需的劳动力。制造业企业需要大量职业工作人员，职业教育培训为现代企业提供了急需的技术熟练工人。另外，职业培训还能为现代企业培训专业的高级工人，如企业的会计员和会计师培训、企业营销员和营销师培训、企业现代物流员和物流师培训、企业报关员培训等。[②]

① 资料来源：《国家级经济技术开发区和边境经济合作区"十二五"发展规划（2011~2015年）》，访问网址：http://file.mofcom.gov.cn/article/gkml/201211/20121196423038.shtml。

② 杜秀红. 生产性服务业对制造业发展的作用分析 [J]. 江苏商论，2007（3）.

（2）大力拓展生产性服务贸易的战略分析。

第一，运用政策导向，强化生产性服务贸易的重要性。随着经济全球化的发展，尤其是国际分工的不断深化和世界产业结构调整的不断升级，中国国际贸易面临新的机遇和挑战。参照发达国家相关数据，服务贸易的壮大是国际贸易发展到一定阶段的必然产物，生产性服务贸易作为服务贸易的重要部分，面临着千载难逢的发展机遇。合理运用政策导向，从战略高度促进生产性服务贸易的发展对于中国平衡国民经济发展，提升综合国际竞争力具有重要意义。[①]

第二，规范生产性服务贸易运行机制，塑造法制市场环境。要建立和完善适合中国基本国情的管理体制，为中国生产性服务贸易的发展塑造良好的法制环境。一方面，在积极与WTO接轨，充分了解国际贸易规则与惯例的基础上，尽快清理不适应当前生产性服务业发展要求的法律条文，制定适合中国国情的法律法规，规范行业规则和行为方式，将服务贸易主体的利益保护法律化、制度化、规范化，构建一个覆盖范围广泛、可操作性强的法律法规体系，健全社会主义市场经济法制制度。[②]另一方面，要积极进行外贸管理体制改革，打破当前依靠行政和部门规章规范生产性服务业导致的多头立法、相互冲突的局面，成立专门的服务贸易管理机构。[③]

4. 服务贸易新业态强力助推服务业"走出去"

服务贸易新业态是指超越了传统的组织模式、经营模式、运作模式等形成了相应的经济规模，构建了比较稳定的贸易形态。服务贸易新业态的发展，对于中国服务业"走出去"具有重大意义。结合中国当前现状，从制度环境、管理体制、产业配套、服务体系与载体建设等各方面入手，扶持和引导服务贸易新业态，助推服务业"走出去"。

第一，健全新型贸易业态的金融服务体系。一是加快推广离岸账户使用。让更多符合要求的跨国企业建立离岸金融账户，进一步完善专用账户功能，进一步简化结汇手续，推进收款便利化。二是争取国家金融监管部门支持。允许在试点区域实行与离岸贸易相匹配的离岸银行、离岸保险、期货保税交割等离岸金融业务相关的金融创新。三是加强电子支付对新型贸易业态的有力支撑。在实现人民币跨行支付、跨境支付、票据等管理服务电子化的基础上，积极发展第三方支付，鼓励互联网支付、移动支付等多种新型支付渠道的发展。[④]

第二，完善新型贸易业态的跨境电商服务体系。加强跨境电商服务与当地企业的合作。与目标市场的企业建立稳定的伙伴关系，强化企业合作与分工，以便更好地了解和分析当地的商业环境和消费者偏好等。通过企业间的合作，相互交流，提高合作效应，加大商品的互补性，最大限度地避免恶性竞争。同时，要提高跨境电商企业的

① 刘祎正. 中国生产性服务贸易国际竞争力分析［D］. 北京：对外经济贸易大学论文，2012.
② 汪素芹，孙燕. 中国生产性服务贸易发展及其结构分析［J］. 商业经济与管理，2008（11）.
③ 赵辉. 中国—东盟自由贸易区背景下广西加强与越南服务贸易的思考［J］. 南宁职业技术学院学报，2012（1）.
④ 樊星. 新型贸易业态的现状、问题与对策［J］. 科学发展，2013（12）.

第五部分 中国服务贸易热点问题研究

谈判能力和竞争优势，加大与网络销售企业、物流企业的合作和交流，以谋求更大的发展空间。

第三，完善新型贸易业态物流服务体系。一是加强新型贸易业态的物流支撑能力建设。发挥电子口岸平台与高速公路、港航电子数据交换（EDI）中心整合优势，建设一体化的口岸物流信息平台，基本实现国际主要口岸城市联网，提高物流的通行速度。二是鼓励整合利用现有物流配送资源，支持物流信息协同服务平台和共同配送中心建设。三是鼓励新型贸易业态企业与物流企业进行合作，推动虚拟的贸易网和实体的物流网充分融合。[①]

（上海财经大学　李勇博士后
中国社会科学院对外经贸国际金融研究中心主任　于立新研究员）

第五部分　中国服务贸易热点问题研究

---

① 樊星. 新型贸易业态的现状、问题与对策 [J]. 科学发展，2013（12）.

中国物流服务贸易参与国际竞争战略研究

一、我国物流业国际化与开放度评测

(一)我国物流业发展概况

物流业是将运输、储存、装卸、搬运、包装、流通加工、配送、信息处理等基本功能根据实际需要实施有机结合的活动的集合。物流业主要有两个特点:一是复合型,即物流业涉及多种工序、多种交通、多种行业,甚至需要复合型人才;二是生产性服务业,物流业是为第一、第二、第三产业的实物生产提供服务的产业,具有服务行业的特点。

近几年来,我国物流业发展迅速,我国物流业总费用从 2004 年的 2.91 万亿元增长到 2014 年为 10.57 万亿元,年平均增长 13.7%,2014 年社会物流总额 165 万亿元,2004~2014 年平均增长 15.6%(见图 1)。可见相对于制造业,物流服务业增长很快。从构成情况看,工业品物流总额 152.10 万亿元,同比增长 8.3%;进口货物物流总额 9.27 万亿元,同比增长 2.1%;再生资源物流总额 6531 亿元,同比增长 14.1%;农产品物流总额 2.55 万亿元,同比增长 4.1%;单位与居民物品物流总额 2858 亿元,同比增长 32.9%。

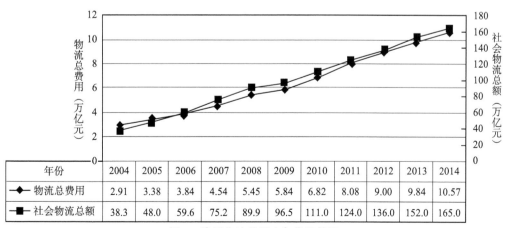

年份	2004	2005	2006	2007	2008	2009	2010	2011	2012	2013	2014
物流总费用	2.91	3.38	3.84	4.54	5.45	5.84	6.82	8.08	9.00	9.84	10.57
社会物流总额	38.3	48.0	59.6	75.2	89.9	96.5	111.0	124.0	136.0	152.0	165.0

图 1 我国物流业近十年发展状况

资料来源:历年《中国物流年鉴》。

根据国家统计局的数据,2014 年全国物流业增加值为 3.6628 万亿元,按可比价格计算，同比增长 9.5%。2014 年，物流业增加值占 GDP 的比重为 5.75%，占服务业增加值的比重为 12.09%。2013 年全国物流业增加值为 3.34 万亿元，按可比价格计算同比增长 8.5%，2013 年物流业增加值占 GDP 的比重为 5.69%，占服务业增加值的比重为 11.95%（见图 2）。这个结果表明物流业对服务业的贡献率逐年增加，在社会经济发展中发挥着日益重要的作用。我国物流业依然保持着较高的增长速度，2004~2014 年期间平均年增长 13%。

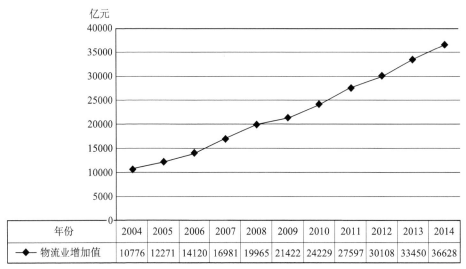

年份	2004	2005	2006	2007	2008	2009	2010	2011	2012	2013	2014
◆ 物流业增加值	10776	12271	14120	16981	19965	21422	24229	27597	30108	33450	36628

图 2　我国近十年物流业增加值趋势

由图 3 可知，我国社会物流总费用占 GDP 比例总体上呈缓慢下降趋势。2005 年我国物流总费用占 GDP 比重为 18.31%，到 2010 年到了阶段性低点 16.99%，2013 年和 2014 年再度下降，2014 年物流总费用占 GDP 比重为 16.61%，为历年来最低。从发达

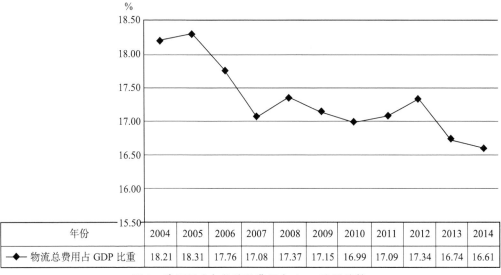

年份	2004	2005	2006	2007	2008	2009	2010	2011	2012	2013	2014
◆ 物流总费用占 GDP 比重	18.21	18.31	17.76	17.08	17.37	17.15	16.99	17.09	17.34	16.74	16.61

图 3　我国近十年物流总费用占 GDP 比重趋势

国家经验来看，国家物流总费用占 GDP 比重约为 10%，因此相比之下我国物流成本尽管处于下降通道，但目前来看仍然偏高。物流费用高，尽管能增加物流企业的收入，但从经济角度上看，在微观上增加了生产企业的成本，降低了企业产品的竞争力，在宏观上则影响了国民经济的运行效率。因此这也对物流企业的价格费用提出了挑战。

总体上看，物流业已经是我国国民经济中重要的行业，85%以上的行业其产品传输过程都与物流相关。但是，我国物流业发展质量水平还不高，发展方式比较粗放。主要问题表现在几个方面：一是物流成本高、效率低。图 3 显示物流总费用占 GDP 比重为 16.6%，高于其他国家（包括巴西、印度等发展中国家），这使得物流费用有降低预期，这就逼迫物流企业进行转型。二是条块分割严重，阻碍物流业发展的体制机制障碍仍未打破。企业自营物流比重高，物流企业规模小，先进技术难以推广，物流标准难以统一，迂回运输、资源浪费的问题突出。三是基础设施相对滞后，不能满足现代物流发展的要求。尚未建立布局合理、衔接顺畅、能力充分、高效便捷的综合交通运输体系，物流园区、物流技术装备等建设尚有待加强；物流技术、人才培养和物流标准也不能完全满足物流业发展需要，物流服务一体化和集约化程度亦不高。四是政策法规体系还不够完善，市场秩序不够规范。已经出台的一些政策措施有待进一步落实，一些地方针对物流企业的乱收费、乱罚款问题突出。信用体系建设滞后，物流业从业人员整体素质有待进一步提升。

（二）我国物流服务业国际化进展评价

从前述分析看，尽管我国物流业在最近十年来发展飞快，但我国物流业的增长动力主要依靠国内市场，一旦国内物流总额增长速度低于新物流企业数量（包括国内物流企业和外资物流企业）的增长速度，物流企业的经营业绩就会下降，因此国内物流企业必须"走出去"，特别是到新兴市场去布局国际化战略。

改革开放前期，我国物流业发展缓慢，直到 21 世纪初，真正的现代物流才兴起。除了中国远洋早期有一定的航运业务（规模也不大）外，其他业务都未曾正式走出国门。而到了国内物流业成熟期的近几年，国际化步伐也相对缓慢，规模小、业务模式单一，具体分析原因来看，表现为：①目标不明确。在国外物流公司纷纷在我国建立跨国公司开始承接国内物流业务时，我国的物流企业在国际化进程中还止步不前，认为只要占据足够大的国内市场就可以无忧，而缺乏海外扩张的动力，即使有部分企业开始尝试"走出去"，也没有指定系统、全面的策略计划。②对海外市场不熟悉。国内物流企业要进行跨国业务，必须要对各项政策和业务环境了解透彻，包括政治环境、经济趋势、商务政策等，如物流费用中的税收政策、物流的通关检验等。目前物流企业在这方面往往缺乏相应人才和信息度，使得业务执行缓慢甚至中途被迫中止。③国际化业务模式偏弱。目前全球前几大物流公司在进行跨国业务时，总通过物流网络工程系统进行操作和监管，这不仅能实时观察物流动态，也方便业务流转（陈玲，2010；孙晓梅，2011）。然而，国内企业在国际物流方面，仍然采用海外代理的模式，依靠现代化网络平台较少，使得专业性不强、营运低效。

（三）我国物流服务业对外开放度评测

1. 宏观产业层面传统测度方法

统计上我国物流服务贸易国际化程度到底如何？目前统计部门未对物流行业的国际业务进行统计，这主要是因为对此的统计核算制度与方法尚未建立，真要统计现实中还存在较大难度。由于在国际物流过程中，相关统计（海关）只统计物流总额，而不对物流企业费用（即价格）统计，而国内统计部门统计物流行业时又未分国内业务和国外业务，使得缺失物流服务贸易（企业）国际业务数据。但是，这并不代表物流行业的国际化水平不能测算，相反，依据目前历年《中国物流年鉴》上给出的物流统计数据，大致可以估算出物流的对外开放度水平。

历年《中国物流年鉴》给出了中国物流业的行业宏观统计数据（见表1），可以看到从2004年到2013年，物流行业的增加值占物流总费用比例呈现下降趋势，但下降幅度不大，基本上维持在35%的增加值率水平。再观察物流费用与物流价值额比例，发现该比例数值呈"U"形趋势，2014年比例基本与2006年持平，2007~2009年时期最低。

表1 2004~2014年中国物流业运营数据

年份	物流业增加值（亿元）	物流总费用（亿元）	增加值比例（%）	社会物流总额（亿元）	物流费用与物流价值额比（%）
2004	10776	29114	37.01	383829	7.59
2005	12271	33861	36.24	480583	7.05
2006	14120	38414	36.76	595976	6.45
2007	16981	45406	37.40	752283	6.04
2008	19965	54542	36.60	898978	6.07
2009	21422	58469	36.64	965503	6.06
2010	24229	68233	35.51	1110328	6.15
2011	27597	80857	34.13	1246898	6.48
2012	30108	90074	33.43	1369094	6.58
2013	33450	98451	33.98	1527909	6.44
2014	36628	105736	34.64	1648614	6.41

资料来源：《中国物流年鉴》。

在社会物流总额中包括农产品、工业品、进口、再生资源、单位与居民物品物流总额，其中进口物流总额即进出口贸易总额中的进口额。然而考虑到物流企业的国际化业务界定为一方为外国企业，因此可以认为出口和进口货物中由国内物流企业承担的都是物流企业的国际化业务范围。因此，计算物流业对外开放度的公式可以写为：

物流业对外开放度＝物流费与物流价值额比×（a×贸易出口额＋b×贸易进口额）/物流总费用　　　　　　　　　　　　　　　　　　　　　　　　　　　　　　　　　（1）

其中，a为贸易出口额中国内物流企业的业务金额比例，b为贸易进口额中国内物流企业的业务金额比例。对于 a 和 b，目前没有较好的确定方法，一般来说，出口时国内企业会优先选择国内物流企业，相反，进口时，国外企业会优先选择本国的物流企业，因此理论上 a≥b。并且可以假定 a+b=1，即本国和国外对于货物进出口物流费用比例保持一致。

表 2 计算了当 a=0.6，b=0.4 时的国内物流企业国际业务总费用及其与物流总费用的比例即物流业对外开放度（实际上，由于我国贸易出口额和贸易进口额相差不大，使得当 a 取 0.5、0.555、0.6、0.65、0.7 时，对外开放度变化不明显）。从表 2 中可看出，在 2004~2014 年，我国物流国际业务总费用呈现递增趋势，而对外开放度则呈现下降趋势，这个结果说明我国物流业整体上呈现快速增长态势，但国际业务收入低于国内业务收入。另外，从系数值看，2014 年物流业对外开放度为 8.16%，这低于国际物流企业的国际业务水平，美国三大物流企业（UPS、联邦快递公司、莱德系统）的国际业务占总收入的平均比例为 18%。

表 2　中国物流服务业对外开放度水平（方法一）

年份	贸易出口额 （亿元）	贸易进口额 （亿元）	物流服务贸易业务 总费用（亿元）	对外开放度 （%）
2004	49103.30	46435.80	3643.62	12.52
2005	62648.10	54273.70	4178.05	12.34
2006	77597.20	63376.86	4634.94	12.07
2007	93563.60	73300.10	5158.05	11.36
2008	100394.94	79526.53	5584.63	10.24
2009	82029.69	68618.37	4642.70	7.94
2010	107022.84	94699.30	6273.98	9.19
2011	123240.60	113161.40	7730.24	9.56
2012	129359.25	114800.96	8127.56	9.02
2013	137131.43	121037.46	8421.28	8.55
2014	143900.00	120400.00	8626.37	8.16

注：表中物流服务贸易业务总费用与对外开放度是 a=0.6，b=0.4 时的计算结果。

2. 微观企业层面修正测度方法

上文关于物流服务贸易对外开放度的测度方法一主要是基于物流总费用估算得到的，即从总体宏观数据角度测算国际物流业务所产生的物流费用占全部物流费用的比例，以此作为对外开放度，这相对于使用微观数据而言，精确度可能不够。为此，本文采用更加准确的微观企业数据对物流服务贸易对外开放度进行测算。

从微观企业数据计算物流业对外开放度主要是选取我国物流上市公司的营业收入作为基准数据，考虑到上市公司在其年报披露中都会按销售地区公布其数据，因此可以通过式（2）计算衡量对外开放度：

物流业对外开放度=物流业上市公司海外销售收入/（海外销售收入+国内销售收入）

（2）

本文选取了同花顺股票软件中对上市公司行业的划分标准，选取了物流业和港口航运业两个行业的上市公司作为样本，其中物流业共有 21 家，港口航运业共有 30 家，数据期间仍然为 2004~2014 年。

表3　2004~2014 年上市公司国内销售收入与国外销售收入

单位：亿元

年份	物流业上市公司		港口航运业上市公司	
	国内收入	国外销售收入	国内收入	国外销售收入
2004	1766185.1300	488027.6100	828798.3298	2286633.9700
2005	1803623.3140	562404.2500	994781.1165	3185827.3900
2006	2437618.4710	589865.3100	1162258.0910	3392429.6500
2007	2560317.0810	947736.0100	3101957.6760	12505954.1700
2008	2158632.8230	438335.3857	5101428.9530	13844634.2000
2009	1247140.9460	242576.0372	4476214.1000	5372638.8190
2010	3793363.2500	316756.8380	5942594.8970	10370061.2900
2011	5038267.1460	527739.4354	13374757.2800	8392178.4670
2012	7302752.3500	971435.7765	5482105.0730	9060888.7910
2013	8754138.5330	1447148.5890	14978154.4800	8498661.4140
2014	5668160.1890	1471832.8700	7577476.3910	8667094.8040
合计	42530199.2300	8003858.1110	63020526.3800	85577002.9600

资料来源：CCER 数据库。

基于表3的数据可以计算得到表4，即方法二下的物流服务贸易对外开放度水平。从表4可以看到，对于物流业（21家企业）来说，其物流对外开放度大致在 10%~25% 间，这个结果跟表2计算得到的对外开放度水平较为接近，表2的对外开放度均值为 10.09%，这与表4物流业对外开放度均值 15.84%，只相差 5.75%。港口航运业的物流开放度则显著高于物流业，2004~2014 年均值水平为 57.59%，而由于港口航运业的企业收入规模要显著大于物流业，使得二者叠加（混合）后对外开放度水平依然较高，均值为 46.99%。

表4　中国物流服务业对外开放度水平（方法二）

单位：%

年份	物流业（21家）	港口航运业（30家）	物流业＋港口航运业
2004	21.65	73.40	51.67
2005	23.77	76.20	57.25
2006	19.48	74.48	52.52
2007	27.02	80.13	70.38
2008	16.88	73.07	66.30
2009	16.28	54.55	49.52
2010	7.71	63.57	52.33
2011	9.48	38.55	32.63
2012	11.74	62.30	43.97
2013	14.19	36.20	29.53
2014	20.61	53.35	43.36
平均	15.84	57.59	46.99

图4刻画了三个样本的对外开放度趋势水平，从图4中可以看到总体上物流业的对外开放度在近十年中数值较为平稳，而港口航运业则有一定的下降趋势。对于2008年以来港口航运业对外开放度下降的原因，一方面来自于2008年全球金融危机的影响，全球贸易在2008~2010年出现了一波下降；另一方面是因为我国人民币汇率自2005年汇改以来出现了升值，特别是在2007年以来，升值幅度较为明显，而在汇率升值背后导致的出口贸易缩减和经济下滑，也导致了物流业国际业务的快速增长开始回落。

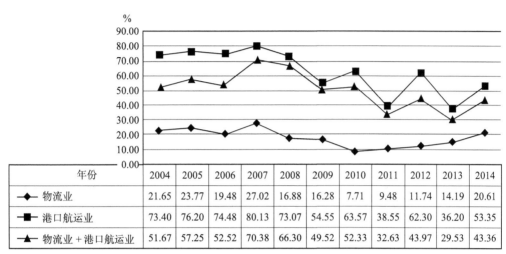

年份	2004	2005	2006	2007	2008	2009	2010	2011	2012	2013	2014
◆ 物流业	21.65	23.77	19.48	27.02	16.88	16.28	7.71	9.48	11.74	14.19	20.61
■ 港口航运业	73.40	76.20	74.48	80.13	73.07	54.55	63.57	38.55	62.30	36.20	53.35
▲ 物流业＋港口航运业	51.67	57.25	52.52	70.38	66.30	49.52	52.33	32.63	43.97	29.53	43.36

图4　物流服务业对外开放度水平趋势线

3. 我国物流服务业对外开放度水平到底几何

上面由方法一和方法二测算的物流行业对外开放度水平差异较大，在方法一下，主要考虑的是我国进出口贸易中的物流费用，而在方法二下，主要考虑的是物流企业的海外销售收入。例如，作为我国国际航运业务的两大巨头中海集运和中国远洋，2014年其海外（国际）业务收入占全部收入的比重分别是81.7%和78.6%。因此，本文认为采用方法一计算的对外开放度可能存在失真。一方面，进出口贸易额数据主要由海关进行统计，而社会物流总额包括两个部分，国外物流部分主要是进出口货物总额，由海关统计，这一数据较为准确，而国内物流部分主要由统计局和物流与采购联合会统计，这可能会导致两个部分的统计口径不一致，存在较大误差；另一方面，在进出口贸易中，货物物流一般选择港口航运，内陆航运很少，因此就会出现海外业务比重很高，如中海集运和中国远洋。因此单从物流企业的角度看，方法一计算的物流业对外开放度精确性有待斟酌，相对来说，从微观企业角度计算的对外开放度（方法二）更为合理和准确一些。不过从表4结果看，对于国内物流企业来说，要区分普通物流企业和港口航运企业，前者的国际化程度还不高（平均15.84%），后者的国际业务比重较高（57.59%）。

第五部分　中国服务贸易热点问题研究

二、我国物流服务贸易国际竞争力的评价分析

（一）物流服务贸易国际竞争力的内涵

产业竞争力，一般是指产业的国际竞争力，是指某国或某一地区的某个特定产业相对于他国或地区同一产业在生产效率、满足市场需求、持续获利等方面所体现的竞争能力。产业竞争力比较的内容就是产业竞争优势，而产业竞争优势最终体现于产品、企业及产业的市场实现能力上。因此，产业竞争力的实质是产业的比较生产力。所谓比较生产力，是指企业或产业能够以比其他竞争对手更有效的方式持续生产出消费者愿意接受的产品，并由此获得满意的经济收益的综合能力。产业竞争力比较的范围是国家或地区，产业竞争力是一个区域的概念。

因此，由此延伸，一个国家物流服务贸易的国际竞争力是指该国物流服务贸易企业在自由和公平的市场条件下，争夺有利生产条件和销售条件，在竞争中获得最大利益的能力。很多因素会导致物流业生产力的差异，从而导致影响物流业的国际竞争力，如国家经济发展水平、物流业投资状况（基础设施）、市场需求、政府政策等。一个地区物流业未来对外开放度的变化，不仅取决于该国贸易水平大小，更取决于该国物流业的国际竞争力（张丽娜，2010；申亮等，2014）。因此，本文将对物流服务贸易国际竞争力进行评价度量，并计算我国物流业国际竞争力的变化趋势。

（二）物流服务贸易国际竞争力的评价方法及评价体系设计

国际上关于产业国际竞争力的评价方法有很多。目前大致有五类，即指标综合评价法、竞争结果评价法、影响因素剖析法、全要素生产率法和标杆法（李莉等，2007；李莉和薛冬辉，2010）。本文主要采用指标综合评价法对物流业国际竞争力进行衡量，其步骤主要是选取合理的能影响或决定竞争力的多种因素进行综合考虑，然后找到与因素对应的合适指标，建立科学系统的评价国际竞争力的模型，通过模型计算得到最终的物流业国际竞争力衡量指标。

1. 产业国际竞争力评价指标设计的原则

对于综合评价体现而言，指标选取异常关键，而对于指标选择，要尊崇科学性、系统性等，即一般会有多个原则性。

（1）可量化性。部分文献在评价产业的竞争力时，往往会认为应该以硬指标（即客观指标）和软指标（即主观指标）相结合的方式，其中硬指标即是定量指标，而软件指标为定性指标。本文认为尽管软件指标也可以量化，如定序指标，但相对于定量指标而言，其主观成分较强。对于物流业的国际竞争力而言，软指标过多会导致评价系统失真，因此本文暂时不考虑定性指标，即只选用可量化的定量指标衡量。

（2）相对性（可比性）。相对性是指在指标选取或者指标处理上，一般选择相对指

第五部分 中国服务贸易热点问题研究

标而不是绝对指标进行度量。这主要是考虑到国家之间的可比较性，如果采用绝对指标，如 A 国 GDP 为 10000 万美元，B 国 GDP 为 500 万美元，两个国家的水平不在一个等级，那么通过绝对指标对比，始终会得到 A 国大于 B 国的情况，基本上失去真实比较性。因此，用相对指标衡量竞争力更具有可比性。

（3）相关性。相关性是指选取的指标要跟产业国际竞争力评价具有相关性，而不是随便选择一些与竞争力评价无关的指标。相对于其他原则来说，这一点至关重要，也是评价中选择指标的标准。衡量相关性无法采用相关系数等方法定量分析，一般采用主观判断法，即认为这项指标可以代表衡量物流业的国际竞争力要素。

（4）系统层次性。系统层次性是指指标的选取既要符合评价系统的要求，又要体现层次逻辑性。指标要有层次结构性，如在 Porter 的"钻石模型"中，认为产业竞争优势主要取决于六个方面因素：生产要素状况、国内需求条件、相关产业与辅助产业的发育程度、企业战略、组织结构与同业竞争、政府作用与机遇。这六个方面的每个方面再选取合适的下级指标，最终综合成一个指标，因此整个评价系统可能有三四个层级。

（5）易获取性。易获取性是指选择的指标数据内容要容易获得，而不是只停留在想象中。物流业作为我国近几年快速发展的生产性服务业，其在行业统计上还没有达到系统化、全面化，导致很多指标数据不完整、不具体、不准确。在系统评价过程中，指标数据会影响评价结果，因此必须采用权威统计部门或统计机构的统计数据，这是评价体系建立的基础和评价结果可靠的保证。

2. 物流业国际竞争力评价指标的选取

物流业竞争力需要涉及多个方面各种因素，本文借鉴目前比较常用的国际竞争力评价因子，也即物流业影响因素，从物流业竞争实力、物流业竞争潜力和物流业竞争能力三个方面选择指标进行分析。

（1）物流服务贸易竞争实力的评价指标。

物流服务贸易竞争实力主要反映物流业参与竞争的现有能力，本文主要从物流业产业规模、人力资源和经济实力三个方面选择指标进行衡量，具体如表 5 所示。产业规模指标主要是反映国家物流业拥有的规模水平，包括物流业总额、物流业年产值、货运总量、货物周转量、固定资产投资额这五个指标。竞争实力还应该有人力资本的因素，物流业人力资源指标包括从业人员数、大学文化程度这两个指标。经济实力指标则从宏观经济和经济预期的角度选择指标，这里主要选择 GDP、人均 GDP、进出口总额、GDP 增长率这四个指标。

下文对各个指标做简单的定义与计算说明。物流业总额指参与到物流领域（物流环节）的货物价值，因此从定义看，物流业总额的多少代表了物流业的规模和市场需求，是物流业竞争实力的表现。物流业年产值则是从具体运输行业上分析物流业产值规模的指标，运输行业包括交通运输业、仓储业、邮政业及相应的加工业，物流业年产值反映的是物流业价值创造的过程。货运总量是指在一定计算周期内通过运输的货物总量，包括管道、公路、航运和飞机运输。货物周转量是指在一定时期内，由各种运输工具运送的货物数量与其相应运输距离的乘积之总和，该指标可以反映运输业生产的成果。固定资产投资额是行业的固定资产投资规模的大小。从业人员数和大学文化程度以上的从业人员数都是基于人的指标，其中前者反映的是人员的绝对规模，后者反映的是从事人员的素质指标，可以说是软指标的体现。GDP 和人均 GDP 是反映一个国家经济发展水平的指标，其中 GDP 反映的是绝对经济水平，人均 GDP 则是相对经济水平。进出口总额则是反映国家对外开放水平的重要指标，它也是衡量物流业国际开放度的重要基础。GDP 增长率是本年 GDP 相对于上年 GDP 的增长率情况，反映的是经济增长情况，经济发展越快，从产业相关角度看，物流业的竞争实力也越强。

表5 物流服务贸易竞争实力的评价指标

一级指标	二级指标	三级指标	含义
竞争实力	产业规模指标	物流业总额	反映物流的规模
		物流业年产值	反映物流的产值规模
		货运总量	反映物流的货运规模
		货物周转量	反映物流的营运能力
		固定资产投资额	反映物流业的投资状况
	人力资源指标	从业人员数	反映物流业的人力资源
		大学文化程度以上的从业人员数	反映物流业的高级人力资源
	经济实力指标	GDP	反映一个国家的经济实力
		人均 GDP	衡量一个国家的经济发展水平
		进出口总额	反映一个国家的贸易规模
		GDP 增长率	反映一个国家的经济增长情况

（2）物流服务贸易竞争潜力的评价指标。

物流服务贸易竞争潜力主要反映物流服务贸易参与竞争的潜在能力，本文主要从物流业产业发展、基础设施水平和相关与支持产业三个方面选择指标进行衡量。产业发展的指标有产业增加值增长率、货运量增长率、固定资产增长率、物流总费用，基础设施水平指标有铁路网密度、港口船舶吨位数、机场货物吞吐量，相关与支持产业指标有第一产业增加值、第二产业增加值、批发贸易零售增加值。

表6 对各个指标做简单的定义与计算说明。产业增加值增长率是指本期物流业增加值相对上一期增加值的增长率，反映物流业的增势。货运量增长率是从量的角度计算本期物流货运规模与上一期物流货运规模的相对增长率，反映了运输需求程度。固定资产在物流行业积累下的固定资产水平，其增长率代表固定资产的增速。物流总费用指报告期内国民经济各方面用于社会物流活动的各项费用支出的总和，包括支付给运输、装卸搬运、包装、流通加工、配送等各个物流环节的费用。物流总费用划分为运输费用、保管费用、管理费用。从企业角度看，物流费用为企业的产品经营成本。铁路网密度是铁路营业里程与国土面积之比，反映的是铁路建设的发达程度，铁路网密度越大，认为对物流业有正向效应。港口船舶吨位数是以万吨级舶位数为度量的，

旨在说明主要港口货物装卸储运能力，港口船舶吨位数越大，对物流业越有正效应。机场货物吞吐量是指现有机场的最大货物吞吐量，考察机场的货物运输能力，吞吐量越大，物流业正向效应越强。第一产业增加值是第一产业的产出增加值水平，由于第一产业从产到销过程中要涉及物流运输环节，因此第一产业增加值越多，其物流潜力越大；同样，第二产业增加值是第二产业的产出增加值水平，第二产业即工业的产品销售过程也要经历运输物流，因此第二产业增加值越多，其物流潜力越大。批发贸易零售增加值指的是批发贸易零售业产值的增加部分，由于批发贸易业一般是业主将企业所制造的产品运送到自身区域范围内批发贸易销售，因此其会对物流业产生重要的影响。

表6　物流服务贸易竞争潜力的评价指标

一级指标	二级指标	三级指标	含义
竞争潜力	产业发展	产业增加值增长率	说明物流业的规模发展潜力
		货运量增长率	说明物流业的运输能力发展潜力
		固定资产增长率	说明物流业的固定资产投资的发展潜力
		物流总费用	考察物流流程中所需成本的发展变化
	基础设施水平	铁路网密度	反映的是铁路建设的发展程度
		港口船舶吨位数	考察港口的货物运输能力
		机场货物吞吐量	考察机场的货物运输能力
	相关与支持产业	第一产业增加值	考察第一产业的变化趋势
		第二产业增加值	考察第二产业的变化趋势
		批发贸易零售增加值	考察批发零售业的变化趋势

（3）物流服务贸易竞争能力的评价指标。

竞争能力是指物流服务贸易把竞争实力、竞争潜力转化为实际物流业务中竞争的能力。本文主要从产业效率和国际化程度两个方面选择指标进行衡量。产业效率方面的指标包括劳动生产率、成本利润率、产业增加值占 GDP 的比重、产值增加值占第三产业增加值比重，国际化程度方面的指标包括进出口贸易占国际市场比重、国内生产总值占世界比重和 GDP 增长率与世界平均增长率比值。劳动生产率是物流业增加值（工业行业可能用总产值表示）与从业人员的比值，该指标经常用以衡量行业的劳动效率，也是竞争能力的指标。成本利润率是行业（或企业）利润总额与产业成本的比率，该指标可以反映产业的经营绩效，因此也是竞争能力的体现。产业增加值占 GDP 的比重是指物流业的产业增加值与全国 GDP 的比重，衡量一个国家 GDP 中物流业的比例情况，也反映一个国家的物流业成熟状况。产值增加值占第三产业增加值比重指物流业的产值增加值与第三产业增加值的比值，反映物流业在服务业中的比重状况。进出口贸易占国际市场比重指一国进出口贸易额与世界进出口贸易总额的比例，用以反映我国进出口贸易的规模比较，由于进出口贸易都涉及物流运输过程，因此贸易额越大，说明物流业的竞争能力越高。国内生产总值占世界比重是指一国 GDP 与世界总经济

GDP 的比例，用以反映一个国家的经济规模，经济规模越大，理论上物流的竞争能力会越高。GDP 增长率与世界经济平均增长率比值用一国的 GDP 增长率与世界经济平均增长率比值衡量，其反映的是经济的潜在增长速度，宏观经济增长速度会影响中观行业和微观企业的发展（见表 7）。

表 7　物流服务贸易竞争能力的评价指标

一级指标	二级指标	三级指标	指标含义
竞争能力	产业效率	劳动生产率	反映物流业的工作效率
		成本利润率	反映物流业的获利程度
		产业增加值占 GDP 的比重	反映物流业发展对国民经济的贡献程度
		产值增加值占第三产业增加值比重	反映物流业发展对第三产业的贡献程度
	国际化程度	进出口贸易占国际市场比重	反映我国贸易总量的相对规模
		国内生产总值占世界比重	反映我国经济总量的相对规模
		GDP 增长率与世界平均增长率比值	反映一国经济的发展能力

3. 基于层次分析法的评价指标权重的设定

物流服务贸易建立国际竞争力评价体系后，一方面要通过各种统计途径寻找指标统计数据，另一方面要赋予各个指标权重，这样最终加权得到国家物流业国际竞争力水平。目前的指标权重设定有多种方法，包括模糊评价、主成分分析、层次分析法、主观确定法等。考虑到本文指标较多，但每一层大概是 2~4 个指标，用层次分析法（AHP）更为合适，因此本文在评价体系一级指标、二级指标和三级指标上均用层次分析法确定权重。

层次分析法是一种定性与定量相结合的多目标决策分析方法，为分析相互关联、相互制约的复杂问题提供了一种简单实用的分析方法，它根据问题的性质和要达到的目标分解出问题的组成因素，并按因素间的相互关系将因素层次化，组成一个层次结构模型，然后按层分析，最终获得最低层因素对于最高层（总目标）的重要性权值。下文首先介绍层次分析法的原理，然后根据该方法确定评价企业信用的定性指标的权重。层次分析方法把复杂物流系统问题涉及的因素分组形成有序的层次结构模型，然后通过构造判断矩阵的方式反映每一层次中各因素的相对重要性，并进行一致性检验，具体步骤如下：

（1）建立层次结构模型。

在深入分析决策的问题之后，将问题中所包含的因素划分为目标层、指标层、方案层、措施层，用框图形式说明层次的递阶结构与因素的从属关系。

（2）构造判断矩阵。

从最上层要素开始，依次以上一层某要素作为判断准则，对下一层要素两两比较，建立判断矩阵。记判断矩阵为 B。判断矩阵 B 中的元素 b_{ij} 表示以 A_k 为判断准则，要素 B_i 对 B_j 的相对重要度：

$$b_{ij} = \frac{w_i}{w_j} \qquad (3)$$

式（3）中：w_i、w_j 分别表示要素 B_i、B_j 的重要性量度值。在此，b_{ij} 一般采用萨坦教授提出的 1~9 及其倒数的标度方法。

（3）计算权向量。

我们还需找到求解某一层上不同元素对相邻上一层的各元素所产生影响的方法，通常采用一种近似计算方法——方根法，其计算步骤为：

第一步，求判断矩阵 B 每行元素之积 M_i：

$$M_i = \prod_{i=1}^{n} b_{ij} \quad (1,\ 2,\ \cdots,\ n) \qquad (4)$$

第二步，计算 M_i 的 n 次方根 $\overline{w_i}$：

$$\overline{w_i} = \sqrt[n]{M_i} \qquad (5)$$

第三步，对向量 $w = (\overline{w_1},\ \overline{w_2},\ \cdots,\ \overline{w_n})^T$ 归一化，求得向量 $w = (\overline{w_1},\ \overline{w_2},\ \cdots,\ \overline{w_n})^T$，归一化结果就是 B_i 关于 A_k 的相对重要度（权重）w_i，即权重向量：

$$w_i = \frac{\overline{w_i}}{\displaystyle\sum_{i=1}^{n} \overline{w_i}} \quad (i=1,\ 2,\ \cdots,\ n) \qquad (6)$$

（4）一致性检验。

在层次分析法实际工作中，由于人们认识上的多样性和客观因素的复杂性会产生各种不同看法，每个判断矩阵具有完全的一致性是不可能的。特别是对于因素多、规模大的问题。因此需要对判断矩阵进行一致性检验判断层次分析法所得的结果是否基本合理，一般认为，1 或 2 阶判断矩阵总是具有完全一致性的（具体的一致性检验步骤此处不再详细写明，可参见相关书籍）。

（三）我国物流服务贸易国际竞争力评价结果

在建立了国家物流服务贸易的国际竞争力评价体系后，就需要选取数据进行竞争力的定量计算，由于本文竞争力选择的指标较多，因此在这里不再对各个指标进行详细的统计描述，主要计算我国物流业国际竞争力的趋势。

为保持跟上文一致，本文的数据期间仍然选择 2004~2013 年（由于目前 2015 年《中国统计年鉴》未出，2014 年数据缺失）。由于各个指标数据值存在数量级差异，因此为避免因数据量级导致指标计算时的权重影响，需要对各个指标进行标准化处理，标准化过程公式为：

正指标：$Y_{ij} = \dfrac{X_{ij} - \min(X_j)}{\max(X_j) - \min(X_j)}$

逆指标：$Y_{ij} = \dfrac{\max(X_j) - X_{ij}}{\max(X_j) - \min(X_j)}$ \qquad (7)

在得到指标数值后就要对指标进行权重设定，根据前面介绍本文采用层次分析法对各级的指标确定指标的权重，考虑到评价系统层级和指标较多，因此下文只以物流竞争潜力（一级指标）的产业发展（二级指标）下的三级指标作为案例进行层次法权重确定的说明。

首选建立判断矩阵，如表8所示。

表8 判断系数矩阵

A₂	产业增加值增长率	货运量增长率	固定资产增长率	物流总费用
产业增加值增长率	1	1	2	3
货运量增长率	1	1	2	3
固定资产增长率	1/2	1/2	1	3/2
物流总费用	1/3	1/3	2/3	1

通过上面的 AHP 权重计算方法求权重向量：

$$\overline{w}_1 = \sqrt[4]{1 \times 1 \times 2 \times 3} = 1.5651$$

$$\overline{w}_2 = \sqrt[4]{1 \times 1 \times 2 \times 3} = 1.5651$$

$$\overline{w}_3 = \sqrt[4]{1/2 \times 1/2 \times 1 \times 3/2} = 0.7825$$

$$\overline{w}_4 = \sqrt[4]{1/3 \times 1/3 \times 2/3 \times 1} = 0.5217$$

经归一化处理，求得归一化估计权重为：

$$w = [0.3529 \quad 0.3529 \quad 0.1765 \quad 0.1176]$$

现按一致性检验步骤对判断矩阵权重结果进行检验。首先计算 BW 向量和最大特征根：

$$B_0 \cdot W_0 = \begin{bmatrix} 1 & 1 & 2 & 3 \\ 1 & 1 & 2 & 3 \\ 1/2 & 1/2 & 1 & 3/2 \\ 1/3 & 1/3 & 2/3 & 1 \end{bmatrix} \cdot \begin{bmatrix} 0.3529 \\ 0.3529 \\ 0.1765 \\ 0.1765 \end{bmatrix} = \begin{bmatrix} 1.4118 \\ 1.4118 \\ 0.7059 \\ 0.4706 \end{bmatrix}$$

$$\lambda_{max} = \sum_{i=1}^{n} \frac{(BW)_i}{nW_i} = \frac{1.4118}{4 \times 0.3529} + \frac{1.4118}{4 \times 0.3529} + \frac{0.7059}{4 \times 0.1765} + \frac{0.4706}{4 \times 0.1176} = 4.00$$

根据 CI 计算公式得：$CI = \frac{\lambda_{max} - n}{n - 1} = \frac{4.000 - 4}{4 - 1} = 0.00 < 0.1$，因此通过一致性检验。

实际求解过程中可以用 matlab 软件计算。

根据 AHP 方法的步骤，可以计算得出整个物流服务贸易国际竞争力评价系统的指标权重，具体如表9所示。

在得到指标权重后，计算各个指标 2004~2013 年的标准化值，其中表10是物流业国际竞争实力指数，表11是物流业国际竞争潜力指数，表12是物流业国际竞争能力指数。从表10可以看到，竞争实力下的我国物流业的产业规模、人力资源、经济实力基本上呈现逐年递增的趋势，通过加权得到的物流业国际竞争实力也呈现上升趋势。

表 9　各级指标权重值

一级指标	二级指标	三级指标
竞争实力 0.5396	产业规模指标 0.5472	物流业总额 0.3197
		物流业年产值 0.3197
		货运总量 0.1836
		货物周转量 0.1091
		固定资产投资额 0.0680
	人力资源指标 0.2631	从业人员数 0.5000
		大学文化程度 0.5000
	经济实力 0.1897	GDP 0.3529
		人均 GDP 0.1176
		进出口总额 0.3529
		GDP 增长率 0.1765
竞争潜力 0.1634	产业发展 0.4000	产业增加值增长率 0.3529
		货运量增长率 0.3529
		固定资产增长率 0.1765
		物流总费用 0.1176
	基础设施水平 0.4000	铁路网密度 0.1634
		港口船舶吨位数 0.5396
		机场货物吞吐量 0.2970
	相关与支持产业 0.2000	第一产业增加值 0.3333
		第二产业增加值 0.3334
		批发贸易零售增加值 0.3333
竞争能力 0.2970	产业效率 0.3333	劳动生产率 0.3529
		成本利润率 0.3539
		产业增加值占 GDP 的比重 0.1765
		产业增加值占第三产业增加值比重 0.1176
	国际化程度 0.6667	进出口贸易占国际市场比重 0.5396
		国内生产总值占世界比重 0.2970
		GDP 增长率与世界平均增长率比值 0.1634

表 10　物流服务贸易国际竞争实力指数的趋势

年份	产业规模	人力资源	经济实力	竞争实力
2004	0.0000	0.0409	0.0660	0.0233
2005	0.0789	0.0135	0.1745	0.0798
2006	0.1668	0.0360	0.3001	0.1577
2007	0.2899	0.0939	0.4538	0.2694
2008	0.4016	0.1335	0.4151	0.3336
2009	0.4759	0.1827	0.3709	0.3789
2010	0.6236	0.1990	0.5850	0.5046
2011	0.7695	0.3292	0.7115	0.6427
2012	0.8966	0.3729	0.7367	0.7285
2013	0.9939	1.0000	0.8239	0.9633

从表11可以看到，竞争潜力下的我国物流服务贸易的基础设施水平、相关与支持产业基本上呈现逐年递增的趋势，产业发展变化趋势并没有呈现特定规律，而通过加权得到的物流业国际竞争潜力则呈现普遍的上升趋势。

表11　物流服务贸易国际竞争潜力指数的趋势

年份	产业发展	基础设施水平	相关与支持产业	竞争潜力
2004	0.6633	0.0000	0.0000	0.2653
2005	0.5714	0.1330	0.0471	0.2912
2006	0.6049	0.1850	0.1126	0.3385
2007	0.7393	0.2702	0.2316	0.4501
2008	0.6506	0.3836	0.3636	0.4864
2009	0.4481	0.5214	0.4158	0.4710
2010	0.7510	0.6780	0.5742	0.6864
2011	0.7247	0.7945	0.7614	0.7600
2012	0.5763	0.8813	0.8811	0.7592
2013	0.3629	1.0000	1.0000	0.7452

　　从表12可以看到，竞争能力下的我国物流服务贸易的产业效率、国际化程度呈现逐年上升的趋势，通过加权得到的物流服务贸易国际竞争潜力则呈现普遍的上升趋势。

表12　物流服务贸易国际竞争能力指数的趋势

年份	产业效率	国际化程度	竞争能力
2004	0.2941	0.0000	0.0980
2005	0.3695	0.1497	0.2229
2006	0.4148	0.1888	0.2641
2007	0.4638	0.3029	0.3566
2008	0.4738	0.4349	0.4479
2009	0.4193	0.5282	0.4919
2010	0.4993	0.5814	0.5540
2011	0.5804	0.6730	0.6421
2012	0.6599	0.7796	0.7397
2013	0.6401	0.8739	0.7960

　　在得到物流服务贸易国际竞争实力、竞争潜力和竞争能力三个方面的指数后，可以最终加权得到我国物流服务贸易的国际竞争力指数，具体指数趋势如图5所示。从图5看到我国物流服务贸易国际竞争力呈现逐年线性上升的趋势，说明我国物流服务贸易参与国际竞争的综合力逐年增加。从具体构成的三个因子看，竞争实力有加快上升的趋势，2010年以来要比2010年以前发展更快；竞争能力则与综合国际竞争力有相同的趋势，有线性上升的特征；竞争潜力呈现S型的趋势，在2004~2008年上升，2009年受金融危机影响有所回落，2010~2011年受国家对物流业产业振兴规划出台的

影响，物流业得到潜在发展优势，但 2012~2013 年又有所下降。

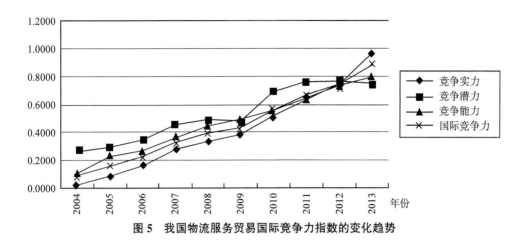

图5 我国物流服务贸易国际竞争力指数的变化趋势

三、我国物流服务贸易参与国际竞争对策

经济全球化背景下，各个行业都希望能走出国门，获取海外更多的业务和发展机遇。物流服务业国际竞争策略需要政府、行业协会、企业三个层面采取各自的措施，然后系统性结合形成合力，以行业战略性进攻姿态，统筹规划，系统布局，依次递进融入国际市场。

（一）政府促进物流贸易的发展策略

1. 完善政策

目前国务院及相关部门已制定了较多促进物流业发展和"走出去"的政策，然而企业在落实方面困难重重，在某些地区甚至没有接口物流业的政府部门，导致物流业有优惠政策而没法落实。另外，到目前为止，还缺乏针对物流业的正式法律文件，只有一些简单的规范性条例，这使得整体物流行业运行并不规范，恶性竞争多，市场监管不力。为此，国家要在两个方面采取措施，一是加大与物流业"走出去"配套的政策扶持；二是制定物流业法律、完善相应规章制度，保护物流企业"走出去"的正当权益。

2. 制定标准

物流作为一个新兴生产性服务业，近几年发展迅速，然而针对其的行业标准化工作仍存在较大的缺陷，主要体现在制定内容和推广执行中，如跟国际化联系紧密的国际标准比例偏低，这主要是因为我国在长期计划经济体制下，行业标准制定中较少考虑与国际标准的一致性。这就导致物流企业在实施国际化业务时容易不符合国际标准，增加了物流企业成本，也为我国国际贸易设下障碍。为此，国家标准局应该加快制定和完善合适合理的行业标准，为企业海外拓展奠定强有力的基础。

3. 推进改革

目前包括中国远洋在内的国有企业都出现了较大程度的亏损，这不仅是由于企业庞杂冗余，也是因为在国有体制下，企业对市场的反应不能及时地采取有针对性的措施，如对于持续亏损的项目和过多冗余的人员，企业碍于责任和实行地方就业保护机制，难以实施高效治理。而国企改革的优点不单是真正放权给企业，更重要的是可以加速国企与国企合并，从而使在国际竞争中避免国内企业间的竞争，一致对抗国外大型物流企业。

（二）物流行业协会促进国际化战略

1. 鼓励企业"走出去"

物流业协会可以建立物流行业战略联盟，将有意向或有条件的物流企业纳入一个"走出去"战略同盟中，以供应链方式参与国际竞争。企业间可以利用优势互补，如地理优势、人才优势、设备优势，通过降低成本和高效化以及第三方物流模式运作来对抗外部企业的竞争。

2. 提高准入门槛

2005 年底，中国践行加入 WTO 时的承诺，正式对外开放物流行业。物流行业的开放，使得外资企业纷纷进入中国，打算从物流市场中分一杯羹，这将使得国内物流企业的服务贸易物流减少，也不利于国内物流企业"走出去"。行业协会和与商务部等制定方案，提高国外物流企业的准入门槛，保护国内物流企业。

3. 倡导协作

行业协会可以加大各个制造业行业协会、贸易行业协会与物流行业协会的合作，来促进制造业企业、贸易公司与物流企业的合作，倡导国内制造业企业在出口产品以及贸易公司进口国外产品时，优先选择国内物流公司，帮助国内物流企业有"走出去"的业务基础。

（三）物流服务贸易企业参与国际竞争策略

1. 抓住"一带一路"机遇

在"一带一路"战略进入全面实施阶段后，在本国发展到一定规模后，很多物流公司会考虑融入国际化业务，这也是现阶段我国的国家战略，应当支持。目前总体上我国物流企业规模和业务高级化上都低于欧美、日本水平，因此企业也面临着巨大的压力。但这并不表示企业没有能力"走出去"，物流企业必须坚定信心，重在新兴市场抢占先机，为后续的全球化发展奠定根基。

2. 完善国际竞争制度建设

普遍来看，目前我国物流企业规模小、制度建设不完善，这在国际化中将处于劣势地位。为此，物流企业要加强自身建设，包括国际化业务人才培养，熟悉国际化中政治、法律、市场等各项因素，熟悉税率、汇率、海关、交单等各项业务流程，建立网络平台系统，以国际化眼光经营物流，更加注重管理和风控（李金铠，2008；张祥，2013）。

3. 选准国际竞争定位

现阶段多元化发展成为大型企业的营业模式之一，然而部分学者基于研究发现多元化发展反而会减损企业的长期成长。对于物流企业而言，国际化发展中势必将会带来业务多元化，航运、陆运、货代、空运等都会纳入营业范围，但是很多大型物流企业的经验表明多元化发展尽管给企业营收带来了增长，但利润却下降了。因此物流企业高额投资自己未经涉足的领域，需要在"走出去"前进行定位分析（欧阳强斌，2009；方芳和舒良友，2007）。

参考文献

［1］陈玲. 我国物流企业国际化经营战略探讨［J］. 企业经济，2010（4）.

［2］方芳，舒良友. 我国物流国际化进程中的风险防范［J］. 物流科技，2007（9）.

［3］李金铠. 我国现代物流产业竞争态势分析：基于国际化视角［J］. 商业经济与管理，2008（7）.

［4］李莉，董红，刘赫男. 现代物流产业国际竞争力生产模型的构建研究［J］. 物流技术，2007，26（8）.

［5］李莉，薛冬辉. 基于模糊分析方法的我国物流产业国际竞争力评价研究［J］. 中国机械工程，2010（12）.

［6］欧阳强斌. 现代国际化物流企业形成机理及培育研究［J］. 广东财经职业学院学报，2009（2）.

［7］申亮，董千里，刘睿君. 对外开放门槛、物流业与制造业生产效率［J］. 技术经济与管理研究，2014（11）.

［8］孙晓梅. 现代物流发展的国际化趋势［J］. 商业经济，2011（2）.

［9］张丽娜. 我国现代物流业国际竞争力研究［D］. 太原：山西财经大学，2010.

［10］张祥. 我国企业国际化经营及其绩效研究［D］. 成都：西南财经大学，2013.

（中国社会科学院研究生院　张奇博士研究生、刘琦博士研究生）

中国计算机与信息服务贸易国际竞争战略研究

随着全球化、信息化的日益加深，计算机与信息服务日益成为世界经济的新驱动力量。我国计算机与信息服务业以服务外包为主承接国际服务合同，国际化水平和国际市场占有率日渐提升。2014 年，我国计算机与信息服务出口额 183.6 亿美元，占世界计算机与信息服务出口总额的 8.50%，居世界第四位。在总量指标上，中国计算机与信息服务行业在合同执行额上有所突破，2014 年，服务外包企业承接服务外包执行金额达 813.37 美元，承接离岸服务外包执行金额 364.84 亿美元，较 2008 年年均增幅超过 30%，成为全球第二大服务外包接包国。其中信息技术外包（ITO）执行金额达 449.16 亿美元，同比增长 24.76%，离岸信息技术外包执行金额为 293.49 亿美元，同比增长 18.32%。

但是与电子信息制造业相比，计算机与信息服务业在我国贸易结构中所占份额较小，且我国计算机与信息贸易竞争力指数和显示性比较优势指数表明，我国计算机与信息服务的整体竞争力处于国际水平的"第二梯队"，技术水平较为薄弱，尚未形成国际竞争中的关键竞争力，也不具有较强国际市场份额的领导企业，国际化水平与世界信息服务发达的国家相比仍有不足。在外包专业化国际联合会（IOAP）公布的 2015 年全球服务外包企业百强中，中国企业中有文思海辉、浙大网新等企业上榜。结合互联网经济的快速发展与国际贸易规则改变等发展新趋势，我国计算机与信息服务贸易应明确贸易开放承诺，更好地将国外服务"引进来"，同时减少出口贸易壁垒，助力信息服务企业"走出去"，运用互联网思维扩大数字经济影响力，以服务外包带动信息化建设，开拓新的市场空间。

一、我国计算机与信息服务贸易国际竞争力分析

（一）总体国际竞争力分析

2014 年，中国计算机与信息服务出口额为 183.6 亿美元，比 2013 年增长 19%；进口额为 85 亿美元，比 2013 年增长 42%。2003~2014 年，中国计算机与信息服务贸易出口额从 11.2 亿美元增长到 183.6 亿美元，年均增长 38.2%，占中国服务贸易出口总额的比重由 2.4%增长到 8.5%；进口额从 10.4 亿美元提高到 85 亿美元，年均增长超过 20%，占中国服务贸易进口总额的比重由 1.9%增长到 2.2%；2003 年以来，中国计算机与信息服务贸易连年顺差，2014 年顺差额达到 98.6 亿美元（见图 1）。

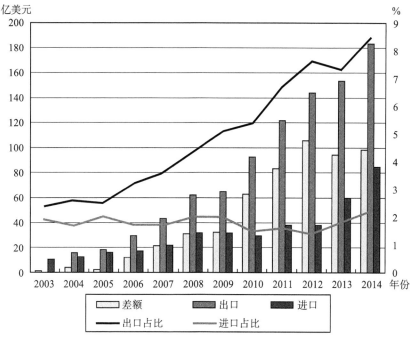

图 1　2003~2014 年中国计算机和信息服务进出口情况

资料来源:《中国商务年鉴》。

截至 2014 年底, 中国软件出口执行金额达到 300.58 亿美元, 其中软件产品出口 7.09 亿美元, 系统软件出口收入 2.34 亿美元, 支撑软件出口收入 0.05 亿美元, 应用软件出口 4.7 亿美元, 离岸 ITO 收入 293.49 亿美元。各项主要指标中, 外商独资企业所占比重达 30% 以上。

(二) 分行业国际竞争力分析

1. 信息技术外包

信息技术外包 (IT Outsourcing, ITO) 是跨国发包企业将自身的信息化建设等流程交付给专业的信息技术接包企业来完成。ITO 一般包括以下内容: 信息化规划及咨询、设备和软件选型、网络系统和应用软件系统建设、系统网络的日常维护管理和升级等。ITO 的普及为企业实现业务流程数字化, 提高企业工作效率, 节约信息化成本提供了巨大帮助。

中国的 ITO 业务起步较早, 当前正处于高速发展期。2007 年, 中国 ITO 的业务总额达 77 亿美元, 增长 23.3%。其中, 市场份额最大的为系统集成、硬件产品支持与软件定制。到 2014 年, ITO 业务规模已达 449.16 亿美元, 占产业总规模的 55.22%, 同比增长 24.76% (见图 2)。中国 ITO 业务占服务外包的比重一度超过 60%。截至目前, 中国已超过印度, 位列全球离岸 ITO 接包国排名第一位, 其主要原因除了政府政策支持和人力资源优势外, 还源于东软集团、文思海辉等大型服务外包公司的实力及品牌效应不断壮大。目前, 中国软件服务产业的整体收入额只占 GDP 的 0.2%, 而在美国已达到 1.5%。因此，可以预计在未来 5 到 10 年中，中国的软件服务产业还将继续以超过 GDP 增长的速度发展，以便达到国民经济结构的均衡状态，由此可见，中国的 ITO 业务还有很大提升空间。

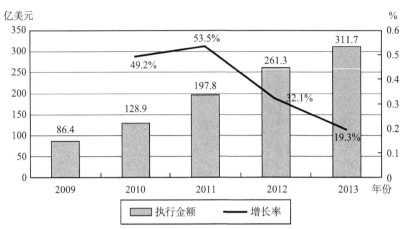

图 2　中国离岸 ITO 合同金额规模增长趋势

资料来源：《中国服务外包发展报告》。

作为 ITO 的重要组成部分，中国从发展之初就十分重视离岸 ITO 的发展（见图 3）。中国离岸 ITO 从 2008 年的 32.1 亿美元到 2015 年已经达到 404.6 亿美元，8 年间名义收入额增长了 10 倍多。同比增长率经历了初期超过 50% 的迅速增长，近几年增速基本超过 30%，但是增长率正在逐渐回落。2014 年世界总 IT 支出达 3.8 万亿元，同比增长 3.6%（张瑞丽和刘剑，2013）。世界经济的缓慢复苏和需求持续低迷将影响中国离岸 ITO 的发展，但是在国内信息化投资和信息消费需求的推动下，软件整体产业运行将在

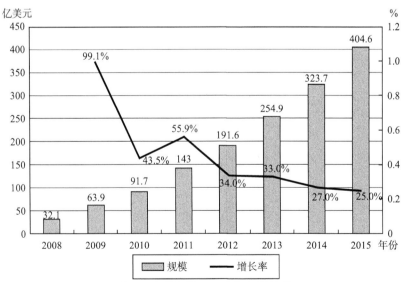

图 3　中国离岸 ITO 市场规模趋势

资料来源：IDC 公司网站，http://www.idc.com。

2016 年稳中有落的基础上延续缓中趋稳态势，预计全年增速将在 22%~25%。

2. 云计算

云计算是基于互联网的相关服务的增加、使用和交付模式，通常涉及通过互联网来提供动态易扩展且虚拟化形态的资源。在电信服务业与计算机服务业，电信基础设施如服务器与网络控制设备，通常在演示图中以"云"的形式出现，表现形态多样且复杂，云计算这一概念就从这种演示中抽象得来。云计算是通过网络提供可伸缩的廉价的分布式计算能力，代表了以虚拟化技术为核心、以低成本为目标的动态可扩展网络应用基础设施，是近年来最有代表性的网络计算技术与模式。

云计算服务，即云服务，是指通过云计算系统提供的计算机与信息服务，是可以拿来作为服务提供使用的云计算产品，包括云主机、云空间、云开发、云测试和综合类产品等。从这一定义来看，云计算服务是依靠云计算技术，将大量用网络连接的计算资源统一管理和调度，构成一个计算资源池向用户按需提供的服务。计算能力以服务的形式外包，是云计算服务的本质特点。云外包应运而生，代表应用云计算服务将计算机与信息服务外包集中处理的外包模式，是基于云计算商业模式应用的服务外包资源与平台的总称。在云服务平台下，众多的服务外包资源云整合成外包资源池，通过云管理系统提供外包服务，达到灵活和便利的目的，也可以降低成本和提高效率。全球云计算市场规模示意图如图 4 所示。

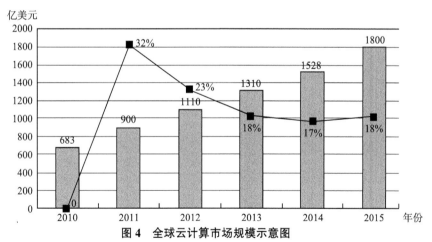

图 4　全球云计算市场规模示意图

资料来源：赛迪智库，中国银河证券研究部。

云计算建设与云外包发展的浪潮说明，计算机与信息服务业的整体竞争优势正转化为产业发展与信息化建设的推动力量。目前，我们正处于云计算技术带来的信息技术第三次革命浪潮的开端，云计算可以提高社会生产力，推动社会整体信息化，并彻底颠覆目前的商业模式及体系。从产业的角度，20 世纪 90 年代"千年虫"给印度服务外包企业带来发展机遇，现在中国服务外包产业和企业迎来了超过传统外包强国的契机。在云外包的时代，外包产业将从"直线式"、"平面式"走向"矩阵式"，分工变得越来越细、越来越专，产业形态从线性走向平面、立体。云外包最重要的是服务，没有应用就没有服务。这会催生新的资源优化、新的模式和产业分工。

3. 互联网+

"互联网+"是创新 2.0 下的互联网发展的新业态，是知识社会创新 2.0 推动下的互联网形态演进及其催生的经济社会发展新形态。"互联网+"是互联网思维的进一步实践成果，它代表一种先进的生产关系，推动经济形态不断地发生演变，从而带动社会经济实体的生命力，为改革、创新、发展提供广阔的网络平台。

中国掀起了第三次产业革命的浪潮。随着中国互联网市场规模的不断扩大以及政策支撑，"互联网+"具有长足发展的趋势。2015 年中国互联网市场规模实现了较 2011年十倍以上的增长，预计 2017 年规模呈现翻倍式增长。李克强总理提出，"互联网+"作为中国经济新常态下产业转型的方向，被列入国家顶层设计方案。而"互联网+"的纵深发展，也带动了传统产业的升级换代，大大提高了产业的生产效率。

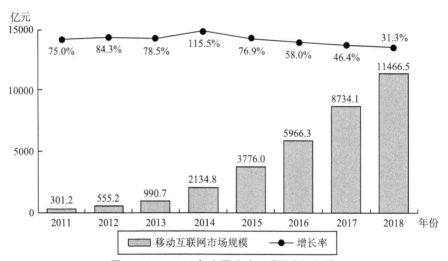

图 5　2011~2018 年中国移动互联网市场规模

资料来源：中信证券。

"互联网+金融"改写了金融业竞争的格局。从组织形式上看，这种结合至少有三种方式。第一种是互联网公司做金融：如果这种现象大范围发生，并且取代原有的金融企业，那就是互联网金融颠覆论。第二种是金融机构的互联网化。第三种是互联网公司和金融机构合作。

（三）我国计算机与信息服务贸易国际竞争力测算

计算机与信息服务贸易竞争力是指一个国家或地区以经济全球化为背景，以提高国民收入和生活水平为目的，其计算机与信息服务业参与国际竞争，创造增加值并保持良好的国际收支平衡的能力，从产业角度出发研究我国计算机与信息服务贸易的国际竞争力水平，主要分为市场占有率、贸易竞争力指数和显示性比较优势指数三种方法。

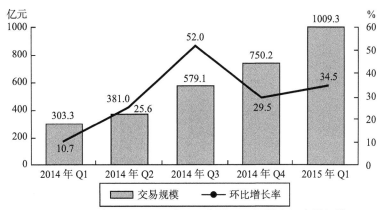

图6　2014 年 Q1 至 2015 年 Q1 中国 P2P 网贷市场交易规模

注：P2P 网贷市场指 P2P 用户在线上实现交易的市场，用户类型、交易额度、产品类型、产品期限等暂未区分，数据由企业调研、系统抓取及易观智库方法论估算获得，易观智库会根据最新信息对历史数据进行微调。
资料来源：中信证券。

1. 行业国际市场占有率

计算机与信息服务贸易国际市场占有率为该国计算机与信息服务出口占世界计算机与信息服务出口总额的比重，从整体上反映一国计算机与信息服务出口的国际竞争力。我国计算机与信息服务国际市场占有率如表 1 所示。

表 1　2007~2013 年我国计算机与信息服务出口额及国际市场占有率

年份	中国计算机与信息服务出口额（亿美元）	世界计算机与信息服务出口额（亿美元）	市场占有率（%）
2007	43.45	1568.40	2.77
2008	62.52	1950.89	3.20
2009	65.12	1891.60	3.44
2010	92.56	2111.63	4.38
2011	121.82	2397.45	5.08
2012	144.54	2282.31	6.33
2013	154.30	2378.17	6.49

资料来源：联合国国际贸易中心（ITC）。

从表 1 来看，我国计算机与信息服务贸易的国际市场占有率正在逐步稳定提高，2013 年我国计算机与信息服务出口额为 154.3 亿美元，位居世界第四位，占世界计算机与信息服务出口总额的 6.49%，国际市场占有率较 2007 年提高了 3.72 个百分点，整体上呈现增长趋势，反映出我国计算机与信息服务业的国际竞争力日益提高。

2013 年世界计算机与信息服务贸易出口额排名前五的国家依次是印度、爱尔兰、德国、中国和英国，从图 7 中的国际比较来看我国计算机与信息服务的国际市场占有率虽然呈现增长的态势，但是与印度、爱尔兰等信息服务强国相比仍有较大差距。

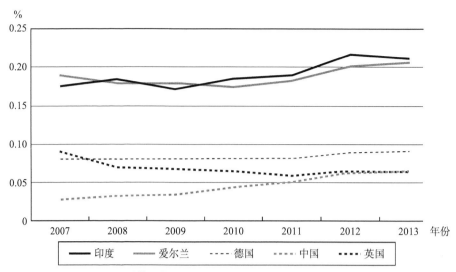

图7 计算机与信息服务贸易出口市场占有率国际比较

资料来源：联合国国际贸易中心（ITC）。

2. 贸易竞争力指数分析

贸易竞争力指数（Trade Competitive Power Index，TC）是一国计算机与信息服务进出口贸易差额占进出口总额的比重。该指标反映该国的计算机与信息服务生产效率，若TC值大于零，则说明该国的计算机与信息服务生产效率较高，具备竞争优势；反之亦然，但该指数并不能代表在世界市场上的影响力。本文根据联合国国际贸易中心2013年计算机与信息服务出口排名前五的国家进行比较，如图8所示。

TC指数可以表示为：

$$TC = \frac{E - I}{E + I} \tag{1}$$

其中E表示出口额，I表示出口额。

从图8来看，我国计算机与信息服务的TC指数高于英国与德国，近年呈现稳步上升趋势，但与印度、爱尔兰有较大差距。印度贸易竞争力指数在2007~2013年呈现上升趋势，爱尔兰贸易竞争指数保持平稳较高水平，我国与这两大传统信息服务大国的TC指数差距显著，表明我国计算机与信息服务的整体竞争力处于国际水平的"第二梯队"，据国际领先优势还有较大距离。

3. 显示性比较优势指数

显示性比较优势指数（Revealed Competitive Advantage，RCA）由巴拉萨于1976年提出，根据显示性比较优势原理，RCA指数可以反映一国某产业贸易的比较优势。计算机与信息服务贸易RCA指数可以通过计算机与信息服务在该国出口中所占的份额与世界服务贸易中该服务占世界服务贸易总额的份额之比来表示。若计算机与信息服务贸易RCA指数大于1，则表示该国计算机与信息服务在国际市场上具有比较优势。与国际市场占有率指标相比，该指数剔除了国家总量和世界总量波动的影响。

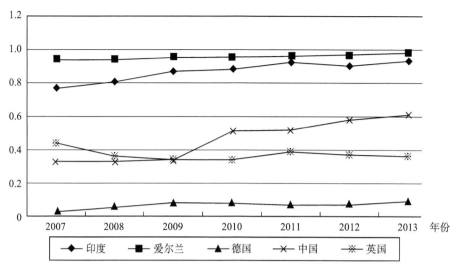

图8　计算机与信息服务贸易 TC 指数国际比较

资料来源：联合国国际贸易中心（ITC）。

RCA 指数可以表示为：

$$RCA_{ij} = \frac{X_{ij} / X_{tj}}{X_{iw} / X_{tw}} \tag{2}$$

其中，X_i 表示国家 j 出口产品 i 的出口值，X_{ij} 表示国家 j 的总出口值，X_{iw} 表示世界出口产品 i 的出口值，X_{tw} 表示世界总出口值。

从图 9 来看，我国计算机与信息服务贸易的 RCA 指数在 2009 年之前小于 1，但一直呈现上升的趋势，2010 年至今，RCA 指数一直处于 1 以上，可见我国计算机与信息服务在国际市场上的竞争优势逐渐加强，在国际比较中，RCA 指数基本上与 TC 指数反映了相同结论，印度、爱尔兰等传统信息服务大国的 RCA 指数一直保持在 5 以上的

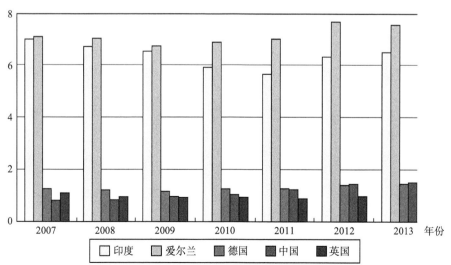

图9　计算机与信息服务贸易 RCA 指数的国际比较

资料来源：联合国国际贸易中心（ITC），并进行加工整理。

水平，我国计算机与信息服务的 RCA 指数处于"第二梯队"，与印度、爱尔兰有一定差距。这反映出我国计算机与信息服务业具有一定的比较优势，但是在国际贸易中仍不处于绝对优势地位。

由以上计算机与信息服务竞争力的横向和纵向比较中，可以看出：我国计算机与信息服务贸易竞争力在人力资本优势和政策扶持的共同作用下呈现逐步上升的趋势，但贸易竞争力与传统信息服务大国相比差距显著，在国际比较中处于"第二梯队"。

4. 我国计算机与信息服务贸易的出口潜力测算

加入世界贸易组织以后，我国实现了贸易自由化与多边规则全面接轨，对外贸易额飞速增长，国际贸易地位逐渐提高。计算机与信息服务业在对外贸易中，出口额及贸易顺差逐渐扩大，我国成为全球化信息服务的重要受益者。然而次贷危机与信息技术发展这两股力量，在近年间引发了国际贸易大幅变动，而且对国际贸易格局产生了重要影响。自 2007 年以后，我国对外贸易转向出口不足，对亚洲近邻的市场拓展相对滞后。因而在当前阶段，在全球经济保持稳步回升的过程中，综合出口潜力成为衡量行业发展形势的关键成长性指标。

（1）出口潜力指数的计算方法。

根据技术含量计算出口收入指数，进而建立计算机与信息服务贸易相对出口潜力的模型，测评我国计算机与信息服务在国际计算机与信息服务市场中所获得的相对利益的大小。

首先，确定各国计算机与信息服务贸易的显示性比较优势指数：

$$RCA = \frac{X_{ij} / \sum_{i=1}^{m} X_{ij}}{\sum_{i=1}^{n} X_{ij} / \sum_{i=1}^{n} \sum_{j=1}^{m} X_{ij}} \tag{3}$$

其中，$\sum_{i=1}^{m} X_{ij}$ 为 i 经济体 m 种服务的总出口额；$\sum_{i=1}^{n} X_{ij}$ 为 n 个经济体第 j 种服务的总出口额；$\sum_{i=1}^{n} \sum_{j=1}^{m} X_{ij}$ 为 n 经济体 m 种服务的总出口额。

其次，确定显示性比较优势指数经过权重方式处理后的值为：

$$rca_{ij} = \frac{RCA_{ij}}{\sum_{i=1}^{n} RCA_{ij}} \tag{4}$$

根据出口技术含量理论，国民收入越高，则出口产品技术含量也越高，所以计算机与信息服务的出口收入指数可表示为：

$$EI_{ij} = r_{ij} \times Y_i \tag{5}$$

其中 Y_i 表示该国人均国民收入。

最后计算五国计算机与信息服务平均出口收入指数：

$$AEI_{ij} = \sum_{i=1}^{n} \left(\frac{x_j}{X_{wj}} \times EI_{ij} \right) \qquad (6)$$

其中，x_j 为某国的 j 服务出口额，X_{wj} 为五国 j 服务的总出口额。

最终测算某国在"五国"模型中出口收入份额，即分配的相对出口利益大小为：

$$F_{ij} = \frac{EI_{ij} \times (x_j / X_{wj})}{AEI_{ij}} \times 100\% \qquad (7)$$

（2）出口潜力指数的数据与计算。

本文建立出口潜力"五国"模型，采取 2012 年世界计算机与信息服务贸易出口额排名前五的国家，包括印度、爱尔兰、德国、中国与英国，数据选取区间为 2007~2013 年。其中 rca_{ij} 数据如图 10 所示，各国人均国民收入水平数据如表 2 所示。

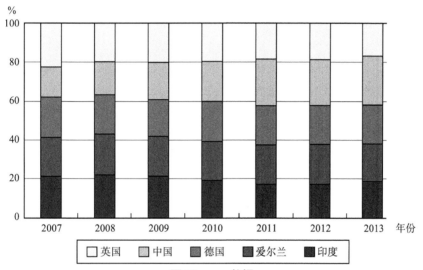

图 10　rca$_{ij}$ 数据

资料来源：ITC 各国计算机与信息服务贸易出口数据统计，并进行计算。

表 2　各国人均国民收入水平

单位：美元

国家 ＼ 年份	2007	2008	2009	2010	2011	2012	2013
中国	2480	3050	3610	4240	4900	5870	6710
德国	39440	42470	42550	43300	44560	46680	47240
印度	960	1050	1170	1290	1450	1500	1530
英国	44730	46010	41150	38390	38140	41010	42050
爱尔兰	48540	49700	44680	41800	39850	42160	44450

资料来源：世界银行数据库。

经过计算，可以得出在这五个国家组成的计算机与信息服务市场当中，每个国家的计算机与信息服务贸易出口收入份额，即每个国家计算机与信息服务出口潜力，结果如图 11 所示。

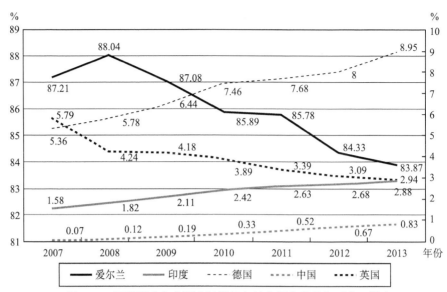

图 11　五国模型中各个国家计算机与信息服务贸易相对出口潜力

（3）我国计算机与信息服务贸易出口潜力指数的分析。

经过以上的测算，从图 11 中可以看出，我国计算机与信息服务贸易的出口潜力从 2007 年的 0.07% 上升至 2013 年的 0.83%，相对出口潜力呈现一定的上升趋势，这表明我国计算机与信息服务获得的出口利益持续增加，但我国所获取的出口潜力与五国模型中的其他四国相比，仍存在着较大的差距。从出口利益指数的角度看，我国的计算机与信息服务贸易出口潜力地位与出口规模并不对称，由此可见，我国计算机与信息服务只是信息服务"大国"，而非信息服务"强国"。我国计算机与信息服务业在核心技术等领域与发达国家的差距，仅依靠传统劳动力资源禀赋扩大市场规模，使出口潜力相对于其他出口国偏低。这说明我国计算机与信息服务竞争力呈现上升趋势，但竞争优势与发达国家相比仍有较大差距，同时也印证了信息服务与信息外包中人力资源的优势逐渐被技术优势替代，需要进一步提高创新水平以增加出口利益。

二、计算机与信息服务贸易的出口潜力研究

作为开放所能获得的我国经济社会发展的有利结果，研究计算机与信息服务贸易出口战略需综合考虑经济社会各方面影响。对于计算机与信息服务业而言，开放带来了贸易进出口额的增长，国外来华投资额的增加和国内外信息服务需求的扩大。同时，计算机与信息服务业技术创新能力的提高，有助于改善产业结构，促进经济结构转型升级；信息安全保障水平的提高，能够增加社会稳定因素；消费者信息服务权益的获得，既改善了消费结构，带来经济结构改善的有利因素，又提高了居民满足感，有助于社会结构的优化。所以，研究计算机与信息服务贸易的出口战略，应当从经济发展层面、扩大需求层面、技术创新层面以及信息安全层面等方面来综合考虑。

第五部分　中国服务贸易热点问题研究

（一）经济发展层面

经济效益是经济活动的基本出发点，也是考察出口战略的首要方面。计算机与信息服务业在开放中的经济效益主要考察贸易额和顺差额、市场规模、业务收入和国内市场培育四个指标。

1. 贸易额及顺差额不断增长，行业总体竞争力在开放中提升

行业市场开放之初，短期内服务进口显著增长，贸易额出现较大逆差，而后，开放水平逐渐提高，产业竞争优势得以显现，贸易额逐年上升，出口顺差稳步快速提高。2001~2014 年，我国计算机与信息服务贸易进出口总额由 8.1 亿美元增加至 268.6 亿美元，总量扩大了 32 倍，贸易顺差从 1.2 亿美元增加到 98.6 亿美元，是开放前的 82 倍（见图 12）。

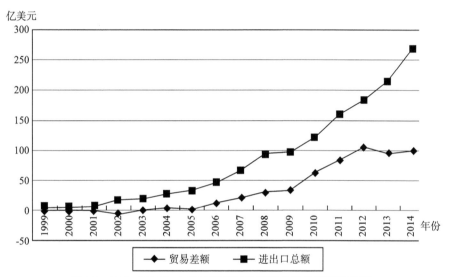

图 12　1999~2014 年中国计算机与信息服务贸易总额及差额

资料来源：《中国商务年鉴》。

以贸易竞争优势指数（TC 指数）来衡量计算机与信息服务业总体竞争力，数值越大表示该行业的生产效率高于国际水平，处于竞争优势。我国计算机与信息服务业的TC 指数从 2003 年后即为正值，这与我国计算机与信息服务业在入世时承诺两年内放开地区限制的时间节点相吻合，说明企业在竞争中实力获得了提高，随后在开放程度进一步加深的过程中，贸易竞争优势指数持续变大，我国信息服务业竞争力在开放中获得了较大提升。

2. 市场规模在开放中扩大，为规模经济利益的实现奠定了基础

市场开放创造了激烈的竞争环境，在国内市场向国际市场的延伸过程中，市场范围得以扩大，为规模经济效益的实现提供基础。我国计算机与信息服务出口主要以外包服务和嵌入式系统软件出口为主。我国离岸服务外包市场的持续扩大显示出经过多

年的发展，我国软件信息服务业已逐渐融入全球化的国际分工体系，在国内服务外包市场尚待培育的情况下，国际市场规模的扩大有利于我国计算机与信息服务业进一步拓展贸易发展的空间。

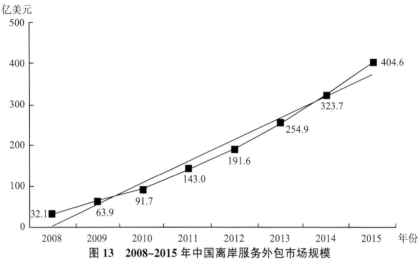

图 13   2008~2015 年中国离岸服务外包市场规模

资料来源：国际数据公司（IDC）。

3. **业务收入不断增加，开放后企业经济效益明显提高**

随着开放程度的加深，我国软件与信息外包企业的业务收入保持了持续增长，经济效益得到直接体现，企业在对外开放中获得了切实的利益。2014 年我国软件出口产业共实现业务收入 300.58 万亿元，同比增长 18.51%，增速比电子信息制造业高出 16 个百分点。近年来，我国软件与信息外包企业的业务收入增长率始终保持在 20%以上。信息服务外包国际业务收入增长率保持高位说明，金融危机对行业冲击有限，企业的经济效益在开放中不断提高。

以华为公司为例，自 2002 年工业与信息化部、中国软件行业协会每年统计公布我国软件业务收入前 100 家企业名单以来，该企业常年居榜单之首。华为软件业务年收入从 2004 年的 62.2 亿元增加到 2013 年的 1017.7 亿元，软件收入年均复合增长率达到 36.4%。在对外开放中，我国信息技术企业的收入稳步增加（见图 14）。

4. **国内需求得到快速拓展，行业开放对国民经济其他领域有积极影响**

我国计算机与信息服务在行业开放之初，发展依靠劳动力优势与大规模政府投入，造成服务供应商将精力集中到承接外来低端服务上，过度依赖海外市场。最近几年，通过进一步放开对于行业的准入和资本结构等方面限制，信息服务业外包进入专业化分工和协作阶段，国内需求不断得到培育和拓展。从 2011 年到 2015 年，我国在岸服务外包市场规模扩大了 4 倍（见图 15）。国内需求的迅速拓展，促使信息服务业形成完整的产业链，将更加有利于服务业走向更高附加值的领域，从长期跨度上带来出口利益。过去，计算机与信息服务使其他行业走向信息化的改造，而现在，服务外包使信息服务成为其他行业的中心环节，信息服务业成了服务业的核心。信息服务业也在服务外包发展中不断与公共服务结合，促进了服务型政府职能的转变。

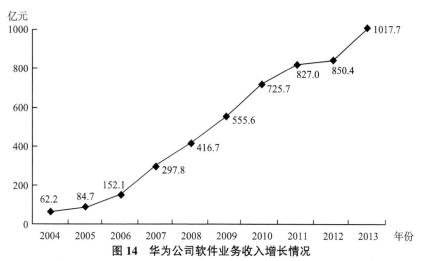

图14 华为公司软件业务收入增长情况

资料来源：工业与信息化部、中国电子信息年鉴。

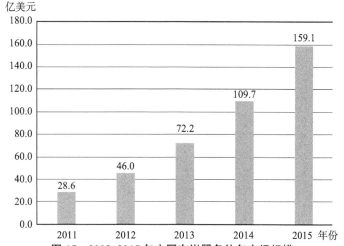

图15 2008~2015年中国在岸服务外包市场规模

资料来源：国际数据公司（IDC）。

（二）扩大需求层面

计算机与信息服务贸易开放可以明显改善中国消费者面临的信息服务。通过行业的开放一方面打破了目前国内信息服务部门竞争不足的僵局，另一方面增加了向跨国公司学习先进技术和经验的机会，从而在丰富服务内容的同时降低服务价格，在此过程中，中国的消费者将成为这些收益的主要获得者。以下主要通过考察该部门服务的价格水平、服务内容和服务质量等一系列指标考察消费者利益。

1. 市场竞争扩大，信息服务价格水平降低

对于我国的大众用户来说，计算机和信息服务业进一步开放所引入的竞争，带来的直接效应是消费者福利的增加。开放后，消费者可选择的余地更大，市场竞争给消费者带来的实惠更多。在行业对外开放的过程中，我国信息服务业经过多次市场整合，市场竞争逐渐加大。行业竞争中我国的网络速率不断提高，宽带下载速度在全球排名上升，资费逐渐下调。2008 年，我国电信运营商重组，同年电信与互联网服务综合价格水平较 2007 年同期降低 11.5%，全国 98% 的乡镇能上网，95% 的乡镇通上了宽带。信息服务业的扩大开放可以为进一步提高消费者福利提供良好契机，从信息服务业基础环节建立起买方市场的良好机制，为消费者提供质高价优的服务，从而促进消费者福利的增加。但是，作为信息服务业的物质基础，基础电信服务长期处于竞争不足状态，市场开放程度有限，是我国信息服务价格与质量难以向发达国家看齐的重要因素。

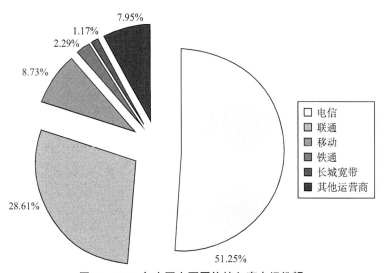

图 16　2014 年中国主要网络接入商市场份额

资料来源：中国互联网数据中心。

2. 服务内容丰富、样态不断升级，消费者需求得到满足

行业开放使服务产品在数量上有了飞跃式提高，满足了消费者对信息服务的需求。开放的市场从横向上拓宽了服务产品的类别，满足了用户的使用偏好，极大提高了用户的互联网信息技术体验感，增加了消费者的福利。

中国互联网网页总量从 2006 年的不足 45 亿个，增加到 2013 年的 1500 亿个。2006~2013 年，中国互联网的应用形态也发生了巨大变化，互联网信息服务不仅停留在信息获取，而是成了通信、消费、休闲娱乐的提供手段，网络服务的种类不断丰富。从服务内容来看，开放后互联网信息服务的内容与种类都得到极大丰富，消费者信息需求得到了很大满足。

但是，我国现行的互联网管理机制使 Facebook 等国外企业无法进入。消费者无法

通过这些工具与世界联系，国内信息服务市场失去这些强有力的竞争者，自主研发能力有待增强，不利于消费者信息服务质量的进一步提高。

表3　2006年和2013年我国网民主要接受服务种类对比

单位：%

2006年		2013年	
浏览新闻	66.30	网络新闻	79.60
搜索引擎	66.30	搜索引擎	79.30
收发邮件	64.20	电子邮件	42.00
论坛/BBS	43.20	论坛/BBS	19.50
即时通信	42.70	即时通信	86.20
在线影视	37.30	网络视频	69.30
在线音乐	35.10	在线音乐	73.40
文件下载	33.90		
网上游戏	31.80	网络游戏	54.70
网络校友录	26.00		
网上购物	26.00	网络购物	48.90
个人主页	24.30	个人空间	70.70
博客	23.70	博客	70.70
网上招聘	20.60		
网络聊天室	19.90		
网上金融	16.50	网上银行	40.50
网上预订	5.40	旅行预订	29.30
		微博	45.50
		社交网站	45.00
		网络文学	44.40
		网上支付	42.70
		团购	22.80

资料来源：中国互联网信息中心（CNNIC），中国互联网络发展状况统计报告。

3. 信息服务质量提高，消费者接收效果得到改善

行业开放后，市场监管与行业规范逐渐完善，信息服务质量稳步提高。根据国家应用软件产品质量监督检测中心的测试结果统计，近年来我国软件的平均一次通过率逐年上升，由2002~2005年的两成左右，上升到2005~2008年的三成左右，到2014年已达到五成以上，有些领域和地区甚至达到了七成以上。由此可见，信息服务质量已经有了很大的进步，但仍有提升空间。在互联网信息服务领域，用户的平均在线时间稳步提高。我国网民的每周上网时长从2001年的8.5小时上升到2014年的25.9小时，位居世界第一（见图17）。服务质量的提高，改善了用户信息服务的接收效果。

总的来看，对外开放给我国信息服务业消费者带来了福利。如今，对于我国消费者来说，信息服务业市场竞争扩大，计算机与信息服务的价格降低，信息服务得以惠及更多消费者。电信运营商重组后，电信与互联网服务综合价格水平下降达到一成。在开放过程中，信息服务内容与种类都得到了丰富，互联网网页数量以79.4%的年均增

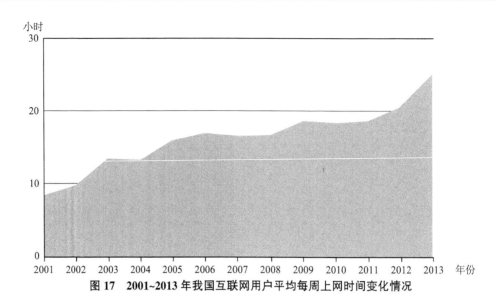

图 17　2001~2013 年我国互联网用户平均每周上网时间变化情况

长率增长，进一步满足了消费者的信息需求。另外，信息服务的质量在稳步提高，网民上网时间提高了近三倍，消费者服务接收效果有了增强。

（三）技术创新层面

技术创新是经济社会发展的有力推动因素，离开创新能力就无法把握未来经济的发展进程。对一个国家来说，自主创新能力既是划分经济增长阶段的重要标志，也是决定未来经济增长潜力的关键性因素。世界各国实行对外开放，一个重要的考虑就是充分地发挥技术创新在经济社会进步过程中的积极作用。自主创新是出口利益的具体表现，也对我国能享受的出口利益大小有深刻的影响。计算机与信息服务业在开放中的技术创新层面主要考察研发经费、专利申请数量和专利申请规模三个指标。

1. 研发经费投入大幅增长，技术创新被提升至企业发展的战略高度

我国在计算机与信息技术领域起步较晚，技术水平在欧美之下，技术发展长期跟随美国等信息技术领导地区。在开放后的激烈竞争中，我国企业意识到技术是企业发展的生命线，不断加大科技研发投入以提高企业竞争力。2006~2014 年，我国计算机与信息服务行业研发投入快速增加，企业研发课题、投入人员与投入经费成倍增长。这种巨幅的增长说明从企业的微观层面已经对技术创新的重要性有了足够的认识，特别是在互联网和信息技术服务领域，技术的更新换代决定着一批企业的生死存亡，技术创新已被提升至战略高度。

2. 专利申请数量与国际范围的差距缩小，自主创新能力显著增强

经过长期发展，我国已在信息技术领域科研开发方面取得丰硕成果。在我国申请专利的企业中，我国企业申请的专利数量虽较国外企业还有很大差距，但行业龙头企业的专利申请数量已经接近跨国公司水平。2007~2014 年，我国企业申请专利数量与跨国公司在我国申请专利总量的差距正在逐渐缩小。我国企业的自主创新能力显著增强，

全面进入自主创新阶段。尽管我国企业的技术水平与国外企业的差距不断缩小，但信息技术的核心部分仍然掌握在美国等信息科技强国手中，技术外溢效应不可能带来信息技术领导地位，自主创新能力不足将始终使行业处于追随者地位。

3. 信息产业领域专利申请比重大，创新程度高，是我国经济增长的重要动力

信息技术领域是目前我国技术创新最活跃、专利积累较快的领域，也是名副其实的知识与技术密集型的高新技术产业。2014年，信息技术领域专利申请达到248.2万件，同比增长18%；国内申请人发明专利申请量达到96.2万件，国内申请人的专利数量优势进一步扩大；企业申请所占比重为61%，是信息技术专利申请的绝对主体。此外，在最能体现行业创新程度的发明专利方面，信息产业的发明专利在全部发明专利中的比重达42.14%。

综合来看，我国信息服务业在对外开放中技术自主创新能力显著增强。首先，在技术创新领域，我国计算机与信息服务业在开放前后对比极其显著，研发经费的投入呈现倍数增加的趋势，软件和信息技术服务业增幅达到785.6%。其次，内地各个省份的信息技术发明专利申请共计87.5万件，比2013年同期增长19万件，增长了28%，其中广东省以21.1万件排名全国第一，在体量大的基础上，仍然保持了24%的增长速度。2014年，中国提交专利申请2.56万件，较2013年增长18.7%，是全球唯一实现两位数增长的国家，华为技术有限公司以3442件专利申请成为全球最大的PCT专利申请者。

（四）信息安全层面

从短期看，信息安全风险是指计算机与信息服务贸易对外开放中存在一定的安全隐患，从长期看，应对信息安全风险和构建信息安全的保障能力将提高一国信息安全的综合实力，国家信息安全综合实力的提高可被认为是出口的重要利益之一。分报告所指的信息安全主要包括网络空间安全与公共安全两大方面。

1. 网络安全挑战无处不在

随着网络空间地位的日益提升，网络空间主导权争夺激烈，美国等大国纷纷加强网络防御，并积极发展网络威慑能力，不断加大在网络空间的部署，爆发国家级网络冲突的风险进一步增加。西方国家频繁启动贸易保护安全壁垒，2012年，美国对我国华为和中兴进行的长达一年的安全审查，问题的焦点无关产品价格也非质量，而是信息安全，贸易保护安全壁垒的影响范围正不断被扩大，将波及整个网络安全产业。云计算、物联网等新技术领域将继续在信息技术领域得到广泛应用，其带来的安全风险将继续对我国网络安全防御体系建设产生影响，关键领域网络安全保障难度加大。最后，随着信息化和网络化的快速推进，经济和社会生活对信息网络的依赖程度大幅提高，各类网络安全事件的影响程度将逐步加大，经济信息安全问题日益显现，网络安全保障需求快速增长。

2. 网络安全问题产生的原因

我们可以从不同角度对网络安全作出不同的解释。一般意义上，网络安全是指信息安全和控制安全两部分。国际标准化组织把信息安全定义为"信息的完整性、可用性、保密性和可靠性"；控制安全则指身份认证、不可否认性、授权和访问控制。互联网与生俱有的开放性、交互性和分散性特征使人类所憧憬的信息共享、开放、灵活和快速等需求得到满足。网络环境为信息共享、信息交流、信息服务创造了理想空间，网络技术的迅速发展和广泛应用，为人类社会的进步提供了巨大推动力。然而，正是由于互联网的上述特性，产生了许多安全问题。

（1）信息泄露、信息污染、信息不易受控。例如，资源未授权侵用、未授权信息流出现、系统拒绝信息流和系统否认等，这些都是信息安全的技术难点。

（2）在网络环境中，一些组织或个人出于某种特殊目的，进行信息泄密、信息破坏、信息侵权和意识形态的信息渗透，甚至通过网络进行政治颠覆等活动，使国家利益、社会公共利益和各类主体的合法权益受到威胁。

（3）网络运用的趋势是全社会广泛参与，随之而来的是控制权分散的管理问题。由于人们利益、目标、价值的分歧，使信息资源的保护和管理出现脱节和真空，从而使信息安全问题变得广泛而复杂。

（4）随着社会重要基础设施的高度信息化，社会的"命脉"和核心控制系统有可能面临恶意攻击而导致损坏和瘫痪，包括国防通信设施、动力控制网、金融系统和政府网站等。

3. 信息服务业应对网络空间安全的能力显著增强

网络空间安全主要指信息服务业应对网络攻击，保障数据与信息系统完整性的能力。随着网络技术的发展，网络空间地位的日益提升，网络空间安全面临着严峻的挑战。中国电子商务研究中心发布的《2014年中国网络空间安全发展分析报告》显示，2013年6月，"斯诺登事件"发生后，引起各国对信息安全问题的关注。在此背景下，此前由工信部提出的"去IOE"再次成为热点。2014年2月，我国首次成立中央网络安全和信息化领导小组，并由国家最高领导人习近平担任组长，一举将信息安全上升到国家战略高度。从数据来看，我国信息服务业应对网络空间安全的能力得到了显著增强。

4. 我国政府处理网络信息公共安全的水平不断提高

网络信息公共安全，是指政府与公共部门应付网络带来的社会不稳定因素，创造积极和谐社会氛围的能力。在网络攻击中，个人信息安全和隐私的泄露是重大的安全隐患，公共事件发生的风险也不容忽视。另外，近年在埃及、利比亚、叙利亚、乌克兰等国的反政府示威活动中，互联网都扮演了重要角色。通过Twitter、Facebook等社交工具，民众被政治集团召集、操控，这些社交服务由美国公司提供，使得互联网在政治风波中带有了推行美国所谓民主的色彩。

我国信息服务业在开放过程中，技术水平不断提高，各级政府部门应对公共安全风险的能力显著提高。习近平总书记就《中共中央关于全面深化改革若干重大问题的决定》向十八届三中全会所做的说明中，特别强调了互联网安全的特殊意义。中央成立了网络安全和信息化领导小组，习近平总书记亲自担任领导小组组长，反映了中央已经将信息安全纳入国家整体改革战略，并正在把信息安全、社会和谐、国家稳定作为一个整体统筹考虑。网络安全政策环境将进一步得到优化，在中央网络安全和信息化领导小组的统一领导、统筹协调下，网络安全发展战略、宏观规划和重大政策的制定和实施将提上日程，网络安全保障能力将不断增强。我国各级政府部门在信息安全体制、政策上逐渐完善，应对网络带来的公共安全风险就有了坚实的保障。

网络安全基础工作将逐步深化，关键基础设施风险评估和安全保障、信息安全等级保护、新兴信息技术安全预警等方面的工作将进一步加强。网络安全产业将保持快速发展，随着网络安全需求日益快速增加，政府、企业、个人在网络安全保障方面的投入都将不断增加，产业发展的驱动力仍然强劲。信息安全意识将得到大幅提升，震惊中外的"棱镜门事件"给社会各界敲响了安全警钟，网络安全已经关乎每个人的切身利益，对网络安全重要性的认识大幅提升。

综合来看，只有不断开放才能应对信息服务业面临的信息安全风险。尽管在互联网信息服务开放的过程中，可能增加网络空间安全和公共安全的风险，但是扩大开放依然是降低安全成本、取得出口利益的唯一手段。全球化、信息化是世界未来趋势，在信息领域闭关锁国只会增加国家未来的安全风险。稳步扩大开放程度，积极促进技术进步，提高管理水平是信息服务业取得出口利益过程中的必由之路。信息服务业企业与主管部门正在整合相关机构职能，形成从技术到内容、从日常安全到打击犯罪的互联网管理合力，网络信息安全的保障能力显著增强。

三、我国计算机与信息服务贸易出口战略路径

改革开放是30年来取得辉煌成就的根本保证，只有不断对外开放，迎头赶上信息化、全球化的趋势，才能抓住经济社会发展的机遇。总的来看，在对外开放的过程中，计算机与信息服务业取得了巨大的出口利益，但还存在一定的开放空间。

（一）继续扩大开放，保持行业快速发展

行业开放带来了资金与技术，计算机与信息服务业在此过程中经历了调整、融合、超越的过程。对外开放以来，我国计算机与信息服务业国内与国际市场规模成倍扩大，信息服务业贸易额飞速增长，总体业务收入保持高速增长，增速远高于同类制造业。本土企业不断加大研发投入，吸收转化先进技术，使行业总体竞争力在开放中得到提升。另外，信息服务企业在开放中分工更加明确，行业价值链由分散链条发展为封闭式循环结构，结构更加完整。行业的快速发展离不开对外开放，扩大对外开放能够带来显著的利益。

（二）对外开放带动行业间融合，凸显信息服务业的公共属性

行业开放拓展了信息服务业的市场，也促使信息服务业的业态发生了变化。信息服务业不仅作为其他服务的载体，而且在融合过程中，创造了新鲜业务形态，愈加显示出行业分类的局限性。信息服务业与分销服务融合，塑造了电子商务这一全新行业；信息服务业与金融服务融合，诞生了互联网金融行业。信息服务业还向制造业等其他领域延伸，信息服务外包使制造业企业从纷繁复杂的信息系统与软硬件实施中解脱出来，专注于其核心业务。在信息化浪潮中，信息服务业逐渐拓展到更多领域，已经成为社会经济的重要基础。

从社会意义来看，信息资源是一种准公共物品，信息服务具有公共属性。其公共属性突出地表现在，信息安全威胁作为信息服务业的客观风险，关系到社会稳定，公共安全是信息安全的重要方面。在对外开放中，信息服务业技术水平得到了提高，相关管理部门政策逐渐完善，只有继续扩大开放，信息安全才有根本性的保障。

（三）提升信息服务业进一步开放潜力

在外资准入、国民待遇等方面，我国信息服务业还存在很大的开放空间。尽管我国信息服务企业有了较快发展，但与国外同行业相比还有一定差距。国内百强企业与世界百强企业有显著差距，限制开放暂时保护了这些企业的眼前利益，却不利于企业提高竞争力。国内市场的信息服务需求在开放中得到释放，信息服务企业的发展与市场需求的扩大互相促进，表现为外包市场的蓬勃发展。也就是说，内需扩大对于我国公共服务质量提高与政府职能转变有积极作用。此外，进一步开放有助于促进基础电信等服务降低资费、提高质量，给消费者带来更多的实惠。扩大开放后，信息服务的出口利益空间还能够进一步挖掘。

（中国社会科学院对外经贸国际金融研究中心　惠睿硕士，
江西财经大学经济学院讲师　裘莹博士）

中国分销服务贸易融入国际市场的路径和战略研究

一、中国分销服务贸易国际竞争力分析

（一）中国分销服务贸易的产业国际竞争力分析

1. 对外直接投资稳步增长

2008 年金融危机之后，中国批发、零售业的对外直接投资的净额和存量双双稳步增长，显示了中国分销服务贸易对外输出资本的能力不断增强。如表 1 所示，2009 年中国批发、零售业的对外直接投资的净额和存量分别为 61.36 亿美元和 356.95 亿美元，2014 年已达到 182.91 亿美元和 1029.57 亿美元，分别为 2009 年的 2.98 倍和 2.88 倍，其中投资存量超过 1000 亿美元，在所有行业中位列第四。中国批发、零售业的对外直接投资的增长势头良好，2014 年，对外直接投资的流量和存量分别增长 18.6% 和 23.0%。批发、零售业境外投资的流量和存量不断增长、相辅相成的现状体现了中国分销服务贸易的产业竞争力不断增强。在全部非金融类对外直接投资中，批发、零售业的占比较高，2009~2014 年一直保持在 10% 之上，2014 年占比达到 17.1%。分销服务业在中国的对外投资中占据重要的地位，是对外直接投资的活跃部门，也体现了分销服务贸易不断增强的国际竞争力。

表 1　中国批发、零售业对外直接投资净额和存量

单位：亿美元

年　份	2009	2010	2011	2012	2013	2014
批发和零售业对外直接投资净额	61.36	67.29	103.24	130.49	146.47	182.91
批发和零售业对外直接投资存量	356.95	420.06	490.94	682.12	876.48	1029.57

资料来源：国家统计局。

2. 对外直接投资地域高度集中

中国的对外直接投资遍布全球近八成的国家和地区，但投资地域高度集中。批发、零售业对外投资也呈现出同样的特点，2014 年，超过 80% 的投资流量流向香港地区；其次是东盟、欧美、俄罗斯等国家和地区。由此可见，中国批发、零售业对外直接投资主要集中在亚洲地区，而香港地区则集中了中国大陆批发、零售对外投资的绝大部

分，为最主要区域。中国分销服务的对外投资规模不断扩大，投资区域也很广泛，但是投资区域高度集中在亚洲，虽然对欧美等发达国家市场的投资规模不断扩大，但占比仍相对较少。投资区域的不均衡性与投资规模迅速扩大之间的反差，体现了中国分销服务贸易的产业国际竞争力仍有很大的上升空间。

（二）中国分销服务贸易的企业国际竞争力分析

1. 国内分销企业规模相对较小

国内分销商通过收购、合并、线上线下等方式，不断做大做强，实现了本土上的规模扩张，但国内分销企业整体上规模散小、市场集中度低。从全球对比来看，德勤与 STORES Media 联合发布的《2015 全球零售力量》报告显示，中国大陆地区仅 8 家零售商入选全球 250 家最大型零售商，包括苏宁易购、国美电器、上海友谊集团、京东商城、大商集团、重庆百货、农工商超市，永辉超市等。可见，在全球零售市场中，中国零售企业的总体规模很小。从具体销售额来看，2014 年，国美电器销售额 1435 亿元，中国零售百强企业排名第一，但其销售规模只相当于沃尔玛的 1/20。2014 年中国零售百强企业整体销售规模达 2.1 万亿元，其值也仅为沃尔玛总销售额的 70% 左右。表 2 给出的是 2014 年中外大型零售企业的实力对比情况，可见国内分销企业规模仍然相对较小，门店均收益相对较低，这制约着中国分销企业国际竞争力的进一步增强。

表 2　2014 年中外大型零售企业实力对比

	沃尔玛	沃尔玛（中国）	国美集团	苏宁易购
门店数（个）	10942	411	1698	1696
销售额（含税，亿元）	28842	724	1435	1428
门店均售额（含税，亿元）	2.64	1.76	0.85	0.84
排名	世界零售百强排名第 1	中国连锁百强排名第 5	中国连锁百强排名第 1	中国连锁百强排名第 2

资料来源：苏宁电器集团、国美集团和沃尔玛（中国）的数据来源于中国连锁经营协会。沃尔玛数据来源于公司年报。2013 年 12 月 31 日，美元汇率中间价：1 美元 =6.0969 元人民币。

2. 分销企业的跨国经营实力弱

目前国内分销企业进入国际市场有以下几种模式：一是小规模零售业企业"走出去"，如北京同仁堂；二是以义乌模式为代表的小商品批零企业；三是大型国企的跨国多样化经营而开展的分销业务，如中石油、中石化在海外开展的分销业务。虽然国内企业日益重视国际经营，但国内尚欠缺规模较大的典型企业，跨国经营的实力较弱。《2014 全球零售力量》的数据显示，250 强企业平均进入了 10 个国家和地区的市场，中国大陆地区排名前 3 的苏宁、国美、上海友谊进入的国家和地区数量分别为 3 个、3 个、1 个，而沃尔玛、乐购、家乐福、麦德龙进入的国家和地区数量分别为 28 个、13 个、31 个、32 个。我国零售巨头的国际市场开拓程度不仅远低于国际零售巨头，还低于全球零售 250 强的平均水平。250 强企业来自于外国市场的零售收益占总收益的平均值为 24.3%，而我国零售企业的国际收入则微乎其微，远远不能达到此水平。由此可见，国内分销企业应进一步增强国际竞争力，以更好地融入国际市场。

综上所述，从产业层面看，中国分销服务贸易的对外直接投资的流量和存量不断增加，国际市场空间在不断拓宽，国际竞争力不断增加，但主要集中在香港地区，要逐渐增强国内分销企业在发达国家的竞争力；从企业来看，中国基本没有成功"走出去"的大型分销企业，分销企业的国内规模相对较小，国际化经营程度较低，制约着国内分销企业的国际竞争力的增长。

二、分销服务贸易的新业态——跨境电子商务

随着经济的发展和竞争的激烈，分销服务的技术化、信息化、网络化水平不断提高，催生了电子商务这一分销服务的新业态。跨境电子商务是对传统分销贸易模式的创新，已经成为分销服务进出口的重要模式，促进了分销服务出口利益的不断提高。电子商务因其交易成本低、突破时空限制等优势，对传统的分销业态造成了巨大的冲击。电子商务是分销体系革命的必然趋势，在我国外贸增速下降的背景下，跨境电子商务成为促进我国外贸发展的新途径，据中国电子商务研究中心的监测报告显示，2014 年我国跨境电商交易规模达到 4.2 万亿元，同比增长 33.3%，远高于同期传统外贸 3.4% 的增速。跨境电子商务必将成为我国外贸出口新的增长点和分销服务对外开放的桥头堡。

（一）我国跨境电子商务发展的现状

1. 跨境电商助推外贸增长

如表 3 所示，中国跨境电商的交易规模不断扩大，2014 年达到 4.2 万亿元，大约为 2010 年的 4 倍。2014 年中国货物进出口总额增长 2.3%，而跨境电商交易额的增长达到 33.3%，在传统外贸增速减慢的情况下，为中国外贸增长注入了强大的驱动力。2010~2014 年，跨境电商的交易额占货物进出口总额的比重不断提高，2014 年已达到 15.91%，在跨境电子商务迅猛的发展形势下，这一比例仍将不断提高，反映了跨境电商对中国外贸的重要性在日益增强。

表 3　中国跨境电商的交易规模及进出口总额

年　份	2010	2011	2012	2013	2014
跨境电商市场交易规模（万亿元）	1.10	1.70	2.10	3.15	4.20
中国进出口贸易总额（万亿元）	20.20	23.60	24.40	25.80	26.40
所占比例（%）	5.45	7.20	8.61	12.21	15.91

资料来源：国家统计局，中国电子商务研究中心。

2. 跨境电商进出口结构变化

从表 4 和图 1 可以看出，中国跨境电子商务的进、出口结构，在缓慢发生变化，2010~2014 年，出口均占据 80% 以上的份额，但出口比例在缓慢下降，进口比例在缓慢

上升。在进出口结构缓慢变化的同时，跨境电子商务已日益成为分销服务贸易的重要组成部分。在进口方面，2013 年海外代购的交易规模达到 744 亿元，2014 年已超千亿元；在出口方面，研究结果显示到 2018 年，美国、英国、德国、澳大利亚和巴西 5 大跨境电子商务目标市场对中国商品的网购需求将达到 1440 亿元。跨境电商的强劲海内外需求表明，跨境电子商务将在分销服务融入国际市场的过程中，扮演极其重要的角色。

表 4　中国跨境电商的进出口结构

单位：%

年份	2010	2011	2012	2013	2014
进口占比	7.3	8.6	10.5	12.4	14.6
出口占比	92.7	91.4	89.5	87.6	85.4

资料来源：中国电子商务研究中心。

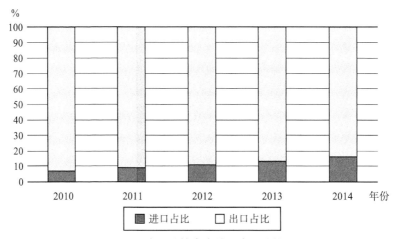

图 1　中国跨境电商的进出口结构

资料来源：中国电子商务研究中心。

3. 跨境电商企业规模壮大

随着跨境电商的日益发展，越来越多的企业着眼于布局跨境电子商务。商务部数据显示，2014 年跨境电子商务企业已经超过 20 万家，平台企业已经超过 5000 家。跨境电商的企业数量不断增加，规模不断扩大，在模式上也进行着创新尝试。出口方面，大龙网启动"跨境 O2O"计划，进军俄罗斯线下婚纱市场，已完成了 500 多家婚纱实体店的覆盖。进口方面，国内电商巨头依靠自贸区、保税园区等发展跨境电子商务，如天猫国际的"保税进口 + 海外直邮"模式、苏宁海外购的"自营 + 招商"模式、京东海外购的"自营而非纯平台"模式。随着企业布局的深入、模式的不断创新，跨境电子商务会继续发展。

4. 跨境电商面临良好的发展机遇

跨境电商的蓬勃发展，主要得益于国家利好政策的密集出台。2012 年，工信部制订《电子商务"十二五"规划》提出，鼓励有条件的大型企业"走出去"，面向全球资源市场，积极开展跨境电子商务，另外还有网络发票、检验检疫等方面的配套政策；

2013 年 8 月，商务部等部门出台《关于实施支持跨境电子商务零售出口有关政策意见的通知》，提出了 6 项具体扶持措施，其中包括建立电子商务出口新型海关监管模式并进行专项统计，解决目前零售出口无法办理海关监管统计的问题。与此同时，跨境电商在 4 个试点城市——上海、重庆、杭州、宁波，都已开始建设跨境电子商务平台；2014 年，财政部、国家税务总局下达《关于跨境电子商务零售出口税收政策的通知》，对跨境电子商务零售出口有关税收优惠政策予以明确；2014 年，海关总署出台《关于跨境贸易电子商务进出境货物、物品有关监管事宜的公告》明确规定了海关对于跨境电商的监管办法；2015 年，两会期间，李克强总理提出了"互联网+"行动计划，特别强调要大力发展电子商务、扩大电子商务试点。国家各个主管部门纷纷出台意见、办法等促进或规范电商的发展。在政策春风下，跨境电子商务的发展前景更为光明。

（二）我国跨境电子商务发展面临的限制性因素

电子商务是将商流、信息流、资金流、物流整合，从而降低交易成本、促进交易效率的新型分销方式，国内电子商务的发展具有法律、市场、货币等方面的优势，因而交易进行得相对顺利。而跨境电子商务则需要跨越国界面临政策、法律、货币、实务等诸多限制性因素。将跨境电子商务存在的限制性因素进行分析，是解决制约跨境电子商务发展瓶颈问题，促进跨境电子商务发展的第一步。

1. 商品流

商品流是电子商务平台与消费者交易的商品流通。跨境电子商务面对的是国外消费者，首先面临的主要限制性因素就是语言障碍，语言不通就会压缩消费者群体，减少消费量。跨境意味着消费者群体发生变化，伴随着的是消费习惯和理念的变化。跨境本身就面临着文化折扣的风险，跨境电子商务如果不能迎合消费者的消费心理和消费习惯，就不能增加销售量，跨境电子商务就失去了意义。

2. 信息流

信息流是电子商务平台与供应商之间的信息呼唤。电子商务平台将供应商的商品信息展示出来，以达到销售目的。电子商务平台不是无偿提供服务的，这涉及电商的盈利模式。我国电商主要盈利模式有会员费模式、交易佣金模式、产品差价模式、按效果付费模式等。跨境电子商务意味着成本的增加，如果没有正确的盈利模式，电商企业就可能亏损。

3. 物流

物流是商品的运输。国内电子商务的发展颇受物流建设滞后的掣肘，跨境电子商务的最终结果是商品的跨境转移，这无疑加大了国际物流难度。跨境电子商务主要是满足小批量的外贸需求，订单频繁、单票金额小等特点抑制了物流企业参加跨境电子商务的积极性。很多物流公司仅仅将跨境电子商务的商品运输作为辅助业务。我国跨境物流目前主要采用航空小包、邮寄、快递等方式，缺少专门的为跨境电子商务服务的物流公司。这在增加物流成本的同时，也限制了跨境电子商务的发展。

4. 资金流

资金流，即消费者支付资金的过程，是跨境电子商务的关键环节，也是实现商品价值的核心一步。电子商务的支付安全问题，是阻碍其发展的重要因素。电子商务支付过程中的信息泄露会造成顾客的巨大损失。另外，我国第三方支付平台的发展相当滞后，跨境电子商务的支付业务被外资机构垄断，这也在一定程度上削弱了我国跨境电商的竞争力。

基于保护本国企业利益的出发点，一些国家限制跨境电商的发展。不同国家政策、法律层面的冲突，限制了跨境电子商务的发展。在世界范围内也缺少关于跨境电商的国际规范，各国跨境电商发展水平和规则参差不齐，同时存在的退货风险、缺少专业人才等也是跨境电商面临的不利因素。

（三）海外仓缺失的分析

我国服务贸易的十二大类中，计算机信息服务贸易和分销服务贸易是重要的组成部分。2014 年以来，我国分销服务企业在对外服务贸易中的环境发生了很多变化，跨境电子商务是分销服务贸易的新业态。海外仓，是跨境电子商务中在专线物流方式上的创新，提供海外的快速递送专业渠道、精准的海外库存管理、灵活的销售策略以及决策支持，提高客户体验度的解决方案。近年来兴起的海外仓，已然被很多人视为物流痛点的"解药"。海外仓的整体物流成本也相对较低，电商用户可以使用很低的物流渠道价格，还能享受到快速的物流。其缺点在仓储管理、仓储租赁以及资金周转的问题，对于仓储产品的选择具有一定的限制。"海外仓"的缺失对于跨境电子商务影响很大，跨境电子商务的规模化运作需要"海外仓"的配合，主要原因分析如下：

1. "海外仓"能够解决跨境物流的种种痛点，为客户带来良好的购物体验

"海外仓"直接由本地发货，大大缩短配送时间；使用本地物流，一般都能在线查询货物配送状态，从而实现包裹的全程跟踪；"海外仓"采用传统的外贸物流方式，按照正常清关流程进口，大大降低了清关障碍；本地发货配送，减少了转运流程，从而大大降低了破损丢包率；"海外仓"中存有各类商品存货，因此也能轻松实现退换货。由此看来，"海外仓"几乎消除了所有跨境物流中的痛点。

2. "海外仓"扩大了运输品类，并降低了物流费用

邮政大小包和国际专线物流对运输物品的重量、体积以及价值有一定限制，导致很多大件物品和贵重物品都只能通过国际快递运送。"海外仓"的出现，不仅突破了物品重量、体积、价值的限制，而且其费用比国际快递商要便宜。

3. "海外仓"能够提升销售额

"海外仓"克服了跨境物流的种种痛点，给消费者带来更好的购物体验，促使更多的消费者二次购买，从而提升销售额。英国仓储服务试验对中国卖家进行了调研，结果显示使用"海外仓"的卖家在浏览量、售价、售出量、销售总额以及成交率等方面均有大幅提升。

第五部分　中国服务贸易热点问题研究

4. "海外仓"规避了旺季的运输成本

由于各国的消费习惯和节假日的原因，通关成本以及运输成本也会根据不同的时间和季节发生变化。"海外仓"的出现完全规避了客户在旺季需求时，货物运输成本高的风险。同时可以根据沿途各国海关的政策，把货物化整为零，或者化零为整的方式，合理地规避关税，降低成本。

5. "海外仓"能够帮助我国滞销产品"走出去"

由于我国在过去的发展中，很多劳动力密集产品、生产加工过程中污染大的产品，在国内逐渐面临市场饱和的僵局，大量库存和滞销产品需要寻求新的出路。例如，重量较大的瓷砖、轮胎等产品，集中了以上的特点。"海外仓"的布局，正在逐步解决这个难题。在德国的"海外仓"通过与当地家乐福对接，解决了我国佛山地区瓷砖和卫浴产品部分过剩产能的问题。

从上述分析来看，"海外仓"不仅克服了跨境物流中的痛点，而且扩大了运输品类，降低了物流费用，并有助于提升销售额。"海外仓"作为跨境电子商务的新模式，必将对电子商务起到补充和促进的作用，将对我国对外贸易起到积极的作用。

（四）针对我国跨境电子商务发展的几点建议

加快跨境电子商务的发展就是要解决其在商品流、信息流、物流、资金流等方面存在的短板，促进各种元素的流通，为跨境交易的顺利进行保驾护航。

1. 增加服务创收

我国电商主要盈利模式有会员费模式，交易佣金模式、产品差价模式、按效果付费模式等，这些模式都存在一定的风险，如预期效果没有实现而造成的沉没成本，会员减少造成的营收减少，由于竞争激烈导致产品差价被压缩得很小等。所以，跨境电商应该从长远出发，坚持多元化商务盈利模式。首先，应注重其他服务收入，如广告、技术服务等的收入，目前其他服务收入已成为电商盈利的重要来源，如亚马逊的广告、云计算等。其次，还应注重发展互联网金融业务，利用自身互联网的优势，为中小企业提供融资，既可以创收，又可以加强双方的业务往来关系。最后，有实力的企业还应注重发展第三方业务进行创收，如支付平台、物流运输等。

2. 完善国际物流体系

物流业是跨境电子商务发展的必要支撑。国际物流的滞后发展限制了跨境电子商务的发展。国际小包和快递是大多数电商的选择，这些无疑增加了跨境电商的成本，建立专门的服务与跨境电商的物流公司迫在眉睫。然而由于跨境服务所涉及的服务范围过广，风险太高，一般物流企业没有实力驻入。因此政府可以出面组建专门的、综合性的服务于跨境电子商务的国际物流公司。具体做法上可以由专业物流公司承包，而政府则起到监督作用，并可取得一定的财政收入。这样由政府出资，物流公司运营，所有权与运营权分离，跨境电商可以获得更低成本的运费优势。另外，有实力的电商还应加强海外仓储的建设，加强与当地物流企业的合作，推进本土化经营，规避贸易壁垒，达到全球范围内整合物流资源的目的。

3. 推进跨境支付平台建设

跨境支付平台对跨境电子商务的重要性不言而喻，我国跨境电子商务起步较晚，跨境支付平台的发展更是滞后，这对我国的跨境电商的发展极为不利。我国应积极培育本国的第三方支付平台，政府要加强对跨境电商支付平台的扶持力度，在政策、技术等方面给予支持，整合银行资源，形成第三方支付平台与银行体系协同发展的局面。同时加快构建跨境电子商务的支付管理体系，加强对跨境资金流动的监管，以保证跨境资金正常、顺利运行。

4. 发挥政策扶持作用

政策的支持是分销企业发展的坚强后盾，政府应出面加强与发达国家谈判的力度，减少技术壁垒、绿色壁垒等非关税壁垒的限制，使我国跨境电商能够受到公平公正的对待。实践中，跨境电子商务的很多问题是因为面临不同的政策环境、法律环境、贸易惯例等而产生的。商务部、工信部、海关总署、质检总局、人民银行、外汇管理局等职能部门应该加强协调，提高通关效率，提供资金支持，提供优质公共服务。

5. 提高品牌竞争力

跨境电商销售的是中国制造，一定要保证产品的质量，这既能维护"中国制造"的形象，又能降低商品被退回的风险。在传统外贸中，中国产品价格低廉，但质量却饱受诟病，跨境电商根本上也是中国制造，这就会面临同样问题。作为刚刚起步的跨境电商，从一开始就要杜绝假货，提供高质量的产品，树立良好的品牌形象。

6. 建立人才与实践的联动机制

跨境电子商务需要的是集电子商务、国际贸易、外语等能力于一身的综合型人才。电子商务专业的开设，应该注重提高实践技能及把知识转化成现实生产力的能力，着重培养其综合素质和创新意识。电子商务专业应围绕电子商务对技术性人才、商务性人才、综合性人才的不同需求，提出具有相同专业基础和不同专业技能方向的人才培养标准。同时可以引进国外的先进教育机构，学习其先进的教育模式。加大跨境电子商务人才培养，才能为电子商务的发展不断注入新鲜血液。

随着信息技术水平的提高，世界的分销领域在进行着巨大变革，分销企业竞争的关键已从价格竞争转为经营模式、服务、物流、技术、信息的竞争。跨境电子商务正是在这种背景下得以快速发展的，我国的电子商务企业发展较快，也培育了一些规模较大的跨境电商，为我国分销服务的出口不断提供动力。

三、中国分销服务贸易出口战略的制定

（一）我国分销服务贸易企业发展的中长期模式

根据中国分销企业的需求和条件，主要有六种"走出去"发展模式的选择：

1. 我国分销企业为获得市场的"走出去"发展模式

中国分销企业为追求规模经济效益，不断扩大市场份额，当国内市场饱和或反垄断限制，中国分销企业就需要开辟海外市场，获得新的市场份额。主要手段是通过中介销售、自建销售渠道、收购外商品牌和渠道，或者与外商合资合作。通过国际贸易方式容易受到非关税壁垒影响、反倾销调查，以及贸易顺差引起的摩擦。直接投资设厂就地生产销售能够增加当地劳动就业和税收，可以作为当地企业对待，因而更受欢迎。许多为外商贴牌生产的中国分销企业或通过外商代理销售的中国分销企业，利润微薄，为获得销售环节高利润，贴近国外客户，通常选择向下游销售环节延伸。跨境电子商务的产品来源模式可以多元化发展，充分利用各级市场中的优势资源，提高产品本地化的分销利润。

2. 我国分销企业为获得技术的"走出去"发展模式

许多中国制造业早期为欧美公司做加工和组装，由欧美公司提供图纸和设备，中国企业提供劳动力和厂房，技术研发由欧美公司掌握。许多企业按照国家"以市场换技术"的策略，走引进、消化、吸收、再创新的路线。但是这条路走得并不成功。因为外商只愿转让落后的技术，最先进的技术和研发能力掌握在自己手里，使中国企业永远跟在后面，不断走引进、消化、吸收、再引进的路子。金融危机使许多国家的企业在财务上出现了困难，中国分销企业有机会通过跨境电子商务"走出去"，同时也需要考虑"带进来"。我国分销企业在自己逐步建立网络平台的同时，也可以考虑线下收购外商的分销管理理念、属地化的分销网络、特殊行业的生产资质，并购和收购具有技术专利和研发部门，或与外商共同建立研发机构，提升我国在某些行业中的研发能力。

3. 我国分销企业为获得资源的"走出去"发展模式

境外资源开发一直是中国分销企业对外投资的热点。中国已成为世界工厂，无论是满足国内需求还是海外需求，国内资源都不够用，而且还面临日益严重的环境压力和国际市场原材料价格波动。通过发展跨境电子商务的能源企业，尤其是中国的能源矿产开发和原材料的加工企业需要注意开发利用和控制海外矿产资源。目前，世界上优质的能源矿产资源掌握在西方能源矿业巨头手里，它们操纵着国际能源矿产价格，获取超额利润，中国能源和矿产企业一直受到它们的盘剥。另外，能源矿产资源被许多国家作为战略资源而收归国家控制。因此，中国企业不得不到一些边远、贫穷、动荡的国家去开发资源，开发难度很大，风险也很大。跨境电子商务可以利用网络平台以物易物的发展模式，通过中国小商品来交换其他国家战略资源类的产品，化整为零地引进，也可以达到目的。

4. 我国分销企业为发挥要素优势的"走出去"发展模式

中国分销企业拥有"中间技术优势"、"低成本熟练劳工优势"和"资本优势"的产品。"中间技术"适合发展中国家需求且价格低廉。通过仿制、创新，中国企业在一般制造领域掌握了大量中间技术。通过跨境电子商务，将中国企业"中间技术优势"转移到发展中国家，可以延长产品技术寿命周期，获得更多利润。中国劳工技术熟练、经验丰富、吃苦耐劳且工资较低，尤其在工程建设领域，经历国内众多世界级大型工程锻炼，懂得大型复杂工程的设计、施工、管理和运营，与欧美公司比具有"低成本劳工优势"，与发展中国家公司比具有"熟练劳工优势"，是国际工程承包领域里的劲旅。跨境电子商务未来模式，由产品输出转变为工程技术的输出。

5. 我国分销企业为产业升级的"走出去"发展模式

在目前跨国公司产业链上，由于中国劳动力便宜且素质较高，中国分销企业集中在利润微薄的制造环节中的加工、组装段上的产品，而西方跨国公司控制了利润较高的研发、设计、重要原材料和零部件生产、销售和服务环节。随着中国劳动力成本上升和企业能力提升，中国分销企业必须也能够转移到高利润产品和环节上，即进行产品升级和产业链升级。通过收购研发、设计、重要原材料和零部件生产、销售和服务环节上的跨境企业之间的合作，可以实现在现有产业链上升级；通过合作开发新产品，进行产品升级，进入更高级的产业链；通过自主开发新产品、自创品牌，担任链主，在全球组建新的产业链。

6. 我国分销企业为优化资源配置的"走出去"发展模式

现代国际生产分工已经从不同产品深化到同一个产品的不同工序上，可以更加充分地利用不同国家生产要素优势，在现代信息和物流技术支持下，通过跨国公司组织起全球产业链和生产网络，实现全球研发、全球生产、全球销售。中国分销企业要获得像西方跨国公司那样的全球竞争力，也要像西方跨国公司那样"走出去"发展，组织起由自己主导的全球产业链和生产网络以及仓储的网络，"海外仓"的出现是优化资源优势的体现。利用不同国家要素优势，在人才最集中的地方搞研发、在资源最丰富的地方搞开发、在成本最低的地方搞生产、在市场最大的地方搞营销、在利率最低的地方搞融资，在全球进行资源配置和优化，这也是国际化的最高境界。

对中国分销企业而言，可能在同一阶段选择一种或多种发展模式，也可能在不同阶段选择不同的发展类型。当企业的战略需求发生变化后，其"走出去"发展跨境电子商务战略类型也会发生变化。当然，分销服务企业也可以不是出于战略需求，而是根据条件、机会和环境选择合适的发展模式。选择何种"走出去"战略类型与分销服务企业总体发展模式有关，为了更好地融入国际市场，我国分销企业将选择不同的发展模式：横向扩张发展模式，则海外投资侧重于发挥要素优势、扩大市场产销规模；纵向扩张发展战模式，则海外投资侧重于向上下游的资源、技术、销售等高附加值环节延伸；混合扩张发展模式，则海外投资侧重于产业升级、建立全球产业链、优化资源配置方面。我国分销企业无论选择哪种发展模式，都将是为了更好地结合企业自身的优势和禀赋，尽快地融入国际市场，推动我国对外贸易的进一步发展。

（二）我国分销服务贸易企业的发展路径

1. 选择专业人才和中介服务

我国分销企业"走出去"通过跨境电子商务的发展路径具有一定的市场风险，专业化的战略化发展需要招揽具有国际投资、国际贸易、国际金融、技术、法律、财会等知识和经验的复合型人才和专业人才，组建专门的工作机构，搭建专业的决策、策划和实施平台。甚至在集团总部成立海外投资部门，对海外投资发展进行统一规划和统一管理。分销企业通过跨境电子商务面对不同的国家的发展过程中，离不开法律、审计、会计、投行、信息、公关等各种中介服务。要和国内外中介服务机构合作，形成完备的中介服务网络。所需中介服务收费较高，这是因为中介机构除了提供各种服务外，还为企业分担风险，因此中介费用是我国分销企业发展中不能省的花费。国内和国际的中长期的中介服务，通过整体平台外包等形式，在保证中介服务质量的同时降低服务费用。

2. 分销企业管理的创新发展

我国分销企业"走出去"的发展路径与国内投资发展路径是有很大不同的，现有国内分销企业管理的流程规章制度不适用，要专门制定有关海外投资经营活动的企业管理制度，涉及投资决策、投资管理、资产管理、财务管理、风险控制、人力资源、绩效考核等方面，企业管理制度要将国内外企业跨国投资经营的成熟做法纳入，按照规章制度进行优化。由于分销企业"走出去"的特殊性、复杂性、高风险和高压力，海外投资和经营管理团队应该选择与国内不同的激励约束机制。要学习西方跨国分销企业的做法，福利待遇水平要和国际接轨。他们远离总部，要给予充分信任和尊重。要把他们的人身安全放在首位，要做好应对各种突发事件的准备。要关心他们的心理健康，减轻工作压力。要加强国内总部对海外经营的支持和服务。要加强对海外投资经营活动的考核，对做出成绩者要给予重奖和重用。"走出去"发展是一个长期规划、持续努力才能见效的过程，不能随心所欲、急功近利。要根据分销企业总体战略，制定中长期"走出去"发展规划，就目标、原则、方向、重要行动和保障措施做出描述，还应当制定年度实施计划，确定年度工作重点、目标和进度，在重点方向和区域采取的重要行动，以及财务预算和人员配置，明确责任主体及其考核指标。

3. 建立分销企业的风险防范机制

我国分销企业"走出去"的发展需要注意所处社会政治、经济、文化环境与国内完全不同，会出现许多国内没有的风险，而且风险控制难度和后果远大于国内。我国电商的主要盈利模式存在一定的商业风险，如预期效果没有实现而造成的沉没成本、会员减少造成的营收减少、由于竞争导致产品差价减少等。我国应当针对分销企业常见风险建立防范机制和预案，应该针对国别风险和项目风险两个层面进行专门研究，提出专项报告，作为决策依据。要评估自身风险承担能力，超出自身承担能力外的风险要购买商业保险来转移。通过国别风险分析选择投资时机和切入点是最有效、成本最低的风险控制手段。

4. 关注切入时机点和进入方式

我国分销企业"走出去"的发展选择时机很重要，要清楚企业采取各种行动所需要的时机要求，加强对国际形势、本国形势、东道国形势、本企业形势、竞争对手形势的跟踪分析，在最有利时段上采取行动。对外投资是长期行为，要选择综合风险较小的国家。通常选择政治稳定，法制健全，文化、历史背景相近，地理邻近的国家和地区作为切入点。以本国为核心，在人才集中的国家开展研发，在成本低的国家进行生产，在市场大的国家做营销，布局全球一体化经营。我国分销企业在海外发展时，有多种进入方式可以考虑。例如，跨境电子商务结合"一带一路"的便捷物流，采用"海外仓"模式，也可尝试并购和新建企业。由于各国财务和整合能力的要求不同，控股和参股对企业管控能力和管控方式要求不同，联合和独资涉及企业资源和风险承担能力，企业要清楚各种进入方式特点，考虑对自身能力和资源要求，对东道国环境的适配性，还要考虑多方面因素选择合适的进入方式。从学习和风险角度看，收购少量股份或与国内及当地企业合作新建，最后走向跨境电子商务结合自营、控股或合资是比较稳妥的方式。

5. 利用国家外交资源

在 WTO 框架内，各个成员国有义务促进和保护跨国投资，为此国家之间签订各类双边和多边贸易投资保护协定，推动设立各种自由贸易区和海外开发区，通过国际自由贸易和投资促进经济发展成为世界各国政府外交活动重心之一。中国分销企业进行海外投资活动要结合国家外交活动和利用外交资源，了解国际贸易投资保护协定，以获得支持、保护和救助。中国外交部、地方外事部门、驻外使领馆、退休外交官都是可以利用的外交资源。

6. 优化金融工具和管控模式

随着分销企业"走出去"发展，其融资也将国际化，涉及的币种、融资、金融避险工具多，融资、汇率风险大。初出国门的中国分销企业得到外国银行贷款还比较困难，因而国内银行开办境外分支机构为企业"走出去"提供金融服务十分必要。跨境支付平台对跨境电子商务的重要性不言而喻，据有关数据统计，在跨境支付领域，外资机构 Paypal 占据将近 80% 的市场份额，处于垄断地位，具有完全的竞争优势，我国应培养本土的第三方支付平台，加强对跨境电子商务支付平台的扶持力度，在政策、技术、银行资源的整合上形成第三方支付平台与银行体系协同发展的局面。

国内分销企业的总部对"海外仓"如何管控与其持股比例、重要性和功能定位有关。对参股"海外仓"的管控主要在公司治理层面，通过公司章程约定。对中国分销企业来说，控股和独资企业如何对本国或海外员工进行跨国文化管理、跨国企业管理是一个巨大挑战。实施"海外仓"的投资，如果目标是针对区域市场做本地化经营，则下放运营决策权，国内总部只作战略管控和财物管控；如果作为属地国家产业链一个环节进行属地国一体化经营，则要求加强运营、财务、战略三重管控。

7. 建立数据分析平台

根据"走出去"发展战略和年度实施计划所确定的目标、原则、方向、时机、区域，面对特定区域，主动而有针对性地搜集筛选项目信息，可以大幅提高项目信息搜集效率和项目筛选质量。要防止机会主义的随机做法，回避不可靠的个人信息渠道。

各国政府一般都有招商引资政策信息发布平台，世界银行等国际开发机构也发布项目信息，还有行业协会、中介组织、国际会展、媒体广告等也是获得海外投资信息的途径。对于跨境电子商务中的数据分析，建立数学模型预测，分析、估算产品的销量，对于不同的国家通过数据分析采取不同的营销策略，采取不同的促销手段，如把"双十一"的促销活动全球化。

（三）我国分销服务贸易企业发展的战略选择

当中国分销企业具有"走出去"发展的需求和基本条件时，它就可以着手构思"走出去"发展战略。中国分销企业"走出去"发展不仅影响到本企业发展，也将影响本国发展、本区域发展、相关企业发展、受资国发展、竞争对手发展，这是一个多边战略应对互动过程，这与在国内只需考虑竞争对手的双边战略应对互动过程不同。因此，构思中国分销企业"走出去"发展战略不仅要作为企业总体发展战略一个组成部分考虑，而且还要参考中国国家发展战略、企业所在区域发展战略、相关企业发展战略、拟投资国发展战略和竞争对手发展战略。

1. 我国分销服务贸易企业与国外经济社会发展战略

在新一轮的贸易协定的制定中，我国分销企业要以积极和谨慎的态度，追求进出口利益最大化，要求国外经济社会减少歧视性待遇，强调给予我国分销企业国民待遇，并给予公平的竞争环境，强调对发展中国家的差别优惠待遇，减少技术性贸易壁垒，建立电子商务的国际统一标准，为我国分销企业"走出去"赢得主动权。我国需要坚持多边贸易谈判，通过发展进出口贸易和发展跨境电子商务，来增强我国在国际贸易谈判中的力量，切实反映发展中国家的利益，避免在国际争端中处于被动的地位。

2. 我国分销服务贸易企业与国内经济社会发展战略

特殊国情使中国分销企业具有鲜明的民族性和地域性，对国家和社会具有高度责任感，中国是全球最大、最具发展潜力的市场，中国分销企业"走出去"发展不是要放弃中国家门口的市场，将企业搬到海外去。中国分销企业的战略重心仍然在国内，通过海外发展支持国内发展，通常跨国化指数不会超过50%，其总部和关键环节仍将留在中国，否则就不再是跨国公司"走出去"发展战略。不应该是中国分销企业总体发展战略的全部，而只是一个重要组成部分，不是为国际化而国际化，它要解决单一的国内发展战略所不能解决的重大问题，通过与国内发展战略协同来支持企业总体战略目标实现。因此，制定"走出去"发展战略要按照企业总体发展战略要求，要和国内发展战略衔接，发挥协同效果。中国分销企业"走出去"发展很自然地被我国政府纳入国家和区域发展战略，并充当重要角色，分销企业在制定"走出去"发展战略时应当考虑在国家和区域发展战略格局中的位置和作用，并争取政府的支持。

3. 我国分销服务贸易企业与关联企业的发展战略

通常分销企业都会与本地企业和上下游企业建立密切的产业配套合作关系，一个企业可能因为跟随所配套的企业"走出去"发展，也会因为自己"走出去"发展带动相关配套企业一同发展，尤其在产业配套条件较差的国家投资更有可能出现这种产业链或产业集群投资的情况。这样产业集群和产业链企业相互之间就有战略互动问题。中国分销企业初次到境外发展，在当地建立产业配套关系有一定难度，和国内关联企业一同"抱团出海"，有利于增强实力、规避风险并且克服产业配套和开拓市场方面的困难。中国政府已经与一些国家协商在境外设立中国分销企业园区，专为中国分销企业服务，为中国分销企业抱团"走出去"发展创造了条件。因此，中国分销企业制定"走出去"发展战略要考虑与关联企业的战略衔接。

4. 我国分销服务贸易企业与东道国的经济社会环境发展战略

东道国的对外开放政策服务于本国经济社会环境发展目标，决定其对外资的态度。中国分销企业制定"走出去"发展战略时应该考虑东道国的经济社会环境发展目标，以及引入外资的规划安排，不能与其冲突，应该有助于东道国实现经济社会发展目标，主动承担社会和环境责任，这样才能得到东道国的欢迎。目前，世界各国对外资承担社会和环境责任的要求越来越高。中国是社会主义国家，中国分销企业在国内要履行社会和环境责任，走出境外，也要主动履行社会和环境责任，推动东道国和项目所在地社区经济社会发展和环境保护，树立中国分销企业负责任的形象和品牌，宣扬中国"和平发展、合作共赢"的理念，培养和发挥软实力，创造有利于中国分销企业境外发展的环境、有利于中国国家发展的外部环境。

5. 我国与国外分销服务贸易企业共同发展在华战略和全球战略

中国分销企业无论在国内还是国外面对的主要竞争对手都是西方跨国公司。在国际上，国外分销企业依靠国家力量、产品、技术、信息、品牌和渠道优势在全球扩张，建立起遍及全球的产业链和生产网络，成为全球生产组织者和协调者。在中国，国外分销企业借助中国改革开放政策，利用中国劳动力优势，通过合资、合作、三来一补等方式，将中国分销企业纳入其全球产业链和生产网络。它们曾经给过中国分销企业帮助，但目的是将中国分销企业控制在它们设定的产业链上。一旦中国分销企业积累实力，希望产业升级、重组产业链或"走出去"发展，就会在国内和国外分销企业发生冲突，势必遭到打压。而一旦中国分销企业不再具有劳动力要素优势，国外分销企业也会将中国分销企业从产业链上剔除出去。因此，中国分销企业"走出去"发展战略也是针对全球的竞争战略。

中国分销企业"走出去"发展的最高目标是成为具有全球资源配置能力的跨国公司，这是一个逐步提高国际化水平的过程。在制定"走出去"发展战略规划时要设定国际化水平目标。企业国际化水平用跨国化指数来评价。跨国化指数越高，企业的国际化程度就越高。跨国公司的标准是跨国化指数在40%以上。联合国贸发会议组织每年都要对全球100家最大跨国公司进行国外总资产与跨国化指数排序。现阶段中国大企业还处在国际化经营初期，真正意义上的跨国公司仍然很少。中国分销企业国际化是大势所趋，但不是每一个中国分销企业都要成为跨国公司，中国分销企业应该根据国情和自身情况确定国际化目标。规模较大或是以全球市场为主的中国分销企业可以考虑较高的国际化经营水平，规模较小或以国内市场为主的中国分销企业可以选择较低的国际化水平。与欧洲小国家的企业不同，中国分销企业在相当长时期不需要去追求过高的国际化水平，这是中国国情决定的。广阔的幅员、众多的人口、蓬勃发展的经济、稳定的政局、世界第二大经济体，使中国市场成为全球最大、最具潜力的市场，吸引了来自全球的投资者。中国内部还有广大的发展空间，而且是西方跨国公司争夺的重点，在一段时间内中国分销企业还将把主要资源和精力放在国内市场的开发和经营上。大多数中国分销企业会采取"立足本土、跨国经营、内外兼顾、相互促进"的发展战略，利用国内外两种资源、在国内外两个市场上竞争，在保持国内的竞争地位和盈利的同时也保证在国外能有新的空间，这是中国分销企业持续发展的需要，也是中国经济持续发展的需要。

　　"走出去"发展是中国经济和中国分销企业发展到新阶段的必然要求，是在经济全球化和全球金融危机背景下做出的有利选择。作为国家战略，"走出去"发展的实施主体是企业，是否"走出去"、如何"走出去"，是中国分销企业自主决策的重大战略问题。中国分销企业有"走出去"发展的动力和需求，具备"走出去"发展的基本条件。中国分销企业还处在跨国经营的初级阶段，"走出去"发展面临难得的机遇和巨大的挑战。中国分销企业"走出去"发展战略的制定与实施有其特殊性，是一个多边的战略应对互动过程，结合国家和自身需求，从内外部条件出发，进行战略构思和选择，设立适度的国际化目标，建立有效的实施机制，是中国分销企业成功"走出去"的保证。

参考文献：

[1] 于立新. 中国服务贸易研究报告 No.1 [M]. 北京：经济管理出版社，2011.

[2] 毕秀英. 试论电子商务对社会经济的影响 [J]. 商业经济，2006 (2).

[3] 陈柏良. 在 SCP 范式下我国电子商务产业市场结构分析 [J]. 福建商业高等专科学报，2008 (6).

[4] 董汉良. 电子商务的宏观经济绩效分析 [D]. 长春：吉林大学，2006.

[5] 杜蓉. 电子商务与社会经济的互动影响分析 [J]. 商场现代化，2005 (11).

[6] 樊纲. 中国经济增长的要素因素分析与展望 [J]. 资本市场，2008 (4).

[7] 范玉贞. 我国电子商务发展对经济增长作用的实证研究 [D]. 上海：上海师范大学，2010.

[8] 费金华. 我国网站成本核算规范的思考 [J]. 中国管理信息化，2006 (1).

[9] 胡岗岚，卢向华，黄丽华. 电子商务生态系统及其演化路径 [J]. 经济管理，2009 (6).

[10] 韩立红，王轶南. 基于电子商务模式的企业价值链竞争优势分析 [J]. 学术交流，2008 (2).

[11] 马斌，徐越倩. 论专业市场与电子商务的互动发展——以浙江省为例 [J]. 商业经济与管理，2005 (3).

[12] 马丽，薛思敏. 运用电子商务推进我国西部经济发展 [J]. 中国管理信息化，2010 (5).

[13] 梁文光. 基于浙江省经济增长要素的实证分析 [J]. 知识经济，2010 (12).

[14] 李忠美. 关于电子商务服务的探讨 [J]. 黑龙江对外经贸，2007 (12).

[15] 刘茂红，张涛，刘翠红. 中国经济增长动力因素分析 [J]. 改革发展，2009 (9).

[16] 刘佐太. 试论电子商务与县域经济的发展 [J]. 农村经济，2007 (6).

［17］马春梅.电子商务对经济的影响及我国发展策略［J］.经济论坛，2005（24）.

［18］石少功.我国电子商务服务业集群形成机理及其发展对策的探索性研究［D］.泉州：华侨大学，2009.

［19］明小波，彭岚.电子商务服务业类型及其在西部电子商务发展中的地位——基于成都市电子商务服务业调查研究［J］.电子商务，2010（12）.

［20］中共中央办公厅，国务院办公厅.2006~2020年国家信息化发展战略.

［21］欧阳钟辉，姜德森，马瑾玉.信息经济助推区域经济发展的模式分析［J］.福建论坛（人文社科版），2008（6）.

［22］裴平，曹源芳.我国经济增长的动力分析［J］.南京社会科学，2008（11）.

（大连海事大学　冯晓玲副教授，中国社会科学院对外经贸

国际金融研究中心主任　于立新研究员）

中国海运服务贸易出口战略研究

一、中国海运服务贸易国际竞争力分析

（一）中国海运服务贸易国际化程度分析

入世以后，中国的货物贸易有了突飞猛进的发展，以此也派生出对运输服务贸易的衍生需求。而全球货物贸易的 80% 是靠海运完成，所以，海运服务贸易也成为中国运输服务贸易中占比最大也最为重要的部门。目前，在贸易自由化的背景下，每年庞大的海运需求已使中国成为世界海运服务贸易大国。

1. 海运服务贸易国际市场占有率分析

要衡量一个国家某个产业的国际化水平，可以运用该产业在世界市场上的占有率来衡量。对于海运服务贸易而言，国际市场占有率的高低，反映了各国海运服务贸易国际化水平的高低。

表 1 显示了 2001~2010 年全球海运服务贸易发展最具有代表性的 15 个国家和地区的国际市场占有率情况。作为海运服务贸易强国的美国、日本、荷兰及德国，其海运服务贸易的国际市场占有率遥遥领先于其他国家。美国的国际市场占有率更是领先于排名第 2 的日本将近 1 倍。相比之下，中国海运服务贸易在国际市场上的占有率位于15 个国家之末，尽管中国海运服务贸易的国际市场占有率呈现逐年递增的势头，但也只是基本维持在 2% 左右，总体增幅有限。这说明中国海运服务贸易的国际化水平仍然很低，较之更为发达的国家差距仍很明显，亟待转型升级。

表 1   2001~2010 年海运服务贸易市场占有率国际比较

单位：%

年份	2001	2002	2003	2004	2005	2006	2007	2008	2009	2010
美国	15.63	15.52	13.56	13.26	11.73	11.24	11.10	11.10	11.07	12.16
德国	6.53	5.97	5.99	7.34	7.14	6.68	6.73	6.69	6.38	6.75
日本	7.42	7.75	7.01	6.97	6.54	6.50	6.35	6.63	6.60	6.69
英国	6.13	5.53	5.27	5.13	5.22	5.44	5.52	5.69	5.84	5.99
法国	6.46	5.92	5.33	5.43	5.43	5.12	5.09	5.08	5.06	5.32
丹麦	2.25	3.33	4.73	3.77	4.67	4.37	4.63	4.57	4.49	4.61
韩国	3.65	3.96	4.02	3.73	4.11	4.53	4.23	4.33	4.18	4.26
荷兰	6.63	6.35	5.87	5.06	5.05	4.74	4.01	4.26	4.31	4.43

续表

年份	2001	2002	2003	2004	2005	2006	2007	2008	2009	2010
中国香港	3.72	4.13	4.23	4.04	3.34	3.43	3.44	3.45	3.37	3.48
希腊	2.40	2.47	2.43	2.37	2.22	3.31	3.01	3.10	2.97	3.14
挪威	3.13	2.96	3.13	3.12	3.02	3.01	2.76	2.59	2.61	2.73
意大利	3.13	2.76	2.41	2.65	2.53	2.63	2.79	2.57	2.54	2.58
新加坡	1.56	1.63	1.72	1.80	2.85	2.78	2.76	2.58	2.60	2.72
中国大陆	1.26	1.40	1.52	1.75	1.98	1.99	2.11	2.26	2.17	2.39
西班牙	2.43	2.36	2.42	2.76	2.83	2.64	2.70	2.56	2.54	2.64

资料来源：根据 WTO international trade statistics 计算得到。

2. 海运服务贸易竞争优势指数分析（Trade Competitive Advantage）

贸易竞争优势指数也是分析某种产业国际竞争力的有效工具，它能够反映相对于国际市场上其他产品而言，本国生产的同种产品是否处于竞争优势及其优劣势程度。当 TC 取值为（−1，−0.6）时有极大的竞争劣势，取值为（−0.6，−0.3）时有较大竞争劣势，取值为（−0.3，0）时有微弱竞争劣势，取值为（0，0.3）时有微弱竞争优势，取值为（0.3，0.6）时有较强竞争优势，取值为（0.6，1）时有极强竞争优势。

图 1 显示了 2001~2012 年，中国海运服务贸易竞争优势指数的变化呈现出"N"形发展势头。2001~2008 年，中国海运服务贸易竞争力逐年增强，且在 2007~2008 年达到了（−0.3，0）的区间范围，显示出微弱的竞争优势。2009 年，受到全球经济环境恶化的影响，中国海运服务贸易竞争优势指数陡降，下降幅度达到 51%。2009 年之后，随着国际市场情势的好转，中国海运服务贸易竞争优势指数又开始稳步回升，但仍未达到 2008 年的峰值。总体来看，2001~2012 年的 12 年间，除了 2007~2008 年中国海运服务贸易呈现出微弱的竞争优势外，其余年份均处在"较大竞争劣势"的范围之内。2009 年以后竞争力有所提升，但是增长乏力，显示出中国海运服务贸易竞争力极易受国际经济形势动荡的影响，发展呈现出较大的脆弱性。

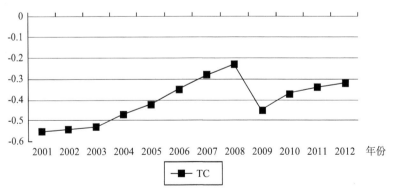

图 1   2001~2012 年中国海运服务贸易竞争优势指数

资料来源：根据 WTO international trade statistics 计算得到。

3. 全球海运班轮公司排名

在衡量海运服务贸易的国际竞争力的指标方面，除了国际市场占有率和贸易竞争优势指数之外，海运服务贸易企业的发展情况也是重要的衡量指标。对于海运企业而言，其船舶的数量规模及载重规模能够代表企业的整体发展规模。一国的海运企业在国际市场上的综合排名很大程度上能够显示该国海运服务贸易产业的发展状况。

表 2　2014 年全球 20 大班轮公司排名

排名	公司名称	租赁船（TEU）	船队总计（艘数）
1	马士基航运（丹麦）	1142700	567
2	地中海航运（瑞士）	1330234	474
3	达飞轮船（法国）	980490	425
4	长荣海运（中国台湾）	383558	204
5	中远集运（中国大陆）	367701	160
6	赫伯罗特（德国）	341312	150
7	美国总统轮船	315345	121
8	韩进海运（韩国）	312087	112
9	中海集运（中国大陆）	160310	129
10	商船三井（日本）	340776	111
11	汉堡航运（德国）	211619	105
12	日本邮船（日本）	157016	102
13	东方海外（中国香港）	144269	86
14	太平船务（新加坡）	123436	172
15	阳明海运（中国台湾）	161751	84
16	川崎汽船（日本）	221243	67
17	现代商船（韩国）	233980	59
18	以星航运（以色列）	194136	85
19	阿拉伯轮船（阿拉伯）	76336	49
20	南美轮船（智利）	192119	54

资料来源：Alphaliner 公司统计数据，截至 2014 年 2 月 10 日。

表 2 列举了由 Alphaliner 公司统计的截至 2014 年 2 月全球排名前 20 的班轮公司名单。数据显示，著名的丹麦马士基航运集团位列全球班轮公司排名首位，中国大陆船运公司中远集团以及中海集运分列第 5 位及第 9 位。港台地区班轮公司排名中，中国香港东方海外公司名列第 13 位；中国台湾船运公司长荣海运及阳明海运分列第 4 位和第 15 位。虽然中国班轮公司无论从租赁船的 TEU 总量还是从船队规模看，整体较之以往均呈现出较快的发展趋势，但与丹麦马士基、瑞士地中海航运等强势企业差距依旧很大。

综上可知，中国海运服务贸易的国际市场占有率有限，并长期处在较大的竞争劣势。中国海运企业的规模整体偏小，大型企业的发展和世界著名航运公司相比仍存在较大的差距。中国在国际货物贸易巨额顺差的背景下，与之密切相关的海运服务贸易却存在诸多弊端和问题，亟待深入研究和探索。

（二）中国海运服务贸易竞争力匮乏的成因分析

中国海运服务贸易国际化水平低，国际竞争力弱，具有深刻的原因。具体而言：

1. 中国港口码头泊位专业化程度低，易受外资冲击

中国港口及码头泊位的货物吞吐能力大小直接影响着中国海运服务贸易的发展。近几年，中国港口及码头发展迅速，年吞吐量也跻身世界前列，其基础设施的投入及建设不断增多，管理水平也不断提高。但同时，中国港口码头存在的问题依然突出，其码头泊位的结构和专业化程度还远远不能满足目前的需求；此外，中国港口建设及经营当中外资份额较大，这也在很大程度上制约了国内海运企业集装箱码头等业务的开展。

表3　中国沿海及内河港口码头泊位情况

年份	2003	2004	2005	2006	2007	2008	2009	2010	2011	2012
泊位数	8449	9787	10652	10848	12131	14205	20091	20333	20524	20450
万吨级	771	837	955	1108	1217	1335	1507	1511	1706	1822
占比	9.1%	8.6%	9.0%	10.2%	10.0%	9.4%	7.5%	7.4%	8.3%	8.9%

资料来源：根据历年《中国统计年鉴》计算得到。

从表3中数据可以看出，2003~2012年，中国沿海及内河港口码头泊位总数以及万吨级以上泊位数呈现逐年稳定增长的态势。但万吨级以上码头泊位占泊位总数的比重仅为8.8%左右，即目前中国港口码头现有泊位大多为中小泊位。这直接反映出许多港口泊位水深不够，难以适应船舶大型化发展的需要。此外，集装箱码头的吞吐能力不足，加之十分缺乏大型专业化的集装箱、矿石、原油等深水泊位，致使许多大型船舶尤其是油船还需要通过沿海中转船的帮助才能完成装卸任务，这无疑延长了货物和船舶的滞港时间，严重降低了港口的作业效率，增加了海运成本。

除此之外，当前中国港口码头业开放度很高，外资进入的政策也十分宽松，这吸引了大量外资企业投资中国港口进行建设经营。一方面，外资的不断增加能够有效缓解中国港口码头建设资金紧张的问题，也能够带来更为先进的技术及经营理念，对中国港口利用率及运作效率的提升起到了积极作用；另一方面，外商投资者出于自身利益最大化的考虑，一般会将港口及码头都选址在中国航运业的枢纽位置，这就导致一旦外资企业通过增加投资比重来对中国的港口码头实施控制，国内海运企业集装箱码头等业务的开展就会受到很大阻滞，整体规划也会遭遇不利影响。

综上可知，港口及码头在建设及经营方面存在的问题及其国货吞吐能力不足、专业化程度不够的现状，很大程度上影响了中国海运服务贸易的开展，对其国际竞争力的提升也带来很大阻力。

2. 中国海运企业船队规模较小，船舶运力有限

从表4中的数据可以看出，中国大陆在世界船东国家（地区）运力排名中，位列第4。虽然排名较为靠前，但与世界海运发达国家相比，中国海运企业的船舶规模还存

在一定的差距。截至 2011 年底，中国船队总规模占世界十大商船队总规模的 8% 左右，与排名世界第 1 的希腊船队相差 7 个百分点，与排名第 2 的日本相差 6 个百分点，与排名第 3 的德国相差 0.6 个百分点。从规模来看，中国的船舶就规模而言还有较大的提升空间，但是中国海运企业亟待解决的，还是"大而不强"这个突出问题。

此外，由于中国海运企业船队结构失衡以及船舶运力有限，中国外贸海运服务由境外海运公司承运的比重很高，"国货国运"的比例相对较小；同时，中国海运服务企业承运中国及其他国家运输服务的份额却很低。在水路运输方面，中国是世界第一大需求国。2012 年中国水路货物出口运输需求约为 42 亿吨，其中散货约 14 亿吨，石油约 6 亿吨，适箱货约 17 亿吨，散杂货约 5 亿吨。统计显示，中国经由海洋运输的外贸货物中，约 25% 由中国船公司承运，其中集装箱和散货约占 24%，石油约占 17%，散杂货约占 36%。另外约 75% 的外贸货物海洋运输基本均由境外船公司承运，海运需求与供给存在极大的不平衡现象，严重影响中国海运服务贸易的发展及其国际竞争力的提升。

表 4　拥有船队规模前十位国家（地区）船队情况

排名	国家（地区）	船队总量（百万载重吨）	占世界比重（%）	不同类型船舶占世界比重（%）			本国旗船队比重（%）	方便旗船队比重（%）
				油船	散货船	集装箱船		
1	希腊	217.1	14.9	18.2	17.1	5.8	29.9	70.1
2	日本	209.8	14.4	11.1	20.3	7.5	9.9	90.1
3	德国	125.5	8.6	4.4	4.2	33.2	13.9	86.1
4	中国大陆	115.6	8.0	4.1	11.9	5.6	43.4	56.6
5	韩国	54.5	3.7	2.5	5.5	2.9	31.8	68.2
6	美国	44.5	3.1	3.9	2.8	1.7	11.6	88.4
7	中国香港	42.4	2.9	2.6	3.9	1.4	63.3	36.7
8	挪威	40.6	2.8	3.7	1.6	0.2	35.2	64.8
9	英国	40.3	2.8	2.5	2.7	4.0	32.7	67.3
10	中国台湾	37.7	2.6	1.7	3.2	3.8	11.2	88.8

资料来源：航运经济与物流研究所（ISL）截至 2011 年 12 月 31 日数据。

3. 后备队伍流失严重，高级海员匮乏

中国当前是世界海运大国，港口吞吐量尤其是集装箱吞吐量已连续 3 年位居世界第一。目前中国的商船队规模及总运力也位于世界前列，海运船队规模每年都在大幅增加。由此所带来的一个必然结果就是海运企业对船员的需求量也在逐年增长。目前，中国海员人数总共约 65 万人，其中具备高级海员资质的人员约 16.2 万人，不足 1/4。与庞大的海员需求量相比，现有数量远远不足，海员后备队伍存在严重缺口，甚至还有减少和流失的趋势，全国高级海员缺口已达 3.7 万人。交通部海事局船员处专家指出，目前造成海员紧缺的原因一方面是海员的培养周期较长，制造一条船通常只需几个月就可以下水，然而要培养一个船员，从接受航海教育到实习、拿到船长证书，通常需要几年甚至十几年的时间。另一方面是专业院校的"供给"能力有限。目前中国拥有海事大学、海事职业学院、中专、技校及培训中心总共 70 余所，每年向海运服务业界输送的海员数量远远不能满足海运业对人才的需求。以上供给和需求两方面的因素，共同决定了我国海员后备队伍流失严重，高级人才更是匮乏。

4. 海运业扶持力度不够，政策出台滞后

在中国加入世贸组织之后，国家对海运市场的开放程度大幅提高，国外大量海运企业纷纷涌入中国。凭借着雄厚的经济实力、技术水平及其国家政府的扶持政策，这些海外企业逐步在中国国内海运市场的竞争中稳定了其竞争优势地位。目前，许多国家都积极给本国海运企业创造有利的发展环境，包括造船贷款优惠、货载保留制度、海运营业补贴、税收减免、船队更新补贴等。相反，随着中国海运市场的逐步开放，中国海运企业原本享有的造船优惠贷款、进口船减免税收、港口收费优惠、货载保留制度等政府优惠待遇已经基本被取消。同时，在税收方面，中国海运市场上的国外海运企业反而比国内企业享受着更优惠的待遇。种种不平等的情况造就了当前中外海运企业在中国海运市场的竞争环境不公平，极大地影响了中国海运企业的竞争力。

实际上，国家的扶持程度对海运发展及其国际竞争力提升的重要性可以从已有的实例看出：对于"二战"战败国的日本而言，其海运业之所以能够迅速发展，并赶超英美国家，与日本政府积极出台的干预性扶持政策密不可分。"二战"之后，日本政府开始对其海运业大力支持，不断出台优惠的贷款及税收政策，仅用时 20 年日本便成为世界第二大海运强国。目前，世界大部分国家均积极采用各种优惠手段扶持本国海运业及商船队的发展。但我国当前不仅缺乏适当的优惠及保护措施，有些政策甚至使国外海运企业享受了超国民待遇。例如，在港口码头的投资经营方面，外商享有种种优惠待遇，而国内的海运企业要想投资兴建并经营自己的码头，则受到种种限制。此外，在船舶建造方面，中国对造船业实行的是倾斜补贴政策：外国船舶公司在中国造船，其造船部门可享受出口信贷优惠的补贴政策，而中国船舶公司在国内造船却不享受这种补贴。由此可见，中国政府在海运业的扶持力度还远远不够，这些对于国际竞争力本就处于弱势的中国海运企业而言，无异于雪上加霜。

此外，自全球金融危机爆发以来，国际航运市场陷入长期低迷状态，前景不容乐观，这种艰难的时势使中国海运业纷纷出现巨额亏损，即使是国有航运企业也难逃一劫，亟需政府的资助。但在中国海运政策当中，多为配合海运市场自由化而出台的限制性政策。例如，为配合实施海运自由化，中国于 1987 年、1990 年以及 1992 年分别废除了"贸易、航运及造船配合实施方案"、"奖励海运投资条例"以及"国轮船队扩充及汰旧换新长期计划"。目前，中国对于海运服务贸易的扶持力度远远不够，仅有的"促进海运产业升级条例"（1991 年）及"奖励国轮发展政策"（1999 年）均未有实质性的优惠政策。2012 年，由于中国海运业的长时间低迷状态，中国交通运输部门拟决定从国家层面出台促进中国海运业可持续发展的扶持政策。交通部表示，国家层面要建立货载保留制度，一些大中战略性物资应该有指定或者保障国人优先的承运船。在税收方面，目前国际航运企业的税负比较低，主要是缴纳增值税；而中国航运企业的税负相对来讲要高一些，不仅缴纳增值税，而且还有营业税等各项税费。交通部正在同国家有关部门沟通，希望能够争取到税收优惠政策，使国内航运企业的税负跟国际航运企业的税负至少持平。

二、中国海运服务贸易出口战略研究

中国就海运服务出口的规模而言，无疑算是海运服务贸易大国，但是"大而不强"的形势一直没有得到根本的改善。中国海运服务贸易的国际竞争力低下直接导致市场占有率低，并且出口潜力不足，与货物贸易的顺差规模不相适应。20 世纪 30 年代英国学者 D.H.罗伯特曾提出"出口发动机"一说，强调出口既具有带动一国本身经济增长的功能，更具有在国家之间传递经济成长的重要作用。其主要观点是：出口贸易增长快，能够使更多的社会资源集中于出口部门，进而在整体上提高资源配置效率。出口规模的扩大不仅有助于资本和技术的自由流动，而且能够实现规模经济效应，对相关产业产生上下游关联效应。根据该理论，解决当前出口潜力、出口规模和所占市场份额不对称的突破口在于积极扩大中国海运服务贸易的出口。因此，我国应该制定正确的海运服务贸易出口战略，积极扩大出口规模，以促进国际化水平的提高和国际竞争力的增强。

（一）制定海运服务部门出口战略的重要意义

1. 有助于削减中国服务贸易赤字

由表 5 数据显示，2013 年全年服务进出口总额为 5365.46 亿美元，其中服务出口额为 2060.18 亿美元，同比增长 7.6%，进口 3305.28 亿美元，增长 17.6%，服务贸易逆差 1245.10 亿美元，比 2012 年的 897.47 亿美元增加 38.7 个百分点，服务贸易逆差缺口呈逐渐扩大的趋势。2013 年中国海运服务贸易出口额为 258.25 亿美元，同比下降 4.6个百分点，进口额为 706.20 亿美元，同比增长 5.8 个百分点，贸易逆差为 447.95 亿美元，同比增长 13 个百分点。

表 5 中国海运服务及服务贸易进出口总额和差额

单位：亿美元

年份	2007	2008	2009	2010	2011	2012	2013
海运服务出口总额	198.62	254.50	148.07	229.28	240.44	270.81	258.25
海运服务进口总额	351.34	405.40	361.52	492.88	629.94	667.27	706.20
海运服务贸易逆差	152.71	150.90	213.45	263.61	389.51	396.46	447.95
服务贸易出口总额	1222.10	1471.00	1294.76	1621.65	1860.10	1914.30	2060.18
服务贸易进口总额	1301.20	1589.00	1588.56	1933.21	2476.54	2811.80	3305.28
服务贸易逆差	79.10	118.10	293.80	311.56	616.45	897.74	1245.10

资料来源：根据 UN Service trade 数据整理计算。

从图 2 中可以看出，中国服务贸易逆差呈现半"U"型扩大的趋势，缺口逐年递增。相对于总体服务贸易逆差，海运服务贸易逆差增幅相对较小。2013 年，服务贸易逆差同比增长 38.7%，而海运服务贸易的逆差同比增加 13%。从图 2 可知，在 2007~2008 年，服务贸易的逆差几乎全部来自于运输部门的海运贸易所引起的逆差，而近几年，虽然海运服务贸易的逆差仍呈现逐年递增的趋势，但相比于服务贸易逆差增幅已经相对减小。因此，海运部门发展出口贸易，有助于海运服务的逆差缩小，进而减缓中国服务贸易逆差强劲增长的趋势，是降低服务贸易赤字的有效途径。

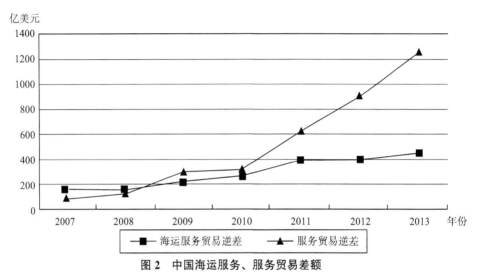

图 2 中国海运服务、服务贸易差额

资料来源：根据 UN Service trade 数据整理计算。

2. 有助于带动海运业对外直接投资

国际贸易理论和实践证明，对外直接投资的增加会促进出口规模的扩大，同样，出口规模的扩大也会引起对外直接投资的增加。2012 年，中国交通运输、仓储和邮政业对外直接投资净额为 29.88 亿美元，同比增长 14.2%，对外直接投资存量为 292.27 亿美元，同比增加 15.7%，约为 2007 年对外直接投资净额的 2.42 倍。海运服务业对外直接投资流量和存量的扩增表明中国海运行业"走出去"步伐的增快，海运对外直接投资对海运业的发展有正向的促进作用，为出口规模的继续扩大不断地补充资金，有利于促进海对外直接投资扩增和海运出口规模扩大的良性循环。

由图 3 可以看出，虽然中国海运的对外直接投资整体上呈上升趋势，但是对外直接投资净额和存量的增长呈现出不完全相同的趋势，其中对外直接投资的存量逐年增加，但是净额的增长却呈现出不稳定的趋势，受到 2008 年金融危机的影响，2008 年和 2009 年海运对外直接投资净额有所下降，2010 年又迅猛增长，同比增长 174.5%，2011年又下滑走低，这种不稳定性是由于海运贸易强烈的外部性，中国海运贸易对外部市场的依赖性大，当外部市场发生变化时，海运对外直接投资减少明显。

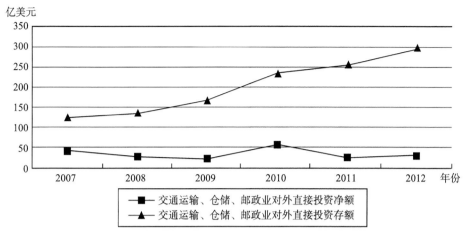

图 3　中国交通运输、仓储和邮政业对外直接投资情况

资料来源：历年《中国统计年鉴》。

3. 有助于带动产业的联动发展

海运服务业并非独立发展的产业，而是与其他产业息息相关的，海运服务业向上依托着船舶行业、造船厂商的供给，港口基础设施、码头运力等的支撑，向下面对产品世界范围内的分销，同时还需要信息、卫星等产业的支持。中国海运服务业的出口规模不断扩大，可以增加对上游供给和中间支撑的需求，从而带动相关产业的联动发展。本文选取海运运输船舶数量、船舶净载重量、港口码头泊位数量、货物出口额和运输服务出口额等指标来分析海运服务出口的增加对其带来的影响。

海运服务出口规模的扩大，会给中国船舶行业的发展带来直接的影响，决定着国内对船舶的需求量和供给量。如表 6 所示，中国水上运输船舶数量呈现出缓慢下降的趋势，2009 年受金融危机的影响，数量同比下降了约 4 个百分点，但是船舶净载量呈不断上升之势，2013 年净载重量 24401 万吨，增长 6.8%；平均净载重量 1414.11 吨/艘，增长 10.5%。这说明中国的船舶吨位在升级，万吨级的船舶相对增多，而较小吨位的船舶相对减少，意味着海运行业成本的相对缩小，将更有利于中国船舶行业的发展。海运出口规模的扩大和国际竞争的参与，会带动造船业的发展，从而倒逼国内海运服务提高船舶运力，优化船舶结构。

表 6　2007~2013 年中国水上运输船舶数量、净载量

年份	2007	2008	2009	2010	2011	2012	2013
船舶数量（万艘）	19.18	18.42	17.69	17.84	17.92	18.17	17.26
船舶净载量（万吨）	11883	12418	14609	18041	21264	22849	24401

资料来源：《中华人民共和国交通运输部统计公报》。

由表 7 可知，中国港口码头泊位数量稳中有升，与海运服务出口的总体增长趋势一致。从码头结构调整来看，码头建设有两点特征：第一是码头大型化趋势明显，特别是 10 万吨级以上泊位增长；第二是专业化特征显著，在大型深水泊位中石油、煤

炭、铁矿石、集装箱和滚装等专业化泊位已达 57.6%。海运服务对外贸易的发展，要求国内港口设施建设的同步推进，因此，海运出口规模的扩大会带动国内码头泊位数的增加。

表 7　2007~2012 年中国沿海及内河港口码头泊位数

单位：个

年份	2007	2008	2009	2010	2011	2012
沿海	3970	4914	5372	5529	5612	5794
内河	8161	9291	14719	14804	14912	15019
合计	12131	14205	20091	20333	20524	20813

资料来源：历年《中国统计年鉴》及《中华人民共和国交通运输部统计公报》。

　　货物的出口会带动海运服务的出口，海运服务出口贸易的增加又为货物的出口提供了便利化的条件，形成上下游产业协同发展的机制。由表 8 可知，中国货物出口额在 2012 年突破 2 万亿美元，与 2007 年相比增幅高达 67.9%。中国运输服务的出口总额 2012 年达到 389.1 亿美元，同比增长 9.4%，比 2007 年增加 75.9 亿美元，增幅达到 24.3%。以上数据表明，2007 年以来，中国海运服务部门出口贸易与中国货物出口贸易是联动发展的，两者呈现相互促进、互为依托的发展态势。

表 8　中国货物和运输服务出口额

单位：亿美元

年份	2007	2008	2009	2010	2011	2012	2013
货物出口额	12204.6	14306.9	12016.1	15777.5	18983.8	20487.1	22096.1
运输服务出口额	313.2	384.2	235.7	342.1	355.7	389.1	376.46

资料来源：国家统计局、中国商务部、国家外汇管理局。

　　4. 有助于增强海运业国际影响力

　　Alphaliner 公司的统计数据显示，截至 2014 年 2 月，在全球 20 大班轮公司中，中国公司占据 5 席，中国大陆的中远集运和中海集运跻身其中，分别位居第 5 位和第 9 位。中远集运是中国海运企业"走出去"的典型代表，中远集运经营船队包括 160 艘集装箱船舶，运力达 367701 TEU，境外网点遍及欧、美、亚、非、澳五大洲，做到了全方位、全天候"无障碍"服务，中远集运重视运输服务质量管理、职业健康安全管理及环境保护，严格遵守各项国际公约规则和国内法律法规，着力深化内部管理。1998 年通过了质量管理体系认证，2003 年又通过了环境管理体系和职业健康安全管理体系认证，中远集运不断增强企业适应市场、参与国际竞争的能力，为中国远洋运输事业和世界环境保护做出积极贡献。为中国远洋运输事业和世界环境保护做出积极贡献。虽然当前已有中远集运、中海集运等企业海运企业走出国门，并取得了世界范围的产业内认可，但中国整体的海运服务出口的规模较小，在国际竞争中处于劣势地位。从企业层面来看，中国两大班轮公司在发展模式上也主要是依靠新造船和租船扩大控制运力规模，发展速度相对缓慢。海运服务业出口规模的增长，有利于中国海运企业

第五部分　中国服务贸易热点问题研究

更加积极地参与到国际竞争中，优化经营模式，增强中国海运服务的国际影响力，并逐渐改变海运逆差的状况。

5. 有助于促进国民就业

从国际服务贸易角度，尤其是从WTO《服务贸易总协定》（General Agreement on Trade in Services，GATS）中所指的服务贸易角度来看，国际海运服务贸易的范围并不仅限于海上客货运输服务，还应包括诸多海运辅助服务、港口服务和其他海运服务，整个海域服务链条庞杂，因此吸引了大量的就业人口。中国的海运服务出口规模的扩大，将会拉动海运从业人数的增加，本文用水上运输就业人数来衡量海运出口规模扩大对就业的影响。如图4所示，中国水上运输业就业人数的变化与海运服务出口呈现相似的变化趋势，2008年金融危机之后，水上运输业就业人数减少了2.12万人，与海运服务出口的萎缩变化一致。海运服务的出口变化会影响整个海运服务链条产业的发展，从而影响中国就业人数的增加和减少。海运服务业出口规模的扩大，不仅会带动整个海运产业链的发展，也会带动相关产业的发展，进而带动国民就业，因此扩大海运服务的出口与国民就业大有裨益。

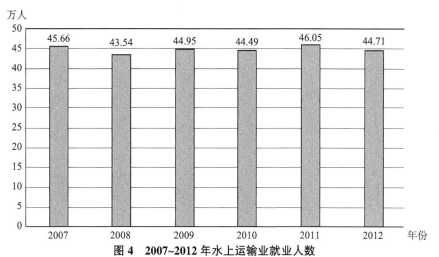

图4　2007~2012年水上运输业就业人数

资料来源：历年《中国统计年鉴》。

6. 有助于拓展海外市场空间

区域经济合作是世界经济的发展趋势，亚太地区的区域合作将会极大地促进亚太国家之间的贸易便利化，促进相互之间贸易量的增加。中国积极地参与到亚太区域经济合作中，并于2013年提出"新海上丝绸之路"的建设，"新海上丝绸之路"建设将涉及20多个国家和地区，重点建设方向从中国沿海港口向南，过南海，经马六甲、龙目和巽他等海峡，沿印度洋北部，至波斯湾、红海、亚丁湾等海域。具体而言，"新海上丝绸之路"是用"丝绸之路"的理念和精神，对当前正在进行的多样合作进行整合，以达到产生"1＋1＞2"的效应，这将会极大地促进海运服务需求的增长。因此，抓住"新海上丝绸之路"建设的契机，积极地扩大海运服务出口规模的扩大，将有利于中国海运服务更好地拓展海外市场，抢占国际市场，增强整体竞争力。

综上所述，海运服务业出口规模的扩大，将会带来显著、积极的经济利益，主要体现在：中国海运服务业出口额的增加，有利于减缓中国服务贸易逆差的状况，促进对外投资的不断增加，充分发挥对相关产业的带动作用，促进上下游产业之间的协同发展，促进国民就业。无论是对内带来的积极经济影响，还是对外市场的拓展，海运服务出口规模的扩大都具有显著的出口利益，是应该坚持的方向。

（二）海运服务部门出口战略的宏观路径

1. 基础设施支撑战略

海运服务业的发展需要基础设施的支撑，如港口、船舶、集装箱等，中国海运企业在国际竞争中取胜，首先应该加大海运部门投资，进一步改善基础设施建设。如图5所示，2013年中国水运建设投资额为1528.46亿元，是2007年的1.72倍，水运建设投资额的增加，极大地改善了海运基础设施。中国的万吨级船舶的数量一直在增加，使中国航运企业的运力进一步增强，如表9所示，中国海运企业船舶功率近年来一直在增大，2012年，中国企业船舶功率达到6646.9万千瓦，同比增长11.7%，是2007年船舶功率的1.69倍。此外，海运基础设施的改进使中国港口货物吞吐量和港口外贸货物吞吐量、港口集装箱吞吐量都得到了提升，如图6、图7、图8所示，2013年，中国港口货物吞吐量为117.7亿吨，同比增加64%；港口外贸货物吞吐量为33.6亿吨，同比增加9.8%；港口集装箱吞吐量为19021万TEU，同比增加7.1%。可见，海运基础设施

表9　2007~2012年中国海运企业船舶功率情况

单位：万千瓦

年份	2007	2008	2009	2010	2011	2012
功率	3936.7	4355.1	4620.9	5330.4	5949.7	6646.9

资料来源：《中华人民共和国交通运输部统计公报》。

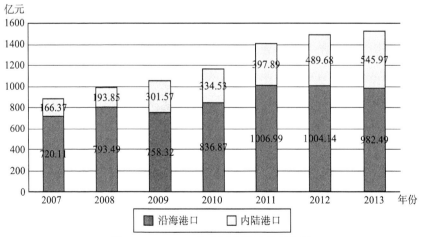

图5　2007~2013年全国水运建设投资额

资料来源：《中华人民共和国交通运输部统计公报》。

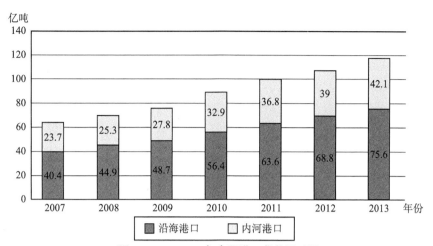

图6 2007~2013年全国港口货物吞吐量

资料来源:《中华人民共和国交通运输部统计公报》。

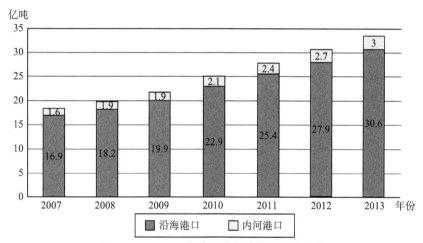

图7 2007~2013年全国港口外贸货物吞吐量

资料来源:《中华人民共和国交通运输部统计公报》。

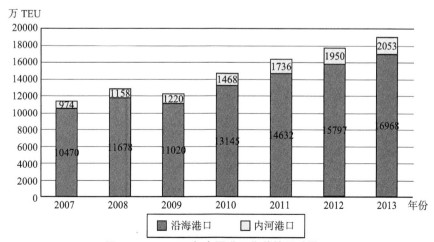

图8 2007~2013年全国港口集装箱吞吐量

资料来源:《中华人民共和国交通运输部统计公报》。

的改进会促进海运服务的出口，因此，扩大海运出口规模，应该改进国内基础设施，充分发挥基础设施的支撑作用。

2. 信息化辅助战略

信息技术和电子技术发展迅速，日益成为世界新经济蓬勃发展的显著标志，信息技术逐渐渗透到各个产业，海运服务业也是如此，正在逐步地实现电子化和信息化。其中，中远集团率先实行了物流信息化，为有效利用一体化的网络，中远集团跟踪国际上先进的网上营销手段，通过国际互联网向全球客户推出了具有网上订舱、中转查询和信息公告等多项业务操作功能的国际货运网上服务系统，从而使全球互联网用户均可直接在网上与公司开展业务。国际互联网、电子商务的出现正引发海运界的第三次革命，为提高海运资源的利用率和企业的竞争能力，海运企业必须建立一体化、全球共享的信息网络，利用信息化来辅助海运的发展。信息化辅助战略有助于海运服务降低管理成本和提高服务水平，进而增强国际竞争优势。

3. 核心技术竞争战略

现代经济的核心竞争是技术竞争、人才竞争，中国海运服务业的核心竞争力还不强，亟待增强。在当前国际海运服务市场中，随着产业核心竞争力的转移，技术和人才已经成为占据市场的关键。目前，中国最大的交通运输综合技术研究开发基地——上海船舶运输科学研究所（船研所）在舰船自动化、智能交通、环境工程以及船舶水动力业务领域处于国际领先水平，高科技人才众多，2010年国务院将其并入中国海运界，表明了中国对海运研发方面的重视。在人才培养方面，交通运输部提出要完善海运业职业资格制度，探索建立符合国际化要求的海运人才培养模式；加快发展海员现代职业教育，加强船员适任性技能训练，健全覆盖全国的船员考试评估基地。规范海员劳务市场和派遣机构管理，健全海员权益保障机制，建立海员诚信管理体系；加大海运科技人才、专业人才的选拔和培养力度，重点引进和培养航运法律、航运金融、海事仲裁、航运经纪、邮轮服务等复合型人才。环保因素在当代经济中发挥越来越重要的作用，应该重视海运对环境带来的损害，大力推行绿色海运，如研发节能减排船舶技术，做到污染排放更少，更好地实施低碳经济战略，开发太阳能尤其是风能等新能源的利用；加强绿色海运标准体系建设，制定完善船舶能效规范、清洁能源动力船舶检验规范等标准规范；健全防治船舶污染管理体系，实施船舶污染排放限值标准，加强船舶防污设施建设。

（三）海运服务部门出口战略的微观路径

中国90%以上的外贸物资通过海上完成，是世界上最大的海运需求国，其中，中国海运主要进口物资为矿物燃料、矿物油及其蒸馏产品、沥青物质、矿物蜡，矿砂、矿渣及矿灰和贱金属杂项制品，三类产品占中海运进口总额的47.41%。中国海运服务将直接影响这些关乎国计民生的战略资源能否得到充足的供应。可见，海运是中国融入经济全球化的战略通道，是国家实现利用国际、国内两种资源、两个市场的重要支撑，对国计民生至关重要，因此，海运服务出口战略也应注重微观路径的选择。

1. 服务国内外企业战略

任何一个服务部门都不能孤立发展，海运服务业也是如此，它向上依托着船舶行业造船厂商的供给、承接商品货物的运输，中间依靠港口基础设施、码头运力情况等的支撑；向下直接面对商品货物进出口商，还需要信息技术、电子技术等产业的支持。因此，海运服务业一边为其他行业提供服务，一边也需要其他行业的支持，进而能够服务于国内外企业。另外，国际海运服务贸易的范围并不仅限于海上客货运输服务，还应包括诸多海运辅助服务、港口服务和其他海运服务，因此，我国海运服务出口会拉动整个海运服务链条上的从业人数的增加，促进就业，进而提高国民福利水平。因此，无论从对内带来的积极经济影响，还是对外市场的扩展，发展海运服务业都是应该坚持的方向。

2. 运输协调战略

由图9可知，中国水路的客运量整体呈现一个缓慢上升的趋势，说明中国的国内水路运输整体情况正在逐渐改善，处于相对较好的状况。但中国港口旅客吞吐量总体呈现下降的趋势，如图10所示，2007年的港口旅客吞吐量为2.06亿人，之后几年一直下降，2011年有一个较大的提升，相比于2010年增长率为9.6%，近两年又持续走低，2007年为近几年的峰值，说明中国港口旅客吞吐量整体处于一个下滑的趋势，原因之一是受到航空运输快速发展的冲击。海运服务部门的出口，应该加强不同运输方式之间的协调，发挥竞争优势，将海运力量用到的关乎国家和消费者利益的战略位置。

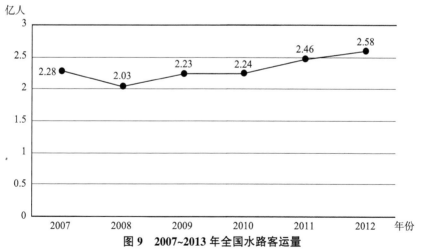

图9 2007~2013年全国水路客运量

资料来源：《中华人民共和国交通运输部统计公报》。

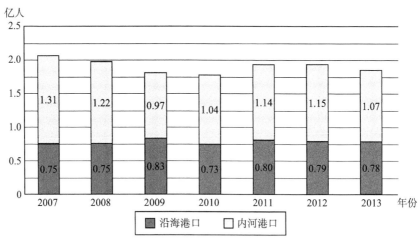

图10 2007~2013年全国港口旅客吞吐量

资料来源：《中华人民共和国交通运输部统计公报》。

3. 企业联盟战略

海运企业不断"走出去"，为中国海运企业与境外企业之间的交流合作创造了便利条件，在企业之间的相互竞争中，中国企业学习世界先进的海运技术和管理经验，通过技术外溢效应，提高了自身的技术水平和经营水平。但总体上，中国企业规模较小，国际竞争力弱，为了增强与国际企业抗衡的能力，企业间的联盟日益提上进程。中远集团和中海集团顺应联营趋势，进行强强联合，是海运企业战略联盟的一次有益尝试，通过创新型的合作使企业能够更大地发挥规模优势，强化低成本优势，重振竞争优势，共同抵御航运市场低谷和强劲的竞争对手。企业联盟战略是面对激烈国际竞争的必然选择，未来中国海运企业应该注重全国范围内的资源整合，企业资产的联合和重组，扩大整体规模以降低成本，增强中国海运服务的国际竞争力。另外，企业战略的重要构成是人才战略。一个企业的国际市场竞争力归根结底是人才的竞争，企业的发展离不开高素质的人才，在人才方面，中国海运服务企业应该向国外企业学习，重视人才，留住人才。

（大连海事大学冯晓玲副教授、马彪硕士）